Jan Assmann

Ma'at

Gerechtigkeit und Unsterblichkeit
im Alten Ägypten

Verlag C. H. Beck

Mit 13 Abbildungen im Text

CIP-Titelaufnahme der Deutschen Bibliothek
Assmann, Jan:
Ma'at : Gerechtigkeit und Unsterblichkeit im Alten Ägypten /
Jan Assmann – 1. Aufl. (dieser Ausg.) – München : Beck, 2001
(Beck'sche Reihe ; 1403)
 ISBN 3 406 45943 9

ISBN 3 406 45943 9

1. Auflage (dieser Ausgabe). 2001
Dieses Buch ist 1990 in erster Auflage als Leinenausgabe und 1995 in
zweiter Auflage als broschierte Ausgabe bei C. H. Beck erschienen.
Umschlagbild: Darstellung des Herrschers und der Göttin Ma'at unter einem
Baldachin, 18. Dynastie. Kairo, Ägyptisches Museum
Umschlagentwurf: +malsy, Bremen
© Verlag C. H. Beck oHG, München 1990
Satz und Druck: Druckerei C. H. Beck, Nördlingen
Printed in Germany

www.beck.de

Inhalt

Vorwort 9

I. Einführung: Weltordnung und soziale Gerechtigkeit. Der Ort der Ma'at in der Religions- und Geistesgeschichte

1. Die sprachlichen Grundlagen 15
2. Ma'at – Kultur oder Religion? 17
3. Soziale Gerechtigkeit und kosmische Ordnung 24
    a) Zurück vor die „Achsenzeit"? 24
    b) Die Theorie der „kosmologischen Reiche": Eric Voegelin 28
    c) Gerechtigkeit als Weltordnung: Hans Heinrich Schmid 31
4. Die Idee der „Rechtfertigung" und die Sinndimensionen der ägyptischen Welt 35

II. Der Diskurs über die Ma'at: Kulturgeschichte als Diskursgeschichte

1. Die Ungleichrangigkeit der Quellen. Über Zentrum und Peripherie im altägyptischen Traditionsstrom 40
2. Die Entstehung der Großen Texte 51
    a) Das Konzept Ma'at im Alten Reich 51
    b) Der Untergang des Alten Reichs und das Strittigwerden der Ordnung . 54

III. Konnektive Gerechtigkeit: Gegenseitigkeit und Solidarität

1. Die „Klagen des Oasenmannes" 58
2. Drei Sünden gegen die Ma'at 60
    a) Trägheit und Vergessen: das Füreinander-Handeln als aktive Solidarität/Reziprozität 60
    Gegenseitigkeit und Erinnerung: iustitia „connectiva" 60 – Die Rückkehr der Tat zum Täter. Schenken und Vergelten als Paradigma der Sozialität 64
    b) Taubheit und Freundschaft: Ma'at als kommunikative Solidarität/Reziprozität 69
    Sprache als Paradigma kommunikativen Handelns: Reziprokes und Konverses Handeln 69 – Die Kunst des Hörens 73 – Verstocktheit und sozialer Tod 76 – Von der Sprache leben: das solidarische Reden 77 – Kommunikationsverlust und Gewalt 82
    c) Habgier. Gemeinsinn als intentionale Solidarität 85
    Habgier und Fest 86 – Habgier und Sozialität 87

IV. Vertikale Solidarität: Tugend und Fortdauer

1. Grab und Gerechtigkeit 92
   a) Unrecht Gut vererbt sich nicht 92
   b) Das Zeugnis der biographischen Grabinschriften. „Liebe" und „vertikale Solidarität" 97
2. Die Denkmalhaftigkeit der Tugend 109
3. Ma'at und die Schöpfung des inneren Menschen 114
   a) Der „Ba" 114
   b) Osiris und das Jenseits 117
   c) Das Herz und der „innere Mensch" 119

V. Reinheit und Unsterblichkeit: Die Idee des Totengerichts

1. Die Schwelle zur anderen Welt 122
   a) Kontinuität und Verwandlung der Person. Fortdauer und Unsterblichkeit 122
   b) Jenseitsgericht und Totengericht 126
   c) Die Herzwägung als Übergangsritus 132
2. Totenbuch 125: die Kodifizierung der Ma'at 136
3. Die priesterliche Reinigungsbeichte 140
4. Schuld und Individualität 149
5. Die konzentrischen Kreise 153

VI. Die Rechtfertigung des Sonnengottes und das Gelingen des kosmischen Prozesses

1. Ma'at als Göttin 160
2. Ma'at als kosmogonisches Prinzip 167
3. Ma'at im Sonnenlauf 174
   a) Der Sonnenlauf als Herrschaft und Lebensprozeß: Allgemeines 174
      Der Ursprung des Bösen: die Spaltung der Welt 174 – „Ma'at vor Re" 177
   b) Die zornige Gerechtigkeit: Der Sonnenlauf als Herrschaftsausübung . . 180
   c) Die lebenspendende Gerechtigkeit. Der Sonnenlauf als Lebenszyklus . . 184
      Ma'at vor Re: die ägyptische Theorie des Opfers als Antworthandlung 184 – sj^cr $M3^ct$: die Darbringung der Ma'at als Sprechakt 192
4. Vereindeutigung durch Polarisierung: Die Rechtfertigung des Sonnengottes und des Menschen 196

VII. Kosmos und Staat. Das Gelingen des politischen Prozesses: Idee und Mythos des Staates in Ägypten

1. Der Mittler 201
2. Polarisierung und Politisierung: die Lehre von der Isfet 213
   a) Negative Anthropologie: die Staatsangewiesenheit des Menschen . . . 213
   b) Negative Kosmologie: die Staatsangewiesenheit des Kosmos 218
3. Die Heilsgüter des Staates 222
   a) Versorgung und Fülle 226

b) Sicherheit, Frieden, Vertrauen, Verständigung 228
   c) „Lebenshauch", Fortdauer, Unsterblichkeit 230
4. Das Gegenmodell des Echnaton: „direkte Kausation" und Entpolarisierung
   der Welt 231
   a) Positive Anthropologie und Kosmologie 231
   b) Anthropozentrik und direkte Kausation 233

VIII. Ursprung und Krise der Ma`at

1. Vor der Ma`at: Gegenseitigkeit und Solidarität 237
   a) Anthropologische Grundlagen: Zirkulation 237
   b) Ethnologische Grundlagen: Binnensolidarität („Amity") 238
   c) Brauch und Sitte 241
2. Vertikale Solidarität 242
   a) Schöpfung und Herrschaft 242
   b) Herrschaft und Heil, Staat und Unsterblichkeit 244
   c) Vertikale Solidarität: Schutz gegen Gehorsam 245
3. Vertikale und horizontale Solidarität: anthropologische Implikationen . . . 248
4. Ausgänge aus der Ma`at 252
   a) Theologie des Willens: Weisheit versus Frömmigkeit 252
   b) Der „Verlust der Staatsidee" 260
      Gott als König 260 – Der Fromme König 262
   c) Exodus aus der Kultur? 267

IX. Schluß: der Ort der Ma`at in der Religionsgeschichte der Gerechtigkeit

1. Zwischen Geschichte und Vorgeschichte 273
   a) Ma`at und die Genealogie der Moral 273
   b) Ma`at und die Genealogie der Religion 279
   c) Religion und Widerstand 281
2. Weltordnung als Gerechtigkeit: iustitia connectiva 283

Abkürzungen 289

Verzeichnis der Abbildungen und Bildquellen 290

Literatur 291

Register 309

1. Sachen und Begriffe 309
2. Namen (Auswahl) 316

*Die Göttin Ma'at, Relief aus dem Grab Sethos' I.
(19. Dyn., um 1300 v. Chr.)*

Vorwort

Es gibt eine Linie in der abendländischen Religions- und Geistesgeschichte, die über Nietzsche, Paulus und Moses nach Ägypten führt. Es ist eine Geschichte der Befreiung von Unterdrückung und Überforderung. Moses hat durch das Gesetz die Israeliten von politischer Unterdrückung befreit, für die Ägypten das Urbild abgibt. Paulus hat durch den Glauben an Jesus Christus die Menschen vom Gesetz befreit. Das Projekt der Moderne wiederum, für das der Name Nietzsche symbolhaft stehen mag, wollte den Menschen frei machen von der Überforderung durch den Glauben und der Bevormundung durch die Theologie. In diesem Prozeß hat sich aber jede Stufe – die Torah, der Christusglaube – bis in die Moderne in ihrem Eigenverständnis erhalten. Nur Ägypten ist untergangen, und kein Eigenverständnis korrigiert das polemische Bild, das sich in der abendländischen Befreiungsgeschichte von ihm erhalten hat. So markiert Ägypten die Grenze, bis zu der unsere Erinnerung reicht und die Jaspers mit seiner Lehre von der Achsenzeit als den „Ursprung der Geschichte" gefeiert hat.

Dieses vergessene Eigenverständnis der ägyptischen Kultur, ihre Innenansicht, erschließt sich in dem Begriff Ma`at. Mit diesem Begriff und der damit verbundenen Lehre verlängert sich die Geistesgeschichte der Menschheit um einige Jahrtausende, und wir gelangen an den ersten Ursprung staatlich organisierter Formen menschlichen Zusammenlebens zurück. Es zeigt sich, daß auch diese Lehre mit dem Pathos der Befreiung auftritt. Die Unterdrückung, von der die Ma`at frei macht, besteht in der Vergewaltigung des Schwachen durch den Starken. Das zivilisatorische Projekt der Zähmung des Menschen zum Mitmenschen tritt uns hier in der Morgenfrische des ersten Males entgegen. Die geistige Grundlage dieser neuen, „zivilen" Form des Miteinander-Lebens ist die Lehre von der Ma`at, seine institutionelle Gestalt ist der Staat.

Um diese Vorgeschichte verlängert, erscheint die Befreiungsgeschichte des Abendlandes als eine gegenläufige oder Ent-Säkularisierung. Was säkular begann, diesseitig, sozial, politisch, wurde mit jedem Befreiungsschritt religiöser, theologischer, jenseitiger. In Wirklichkeit handelt es sich eher um einen Prozeß der Differenzierung, in dem das befreiende Prinzip, das Heil, in wachsende Distanz zu „dieser" Welt trat. Ma`at ist ein „kompakter" Begriff, der sich in anderen Sprachen nur umschreiben läßt: Wahrheit, Gerechtigkeit, Recht, Ordnung, Weisheit, Echtheit, Aufrichtigkeit. Er bezieht sich auf Moral und Manieren im menschlichen

Zusammenleben, auf die göttliche Gerechtigkeit des Totengerichts, auf die tägliche Überwindung des Chaos durch den kosmosschaffenden Sonnengott und die kosmosschaffende Gesetzgebung seines irdischen Abbilds, des Königs. Dieser Prozeß einer differenzierenden Entsäkularisierung tritt aber bereits in der ägyptischen Geistes- und Religionsgeschichte hervor. Die Heraufkunft der Idee vom Totengericht markiert in diesem Prozeß den ersten entscheidenden Schritt der Differenzierung und Verjenseitlichung. Den zweiten Schritt und zugleich eine Krise der Ma`at bedeutet dann im Neuen Reich die Heraufkunft einer neuen „Theologie des Willens" mit der ihr korrespondierenden Mentalität der „Persönlichen Frömmigkeit". Beide Schritte weisen in eine Richtung, die sich in der späteren Geschichte Israels und des Abendlandes fortsetzt. Daher ist das Unterfangen, diese Geschichte zu schreiben, auch ein Akt kultureller Rückerinnerung, der sich seines Standorts in der abendländischen Geistesgeschichte bewußt ist.

Dieses Buch ist hervorgegangen aus einem Kapitel, das meinem Versuch einer Darstellung ägyptischer „Theologie und Frömmigkeit" vorangehen sollte.[1] Anhand einer Analyse des Ma`at-Begriffs wollte ich zeigen, warum der Begriff „ägyptische Religion" irreführend ist, erweckt er doch die Vorstellung eines Gebiets, das mit objektiven Kriterien aus dem Ganzen der ägyptischen Kultur ausgrenzbar ist. Demgegenüber kam es mir darauf an zu zeigen, daß die zentralen ägyptischen Begriffe, und besonders der Begriff Ma`at, gebietsüberschreitend sind und jeden Versuch einer quellensprachlichen bzw. „eigenbegrifflichen" Abgrenzung verbieten. Begreiflicherweise wuchs sich schon damals, vor sechs Jahren, das Kapitel zu einem Umfang aus, der seine Aufnahme in das 1984 erschienene Buch unmöglich machte.

Die Anstöße, diesen Ansatz zu einem eigenen Buch auszubauen, kamen von außen, aus einer Richtung, die mit der Linie Nietzsche – Paulus – Moses angedeutet ist. Den entscheidenden Anstoß zur Beschäftigung mit dem Ma`at-Begriff gab die Arbeit an einem Text, den Aleida Assmann aus nachgelassenen Tonbandmitschnitten einer Vorlesungsreihe des jüdischen Philosophen Jacob Taubes über die „Politische Theologie des Paulus" redigiert hat. Mit dem Begriff einer Politischen Theologie, d. h. der Beziehung von „Herrschaft" und „Heil", scheint mir der geschichtliche Zusammenhang am präzisesten bezeichnet, in dem ich die ägyptische Ma`at-Lehre situieren und behandeln möchte.[2] Im Gegensatz

---

[1] *Ägypten – Theologie und Frömmigkeit einer frühen Hochkultur*, Stuttgart 1984.

[2] Vorträge über den Römerbrief, gehalten an der Forschungsstätte der evangelischen Studiengemeinschaft in Heidelberg, 23.–27. 2. 1987, unpubliziert. Zum Thema „Politische Theologie" vgl. die von J. Taubes herausgegebenen Bände *Der Fürst dieser Welt* (1983), *Gnosis und Politik* (1985) und *Theokratie* (1987).

zu Nietzsche und Paulus gehört aber die Gestalt des Mose und das in der Erinnerungsfigur des Exodus kristallisierte Ägyptenbild unmittelbar zum Thema dieser Arbeit. Sie greift damit Anregungen neuerer Arbeiten von jüdischer Seite auf, die das traditionelle israelitische Ägyptenbild aktualisiert haben. Neben den orthodoxen und daher bewußt einseitigen Darstellungen von A. Neher[3] und R. Draï,[4] denen der Ägyptologe, so wichtig ihm die hier überlieferte Erinnerung ist, nicht folgen wird, hat mich besonders tief Michael Walzers Buch *Exodus and Revolution*[5] beeindruckt.

Den zweiten Anstoß zur Beschäftigung mit dem ägyptischen Ma`at-Begriff gab die Arbeit an einem Projekt, das den Gebietscharakter einer spezifischen Wissenschaft vielleicht noch entschiedener überschreitet als das Projekt „Politische Theologie", nämlich die Mitarbeit an drei gemeinsam mit Aleida Assmann organisierten Tagungen des Arbeitskreises „Archäologie der literarischen Kommunikation" zum Thema „Weisheit", sowie, im engsten Zusammenhang hiermit, unsere gemeinsame Teilnahme an der dritten der von S. N. Eisenstadt geleiteten „Achsenzeit"-Konferenzen zum Thema „Reflexivität".[6]

Karl Jaspers' These von der Achsenzeit, 1949 erstmals aus akutem Anlaß vorgetragen, hat durch Eisenstadts Initiative eine neue Aktualität bekommen. Eisenstadt hat Jaspers' Bekenntnis zu den „Großen Traditionen" der Menschheitsgeschichte in eine kultur- und vor allem religionssoziologische Theorie umgeformt, die den historischen Wissenschaften zur Prüfung aufgegeben ist. Für die Ägyptologie stellt diese Theorie eine besondere Herausforderung dar. Es geht um die Frage nach dem Ort Ägyptens im Rahmen jener Geistesgeschichte, in der wir, die wir derartige Untersuchungen anstellen, stehen und die in die Tiefe der Zeit zurückreicht. Daß Ägypten überhaupt einen Ort in dieser Geschichte hat, sollte nicht zweifelhaft sein. Anders als z. B. die Kulturen Alt-Amerikas hat Ägypten von Anfang an auf die abendländische Geschichte eingewirkt. Die Frage ist nur, ob die Beziehung dieser in die Antike zurückreichenden Traditionen des Abendlandes zu Ägypten als Evolution oder Revolution, Schritt oder „Sprung" zu rekonstruieren ist.

Jaspers' These von der Achsenzeit sieht in diesem Übergang von der vorgriechischen zur griechischen, der vorisraelitischen zur israelitischen Welt den menschheitsgeschichtlich schlechthin entscheidenden Einschnitt. Allerdings leidet ihre Begründung unter Jaspers' weitgehender Unkenntnis der vorachsenzeitlichen Welt. Erst durch Eric Voegelin, der

---

[3] André Neher, *Moïse*, Paris 1957.
[4] Raphaël Draï, *La sortie d'Égypte. L'invention de la liberté*, Paris 1986.
[5] New York 1985, dt. *Exodus und Revolution*, Berlin 1988.
[6] Vgl. Kapitel 1, n.16 und 17.

dieselbe These mit einem erheblichen Aufwand an historisch-philologischer Arbeit vertrat, ist sie für den Historiker überhaupt diskussionsfähig geworden. Jaspers' These hat aber nur dann einen historischen Erkenntniswert, wenn sie sich von der Analyse vorachsenzeitlicher Kulturen her bestätigen läßt, wenn also beide Seiten dieser Achse, das Vorher und das Nachher, in vergleichbarer Beleuchtung im Blick stehen. Die Kultur des pharaonischen Ägypten kann für eine Untersuchung der vorachsenzeitlichen Welt als besonders geeignet gelten: Aufgrund des ungewöhnlichen Reichtums an schriftlicher Überlieferung und der drei Jahrtausende umfassenden Zeittiefe, in die diese Überlieferung zurückreicht.

Diese Herausforderung wollen wir aufgreifen. Wir geben Jaspers darin recht, daß unser Denken geprägt ist von geistigen Traditionen, die bis in die Antike, bis zu Homer und – beispielsweise – Amos zurückreichen, und daß hier eine Grenze erreicht ist, vor der unser „unmittelbares" Verstehen und Angerührtsein aufhört. Hier stoßen wir an den Horizont dessen, was wir das „Kulturelle Gedächtnis" genannt haben[7] und was sich notwendigerweise horizontbildend konstituiert, weil es nicht ohne Bezug auf eine Trägerschaft, eine kulturelle Identität denkbar ist. Der Ägyptologe arbeitet jenseits dieses Horizonts. Das ist seine Schwäche und seine Chance. Seine Schwäche: weil er auf jenes Verstehen und Angerührtsein verzichten muß, das den Theologen und Humanisten wie selbstverständlich leitet. Und seine Stärke: weil er der Gefahr des ethnozentrischen Vorurteils weniger ausgesetzt ist und den Horizont besser ermessen kann, der das humanistische und theologische Verstehen bedingt. Mit diesem Horizont im Blick kann sich auch das erkennende Eindringen einer philologischen Untersuchung in fremdes Gelände den Befunden bis zum Verstehen nähern. Dieses Verstehen würde ich als die Rekonstruktion der Beziehung definieren, in der die erschlossene Welt zu den Traditionen der unsrigen steht. Daher ist die Jaspers'sche Hypothese für die Ägyptologie von hermeneutischem Interesse, und dieses Buch versteht sich als den ersten Versuch, das Problem mit den Mitteln der Ägyptologie anzugehen. Dabei wird es nicht um die faktischen Einflüsse Ägyptens auf Europa gehen, eine Arbeit, die Morenz bereits durchgeführt hat.[8] Denn dabei kommt von Ägypten immer nur das in den Blick, was in Europa weitergewirkt hat. Worum es uns geht, ist im Gegenteil, die geistige Welt der Ägypter so umfassend wie möglich und in dem ihr eigenen Aufbau zu Gesicht zu bekommen.

---

[7] J. Assmann, T. Hölscher (Hgg.), *Kultur und Gedächtnis*, Frankfurt 1988; A. u. J. Assmann, *Kulturen der Erinnerung* (in Vorber.); A. Assmann, D. Harth (Hgg.), *Kultur als Lebenswelt und Monument* (im Druck).

[8] S. Morenz, *Die Begegnung Europas mit Ägypten*, Sitzungsberichte der Sächsischen Akademie der Wissenschaften Leipzig, 113.5, 1968.

Für ein solches Projekt scheint sich der ägyptische Begriff Ma`at vor allen anderen anzubieten. Daher geht die Untersuchung am Leitfaden einer Begriffsanalyse von Ma`at vor. Wir werden den Begriff in den Diskursen aufsuchen, in denen er zentral ist: Weisheitsliteratur, autobiographische Grabinschriften, Totenliteratur, Sonnenhymnen und Königsinschriften. Der Leser wird also mit der ganzen Materialfülle an Primärquellen konfrontiert werden, die der Verfasser irgend mobilisieren kann, um diesen Aufbau herauszuarbeiten. Trotzdem soll er, das ist die Absicht dieses Buches, das allgemeine Problem nicht aus dem Auge verlieren, das diese Untersuchung leitet: die Frage nach dem Exodus, der uns von Ägypten zugleich trennt und mit ihm verbindet.

Nachdem ich die Thesen dieses Buches erstmals im Januar 1988 vor der Akademie der Wissenschaften in Heidelberg vortragen und diskutieren konnte, hatte ich die unschätzbare Gelegenheit, sie im Rahmen zweier kürzerer Gastprofessuren auch am Collège de France in Paris und an der Universität Yale zur Diskussion zu stellen.[9] Von der stimulierenden Gesprächsatmosphäre dieser drei so verschiedenen Kontexte hat meine Arbeit profitiert, ebenso wie von den Diskussionen der Ma`at-Tagung, die Erik Hornung im Mai 1989 in Basel veranstaltet hatte. Erik Hornung und Elisabeth Staehelin, Wolfgang Helck, Miriam Lichtheim und Friederike Kampp, die in diesem Zusammenhang das Manuskript gelesen und wertvolle Hinweise und Einwände beigesteuert haben, gilt mein besonderer Dank, ebenso wie Ernst Peter Wieckenberg, dessen Sorgfalt dem Leser manchen Stolperstein aus dem Weg geräumt hat.

Als einer dieser Stolpersteine erwies sich bereits der Titel, den ich dem Buch ursprünglich geben wollte: *Vertikale Solidarität*. Daß das Vertikale oder Senkrechte es mit oben und unten zu tun hat, im Gegensatz zum Horizontalen oder Waagrechten, ist nicht jedem auf Anhieb klar. Der Begriff bringt das Thema dieses Buches gleichwohl auf eine bündige Formel. Worum es geht, ist die Frage nach dem, was die Menschen zur Gemeinschaft verbindet. Hier gibt es in der Menschheitsgeschichte nur zwei Optionen: die eine fordert die Einfügung des einzelnen in ein vertikal oder hierarchisch organisiertes Ordnungsgefüge, die andere die prinzipielle Gleichheit aller in einer horizontal oder egalitär aufgefaßten Gesellschaft. Der französische Soziologe und Indologe Louis Dumont hat diese beiden Optionen als *homo hierarchicus* und *homo aequalis* einander gegenübergestellt. Der Begriff der „vertikalen Solidarität" entspricht dem *homo hierarchicus*, aber er bringt neben dem Gedanken der Unterordnung auch die Idee der Gemeinschaft zum Ausdruck, ohne die Un-

---

[9] Hierfür bin ich meinen Kollegen J. Leclant, P. Vernus und W. K. Simpson zu besonderem Dank verpflichtet. Die Pariser Vorlesungen erschienen 1989 unter dem Titel *Maât, L'Égypte pharaonique et l'idée de justice sociale* bei Juillard, Paris.

terordnung in Unterdrückung umschlägt, ebenso wie übrigens auch die auf dem Prinzip des *homo aequalis* basierenden Gesellschaftsformen ohne Solidarität in Ausbeutung umschlagen. Wir selbst, die wir im Zeichen des *homo aequalis* leben und denken, haben es schwer, in den Lebensformen des *homo hierarchicus* etwas anderes als Unfreiheit und Unterdrückung zu sehen, nämlich eine Form der Solidarität. Der Historiker muß versuchen, einen Standpunkt oberhalb dieser streitenden Parteien zu gewinnen, der es erlaubt, jeden dieser entgegengesetzten Entwürfe in seinem Eigenrecht zu rekonstruieren, ohne ihn zugleich vom Standpunkt der Gegenseite als Unfreiheit oder Unfrieden zu denunzieren. In diesem Sinne möchte dieses Buch durch die Rekonstruktion altägyptischer Denkformen dazu beitragen, Klischees abzubauen und einen weiteren Blick auf die Möglichkeiten des Menschseins freizulegen.

Heidelberg, Januar 1990

I. Einführung: Weltordnung und soziale Gerechtigkeit. Der Ort der Ma'at in der Religions- und Geistesgeschichte

1. Die sprachlichen Grundlagen

Am Ende des Weges, den wir mit den Namen Nietzsche, Paulus und Moses als einen Weg der Befreiung gekennzeichnet haben, steht Ägypten in der Gestalt des Pharao, aus dessen Hand Moses die Kinder Israels befreit. Pharao ist aber, von Ägypten aus gesehen, kein willkürlicher Despot, sondern seinerseits einer Gottheit verantwortlich, die mit dem Anspruch der Befreiung auftritt. Das ist die Göttin Ma'at, die Göttin der Wahrheit und Gerechtigkeit. Ma'at ($m3^ct$) ist eine Göttin des ägyptischen Pantheons, ein Wort der ägyptischen Sprache, und ein – wenn nicht geradezu *der* – Zentralbegriff der altägyptischen Kultur. Wovon sie befreit, diese Frage zu beantworten wird die Aufgabe dieser Untersuchung sein. Eine erste Annäherung kann aber schon über den Namen selbst, seine Etymologie und Schreibung, versucht werden. Der Name, der ursprünglich „Mu'at" gelautet haben muß,[1] hängt mit einem Verbum $m3^c$ zusammen, das „lenken, richten, den Dingen eine Richtung geben", des weiteren auch „darbringen, opfern" bedeutet.[2] Demnach wäre Ma'at ursprünglich so etwas wie der „Richtungssinn" einer als Prozeß oder Bewegung vorgestellten Wirklichkeit bzw. die Kraft, die eine Bewegung in die richtige Richtung lenkt. Diesen Zusammenhang kann man sich an der ähnlichen Situation im Deutschen klar machen: „richten", „richtig" und „Richtung" verweisen auf die gleiche Einheit von Recht, Wahrheit und Steuerung oder „Richtungssinn", wie sie offenbar auch im ägyptischen Ma'at-Begriff zum Ausdruck kommt. Daraus ergibt sich

---

[1] Die Aussprache Ma'at beruht auf ägyptologischer Konvention. Hieroglyphisch erscheint das Wort als m-3-ᶜ-t. Da die Hieroglyphenschrift keine Vokale schreibt, behilft sich die Ägyptologie damit, daß sie die Konsonanten 3 (Aleph) und ᶜ ('ajin) als „a" ausspricht. Der Stamm ist, wie im Ägyptischen und in den semitischen Sprachen üblich, dreiradikalig; das -t ist die Femininendung. In diesem Fall ist die ursprüngliche Vokalisation Mu'at, d. h. mu3ᶜat, über Königsnamen erschließbar, die auch in keilschriftlicher Wiedergabe auftauchen, wie Nibmu'aria: ni-ib-mu-a-ri/e-a = $Nb\text{-}m3^c\text{-}t\text{-}R^cw$ (Amenophis III.), Minmu'aria: mi-in-mu-a-ri/e-a = $Mn\text{-}m3^c\text{-}t\text{-}R^cw$ (Sethos I.), Wasmu'aria: wa-as-mu-a-ri/e-a = $Wsr\text{-}m3^c\text{-}t\text{-}R^cw$ (Ramses II.) (Edel, in: *JNES* 7, 1948, 22), s. Osing, *Nominalbildung*, 375. Koptisch wird daraus ᴮ MEI, ˢ MEE, s. Osing, a. a. O., 439.

[2] Vgl. W. Westendorf, „Ursprung und Wesen der Maât".

für unsere Frage nach dem „wovon" der Befreiung ein Begriff wie „Orientierungslosigkeit", eine Welt ohne Sinn und Richtung, die keine Berechnung und kein Vertrauen ermöglicht.

Ideographisch kann das Wort mit zwei verschiedenen Zeichen geschrieben werden: dem „Sockel"[3] und der Feder. Da ideographische Schreibungen das Gemeinte abbilden, darf man davon ausgehen, daß der Bezug zwischen dem abgebildeten Gegenstand und dem gemeinten Begriff nicht ganz willkürlich ist. Ein Begriff wie „Wahrheit-Gerechtigkeit" ist natürlich nur metaphorisch mit einem abbildbaren Gegenstand in Verbindung zu bringen; und es ist nicht auszuschließen, daß die Assoziation nur über das Lautliche läuft, daß also dieser Gegenstand zufällig einen ähnlich klingenden Namen hat. Das ist aber anderweitig weder für die Feder, noch für den „Sockel" bekannt. So darf man vermuten, daß sich die Assoziation zwischen dem Begriff Ma'at und den abbildbaren Gegenständen aus einer Wesensbeziehung ergibt, daß also der Begriff etwas „Sockel-artiges" und etwas „Feder-artiges" beinhaltet. Was den Sockel angeht, liegt es nahe, an die Funktion einer tragenden Basis zu denken.[4] In der Tat ist in einem Sonnenhymnus einmal davon die Rede, daß sich „Ma'at mit dem Sockel vereint".[5] Ma'at befreit also von der Unbeständigkeit des in den Sand Gebauten und ins Wasser Geschriebenen, indem sie allem Handeln Fundament und Dauer verleiht. Für die Feder, die das Symbol der Göttin Ma'at ist, liegt eine Bedeutung wie „Lufthaftigkeit" nahe,[6] wobei die Luft als (metaphorisches) Symbol der Wahrheit/Gerechtigkeit gemeint ist; tatsächlich wird die Ma'at „eingeatmet", ist sie „die Atemluft für die Nase" usw.,[7] wird sie, allerdings

---

[3] C. J. Bleeker, *Beteekenis*. Was die Bedeutung des Schriftzeichens (⎓) angeht, stammt der älteste Vorschlag schon von Champollion. Er wollte darin das Bild einer ägyptischen Elle sehen und die ursprüngliche Bedeutung von Ma'at daher in derselben Richtung wie gr. *kanon* und lat. *regula* suchen („Maß, Maßstab, Lineal"). Diese Deutung hat sich jedoch nicht durchsetzen können, weil den ägyptischen Ellen die für das Zeichen Ma'at charakteristische Abschrägung fehlt. Bleeker deutete das Schriftzeichen als „abgemessenes Stück Land". W. Westendorf sieht in dem Schriftzeichen ein Architekturelement zur Lichtführung in Fensteröffnungen (a. a. O.). Heute hat sich die von H. Brunner, „Gerechtigkeit als Fundament des Thrones" vorgeschlagene Deutung wohl allgemein durchgesetzt.

[4] Brunner hat im Hinblick auf die biblische Wendung von der „Gerechtigkeit als Fundament des Thrones" das Schriftzeichen als „Basis" von Thronen und Kapellen interpretiert.

[5] Vgl. J. Assmann, *Liturg. Lieder*, 150, 157 (9).

[6] S. bes. I. Shirun-Grumach, „Remarks on the Goddess Ma'at". W. Helck, in: *LÄ* III, 1111, sieht darin ein allgemeines „Zeichen der Heiligkeit", D. Jankuhn, in: *GM* 8, 1973, 19f., möchte über die Gleichsetzung von Ma'at und Westgöttin darin die „libysche Feder" erblicken.

[7] Vgl. J. Bergman, *Ich bin Isis*, 181–195 (Ma'at als „Kehle", „Luftröhre", „Atemluft").

Geflügelte Ma`at, aus dem Grab der Königin Nefertari in Theben (19. Dyn., um 1250 v. Chr.)

m. W. erst im Neuen Reich, oft mit Flügeln dargestellt. Ma`at befreit in ihrem lufthaften Aspekt von dem, wovon auch Gott und König befreien sollen, wenn sie angerufen werden: „Gib Luft!". Atemnot ist im Ägyptischen die zentrale Metapher für Not und Bedrängnis.

2. Ma`at – Kultur oder Religion?

Mit dem Konzept Ma`at hat eine vergleichsweise sehr frühe Kultur auf höchster Abstraktionsstufe einen Begriff geprägt, der menschliches Handeln und kosmische Ordnung miteinander verknüpft und damit Recht, Moral, Staat, Kult und religiöses Weltbild auf eine gemeinsame Grundlage stellt. Als Zentralbegriff des ägyptischen Denkens ist er unübersetzbar: Er steht und fällt mit dem ägyptischen Weltbild. Es scheint kaum eine Sprache zu geben, die ein Wort ähnlichen Bedeutungsumfangs kennt, denn es gibt keine Kultur bzw. Gesellschaft, die ein dem altägyptischen hinreichend ähnliches Weltbild ausgebildet hätte. Wir pflegen daher den Begriff unübersetzt zu lassen, was oft die beste Lösung ist, oder aber mit mehreren Wörtern zu umschreiben wie „Wahrheit, Gerechtigkeit, Weltordnung", „vérité, justice, ordre", „truth, justice, order" usw. Eine adäquate Umschreibung müßte natürlich wesentlich länger sein. Sie kann leicht den Umfang eines ganzen Buches annehmen, weil sie große Teile des Weltbildes rekonstruieren muß, in dessen Rahmen der Begriff, um den es geht, zentral ist.[8] Das mag auch der Grund dafür sein, warum eine umfassende Behandlung des Begriffs Ma`at bis heute fehlt.

Im Begriff der Ma`at liegt ungeschieden beieinander, was später in Staats-, Moral-, Naturphilosophie und Theologie auseinandertreten wird. Die ägyptische Ma`at-Lehre bezieht sich auf den Ort des Individuums in der Gesellschaft, den Ort der Gesellschaft im pharaonischen Staat und den Ort des Staates im Kosmos. Als der Oberbegriff aller Bindungen und Verpflichtungen – gegenüber dem Mitmenschen, dem Staat und dem „Heiligen" – und als Oberbegriff aller Denken und Handeln steuernden Axiome entspricht sie dem, was am angemessensten als „ägyptische Religion" zu bezeichnen wäre. Das setzt aber einen Religionsbegriff voraus, der in scharfem Gegensatz zu dem uns aus der jüdisch-christlichen Tradition vertrauten Religionsbegriff steht. Am Leitfaden einer Analyse des Ma`at-Begriffs gewinnen wir Einblick in eine Form von Religion, die nicht nur anders ist als das, was sich in Israel in einem ganz neuen Sinne als Religion entwickelt – so wie sich alle Religionen voneinander unterscheiden –, sondern die in vieler Hinsicht das genaue Gegenteil zu Religion in diesem neuen Sinne darstellt und von deren Standpunkt dementsprechend als „Heidentum" abgelehnt wurde. Die Ma`at-Lehre ist eine „Religion", aber eine heidnische, sie ist weltbezogen, innerweltlich und umfassend; als In- und Oberbegriff aller Normen, Verpflichtungen und Axiome, die das menschliche Leben in den sozialen und politischen Ordnungen des Zusammenlebens steuern, deckt sie sich mit dem, was auch „Kultur" genannt werden könnte,[9] sie ist eine „symbolische Sinnwelt", die alles Handeln und alle Ordnungen und Institutionen fundiert.[10] Religion im strengen Sinne dagegen deckt sich keineswegs mit „Kultur"; sie wirkt im Gegenteil als eine kultur- und herrschaftskritische Instanz, sie konstituiert einen archimedischen Punkt, von dem aus die politischen und sozialen Ordnungen veränderbar wer-

---

[8] Ein klassisches Beispiel aus einem thematisch verwandten Gebiet ist etwa J. E. Harrison, *Themis*. So könnte sich denn auch eine Umschreibung des Begriffs Ma`at, wie Anthes einmal treffend feststellte, zu einer ganzen Kulturgeschichte des Alten Ägypten auswachsen: R. Anthes, *Die Maat des Echnaton*, 2, Anm. 3. Allerdings bilden die im Wort Ma`at in eins gesetzten Begriffe „Wahrheit" und „Gerechtigkeit" in anderen Sprachen, die dafür zwei Worte haben, eine feste Verbindung (wie etwa im Deutschen); es gibt auch Sprachen, die beide Begriffe in einem Wort verschmelzen, wie etwa das Russische (*prawda*) und das Altpersische (*aša*), vgl. dazu H. Hommel, „Wahrheit und Gerechtigkeit".

[9] Für S. Freud und J. Huyzinga etwa ist Kultur das System gegenseitiger Verpflichtungen.

[10] P. L. Berger, Th. Luckmann, *Die gesellschaftliche Konstruktion der Wirklichkeit*, Frankfurt 1964.

den. Religionen „im strengen Sinne" setzen Religionen „im weiten Sinne" (von Kultur) voraus, sie finden sie vor und bauen in polemischer Abgrenzung auf ihnen auf. Daher kann man die beiden Typen von Religion mit Th. Sundermeier als „primäre" und „sekundäre Religionserfahrung" unterscheiden.[11] Das aussagekräftigste Beispiel für die Entstehung „sekundärer" Religion aus der Situation polemischer Abgrenzung bildet die Konstellation von Israel und Ägypten in der Exodus-Überlieferung. Diese Konstellation hat darüber hinaus bis heute, bis in die lateinamerikanische Befreiungstheologie hinein, geschichtsmächtig gewirkt und den fundierenden Mythos für verschiedenste Befreiungsbewegungen abgegeben.[12] Religionen in diesem Sinne sind ein Weg der inneren Anpassung an das Heilige, ein Weg also der Selbstheiligung und „Erlösung", der aus der Kultur als dem System konventionalisierter Bindungen von Mensch, Kosmos und Gesellschaft herausführt, um den Menschen unmittelbar vor Gott zu stellen.

Ma`at konstituiert wie alle „primären Religionen" einen Zustand geordneter Verhältnisse, zu dessen vielen Aspekten auch die harmonische Beziehung zu den Göttern gehört. Sekundäre Religionen dagegen konstituieren eine harmonische Gottesbeziehung, zu deren vielen Aspekten dann auch geordnete politische und soziale Verhältnisse gehören, die aber immer auch Loyalitätskonflikte erzeugen kann, wenn im Einzelfall die Forderungen gegenüber Gott, Staat oder Mitmensch auseinandergehen. Die beiden Systeme schließen sich gegenseitig aus. Wo „Ma`at" herrscht, kann es „Religion" (im sekundären, d. h. eigentlichen und emphatischen Sinne) nicht geben, und wo „Religion" herrscht, wird „Ma`at" ausgeschlossen.

Wenn dieser Satz zuträfe, dürften wir nicht von ägyptischer „Religion" sprechen, jedenfalls nicht, solange die ägyptische Kultur von der Ma`at-Lehre beherrscht wird. Denn es ist evident, daß es in Ägypten keine Religion gab, von der Loyalitätskonflikte ausgehen konnten. Der Fall ist hier ganz undenkbar, daß sich ein Einzelner einer Forderung des Königs oder Mitmenschen aus Gehorsam gegenüber einer Gottheit hätte widersetzen können. Es wäre auch der Fall undenkbar, daß sich im pharaonischen Ägypten ein Einzelner aus den Bindungen gegenüber dem König und den Mitmenschen zurückgezogen hätte, um ganz seiner religiösen Bindung zu leben (was umso bemerkenswerter ist, als Ägypten ja später im Zeichen des Christentums zum klassischen Land der

---

[11] Th. Sundermeier, „Religion, Religionen", 411–423, bes. 417f. Wir werden auf diese Unterscheidung und ihre Bedeutung für die ägyptische Religionsgeschichte im Schlußkapitel näher eingehen.
[12] Vgl. hierzu besonders M. Walzer, *Exodus and Revolution*, sowie ders., *The Revolution of the Saints, A Study in the Origins of Radical Politics*, Cambridge (Mass.) 1965.

Einsiedler wurde). Die religiösen Bindungen erfüllen sich in den Bindungen gegenüber dem Staat und dem Mitmenschen, und es ist die Ma`at-Lehre, die sie ausformuliert.

Religionen im Sinne von „Ma`at" kann man als „Traditions- oder Kulturreligionen" bezeichnen.[13] Dieser Begriff bezieht sich auf Religion im umfassenden Sinn einer „symbolischen Sinnwelt", die, gleichbedeutend mit „Kultur", menschliches Handeln und politische Ordnung fundiert. Demgegenüber bezieht sich der Begriff einer „(sekundären) Religion im strengen Sinne" auf ein System von Überzeugungen und Verpflichtungen, das von den allgemeinen Fundierungen des Zusammenlebens unterschieden ist und zu diesen in Konflikt geraten kann. Das entscheidende Kennzeichen dieses neuen Typs von Religion ist der Bekenntnischarakter im Sinne einer „normativen Selbstdefinition".[14] Diese Religion muß „bekannt" werden, sie stiftet eine exklusive Form der Zugehörigkeit. Typische Kennzeichen dieser Form der Zugehörigkeit sind Konversion, Apostasie, Anachorese und Märtyrertum. Daher ist dieser Typus wohl am angemessensten als „Bekenntnisreligion" zu bezeichnen. Eine Religion dieses Typs fundiert eine „alternative" Lebensform, die sich in bewußten Gegensatz zur Tradition der „Kultur" stellt. Ein strikt nach den Forderungen solcher Religionen geführtes Leben impliziert die Auswanderung aus den traditionellen Lebensformen und Alltagsnormen der Kultur. Eine solche Sezession aus der „Kultur" in einen alternativen Lebensstil kennzeichnet die orphischen und pythagoräischen Sekten sowie die späteren Philosophenschulen (Akademie, Peripatos, Lykaion, Stoa usw.) in Griechenland,[15] das israelitische „Heiligkeitsgesetz" und die prophetische Bewegung, die jüdischen und urchristlichen Bewegungen, die gnostischen, hermetischen und sonstigen religiösen Sekten der Spätantike, die hinduistischen Entsager und Asketen, die buddhistischen Mönche, konfuzianischen Asketen-Gelehrten und daoistischen Einsiedler usw. Überall stellt sich eine neue, strikteren Ordnungen verpflichtete Lebensform der traditionellen Kultur – stellt sich „Wahrheit" der „Gewohnheit" – entgegen, wird Religion im Sinne von Tradition zum „Heidentum" degradiert.

Traditionelle Lebensformen und Sinnwelten sind nicht kontradistinktiv erhärtet, sondern verstehen sich mit einer gewissen Selbstverständ-

---

[13] Damit möchte ich allerdings nicht für eine „restlose Auflösung des religionshistorischen Gegenstands in kulturwissenschaftliche Parameter" plädieren, wie D. Sabbatucci, „Kultur und Religion", vorschlägt, sondern dafür, zu unterscheiden zwischen Religionen, die sich in kulturwissenschaftliche Parameter übersetzen lassen, und solche, bei denen dieses Verfahren reduktionistisch ist.

[14] E P. Sanders (Hg.), *Jewish and Christian Self-Definition*.

[15] Vgl. W. Burkert, „Craft versus Sect: The Problem of Orphics and Pythagoreans", in: Sanders (Hg.), a. a. O., 3–22; A. D. Nock, *Conversion*.

lichkeit als die Ordnung schlechthin. So wie die Selbstbezeichnung von Mitgliedern solcher Kulturgemeinschaften sehr oft mit dem Wort für „Mensch" zusammenfällt (Ägypten bildet hier keine Ausnahme), wird auch die traditionelle Lebensform für die natürliche „Weltordnung" angesehen. Die natürliche Ordnung versteht sich von selbst, man kann weder zu ihr konvertieren, noch für sie sterben oder ihr abtrünnig werden.

Die Bindungen, die eine Kulturreligion ihren Mitgliedern auferlegt, sind die allgemeinen Bindungen der Kultur (von denen etwa S. Freud in *Das Unbehagen in der Kultur* handelt). Sie implizieren etwa Unterordnung unter politische Herrschaft, Einfügung in soziale Ordnungen, Hintansetzung egoistischer Interessen, „präskriptiven Altruismus". Dafür vermitteln sie (wie alle Bindungen) Geborgenheit, Identität, Sicherheit und Vertrauen in einer sinnhaft aufgebauten Welt.[16] Was eine solche Religion nicht kennt und nicht verlangt, ist der „Glaube" an bestimmte Götter, Glaube nicht nur im Sinne des Für-Wahr-Haltens, sondern vor allem im Sinne der Treue, des Gehorsams, der Loyalität. Im Hebräischen entspricht diesem Begriff von „Glauben" das Wort 'emunah, „Treue, Vertrauen", das die Septuaginta mit *pistis* und die Vulgata mit *fides* wiedergibt. Natürlich bedeutet die *pistis*, von der Paulus spricht, wo er die entscheidenden alttestamentlichen Stellen zitiert (Röm. 4.3 vgl. Gen. 15.6; Röm. 1.17, Gal. 3.11, Heb. 10.38 vgl. Habakuk 2.4) etwas anderes als die 'emunah der hebräischen Texte. Gegenüber dem Messias ist man nicht „loyal", man glaubt an ihn, nämlich daß er wirklich der Messias ist. M. Buber hat den Unterschied zwischen diesen „zwei Glaubensweisen" sehr klar herausgearbeitet.[17] Aber er hat Unrecht, wenn er die eine dem hebräischen, die andere dem griechischen Denken zuordnet. Die messianische Bedeutung ist dem griechischem Wort *pistis* genau so fremd wie dem hebräischen Wort 'emunah. Dieser Sinn ist nicht sprachlich vorgegeben, sondern Sache religiöser Erfahrung, die sich zu ihrer Mitteilung der Sprachen bedient, die sie vorfindet und dabei verändert.[18]

Der Begriff 'emunah richtet sich auf die Vergangenheit und auf die Zukunft. Er richtet sich auf die Vergangenheit im Sinn von „Treue", die an der eingegangenen Verpflichtung durch alle Schwierigkeiten hindurch festhält und eine empfangene Wohltat auch in Zeiten der Fülle

---

[16] N. Luhmann, *Vertrauen. Zur Orientierungsfunktion von Kultur* vgl. auch A. Schütz, *Der sinnhafte Aufbau der sozialen Welt* sowie A. Schütz und Th. Luckmann, *Strukturen der Lebenswelt*.

[17] M. Buber, *Zwei Glaubensweisen*.

[18] Ich folge hier J. Taubes, der seine Konzeption einer „messianischen Logik" in der zweiten von vier Vorlesungen zur Politischen Theologie des Paulus (gehalten 23.-27. Febr. 1987 in Heidelberg, ungedr. Tonbandnachschrift) entfaltete. Vgl. auch R. Needham, *Belief, Language and Experience*.

nicht vergißt; er richtet sich auf die Zukunft im Sinn von „Vertrauen", das an einem Versprechen, einer Verheißung auch gegen alle Evidenz festhält. Der „loyale" Mensch lebt nicht in der Gegenwart, sondern in einem größeren Zeithorizont. Daraus bezieht er seine gegenwartsresistente Stabilität. Denn es gilt nicht nur, daß „der Gerechte lebt kraft seiner Treue", sondern auch, daß er leidet kraft seiner Gerechtigkeit. „Viel sind die Leiden des Gerechten." Aber weil er in einem anderen Zeithorizont lebt, weiß er: „der Herr reißt ihn heraus aus ihnen allen" (Ps. 34.20). Das ist die Widerstandskraft, die allein Religion im emphatischen Sinne vermittelt.

Die Götter sind in den Traditionsreligionen nicht Gegenstand des „Glaubens", denn sie gelten als evident. Es gibt in dieser Welt keinen nichtevidenten, geoffenbarten Sinn, der Gegenstand von „Glauben" sein könnte. Der Glaube der Bekenntnisreligion richtet sich auf Inhalte, die der natürlichen Evidenz entzogen sind. Paulus hat diesen Unterschied sehr klar gesehen, wenn er schreibt: „Wir wandeln im Glauben (*pistis*), nicht in der Schau (*opsis*)" (2Kor 5.7). Dementsprechend kennt das Ägyptische kein Wort, daß dem hebräischen Begriff '*emunah* entsprechen würde. Die ägyptischen Götter besitzen in ihrer kosmischen und politischen Dimension genau jene überwältigende Evidenz oder Sichtbarkeit, die für den Gott Israels so emphatisch bestritten wird:

> *Der Herr redete zu euch mitten aus dem Feuer;*
> *den Schall von Worten hörtet ihr, nur einen Schall,*
> *doch eine Gestalt saht ihr nicht* (Dt 4.12).

Sie sind Gegenstände der „Schau". Um ein Beispiel zu nennen: der Hohepriester des Sonnengottes von Heliopolis trägt den Titel „Der den Großen schaut", später umgedeutet zu „Größter der Schauenden", der sich in beiden Formen auf die Sichtbarkeit Gottes bezieht.

Zur Evidenz der „heidnischen" Götter gehört ihre Übersetzbarkeit. Listen, die Götter von nicht weniger als acht verschiedenen Panthea miteinander korrelieren, finden sich schon in keilschriftlichen Texten des 15. Jahrhunderts v. Chr.[19] Solche Götterübersetzungen gehören zur gängigen Praxis der Kulturreligionen, bis hin zu den *interpretationes graecae* und *latinae* der ägyptischen Götter. Herodot war bekanntlich der Meinung, daß „überhaupt fast alle Götternamen aus Ägypten nach Griechenland gekommen sind". Damit bezog er sich nicht auf die Etymologie, die Ausdrucksseite, sondern auf die Inhaltsseite der Namen, die begriffliche Artikulation der Götterwelt. Diese schien ihm der griechi-

---

[19] Ich verdanke diese Auskünfte einem Vortrag des Heidelberger Assyriologen K. Deller anläßlich eines Kolloquiums über Übersetzungen in der alten Welt im Sommer 1986.

schen dermaßen ähnlich, daß sie nur aus Ägypten übernommen sein konnte. Der Grund für die mühelose Übersetzbarkeit „heidnischer" Panthea liegt in der überwältigenden natürlichen Evidenz dieser Götter, die als tertium comparationis dienen kann. Sonne und Mond, Himmel und Erde, Fruchtbarkeit, Tod, Unterwelt, Handwerk und Schreibkunst, Liebe, Krieg und Recht, das alles sind derart evidente und ausgeprägte Elemente der Wirklichkeit, daß demgegenüber die kulturspezifischen Besonderheiten zurücktreten. Man ist grundsätzlich davon ausgegangen, daß fremde Völker in der gleichen Welt leben und daher auch, unter anderen Namen, die gleichen Götter anbeten. Denn die Götter sind innerweltlich. Evidenz und Immanenz gehören zusammen und ermöglichen Übersetzbarkeit bzw. Vielnamigkeit. Lucius etwa ruft im Mond die Höchste Göttin *(summatem deam)* an bei allen Namen, die ihm in den Sinn kommen: Ceres, Venus, Artemis, Proserpina; sie selbst stellt sich ihm im Traum dann vor unter den Namen der Völker: die Paphische Venus bei den Cypriern, Diana Dictynna bei den Kretern, Ortygia Proserpina bei den Siziliern, Ceres bei den Eleusiniern, Juno, Bellona, Hekate und Rhamnusia bei anderen, und bei den Äthiopiern und Ägyptern Isis.[20] Jahve dagegen ist weder in einer kosmischen Erscheinungsform anrufbar, noch in andere Hochgötter wie Assur, Amun, Zeus usw. übersetzbar. Unübersetzbarkeit manifestiert sich als eine neue Form der Abgrenzung und Intoleranz, der Schwellenerhöhung, wie sie mit den Begriffen der Konversion und Apostasie bereits in den Blick getreten ist.[21] Die Übersetzbarkeit der heidnischen Götter beruht darauf, daß sie etwas anderes als nur sich selbst bedeuten. Sie haben einen Bezug auf etwas außerhalb ihrer, eine „Referenz", wodurch sie miteinander vergleichbar, einander gleichsetzbar werden. Der Gott einer Bekenntnisreligion jedoch bedeutet nur sich selbst: „Ich bin, der ich bin."

---

[20] Apuleius von Madaurus, *Metamorphosen*, Buch XI s. J. Gw. Griffiths, *Apuleius*, 71–75 und 111 ff. In diesem Text wird freilich der Name Isis als „wahrer Name" *(verum nomen)* über die Namen der Völker gestellt und dem Lucius dadurch gewissermaßen geoffenbart. Die spätantike Isis-Religion trägt bereits deutliche Züge einer Bekenntnisreligion, vgl. A. D. Nock, *Conversion*, 138 z. St.

[21] E. Voegelin spricht in *Order and History* I, 7 von „early tolerance" und charakterisiert sie als „pluralism in expressing truth, the generous recognition and tolerance extended to rival symbolizations of the same truth". Besonders wichtig ist diese Toleranz auf politischer Ebene: „The self-interpretation of an early empire as the one and only true representative of cosmic order on earth is not in the least shaken by the existence of neighboring empires who indulge in the same type of interpretation. The representation of a supreme divinity under a special form and name in one Mesopotamian city-state is not shaken by a different representation in the neighboring city-state." Bekanntlich ändert sich diese Toleranz z. B. im neoassyrischen Reich, und es wäre zu fragen, ob sich damit nicht bereits hier Anzeichen eines „achsenzeitlichen Bruchs" ankündigen.

Die Spannungen und Konflikte, die in Israel mit der allmählichen Herausbildung des Jahwe-Glaubens zu einer monotheistischen Offenbarungs- und Bekenntnisreligion verbunden sind,[22] lassen sich den biblischen Texten und ganz besonders der prophetischen und deuteronomistischen Polemik (gegen Symptome eines Religionsverständnisses im Sinne einer allumfassenden Kulturreligion) deutlich genug ablesen. Umgekehrt lassen sich in ägyptischen Texten vornehmlich des Neuen Reichs bereits Vorzeichen dieses Umwandlungsprozesses greifen. Sie laufen alle auf ein Verblassen des klassischen Ma`at-Konzepts hinaus, dessen Schwinden bereits den Boden für neue Formen politischer, sozialer und geistiger Bindungen vorbereitet. Die Blütezeit der Ma`at-Lehre als einer Kulturreligion fällt eindeutig in die Zeit von 3000–1500 v. Chr.

3. Soziale Gerechtigkeit und kosmische Ordnung

a) Zurück vor die „Achsenzeit"?

Eine Geschichte der Ma`at verlängert die uns vertraute Religions- und Geistesgeschichte der Menschheit, die in den Schriften der Bibel und der griechischen Dichter und Philosophen bis in die Anfänge von Bekenntnisreligion und Metaphysik zurückreicht, um weitere zwei Jahrtausende. Sie führt über die Schwelle zwischen den beiden Religionsformen, den Bekenntnisreligionen und den Kulturreligionen zurück in eine andere geistige Welt, die zwar als eine teils verabscheute, teils bewunderte Vor-Welt neben Israel und Griechenland weiterbestand und fragmenthaft und in einseitiger Beleuchtung in deren Tradition bewahrt wurde, die aber in ihrem eigenen Kultursinn in Vergessenheit geriet.

Das Ausmaß der Vergessenheit manifestiert sich in der Fremdheit, mit der wir den Quellen gegenübertreten, die die archäologische und sprachwissenschaftliche Forschung in den letzten zwei Jahrhunderten wieder zum Sprechen gebracht hat. Die Stimme, die hier zu uns spricht, scheint die eines anderen Menschen. Niemand hat diesen Abstand klarer und emphatischer zum Ausdruck gebracht als Karl Jaspers in seinem Buch *Vom Ursprung und Ziel der Geschichte* (1948). Für Jaspers nimmt die Geschichte überhaupt erst ihren Anfang bei jener Schwelle, die die Kulturreligionen im Zeichen der natürlichen Evidenz von den Bekenntnisreligionen und philosophischen Systemen im Zeichen der Wahrheit trennt und für die er den Begriff der „Achsenzeit" geprägt hat:

---

[22] Vgl. M. Smith, *Palestinian Parties and Politics*; M. Weippert, „Synkretismus und Monotheismus. Religionsinterne Konfliktbewältigung im alten Israel", in: J. Assmann, D. Harth (Hgg.), *Kultur und Konflikt*.

3. Soziale Gerechtigkeit und kosmische Ordnung

„Diese Achse der Weltgeschichte scheint nun rund um 500 vor Christus zu liegen, in dem zwischen 800 und 200 stattfindenden geistigen Prozeß. Dort liegt der tiefste Einschnitt der Geschichte. *Es entstand der Mensch, mit dem wir bis heute leben* (Hervorhebung J. A.). Diese Zeit sei in Kürze die ‚Achsenzeit' genannt. In dieser Zeit drängt sich Außerordentliches zusammen. In China lebten Konfuzius und Laotse, entstanden alle Richtungen der chinesischen Philosophie, dachten Mo-Ti, Tschuang-tse, Lie-tse und ungezählte andere, – in Indien entstanden die Upanishaden, lebte Buddha, wurden alle philosophischen Möglichkeiten bis zur Skepsis und zum Nihilismus, wie in China, entwickelt, – in Iran lehrte Zarathustra das fordernde Weltbild des Kampfes zwischen Gut und Böse, – in Palästina traten die Propheten auf von Elias über Jesaias und Jeremias bis zu Deuterojesaias, – Griechenland sah Homer, die Philosophen – Parmenides, Heraklit, Plato – und die Tragiker, Thukydides und Archimedes. Alles, was durch solche Namen nur angedeutet ist, erwuchs in diesen wenigen Jahrhunderten annähernd gleichzeitig in China, Indien und dem Abendland, ohne daß sie gegenseitig voneinander wußten."[23]

Die „Geschichte", die hier anhebt, ist die, die wir „erinnern" können,[24] die von unserem verstehenden Bewußtsein „erhellt" wird. Sie ist durch keine noch so reichen archäologischen Funde zu erweitern: weil der Horizont nicht durch die „Fakten", sondern durch unser Verstehen begrenzt wird. Unser Verstehen aber reicht so weit wie „der Mensch, mit dem wir bis heute leben". Jaspers' Buch handelt von der *nach*achsenzeitlichen Welt, deren Werte er nach der Katastrophe des Zweiten Weltkriegs und der NS-Greuel beschwört. Sein Interesse ist normativ, nicht historisch.[25] Daher tut er die *vor*achsenzeitliche Welt mit wenigen Strichen ab. Diese Kulturen sind „unerwacht" (19), sie leben in „Ruhe und Selbstverständlichkeit" (15), in „bewußtloser Gegenwärtigkeit des Seins" (13), in „unbefragtem Innesein des Lebens" (16) und besitzen „eine magische Religion ohne philosophische Erhellung, ohne Erlösungsdrang, ohne Durchbruch in die Freiheit vor den Grenzsituationen, eine eigentümliche Dumpfheit bei außerordentlichem Stil in den Leistungen der Kunst, bei mehreren von ihnen insbesondere des Bauens und der Plastik" (24f.).[26] Diese Wendungen beziehen sich alle auf das,

---

[23] K. Jaspers, *Vom Ursprung und Ziel der Geschichte*, 14 f.
[24] Vgl. 38: „Geschichte ist die jeweils für den Menschen helle Vergangenheit, der Raum der Aneignung von Vergangenem, ist Bewußtsein der Herkunft. Vorgeschichte ist die zwar faktisch begründete, aber nicht gewußte Vergangenheit."
[25] Vgl. hierzu A. Assmann, „Jaspers' Achsenzeit".
[26] Dieselben Urteile finden sich schon bei Alfred Weber, der dieselbe Theorie 13 Jahre vorher, aber mit weniger Durchschlagskraft geäußert hatte. Weber spricht von einer Welt ohne „innere Selbstbeleuchtung", s. *Kulturgeschichte als Kultursoziologie*, 5.

was ich oben „natürliche Evidenz" genannt hatte. Demgegenüber bedeutet die Achsenzeit für Jaspers einen Bruch und einen Durchbruch. Die Symptomatik einer Achsenzeit-Kultur wäre folgendermaßen zusammenzufassen:

1. Der bewußtseinsgeschichtliche Durchbruch: *Reflexivität* („Das Denken richtet sich auf das Denken", 15), *Rationalität* („der Logos gegen den Mythos", ibd.), *Ethisierung der Religion, Vergeistigung*, die Schaffung der „Grundkategorien, in denen wir bis heute denken" und der „Weltreligionen, aus denen die Menschen bis heute leben" (15).
2. Die Differenz: das Auseinandertreten von Schein und Sein, Sein und Sollen, Status quo und Eigentlichkeit, Gewohnheit und Wahrheit, Diesseits und Jenseits; die „Öffnung" der geschlossenen Daseinshorizonte, das „über sich Hinausgreifen" des Menschen in Richtung auf „Befreiung und Erlösung" (16), der „Durchbruch zur Transzendenz".
3. „Kommunikation": das Zur-Sprache-Bringen der neuen Visionen, der Kampf um die Wahrheit, Verkündung, Belehrung, Auseinandersetzung, Durchsetzung als kommunikative Akte, in denen die Wahrheit kodifiziert, vermittelt, verteidigt, gedeutet und die Wirklichkeit im Hinblick auf die Wahrheit umgestaltet wird (15–17).
4. Die Entdeckung der Individualität, das Auftreten großer Einzelner, Bewegungen des Rückzugs aus der Gesellschaft („Einsiedler und wandernde Denker in China, Asketen in Indien, Philosophen in Griechenland, Propheten in Israel", 16) und
5. Geschichte: erst jetzt wird man sich der eigenen Geschichte bewußt, als Erinnerung der Herkunft, Erfahrung des Bruchs und Erlebnis einer Bewegung, „die kein geistiges Gleichbleiben mehr zuläßt" (25).

In Jaspers' philosophischer und eher programmatischer Skizze steckt eine Herausforderung an die Historiker, die sie erst in den letzten Jahren aufzugreifen begonnen haben. So fand Anfang der siebziger Jahre unter Leitung des Sinologen Benjamin Schwartz in Amerika eine Tagung statt, bei der nicht nur Spezialisten für „Achsenzeit-Kulturen" wie die Historiker A. Momigliano, E. Weil und P. Brown, der Religionswissenschaftler V. Nikiprowetzky, die Indologen R. Thapar und L. Dumont und die Gräzistin S. C. Humphreys, sondern auch zwei Assyriologen teilnahmen: Leo Oppenheim und Paul Garelli. Die Beiträge erschienen unter dem Titel *Wisdom, Revelation and Doubt: Perspectives on the 1st Millenium BC* als Bd. 104 der Zeitschrift *Daedalus* (1975). Benjamin Schwartz hatte den Begriff der Transzendenz in den Mittelpunkt gestellt und den Terminus „Achsenzeit" als „Age of Transcendence" übersetzt. In diesem Sinne hat der israelische Soziologe S. N. Eisenstadt den Ansatz aufgegriffen und zum Thema einer Reihe eigener historisch-soziologischer

3. Soziale Gerechtigkeit und kosmische Ordnung

Untersuchungen[27] als auch von ihm organisierter Tagungen gemacht, deren erste jetzt vorliegt.[28] S. N. Eisenstadt hat das Verdienst, Jaspers' Gedanken in eine kultursoziologische und kulturanalytische Hypothese umgesetzt zu haben, mit der sich historisch arbeiten läßt. Seine zentrale Frage lautet: In welchen Formen haben die betroffenen Gesellschaften die „transzendenten Visionen"[29] institutionalisiert? Welche intellektuellen Eliten werden zum Träger der neuen Gedanken und von welcher sozialen Stellung aus können sie Einfluß auf ihre Kulturen nehmen? So wird die von Jaspers beschriebene „Differenz" auch soziologisch und politisch greifbar: als Trennung zwischen Herrschaft und Heil, Ausdifferenzierung einer „autonomen Intelligenz"[30] und damit Entstehung von Religion und Philosophie im Sinne einer gegenüber politischer Herrschaft und kultureller Ordnung autonomen Instanz.[31] Die Schwäche dieses im übrigen höchst verdienstvollen Unternehmens liegt darin, daß Jaspers' Theorie unkritisch übernommen wird.[32] So setzt sich auch Jaspers' plakative Schwarz-Weiß-Malerei und die Verweigerung jeder hermeneutischen Auseinandersetzung mit der vor- und außerachsenzeitlichen Welt in diese Veröffentlichungen hinein fort. Auch an Eisenstadts Unternehmen waren allerdings wiederum zwei Assyriologen beteiligt: Chaim Tadmor und Peter Machinist. Tadmor hat dabei die „Vorachsenzeitlich-

---

[27] *The Axial Age: the Emergence of Transcendental Visions and the Rise of Clerics* (1982).

[28] S. N. Eisenstadt (Hg.), *Origin and Diversity*, dt. *Kulturen der Achsenzeit*.

[29] Eisenstadt selbst und seine Mitarbeiter gebrauchen die Form „transcendental", die auch als „transzendental" in die deutsche Übersetzung eingegangen ist; gemeint ist aber überall „transzendent" bzw. „mit Bezug auf die Transzendenz".

[30] Vgl. hierzu bes. Chr. Meier, „Die Entstehung einer autonomen Intelligenz bei den Griechen", in: Eisenstadt (Hg.) *Kulturen der Achsenzeit*, 89–127.

[31] Die Begriffe „Ausdifferenzierung" und „Autonomie" haben einen Doppelsinn, der leicht zu Verwechslungen führt und daher eine Klarstellung erfordert. Darunter wird verstanden

1. das Selbständigwerden kultureller Wertsphären, von deren Standpunkt aus Trägergruppen, z. B. Priester, Propheten, Militärs, kritische Ansprüche an die Umgestaltung des Ganzen anmelden und in herrschende Macht- und Sozialstrukturen verändernd eingreifen können;

2. das Autonomwerden kultureller Wertsphären, die nun kritische Freiräume ohne verändernde Wirkung bilden, z. B. Kunst und Religion in der Moderne, die sich nach eigenen Gesetzen entwickeln und ihren eigenen Sinn tradieren, ohne in Spannung zu einem übergeordneten „Ganzen" zu geraten. So wie Ausdifferenzierung im Sinne von (1) Spannungen erzeugt, so baut sie sie im Sinne von (2) ab, sodaß in der Moderne Spannungen durch Bewegungen der *Entdifferenzierung* bzw. (in der Sprache des Dritten Reichs) „Gleichschaltung" entstehen.

Im Rahmen unserer Untersuchung ist natürlich von Ausdifferenzierung immer nur im Sinne von (1) die Rede.

[32] Kritisch setzt sich mit der Theorie von der Achsenzeit m. W. nur Aleida Assmann, „Jaspers' Achsenzeit", auseinander.

keit" Assyriens, jedenfalls was den soziologischen Aspekt einer „autonomen Intelligenz" betrifft, voll bestätigt:
„In Assyrien und Babylonien hat es keinen transzendentalen Durchbruch, keinen Versuch zur Rekonstruktion von Kollektiven und keine Verantwortlichkeit der Herrscher gegenüber einer höheren Ordnung gegeben, wie wir sie im alten Israel und in China finden. Es entwickelte sich keine autonome Elite von Intellektuellen, die das Ideal einer ‚Umgestaltung des Weltlichen' nach transzendentalen Normen oder im Licht alternativer Vorstellungen von einer ‚kulturellen und sozialen Ordnung' vertraten".[33]

Diese Sätze wird man für Ägypten zwar weitgehend unterschreiben müssen. Trotzdem ergibt sich hier, wie ich meine, ein wesentlich differenzierteres Bild, das dazu einlädt, die Konzeption eines einzigen, menschheitsgeschichtlichen Durchbruchs von universaler Bedeutung, wie Jaspers sie vorgetragen hat, zu überdenken. Meines Erachtens hat Jaspers, aus eigener Unkenntnis und im Interesse seines letztlich humanistischen Anliegens, die Fremdheit der vorachsenzeitlichen Überlieferung überbetont. Am Begriff der Ma`at bietet sich hier die Möglichkeit eines Zugangs, der nicht ganz auf Verstehen zu verzichten braucht, der im Gegenteil sogar in vieler Hinsicht auf „vernünftigere", unmittelbarer einleuchtende und in dieser Hinsicht vertrautere Gedanken stoßen kann, als sie uns in den religiösen und philosophischen Systemen der nachachsenzeitlichen Gesellschaften entgegentreten. Der Vorstellung von dem „Menschen, mit dem wir bis heute leben" scheint etwas Programmatisches anzuhaften, das uns nicht das Verständnis für andere, halbvergessene Möglichkeiten des Menschseins verschließen sollte.

b) Die Theorie der „kosmologischen Reiche": Eric Voegelin

Anders als Karl Jaspers, der den „vorachsenzeitlichen" Kulturen weder Verständnis noch überhaupt Interesse entgegenbringt und die Urteile Alfred Webers ziemlich unbesehen übernimmt,[34] hat sich Eric Voegelin sehr intensiv mit der geistigen Welt Mesopotamiens und Ägyptens auseinandergesetzt. Eric Voegelin war ein gebürtiger Österreicher und konservativer Politologe im Umkreis von Othmar Spann, der 1938 in die USA emigrierte. Sein vierbändiges (ursprünglich auf sechs Bände angelegtes) Werk *Order and History* erschien in den Jahren 1956 bis 1974. Es handelt sich um die bei weitem differenzierteste und am gründlichsten

---

[33] H. Tadmor, „Monarchie und Eliten in Assyrien und Babylonien: Die Frage der Verantwortlichkeit", in: Eisenstadt (Hg.), *Kulturen der Achsenzeit*, 292f.

[34] Vgl. z. B. die „lobende Erwähnung", die wenigstens einem einzigen Text, nämlich dem „Lebensmüden" zuteil wird und die sich bei beiden Autoren findet.

aus den Quellen erarbeitete Darstellung eines vorachsenzeitlichen Weltbilds und seiner Überwindung in Israel und Griechenland.

In dem 1956 erschienenen ersten Band konfrontiert Voegelin die „kosmologische Ordnung des Vorderen Orients" mit der „historischen Ordnung Israels". In diesem Zusammenhang ist der Begriff der „Weltordnung" zentral. Er charakterisiert ein Wissen und eine Religion – beides gehört hier untrennbar zusammen –, für die „der Sinn der Welt innerhalb ihrer liegt".[35] Der Kosmos bildet, modern gesprochen, ein selbstorganisierendes und autopoietisches System, das keines transzendenten Schöpfers und Erhalters bedarf. Gott und Welt sind eins. Gott erschafft nicht die Welt, er verwandelt sich in sie. Kosmogonie ist Theogonie. Auf diese Formeln läßt sich ungefähr Voegelins Rekonstruktion dessen bringen, was er den „kosmologischen Mythos" nennt, und wir werden zu prüfen haben, inwieweit seine Rekonstruktion einer eingehenderen Analyse der Quellen standhält.

Der „kosmologische Mythos", in dessen Banne neben Ägypten und den vorderorientalischen Kulturen, Voegelin zufolge, auch das klassische China steht, sieht den Kosmos als den Inbegriff alles Dauernden und Geordneten; alles, was in der Menschenwelt nach Dauer und Ordnung strebt, muß sich der kosmischen Ordnung anpassen und einfügen. Der Ägyptologe und Archäologe Henri Frankfort, auf dessen Interpretationen ägyptischer und mesopotamischer Befunde sich Voegelin vor allem stützt, hatte diese Grundüberzeugung schon 1948 folgendermaßen formuliert: a) „the universe is essentially static. The Egyptian held that he lived in a changeless world"[36] und b) „only the changeless is ultimately significant".[37]

Erst Israel und Griechenland gelingt (auf jeweils verschiedene Weise) der „Durchbruch"[38] zu einer neuen Ordnungskonzeption, in Israel zu einem Dasein vor Gott („to existence in presence under God") und in Hellas zu einem Dasein im Streben nach einem verborgenen Maß allen Seins („to existence in love of the unseen measure of all being"). Und

---

[35] Ich formuliere in Anlehnung an das berühmte Postulat von L. Wittgenstein: „Der Sinn der Welt muß außerhalb ihrer liegen" (Wittgenstein, *Tractatus logico-philosophicus* § 6.41), das sich vielleicht nicht ganz von ungefähr sowohl als das Credo einer neopositivistischen Wissenschaft als auch einer Bekenntnisreligion eignet.

[36] H. Frankfort, *Egyptian Religion*, vii der Harper Torchbook Ausgabe 1961. Wir werden im sechsten Kapitel zu zeigen haben, daß das Bild eines „statischen Universums" das ägyptische Weltbild in entscheidender Weise verkürzt.

[37] Ibd., viii.

[38] Voegelin spricht mit Bezug auf diesen „Durchbruch" („break-through") auch von einem „Seinssprung" („leap in being"). All das erinnert sehr stark an Jaspers' Achsenzeit-Konzept, mit dem sich Voegelin explizit allerdings erst in Bd.IV (1974) auseinandersetzt.

„diese Auswanderung aus der Existenz in einer allumfassenden kosmischen Ordnung", so fährt Voegelin fort, „brachte einen Fortschritt mit sich von der kompakten Form des Mythos zu den differenzierten Formen von Geschichte und Philosophie".[39] Die Kompaktheit der mythischen Begrifflichkeit beruht auf der Nichtunterscheidung bzw. programmatischen Ineinssetzung von Kosmos und Gesellschaft, Natur und Kultur[40] und vor allem: Herrschaft und Heil.

Nach Voegelin gehört dieses Denken in kompakten Begriffen und Symbolen, diese „kosmologische Kompaktheit", zu dem, was er den „kosmologischen Wahrheitsstil" nennt.[41] Für diesen Erkenntnisstil gibt es nichts außerhalb des Kosmos. Alles ist im Kosmos, und der Kosmos ist in allem, so daß es nicht einmal ein Wort für „Kosmos" oder für jene alldurchdringende Ordnung gibt, die die Dinge zum Kosmos fügt und im Gleichgewicht hält. Am nächsten kommt, so Voegelin, dem, was wir „Weltordnung" nennen, der ägyptische Begriff der Ma`at.[42] Ma`at ist der Prototyp eines kompakten Begriffs. Da er zugleich „Wahrheit" und „Gerechtigkeit" bezeichnet, setzt er die Sphären des Seins und des Sollens, der Natur und der Gesellschaft, der kosmischen und der menschlichen Ordnung in eins und bringt dadurch genau jene All-Einheit zum Ausdruck, die dem „kosmologischen Mythos" zugrunde liegt.

E. Voegelin war Politologe. Sein Interesse galt den politischen Ordnungen, die sich im Zeichen des kosmologischen Mythos entfalteten. Er nennt sie „cosmological empires". Sie sind alle strikt monarchisch, hierarchisch und theokratisch aufgebaut. Alle verbinden sie mit der kosmologischen Fundierung eine Sakralisierung der Macht, d. h. eine Ordnung, die zugleich religiös und politisch ist. Voegelin spricht daher von einer „theopolitischen Ordnung". Sie findet ihren Ausdruck in Gottkönigtum und „Summodeismus". Damit meint Voegelin die Verehrung eines Höchsten Gottes, der als Schöpfer, Erhalter und Götterkönig das

---

[39] *Order and History* I, 13, vgl. II (1957), 1 ff.
[40] So schon E. Cassirer, *Das mythische Denken* (1923).
[41] *Order and History* IV, *The Ecumenic Age* (1974), 75 ff.
[42] Z. B. *Order and History* IV, 76; vgl. bereits E. Cassirer, *Das mythische Denken*, 137ff.: „Noch wird dieser Kreislauf nicht sowohl gedacht als er unmittelbar gefühlt wird; aber schon in diesem Gefühl geht dem mythischen Bewußtsein die Gewißheit eines Allgemeinen, einer *universellen Weltordnung* auf. Jetzt wird nicht mehr, wie es sonst in der mythischen Naturbeseelung geschieht, ein einzelnes *Ding*, ein besonderes physisches Dasein mit bestimmten seelischen Inhalten, mit individuell-persönlichen Kräften erfüllt, sondern es ist ein überall wiederkehrendes Gleichmaß, das im Ganzen des Weltgeschehens empfunden wird". Diese so bestimmte „universelle Weltordnung" wird dann S.141 mit dem ägyptischen Begriff Ma`at als dem „Namen für die ewige unabänderliche Ordnung, die in der Natur wie im Sittlichen herrscht", identifiziert.

Prinzip Herrschaft verkörpert, das der König als sein Sohn oder Statthalter in der Menschenwelt ausübt. Summodeismus, Gottkönigtum und kosmologischer Mythos bilden ein typisches Syndrom.

Nach Voegelins Deutung sind alle früh-hochkulturellen Organisationsformen gesellschaftlicher und politischer Ordnung „kosmomorph", d. h. abgeleitet von und eingebettet in eine kosmische Ordnung, die als göttlich, vorbildlich und letztinstanzlich begründend betrachtet wird. Der Zusammenhang dieser Interpretation mit jener „Reichsmystik", die nach dem Untergang der Donaumonarchie in österreichischen konservativen Kreisen lebendig war, liegt auf der Hand. Man kann die Einheit von Kosmos und Gesellschaft aber auch anders deuten: nicht als eine „kosmomorphe" Auffassung der Gesellschaft, sondern als eine „soziomorphe" Auffassung des Kosmos. Diese Deutung vertritt der österreichische Staatsrechtler Hans Kelsen, der als Jude ebenfalls in die USA emigrierte, in seinem Werk *Vergeltung und Kausalität*. Bezeichnenderweise entwickelt er seine These von der Einheit von Kosmos und Gesellschaft nicht am Beispiel der hochkulturellen „Reiche", sondern an Stammeskulturen und an Griechenland. Kelsen zeigt, daß der naturwissenschaftliche und als solcher „kosmomorphe" Begriff der Kausalität hervorgegangen ist aus dem rechtlich-moralischen und als solchem „soziomorphen" Begriff der Vergeltung, während umgekehrt Voegelin die Auffassung vertritt, daß die Ideen und Institutionen gesellschaftlicher Kohärenz und Ordnung am Vorbild kosmischer Ordnungen entwickelt wurden.

In den letzten Jahrzehnten haben diese Ideen einer archaischen Homologie von Kosmos und Gesellschaft auffallend an Einfluß gewonnen. Die Soziologie spricht wie selbstverständlich in bezug auf die frühen Hochkulturen von „kosmologischen Gesellschaften"[43] und ihrem „sozio-kosmischen Universum".[44] Das Konzept „Weltordnung" als ein einheitliches, Kosmos und Menschenwelt, Natur und Kultur durchwaltendes Ordnungsprinzip ist zum gesicherten Bestand kulturwissenschaftlicher Theoriebildung geworden. Und es ist der ägyptische Begriff Ma`at, auf den in diesen Zusammenhängen regelmäßig verwiesen wird. Es scheint, als wäre es den Ägyptern gelungen, auf den Begriff zu bringen, was uns der Sache nach in allen frühen Hochkulturen entgegentritt.

c) Gerechtigkeit als Weltordnung: Hans Heinrich Schmid

In der Ägyptologie ist es besonders H. Frankfort gewesen, der diese Ansätze aufgegriffen hat. Obwohl er H. Kelsen nicht zitiert, ist es doch

---

[43] T. Parsons, *Societies*, dt. *Gesellschaften*, in dieser Ausgabe 85 ff.
[44] E. Topitsch, *Erkenntnis und Illusion*, 60 u. ö.

offensichtlich diese Interpretation des kosmologischen Mythos, an die seine Analyse des mythischen Denkens anknüpft.[45] Freilich erscheint bei ihm bereits die These von der kosmisch-sozialen Homologie in jener Akzentverschiebung, die für Voegelins Deutung kennzeichnend ist: der Vorrang der „kosmomorphen" Gesellschafts- und (vor allem) Staatsauffassung vor der „soziomorphen" Weltauffassung. Erst dadurch bekommt der Begriff der „Weltordnung" (cosmic bzw. cosmological order) diese Bedeutung einer letztinstanzlichen Fundierung aller menschlichen Ordnungsentwürfe.

Die eindringlichste Analyse des ägyptischen Begriffs Ma`at im Licht des kulturtheoretischen Konzepts „Weltordnung" verdanken wir jedoch einem Alttestamentler, H. H. Schmid. Seine Deutung, in den Jahren 1966 und 1968 in zwei höchst substantiellen Beiträgen vorgelegt,[46] kann heute als communis opinio gelten. Sie läuft auf die beiden Thesen hinaus, daß erstens Ma`at im Kern so etwas wie „kosmische" oder „Weltordnung" bedeutet[47] und daß zweitens dieser Begriff im sumerischen ME (akkad. parsu) und kanaanäisch-hebräischen SDQ seine genauen Entsprechungen besitzt und einem gemeinsamen Weltbild entspringt. „Die großen orientalischen Kulturen", so resümiert Schmid seine Ergebnisse, „treffen sich (u. a.) darin, daß sie in ihrem Denken über die Welt von einer gemeinsamen Erfahrung einer umfassenden Weltordnung ausgehen" (1968, 65). Exponent dieser Ordnung „ist der eine Schöpfer, der die Welt, ja selbst die Götter geschaffen hat und der die Ordnung dieser Welt erhält, der höchster Herr ist. Der König ist in dieser Funktion sein irdischer Vertreter." Diese schöpfungstheologische Deutung der orientalischen Kosmogonien ist übrigens sicher zu einseitig und verkennt den „autopoietischen" Charakter der Weltordnung, wie ihn die zentrale Darstellungsform der Theogonie zum Ausdruck bringt. Es handelt sich in den ältesten Texten mehr um eine Selbstentfaltung der Welt als um deren planvolle Schöpfung. Aber ein Gott steht auch hier regelmäßig an der Spitze, der diesen Prozeß initiiert. Offenbar unabhängig von Voegelin, den er an keiner Stelle zitiert, gelangt Schmid zu derselben Dreiheit, die Voegelin als Syndrom der „cosmological empires" herausgearbeitet hat,

---

[45] Z. B. *Kingship and the Gods* mit dem programmatischen Untertitel: *A Study of Ancient Near Eastern Religion as the Integration of Society and Nature* und, zusammen mit H. A. Groenewegen-Frankfort, John A. Wilson, Thorkild Jacobsen und W. A. Irwin, *The Intellectual Adventure of Ancient Man* (Chicago 1946, dt. 1954 *Frühlicht des Geistes*).

[46] *Wesen und Geschichte der Weisheit; Gerechtigkeit als Weltordnung.*

[47] Allerdings mit dem wichtigen Zusatz, daß der Mensch sie nicht einfach vorfindet, um sich ihr anzupassen und einzufügen, sondern daß er mit seinem Reden und Handeln zu ihrer Konstitution beiträgt: „Weisheitlichem Verhalten wohnt eine sehr zentrale, Kosmos schaffende Funktion inne, es hat teil an der Etablierung der (einen) Weltordnung" (Schmid 1968, 51).

und das nach Schmid in je kulturspezifischen Abwandlungen in Ägypten, Mesopotamien, Ugarit, bei den Hethitern und in Israel wiederkehrt: 1. das Vorhandensein eines Begriffs „Weltordnung" mit den sechs Aspekten Königtum, Weisheit, Recht, Natur/Fruchtbarkeit, Sieg und Kult/Opfer, 2. der Glaube an ein Höchstes Wesen, das als Schöpfer diese Ordnung garantiert, und 3. die politische Struktur des Sakralkönigtums, die den König zum irdischen Vertreter des *summus deus* macht.

Seit Schmids Darstellung hat sich der Begriff der „Weltordnung" als Übersetzung von *Ma`at* in und außerhalb der Ägyptologie durchgesetzt. Im *Wörterbuch der ägyptischen Sprache* (der einschlägige zweite Band erschien 1928) sucht man diesen Begriff noch vergeblich. Aber schon 1929 widmete der Religionswissenschaftler C. J. Bleeker in seiner ägyptologischen Dissertation über die Göttin Ma`at ein langes Kapitel ihrem Aspekt als „cosmische orde",[48] und 1935 interpretierte A. Moret in einem nachgelassenen Aufsatz Ma`at als „ordre universel".[49] Man ist sich heute allgemein einig, daß Ma`at die Weltordnung bezeichnet, die der Schöpfer mit der Schöpfung „gesetzt" habe. S. Morenz dürfte diesen Konsens am klarsten formuliert haben:

„Ma`at ist der im Schöpfungsakt gesetzte richtige Zustand in Natur und Gesellschaft, und von da aus gesehen je nachdem das Rechte, das Richtige und das Recht, die Ordnung, die Gerechtigkeit und die Wahrheit. Diesen Zustand gilt es allenthalben im großen wie im kleinen zu wahren oder herzustellen, so daß Ma`at, die zunächst als richtige Ordnung gesetzt ist, Ziel und Aufgabe menschlicher Tätigkeit wird."[50]

Ma`at ist die der Welt immanente Schöpfungsordnung, nach der der Mensch sich zu richten und die er in seinen Ordnungen zu verwirklichen hat.[51] Daß diese Deutung sehr plausibel ist, soll hier nicht bestritten werden. Ohne Zweifel gehört das, was wir „Ordnung" nennen, in das Bedeutungsspektrum von *Ma`at* hinein, und ebenso zweifellos bezieht sich diese Ordnung nicht nur auf soziale und politische, sondern auch auf kosmische Verhältnisse. Die Frage ist nur, ob hier der Kern und der Ursprung des Ma`at-Begriffes getroffen sind. In diesem Buch soll, ausgehend von Texten der ägyptischen Weisheitsliteratur, die den Begriff der Ma`at explizit entfalten, gezeigt werden, daß die Idee der Ma`at vielmehr im Sozialen und Ethischen verankert ist und als Kernbedeutung nicht „Weltordnung", sondern vielmehr „Gerechtigkeit" anzusetzen ist.[52]

---

[48] Bleeker, *Beteekenis* cap. III: „Ma-a-t als cosmische orde", 36ff.
[49] In: *RdE* 4, 1935, 1 ff.
[50] S. Morenz, *Religion*, 120.
[51] Vgl. auch in ähnlichem Sinne W. Helck, in: *LÄ* III, 1979, 1110–1119.
[52] Für den hebräischen Begriff *sedeq/sedaqah* hat unlängst J. Krasovec, *La justice de dieu*, eine entsprechende These vertreten und sich mit großer Entschiedenheit gegen die Interpretation von H. H. Schmid gewandt.

Festzuhalten ist aber in jedem Fall an jener Homologie der kosmischen und der sozialen Welt, die, wie schon Cassirer 1923 gezeigt hatte, dem mythischen Denken zugrundeliegt. Im Rahmen dieses Denkens wird die kosmische Sphäre in den Begriff der Gerechtigkeit einbezogen. Wir halten also an der Formel „Gerechtigkeit und Weltordnung" fest und kehren lediglich die logische Beziehung der beiden Begriffe um: statt „Gerechtigkeit als Weltordnung" heißt es: „Weltordnung als Gerechtigkeit". Der Begriff Ma`at bezeichnet das Programm einer politischen Ordnung, die nicht nur unter den Menschen soziale Gerechtigkeit herstellen, sondern dadurch Menschen- und Götterwelt in Einklang bringen und die Welt insgesamt in Gang halten will. Denn der Ägypter lebte in einer Welt, die seiner Überzeugung nach unablässiger Inganghaltung bedurfte.

Die Theorie der „Gerechtigkeit als Weltordnung" besagt, daß der Mensch auf die Ordnung angewiesen ist, sie aber nicht in sich selbst findet, sondern im Kosmos. Der Kosmos in seiner Unveränderlichkeit und Wohlgeordnetheit wird ihm zum Modell seiner politischen, sozialen und personalen Orientierung. Der Begriff der Weltordnung ist statisch. Die Weltordnung ist das schlechthin Vorgegebene, Unveränderliche, Unwandelbare, letztinstanzlich Begründende und Bedingende. Darauf beruht ihre Heiligkeit und Verbindlichkeit. Voegelin, Frankfort und andere, die Ma`at im Sinne von „Weltordnung" interpretieren, stehen im Banne eines Kosmosbegriffs, der im Grunde griechisch ist: Kosmos als eine zeitlose Ordnung, der auch die Götter unterworfen sind.[53] Von diesem Kosmosbegriff müssen wir uns in bezug auf Ägypten freimachen. Der Begriff der „Weltordnung" und seine Verbindung mit dem Begriff der Gerechtigkeit gehört in den Zusammenhang antiken, besonders neuplatonischen Kosmos-Denkens. Hier hat die Idee einer „gerechten Weltordnung" (Plotin)[54] und eines Zusammenhangs zwischen kosmischer und sittlich-sozialer Gerechtigkeit ihren eigentlichen Ort.[55] Ebenso unangemessen ist aber auch der Begriff der „Schöpfung", wie er uns von der jüdisch-christlichen Tradition her geläufig ist: die Welt (inklusive ihrer „Ordnung") als das Objekt eines Schöpfungsaktes, der dem freien Willen eines transzendenten Gottes entspringt. Auch dieses Mißverständnis schwingt im ägyptologischen Begriff der „Weltordnung" mit, wenn es heißt, daß sie vom Schöpfergott „gesetzt" ist. Das ägyptische Modell liegt offenbar in der Mitte zwischen dem griechischen und

---

[53] Vgl. A. Dihle, *Die Vorstellung vom Willen*.

[54] Plotin, Enn. 3,2,13; Porphyrius abstin. 2,45; ad Marc. 21.

[55] Vgl. Proklos, In Plat. Tim. 1, 201, 10 mit seiner Zuordnung der Begriffe *psyche – dikaiosyne, polis – politeia, kosmos – demiourgia*; vgl. dazu A. Dihle, „Gerechtigkeit", 278f.

dem israelitischen. Von dem griechischen Kosmosbegriff unterscheidet es sich durch seine Dynamik. Nach ägyptischer Vorstellung geht es bei dem, was wir „Kosmos" nennen, um einen *Prozeß*, dessen Gelingen fortwährend auf dem Spiel steht und der unausgesetzten in-Gang-haltenden Willensanstrengung der Götter entspringt. Aber die Götter können auch gar nichts anderes wollen als die In-Gang-Haltung der Welt. Darin unterscheidet sich dieses Modell vom israelitischen Monotheismus. Die ägyptischen Götter sind nicht nur *in* der Welt, sondern sie *sind* die Welt. Ihr Zusammenwirken bringt die Welt, d. h. den Prozeß, den wir „Kosmos" nennen, fortwährend hervor. Dazu bedarf es der Ma`at. Sie sorgt für den Einklang des Zusammenwirkens, der aus dem Widerspiel der Kräfte und der Überwindung gegenstrebiger Energien den Kosmos resultieren läßt.

4. Die Idee der „Rechtfertigung" und die Sinndimensionen der ägyptischen Welt

Der Begriff der Ordnung wird dieser Dynamik nicht gerecht. Im Begriff Ma`at strukturiert sich die Wirklichkeit nicht nur durch den Gegensatz von „ordnungsgemäß" und „unordentlich", sondern erfährt auch eine entschieden moralische Wertung. Es geht durchaus um Gut und Böse. Ma`at ist ein Kriterium, an dem sich der Mensch und die Wirklichkeit insgesamt messen lassen müssen. Damit stellt sich das Problem der Rechtfertigung. Es geht um die Rechtfertigung des Handelns, auf individueller, sozialer und politischer Ebene. Gerecht ist, wer in Übereinstimmung mit der Ma`at handelt. Da zeigt sich nun allerdings, daß die Vorstellung einer „Weltordnung" zu kurz greift. Denn auch die Welt ist, genau wie der Mensch, auf Ordnung angewiesen und Schauplatz eines Handelns, das sich am Maßstab der Ma`at rechtfertigt. Auf diesen Begriff der Rechtfertigung (äg. *سm3ʿ-ḫrw*, auch: „Freispruch im Gericht") stößt man sehr bald, wenn man die Texte nicht einfach als gegeben hinnimmt, sondern aus dem spezifischen Interesse ihres Zur-Sprache-Bringens, Niederschreibens und Überlieferns heraus zu verstehen sucht. Es geht

1. um die Rechtfertigung des einzelnen Menschen,
2. um die Rechtfertigung Gottes, und zwar des Schöpfer=, Sonnen= und Reichsgottes, und
3. um die Rechtfertigung der pharaonischen Herrschaft.

Aus jedem einzelnen dieser drei Rechtfertigungsanliegen entspringen jeweils eigene Diskurse, in denen es thematisch um den Begriff Ma`at geht. Ma`at ist die Richtschnur solcher Rechtfertigung. Gerechtfertigt wird, wer sich an die Ma'at hält. Zugleich tritt die Ma'at nach ägyptischer Vorstellung im Prozeß der Rechtfertigung ans Licht, sie „erscheint", wird gegenwärtig, kommt zum Durchbruch.

Was die *Rechtfertigung des Einzelnen* angeht, lassen sich wiederum drei Horizonte unterscheiden. Man kann sie Rechtfertigungs- oder Gelingenshorizonte nennen, Horizonte einkalkulierter Handlungsfolgen. Denn Rechtfertigung und Gelingen sind im ägyptischen Denken, wie sich zeigen wird, ein und dasselbe, das Rechte führt auch zum Erfolg, und die Gebote der Ethik sind zugleich Ratschläge praktischer Lebensklugheit. Wo dieses Band zerreißt, beobachten wir auch ein Verblassen des Begriffs der Ma'at. Aber bevor das Band zerreißt (was ansatzweise in der späten Ramessidenzeit der Fall ist), beobachten wir eine Ausweitung der Rechtfertigungshorizonte. Der engste umfaßt das diesseitige Leben. Rechtfertigung bedeutet hier das Gelingen eines Lebens in der Gesellschaft. Maßstab dafür ist Erfolg in der Beamtenkarriere, vor allem aber die „Liebe" der Mitwelt. Dieser Horizont bildet den Kernbereich der Ma'at-Lehre, von ihm wird unsere Untersuchung daher ihren Ausgang nehmen (Kapitel III).

Der zweite Horizont umfaßt die nachtodliche Fortdauer im Gedächtnis der Nachwelt. Die beiden Horizonte werden verklammert durch die Institution des ägyptischen Monumentalgrabes, zum einen als äußeres Zeichen des Lebenserfolgs und zum anderen als Außenhalt der sozialen Erinnerung und Zeichen diesseitiger Fortdauer. Diesen Komplex von „Grab" und „Gerechtigkeit" wird das Kapitel IV behandeln.

Der dritte Horizont ist das Jenseits, die Götterwelt. Hier dauert der Mensch nicht fort, sondern er lebt verwandelt bzw. „verklärt", wie der ägyptische Ausdruck in wörtlicher Übersetzung lautet, als ein unsterbliches Wesen. Aber der Mensch gelangt nur über das Totengericht dorthin, ein Göttertribunal, vor dem er sich rechtfertigen muß, indem er Rechenschaft ablegt über sein Leben. Dem Totengericht widmet sich Kapitel V.

Die Entstehung dieses dritten Horizonts hat einen präzisen geschichtlichen Ort. Es läßt sich zeigen, daß die ersten beiden Horizonte, von Anbeginn miteinander verklammert, zum Weltbild des Alten Reichs gehören (3. Jahrtausend v. Chr.), die Idee vom Totengericht und einer jenseitigen Unsterblichkeit jedoch erst nach dem Untergang des Alten Reichs aufkommt. Die beiden diesseitigen Gelingenshorizonte werden dadurch – und das ist entscheidend – in keiner Weise relativiert, vergleichgültigt, aus den Angeln gehoben. Die Ma'at als Richtschnur göttlicher Lebensprüfung ist identisch mit den Grundlagen innerweltlichen Erfolgs, sozialer Einbindung und fortdauernden Andenkens. Das Totengericht institutionalisiert gleichsam die traditionellen Grundsätze der ägyptischen Lebensklugheit.

4. Die Sinndimensionen der ägyptischen Welt

Im Begriff der Rechtfertigung erschließt sich aber nicht nur der Zusammenhang der drei Horizonte, in die das menschliche Dasein und Handeln wie in konzentrische Kreise eingeschlossen ist. Hier ist zugleich die Grundlage jener Homologie gefunden, über die die soziale, die politische und die kosmische Sphäre ineinander geblendet werden. Es geht bei dem Begriff der Ma`at in der Tat nicht nur um die Rechtfertigung des Einzelnen, sondern auch des Staates und sogar des Kosmos. Ganz im Gegensatz zu der Vorstellung einer statischen und letztinstanzlich begründenden Regelhaftigkeit, wie sie der Begriff der Weltordnung evoziert, liegt dem ägyptischen Weltbild eine negative Kosmologie zugrunde. Der Kosmos ist nach ägyptischer Vorstellung ein dramatischer Prozeß fortwährender Durchsetzung der Ma`at, unausgesetzter Rechtfertigung der Welt gegenüber den Kräften des Stillstands und der Auflösung. Das soll in Kapitel VI gezeigt werden.

Alles in der Welt und die Welt selbst ist für ihren Fortbestand auf die Ma`at angewiesen, nichts vermag sich aus sich selbst heraus auf Dauer zu erhalten. Daher umfaßt der Begriff Ma`at sämtliche Bereiche der ägyptischen Wirklichkeit: Götterwelt und Menschenwelt, Kosmos und Staat, Gesellschaft und Individuum. Es ist dieses „dramatische" Weltbild, die Entsprechung zwischen negativer Kosmologie und negativer Anthropologie, d. h. des Rechtfertigungsbedürfnisses sowohl des Menschen als auch der Welt insgesamt, die der umfassenden „Kompaktheit" des Begriffs der Ma`at zugrundeliegt. Die beiden abschließenden Kapitel widmen sich dem ägyptischen Staat und seiner Fundierung in der Ma`at-Lehre mit ihren Voraussetzungen einer negativen Kosmo- und Anthropologie.

Die Theorie der „kompakten Begrifflichkeit", wie Voegelin sie formuliert hat, besagt, daß zwischen Kosmos und Gesellschaft, Religion und Staat, Heil und Herrschaft nicht unterschieden wird, daß jedenfalls von einem Bereich nie ohne Bezug auf das andere gesprochen werden kann, weil die Begriffe sich ununterscheidbar auf beides beziehen. Es handelt sich um Aspekte eines untrennbaren Gesamtzusammenhangs. Man kann sich diesen Zusammenhang in Form einer Matrix veranschaulichen, die in den Spalten „Bereiche der Wirklichkeit" und in den Zeilen „Aspekte" oder „Sinndimensionen" ägyptische Weltverarbeitung einträgt. Dabei wird klar, daß es in Ägypten keine Diskurse gibt, die einen Bereich der Wirklichkeit um seiner selbst willen, d. h. unter seinem spezifischen Aspekt behandeln, also z. B. den Kosmos unter kosmologischem, den Staat unter politikwissenschaftlichem, die Gesellschaft unter soziologischem, den Menschen unter anthropologischem und so auch die Götter unter theologischem Aspekt. Dieser Diskurstyp erscheint in der Alten Welt als eine Errungenschaft der Griechen. Wenn in Ägypten vom Staat die Rede ist, dann handeln die Texte unweigerlich auch von

Bereiche der Wirklichkeit → / Sinndimensionen ↓	das Heilige Götter, Kulte	Kosmos z. B. Sonnenlauf	Staat Herrschaft	Gesellschaft	der Mensch Personbegriff
religiös	(Theologie)	Heiligkeit und Heilscharakter kosmischer Phänomene	Heiligkeit der pharaonischen Herschaft: **Gottkönigtum**	religiöser Aspekt der sozialen Kohärenz	religiöse Anthropologie (Ka, Ba, Ach etc.)
(bio-)kosmisch	die „kosmische Dimension" der Götter	(Kosmologie)	kosmischer Aspekt des Königtums	kosmischer Aspekt der sozialen Ordnung	kosmischer Aspekt des Menschen **Unsterblichkeit** und kosmisches Leben
politisch	die „politische Dimension" der Götter: Stadt- u. **Staatsgötter**	**Sonnenlauf als Ausübung von Herrschaft**	(Politologie)	politischer Aspekt der sozialen Ordnung	politischer Aspekt des Menschen (**Herrschaftsangewiesenheit**)
sozial	die „soziale Dimension" der Götter: – Mythologie – „ethische Instanz"	sozialer Aspekt des Kosmos (als Handlungssystem)	Soziale Funktion der Herrschaft (**Schutz des Schwachen**)	(Soziologie)	sozialer Aspekt des Menschen: **Gemeinschaftsangewiesenheit**
anthropologisch	**Anthropomorphismus Anthropozentrismus**	anthropol. Aspekt kosmischer Vorgänge (Altern, Sterben, Verjüngung)	anthropol. Funktion der Herrschaft (z. B. Fortdauer)	Anthropol. Funktion der Gesellschaft (**soziales Gedächtnis**)	(Anthropologie)

(Fettgedruckt sind die Begriffe, auf die in der folgenden Studie im Besonderen eingegangen wird).

der Götterwelt: von der politischen Herrschaft der Götter. Die Göttlichkeit Pharaos und die Herrschaftsfunktion Gottes spiegeln sich gegenseitig und sind nicht klar gegeneinander abzugrenzen. So geht es mit allen anderen „Bereichen" und „Aspekten", die gegenüberstehendes Schema zusammenstellt (S. 38).

II. Der Diskurs über die Ma`at:
Kulturgeschichte als Diskursgeschichte

Wenn man Sinnbezirke rekonstruieren will, tut man gut daran, nicht von einzelnen Wörtern, sondern von Texten auszugehen. Denn verstehen kann man nicht Vokabeln, sondern nur ganze Texte.[1] Aber auch diese Texte versteht man umso besser, je weniger man sie isoliert betrachtet, sondern im Rahmen ihrer Gattungstraditionen untersucht. Vor allem aber muß man sich über die Relevanz der Texte klarzuwerden versuchen. Denn das Gewicht dieser Texte ist höchst ungleichartig. In diesem Sinne soll im folgenden eine Methode entworfen werden, die sich auf Texte an Stelle von Belegstellen stützt, dabei aber notwendigerweise selektiv verfahren und ihre Selektivität rechtfertigen muß.

1. Die Ungleichrangigkeit der Quellen.
Über Zentrum und Peripherie im altägyptischen Traditionsstrom

Unsere Zentralthese lautet: Die Texte, die uns aus Ägypten erhalten sind, haben ungleiches Gewicht. Sie stammen aus den unterschiedlichsten Funktionszusammenhängen der Kultur. Diese Funktionszusammenhänge sind ganz anders strukturiert, als wir das von uns vertrauten Überlieferungen gewohnt sind. Für uns ist selbstverständlich, daß sich eine Tradition nach Zentrum und Peripherie gliedert. In der religiösen Überlieferung gibt es das Kanonische und das Apokryphe, und auch innerhalb des Kanonischen gibt es noch einmal eine Rangfolge. In der literarischen Tradition gibt es die großen und die kleinen, die zentralen und die peripheren Texte. Und beide Bereiche gliedern sich nochmals nach primären und sekundären (kommentierenden) Texten. Jenseits der religiösen und der literarischen Textwelten dehnt sich der Bereich der politischen, juristischen, edukativen und praktischen Gebrauchstexte. In Ägypten ist das alles anders. Nicht nur sind die Textwelten anders abgegrenzt, sie sind auch im Inneren anders strukturiert, und all das ist uns noch weitgehend verborgen. Trotzdem zeichnen sich auch hier Strukturen von Zentrum und Peripherie ab. Von ihrer Berücksichtigung hängt sehr viel ab. Wenn man den Einstieg über die Texte wählt, um einen *verstehenden* Zugang zu gewinnen, kommt es darauf an, die *zentralen*

---

[1] Eine ähnliche methodologische Position vertritt J. Krasovec, *La Justice de dieu*.

Texte zu finden. „Zentralität" von Texten ist aber eine Eigenschaft, die ihnen nicht einfach abzulesen ist. Sie steckt nicht, oder nicht allein, im sprachlichen Befund. Sie ist vielmehr eine kultursoziologische Kategorie und bezieht sich auf den Rang, den eine Gesellschaft einem Text zuerkennt. Um die methodologischen Konsequenzen, die sich aus dieser Überlegung ergeben, deutlich zu machen, müssen wir etwas weiter ausholen und dazu noch einmal auf Jaspers' Achsenzeit-Konzept zurückgreifen.

Die Theorie der Achsenzeit enthält eine Reihe von Impulsen. Der Soziologe Shmuel N. Eisenstadt hat besonders die soziologischen Aspekte der Theorie aufgegriffen und nach dem Entstehen autonomer Eliten gefragt, die als Träger der neuen Visionen auftreten. Der Politologe Eric Voegelin hat die Frage nach der „Ordnung" in den Mittelpunkt gestellt und die Fundierungen politischer Herrschaftsformen untersucht. Wir möchten jenen Aspekt der Theorie aufgreifen, den Jaspers unter dem Stichwort „Kommunikation" in einem Drei-Stufen-Modell mehr angedeutet als entwickelt hat. Zunächst entsteht – nach Jaspers – Kommunikation *regional*: „Es erwuchsen geistige Kämpfe mit den Versuchen, den anderen zu überzeugen durch Mitteilung von Gedanken, Gründen, Erfahrungen. Es wurden die widersprechendsten Möglichkeiten versucht. Diskussion, Parteibildung, Zerspaltung des Geistigen, das sich doch im Gegensätzlichen aufeinander bezog, ließen Unruhe und Bewegung entstehen bis an den Rand des geistigen Chaos."[2]

Die zweite Stufe ist *überregional*: „Gegenseitiger Verkehr brachte je innerhalb der drei Welten die geistige Bewegung in Umlauf. Die chinesischen Philosophen, Konfuzius und Moti und andere, wanderten, um sich an berühmten, dem geistigen Leben günstigen Orten zu treffen (sie bildeten Schulen, die die Sinologen Akademien nennen), geradeso wie die Sophisten und die Philosophen in Hellas reisten und wie Buddha lebenslang wanderte."[3]

Die dritte Stufe ist *universal*: „Weil die dreifache geschichtliche Modifikation des Schrittes der Achsenzeit besteht, ist es wie eine Aufforderung zur grenzenlosen Kommunikation. Die anderen zu sehen und zu verstehen, hilft zur Klarheit über sich selbst, zur Überwindung der möglichen Enge jeder in sich geschlossenen Geschichtlichkeit, zum Absprung in die Weite. Dies Wagen grenzenloser Kommunikation ist noch einmal das Geheimnis der Menschwerdung, nicht in der uns unzugänglichen vorgeschichtlichen Vergangenheit, sondern in uns selbst."[4]

Kaum ein anderer Aspekt seiner Theorie läßt Jaspers' eigentümliche Blindheit für geschichtliche Bedingtheiten und Prozesse so deutlich her-

---

[2] *Vom Ursprung und Ziel der Geschichte*, 15.
[3] Ibd., 17.
[4] Ibd., 31.

vortreten wie dieser. Jaspers glaubt an die Selbstdurchsetzung der grossen Gedanken. Verstehen ist unwiderstehlich. „Kommunikation" ist allenfalls an das Reisen gebunden. Einmal verbreitet, läßt sich die neue Wahrheit nicht mehr verlieren.

Demgegenüber wollen wir an die „Kommunikation" dieselbe Frage richten, die Eisenstadt an die „einzelnen" richtete, die als Träger und Verbreiter der neuen Einsichten auftraten: die Frage nach den Formen von „Institutionalisierung", vor allem nach der Institutionalisierung von Permanenz, d. h.: Tradition. Mit der „Kommunikation" ist es ja keineswegs getan. Gewiß: Es ist entscheidend, daß einzelnen eine besondere Erkenntnis zuteil wird, und es ist weiter entscheidend, daß sie sie anderen mitteilen. Wir wollen diese erste Stufe des kommunikativen Prozesses *Thematisierung* nennen. Thematisierung meint das primordiale Zur-Sprache-Kommen und Zur-Sprache-Bringen dessen, was bis dahin entweder zwar gewußt, aber nicht Gegenstand der Kommunikation, oder nicht einmal gewußt und gedacht war. Thematisierung verschiebt die Grenze zwischen dem Sagbaren und dem Unsagbaren. Der Horizont des Sagbaren ist dreifach begrenzt: a) durch Wissen und Erkenntnis, b) durch Zensur, sei es die äußere und institutionalisierte Zensur staatlicher Kommunikationskontrolle, sei es die verinnerlichte Präventivzensur, die schon gar nicht erst zur Sprache kommen läßt, was nicht der Zustimmung der Hörer sicher sein kann,[5] und c) durch Implizitheit, die „schweigende Dimension" der bis zur Selbstverständlichkeit vergessenen Grundtatsachen unserer Existenz.[6] Das Implizite ist Gegenstand unseres Vertrauens, nicht unserer Kommunikation. Durch die Grenze zwischen dem Expliziten und dem Impliziten gliedert sich unsere Welt in Vordergrund und Hintergrund. Ohne solche Horizontbildung wären wir nicht imstande zu handeln.[7] Handeln setzt „Hintergrundserfüllung" voraus.[8] Die Konstitution einer Sphäre impliziter Selbstverständlichkeit gehört in jenen Prozeß der „Reduktion von Komplexität" hinein, der

---

[5] P. Bourdieu, *Ce que parler veut dire*; vgl. auch A. u. J. Assmann (Hgg.), *Kanon und Zensur*.

[6] M. Polanyi, *The Tacit Dimension*, dt. *Implizites Wissen*; D. Ritschl, „Implizite Axiome"; W. Huber, Th. Sundermeier (Hgg.), *Implizite Axiome*, darin bes.: A. Assmann, „Nietzsche versus Ritschl: zwei Theorien impliziter Axiome"; vgl. auch M. Erdheim, *Die gesellschaftliche Produktion von Unbewußtheit*.

[7] In diesem Zusammenhang vgl. als besonders einschlägig N. Luhmann, *Vertrauen*.

[8] Unter „Hintergrundserfüllung" versteht A. Gehlen die „Erfüllungen chronisch abgesättigter und eben deshalb gar nicht mehr aktualisierter Bedürfnisse" und illustriert das an zwei Beispielen: „so läßt ‚meine Wohnung' das Bedürfnis nach Geborgensein gar nicht mehr aktuell werden, oder die bloße Gegenwart anderer Menschen rückt das Bedürfnis nach Geselligkeit in die Hintergrundserfüllung", s. A. Gehlen, *Urmensch und Spätkultur*, 16 f. (und passim, vgl. Index, 300 s. v.)

nach Luhmann sozialen Sinn ermöglicht.[9] Thematisierung betrifft vor allem c): die Umsetzung von Impliziteit in Explizitheit. Was Jaspers unter dem Stichwort „Kommunikation" beschreibt, ist vor allem ein „Thematisierungsschub als Explikationsschub".

In normalen Zeiten besteht kein kommunikatives Bedürfnis, sich über das Selbstverständliche zu verständigen. Im Gegenteil: Damit Axiome, Grundüberzeugungen und Werte eine steuernde Macht über unser Denken und Handeln ausüben können, müssen sie unserer bewußten Reflexion, d. h. Hinterfragbarkeit entzogen sein.[10] Damit das so Ausgeblendete zum Gegenstand der Thematisierung und der Kommunikation wird, bedarf es eines Schocks, eines Bruchs, einer Vertrauenskrise, einer Auflösung eingeschliffener Selbstverständlichkeiten, einer „Verfremdung". Diesen Zusammenhang von „Kritik und Krise" hat Jaspers im Blick. Im Traditionsprozeß symbolischer Sinnwelten arbeiten möglicherweise immer zwei Kräfte gegeneinander: die stabilisierende Kraft der Erzeugung von Selbstverständlichkeit und Impliziteit (Erdheim) und die mobilisierende Kraft der Kritik und Verfremdung, nur daß normalerweise die stabilisierende überwiegt.

Damit das, was zur Sprache kommt, eine umgestaltende Wirkung entfalten kann, muß es Schrift werden. Diesen Prozeß nenne ich *Textualisierung*. Zunächst ist festzuhalten, daß Schriftlichkeit keineswegs notwendige Bedingung von Textualisierung ist. Worauf es ankommt, ist lediglich, daß das Gesagte bewahrt wird, so daß man sich darauf beziehen kann, auch außerhalb der Situation ersten Zur-Sprache-Kommens.[11] Dies ist auch durch mündliche Überlieferung möglich. Daß aber das Gesagte umgestaltende Wirkung entfalten kann, und dies auf lange Sicht, dazu gehört die Schrift. Der Übergang von mündlicher zu schriftlicher Überlieferung spielt denn auch in allen von Jaspers hervorgehobenen Beispielen „achsenzeitlicher" Kommunikation eine auffallende Rolle: Mündlich wirkende Lehrer, deren Lehren später aufgeschrieben wurden, wie Konfuzius, Laotse, Sokrates, Buddha, Jesus; die israelitischen Schriftpropheten, die ihre Visionen niederschreiben, weil das Volk keine Ohren hat zu hören;[12] Dichter, die mündlich umlaufendes Wissen kodi-

---

[9] Vgl. v. a. „Sinn als Grundbegriff der Soziologie". Luhmann bezeichnet den „Hintergrund" bewußten Handelns und Erlebens als „Welt" und spricht von der „Konstitution einer solchen das Erleben beständig-gegenwärtig begleitenden Welt von augenblicklich inaktuellen Potentialitäten" durch die „Fähigkeit zur Negation" (35). Die Arbeit der „Thematisierung" betrifft besonders die Bewußtmachung impliziter Negationen. „Jedes Ja impliziert mehr Neins, sodaß es schließlich vorteilhaft wird, diese Implikationen zu thematisieren und sie im Bewußtsein verfügbar zu machen – mit anderen Worten: das Negieren zu lernen" (97).

[10] Vgl. M. Erdheim (Anm. 6).

[11] Zu diesem Textbegriff s. K. Ehlich, „Text und sprachliches Handeln".

[12] Vgl. C. Hardmeier, „Verkündigung und Schrift bei Jesaia".

fizieren wie Homer und Hesiod[13] – ohne die Schrift hätte es so etwas wie eine achsenzeitliche Wende nie geben können. Damit soll nicht gesagt sein, daß die Schrift eine hinreichende Bedingung ist für einen bewußtseinsgeschichtlichen Durchbruch dieses Ranges. Aber sie ist eine notwendige Bedingung. Ohne die Schrift hätten sich zwar alle Thematisierungen ungehindert entfalten können, aber es wäre nie zu der Fundierung einer Welt gekommen, „in der wir bis heute leben". Denn eine kritische, die Grenze zwischen dem Impliziten und dem Expliziten drastisch verschiebende, Unerhörtes zur Sprache bringende Thematisierung würde in der Ökonomie mündlicher Überlieferung keinen Ort finden. Nach wenigen Generationen hätte sich das Gleichgewicht zwischen stabilisierendem Vergessen („struktureller Amnesie")[14] und mobilisierender Verfremdung wieder auf einer nur wenig verschobenen Linie eingependelt.[15] Diese Überlegung führt zu der Frage, ob es vielleicht bewußtseinsgeschichtliche Durchbrüche und Grenzverschiebungen zwischen dem Impliziten und dem Expliziten auch außerhalb der „Achsenzeit", also z.B. in Ägypten gegeben hat und ob sie nur deshalb nicht zum Tragen kamen, d.h. zur Welt, in der wir bis heute leben, beigetragen haben, weil sie nur zur Sprache, aber nicht zur Schrift kamen und ihre umgestaltende Wirkung nicht permanent institutionalisieren konnten. Die „Achsenzeit" würde dann weniger einen bewußtseins-, als einen traditionsgeschichtlichen Durchbruch bedeuten: Die Tradition verändert gleichsam ihren Aggregatzustand, weil mit der Schrift sowohl Kritik als auch Permanenz institutionalisierbar geworden sind.[16]

Am Beispiel Ägyptens läßt sich nun zeigen, daß Textualisierung nicht genügt. Denn daran hat es hier keineswegs gefehlt. Auf die Periode der Ersten Zwischenzeit und des Mittleren Reichs etwa treffen alle Kennzeichen achsenzeitlicher Kommunikation zu. Die Geschichte dieser Epoche ließe sich mühelos in Jaspers' Begriffen rekonstruieren. Auf den Zusammenbruch des Alten Reichs folgen geistige Kämpfe, wandernde Redner, Weise, „Propheten", Demagogen, und der Abschluß dieser Phase der Neuorientierung in Gestalt einer neuen „Reichseinigung" und der Konsolidierung des „Mittleren Reichs" ist politisch: „überall wurde im Zusammenbruch zunächst eine technisch und organisatorisch planmäßige Ordnung gewonnen" (18). Die großen Texte, die in der Umbruchzeit

[13] E. Havelock, *Preface to Plato*.
[14] Vgl. J. A. Barnes, nach R. Schott, „Das Geschichtsbewußtsein schriftloser Völker".
[15] J. Goody und I. Watt sprechen in diesem Zusammenhang von „Homöostase": „The Consequences of Literacy", in: J. Goody (Hg.), *Literacy in Traditional Societies* 1968, dt. Frankfurt 1981.
[16] Vgl. hierzu A. u. J. Assmann, „Schrift, Tradition und Kultur"; J. Goody, *The Logic of Writing*; ders., *The Interface between the Written and the Oral*.

entstanden, wurden in der Phase politischer Konsolidierung und Einigung kodifiziert, nicht anders als die buddhistischen Lehren unter Aşoka, die konfuzianischen Lehren im Han-Reich, die Überlieferung Israels im Perserreich. Aber diese Texte gingen wieder verloren. Was in Ägypten nicht institutionalisiert wurde, ist jene Erinnerung, von der Jaspers schreibt: „Von dem, was damals geschaffen und gedacht wurde, lebt die Menschheit bis heute. In jedem ihrer neuen Aufschwünge kehrt sie erinnernd zu jener Achsenzeit zurück, läßt sich von dorther neu entzünden." (19)

Für die *Institutionen* solcher Erinnerung war Jaspers blind. Er kam nicht auf den Gedanken, nach ihnen zu fragen, weil es sich für ihn ja um allgemeingültige, universale und daher ebenso unausweichliche wie unverlierbare Wahrheiten handelte. Ohne Institutionalisierungen von Permanenz aber wäre eine solche Rückkehr zu ihnen nie möglich gewesen und hätte sich diese staunenswerte Konstanz „bis heute" niemals eingestellt. Diese Institutionalisierungen fassen wir unter dem allgemeinen Begriff der *Tradition* zusammen. Tradition ist entweder mündlich oder schriftlich, und schriftliche Tradition basiert entweder auf *Kodifizierung* oder auf *Kanonisierung*. Unter dem Begriff der Kodifizierung seien die Prozesse der Sammlung, Sichtung, Verschriftung, Aufbewahrung, Kopie von Texten zusammengefaßt. Kanonisierung dagegen bezieht sich auf einen selektiven und sakralisierenden Eingriff in die Tradition. Es sind diese besonderen Formen von Tradition, die erst eine solche Erinnerung über Jahrtausende hin lebendig zu erhalten imstande sind, wie sie zur Signatur der Achsenzeitkulturen gehört. Sie implizieren einerseits *Kanonisierung*, andererseits *Auslegung*.[17] Ohne Kanonisierung läßt sich der „Traditionsstrom"[18] nicht stillstellen, er verändert nicht nur den Bestand, sondern auch die Gestalt der Texte und verlagert sein Bett mit jeder Epoche. Das ist das Problem der ägyptischen und der mesopotamischen Überlieferung. Sie hat es nie zu einer Kanonisierung ihrer fundierenden Texte gebracht und dementsprechend auch keine Auslegungskultur ausgebildet, die den Sinn dieser Texte durch die Jahrhunderte hindurch durchsichtig erhalten hätte.[19] So können wir in Ägypten von Thematisierung, Textualisierung und Tradition sprechen, aber nicht von dem weitergehenden Schritt, der erst Sinn-Bindung über Jahrtausende ermöglicht: Kanonisierung und Auslegung. Diese beiden zusammenge-

---

[17] Vgl. A. u. J. Assmann, „Kanon und Zensur".

[18] Der Begriff stammt von Leo Oppenheim, *Ancient Mesopotamia*.

[19] In dieser Hinsicht scheint Mesopotamien weiter gegangen zu sein als Ägypten. In Mesopotamien finden sich durchaus Ansätze einer Kanonisierung fundamentaler Texte und auch die philologische „Pflege" dieser Überlieferung ist weiter entwickelt. Vgl. W. G. Lambert, „Ancestors, Authors and Canonicity".

hörigen Phänomene scheinen vielmehr ein Prärogativ jener Gesellschaften zu sein, die Jaspers mit der Achsenzeit in Verbindung bringt.

Für die Frage nach der Ma`at bedeutet das, daß wir keine kanonisierte Antwort erwarten dürfen. Es gibt in Ägypten keinen Dekalog, keine Torah, die ein für allemal festlegen, was als Recht und Wahrheit zu gelten hat.[20] Wir treten mit dieser Untersuchung vielmehr in einen „Traditionsstrom" ein, in dem immer wieder Neues thematisiert, textualisiert und tradiert, andererseits aber auch Altes in Abschriften, Neufassungen und Zitaten präsent gehalten wird und in dem die Texte einen je ganz verschiedenen Rang einnehmen, weil keiner von ihnen als schlechthin fundierend und repräsentativ ausgesondert worden ist.

Innerhalb dieses Traditionsstroms gibt es nun zwar keine *schlechthin* fundierenden und repräsentativen Texte, an denen die Ägypter als den unverlierbaren Kernbeständen ihres „kulturellen Gedächtnisses" mit allen Mitteln der Überlieferung festgehalten hätten, es gibt aber durchaus *relativ* fundierende und repräsentative Texte. Wie läßt sich das beurteilen? Woran mißt man „Repräsentativität"? Repräsentativität ist ein sowohl textuelles oder *literarisches* als auch ein *soziales* Faktum. Das soziale Faktum besteht in der Intensität des Rückgriffs auf einen Text: Wieviel Bedeutung, wieviel normative und formative Kraft, welcher Platz im kulturellen Gedächtnis einer Gesellschaft wird ihm zugestanden? Kanonisierung ist nur der extremste Fall solcher Repräsentativität. Andererseits ist natürlich nicht vollkommen beliebig, auf welche Texte ein kulturelles Gedächtnis zurückgreift. Es muß etwas in ihnen angelegt sein, was solche Rekurse ermöglicht oder geradezu provoziert. Das hängt mit ihrer Tragweite zusammen, mit dem Radius ihres „Thematisierungshorizonts" und der Radikalität ihres Zur-Sprache-Bringens von Grundlagen des individuellen, gesellschaftlichen und politischen Lebens. Es gibt speziellere und allgemeingültigere, „kleine" und „große" Texte, unabhängig von der Größe, die ihnen die Gesellschaft zugesteht. Aber ihr Ort in der Tradition bestimmt sich dann doch als ein soziales Faktum von der Erinnerungs- und Formungsbereitschaft der Späteren her.

Repräsentativität läßt sich am Text an drei Eigenschaften festmachen. Ich nenne sie Explizität, Generalität und Zentralität. *Explizität* bezieht sich auf die Präsuppositionen, das vom Text Vorausgesetzte und daher Ungesagte. Sie bemißt sich nach dem Grad seiner Unabhängigkeit von spezifischen Gebrauchskontexten. Ein Text ist umso expliziter, je weniger er in einen spezifischen Kontext eingebettet ist. Dieses Eingebettetsein in bestimmte Kommunikationssituationen ist die Normalform, in der Texte im „Leben" vorkommen. Karl Bühler hat das „Empraxie"

---

[20] Vgl. aber den Prozeß einer „Kodifizierung der Ma`at" im Zusammenhang der Totenliteratur (Totenbuch 125), auf den wir im Kapitel V (§ 2) eingehen.

genannt, ein Begriff, den ich übernehmen möchte.[21] „Empraktische Diskurse" nenne ich daher sprachliche Äußerungen, die so stark in ihre Kontexte, in „Praxis", eingebettet sind, daß sie nur mit diesen zusammen verständlich, d. h. ein Sinn-Ganzes und in diesem Sinne „Text" sind. Im sprachlichen Substrat dieses „Textes" ist der Sinn weitgehend implizit. Er wird vom Text präsupponiert. Erst die Situation vereindeutigt den Text, indem sie die Präsuppositionen gleichsam auffüllt. Explizität ist dagegen die Eigenschaft von Texten, die eine gewisse Unabhängigkeit von bestimmten Verwendungskontexten anstreben, sich aus der Praxis „ausbetten", eine gewisse Distanz zu ihr einnehmen und, wenn auch nicht geradezu „theoretisch", so doch jedenfalls „metapraktisch" sind.

Generalität bezieht sich auf das Thema, die Weite des Thematisierungshorizonts, die Allgemeinheit und Allgemeingültigkeit dessen, was im Text zur Sprache gebracht wird, also jene „tieferen Menschheitsfragen", die Alfred Weber und Karl Jaspers in den ägyptischen Texten vermißt haben.[22] Das Allgemeine und Tiefe gehört normalerweise in den Hintergrund der Kommunikation, der vorausgesetzt, nicht explizit gemacht wird. Alltagskommunikation jedenfalls setzt solches Vorverständigtsein, solche „Hintergrundserfüllung" (Gehlen) voraus. Die Thematisierung allgemeiner, grundsätzlicher, die Fundamente des Menschseins betreffender Fragen gehört in außeralltägliche Kommunikation: in schamanistische Séancen, festliche Mythen- und Epenrezitation, kultische Spiele und ihre Nachfolgeinstitutionen in Dichtung, Philosophie und Theologie. Ebenso wie Explizität ist auch Generalität eine Frage der Distanz. Trotzdem muß man beides unterscheiden. Texte können sehr explizit und trotzdem sehr speziell sein (z.B. Gebrauchsanweisungen); und sie können umgekehrt sehr generell und trotzdem sehr implizit sein (z. B. Stammesmythen).

Zentralität schließlich bezieht sich auf den Ort eines Textes innerhalb einer nach Zentrum und Peripherie strukturierten Tradition. Es handelt sich hier also um eine soziologische Kategorie. Ihre Zentralität oder Marginalität kann man den Texten selbst nicht ansehen, das ergibt sich vielmehr aus ihrer Rezeptions- und Wirkungsgeschichte. Aber es versteht sich, daß diese Geschichte den im Text selbst angelegten Eigenschaften wie Explizität und Generalität nicht ganz und gar äußerlich ist.

---

[21] S. J. Assmann, *Ägypten*, 192–198.

[22] Vgl. etwa A. Weber, *Kulturgeschichte*, 45: „Die zu ihrem Sonnenscheiben tragenden Hornvieh, ihren Katzen und Affen oder ihren mit den Sternen verbundenen Menschentieren betenden Ägypter und Babylonier konnten der Welt Botschaften allgemeiner Art noch nicht vermitteln. Die Sintflutsage, der Schöpfungsbericht, der Osirismythos sind für tiefere menschliche Schicksalsfragen gleichgiltig."

Wir haben den Eindruck, daß diese Geschichte in den Texten selbst angelegt ist. Texte, die nicht explizit und generell sind, können niemals einen zentralen Platz in der Überlieferung einer Gesellschaft einnehmen. Aber in dieser Ausschließlichkeit ist das zu einseitig gesehen. Zentralität ist immer auch eine Sache gesellschaftlicher Stellungnahme, Selektion, Parteiergreifung. Gerade die ägyptische Geschichte kann uns das sehr deutlich vor Augen führen. Der einzige ägyptische Text, den A. Weber und K. Jaspers einer Erwähnung für würdig halten, das *Gespräch eines Mannes mit seinem Ba* (bekannt unter dem Namen *Der Lebensmüde*), ist nur auf einem einzigen Papyrus des Mittleren Reichs erhalten[23] und offenbar niemals in die Überlieferung eingegangen, geschweige denn in einen zentralen Rang eingerückt. Trotzdem steht er, soweit wir das beurteilen können, den zentralen oder „Großen" Texten der ägyptischen Tradition hinsichtlich Explizität und Generalität in nichts nach. Wir dürfen nicht davon ausgehen, daß sich die großen Texte von selbst durchsetzen. „Zentralität" ist nicht die automatische Konsequenz textueller „Größe", sie ist vielmehr das Ergebnis kultureller Entscheidung und Arbeit.

Die „Großen Texte" in der ägyptischen Tradition sind Texte der Weisheitsliteratur. Es sind diese Texte, die – offenbar verhältnismäßig unabhängig von spezifischen kommunikativen Funktionen – sehr grundsätzliche Erwägungen über Mensch und Welt anstellen, und es sind auch diese Texte, die in der ägyptischen Überlieferung selbst den Rang großer Texte einnehmen. Das geht z. B. aus den beiden einzigen Dokumenten einer ägyptischen „Literaturwissenschaft", nämlich Listen berühmter Autoren der Vergangenheit, hervor, dem „Enkomium der alten Weisen" im Papyrus Chester Beatty IV und in den Fragmenten einer Grabwand aus Saqqara, beide aus der Ramessidenzeit. Sowohl aus der Zusammensetzung der Listen als auch aus dem Papyrustext ergibt sich in aller Klarheit, daß die Ägypter Weisheit als den Inbegriff und Gipfel literarischen Schaffens ansahen. Zum selben Ergebnis kommt man, wenn man Texte nach der Häufigkeit späterer Abschriften und Zitate ordnet. Ganz offensichtlich nimmt in Ägypten die Weisheitsliteratur den Rang sowohl einer „Klassik" als auch einer „Großen Tradition" ein.[24]

Diese Texte lassen sich von ihrer Thematik her am treffendsten als „Ma`at"-Literatur kennzeichnen. Ganz offensichtlich ist es die Frage nach der Ma`at, nach den das menschliche Zusammenleben fundierenden Regeln der Wahrheit, Gerechtigkeit und Ordnung, die hinter diesen

---

[23] Papyrus Berlin 3024, vgl. A. Weber, *Kulturgeschichte*, 37; K. Jaspers, *Vom Ursprung*, 19.

[24] Vgl. dazu J. Assmann, „Gab es eine Klassik in der ägyptischen Literaturgeschichte?".

Texten steht. Dieser „Diskurs über die Ma`at" entfaltet sich in zwei Gattungen: den „Lebenslehren" und den Klagen. Die Lehren, der literarischen Rahmenfiktion zufolge immer von einem Vater an den Sohn gerichtet, behandeln die Verwirklichung der Ma`at im individuellen Leben; die Klagen, Dialoge und Prophezeiungen behandeln die Gesellschaft und ihre Fundierung in der Ma`at. Wer sich an eine Untersuchung über die Ma`at macht, befindet sich also in einer privilegierten Situation: weil er von Texten ausgehen kann, die die Frage nach dem Wesen der Ma`at explizit behandeln. Diese Texte mit allen übrigen Quellen in einen Topf zu werfen geht m. E. nicht an. Wir müssen daher zunächst nach den geschichtlichen Bedingungen dafür fragen, daß diese Frage aufkommen und damit zum Ausgangspunkt einer ganzen Literatur werden konnte. Es handelt sich hier um ein Korpus von Texten, die, wie gesagt, in der Einschätzung späterer Epochen der ägyptischen Geschichte den Rang einer Klassik einnahmen und zweifellos zu den Großen Texten der Menschheitsgeschichte gehören würden – wenn wir sie besser verstünden.

Mit diesem Begriff von „Weisheitsliteratur", wie er sich im Traditionsstrom der Ramessidenzeit (13.–12. Jahrhundert v. Chr.) als Zentrum der geistigen Überlieferung abzeichnet, scheint mir diejenige Textwelt gefunden, von denen unsere Untersuchung ausgehen muß. Der Begriff „Text" erweist sich jedoch als zu eng: Gebraucht wird ein Begriff, der die drei Traditionen der „Thematisierung", „Textualisierung" und „Überlieferung" umfaßt. Themen werden erschlossen und ausgeschöpft, sie werden in die Form von Texten gegossen, d. h. rezitiert oder geschrieben, auf Stein oder Papyrus, und sie werden in der Überlieferungsarbeit präsent gehalten, durch Abschreiben, Redigieren, Zitieren, „Intertextualität". All diese Formen einer „Institutionalisierung von Permanenz", der Thematisierung, Textualisierung und Überlieferung, fasse ich unter dem Begriff des „Diskurses" zusammen. Daß ich damit einen bereits überstrapazierten Begriff weiter strapaziere, ist mir klar. Er scheint mir trotzdem von allen sonstigen Möglichkeiten am wenigsten mißverständlich. Ich verstehe also die gesamte schriftliche Hinterlassenschaft der ägyptischen Kultur als die mehr oder weniger zufälligen und auf jeden Fall äußerst lückenhaften Überreste des *textlichen Substrats* ursprünglicher Diskurswelten. Diese Diskurswelten, das ist entscheidend, waren sehr unterschiedlich aufgebaut. In ihnen herrschten jeweils andere Bedingungen der Thematisierung, Textualisierung und Überlieferung, andere Funktionen des gesprochenen oder geschriebenen Wortes, andere Strukturen von Zentrum und Peripherie. Es macht einen großen Unterschied, ob ein Text inschriftlich oder handschriftlich überliefert ist, ob er der „schönen" Literatur oder der „Totenliteratur" angehört usw. Mit dem Begriff des Diskurses sollen alle sozialen und funktionalen Bindungen mitgemeint sein, in denen ein Text steht und aus denen heraus er erst zu verstehen ist. Eine Diskursgeschichte untersucht die Traditionen von Thematisierungen in den schriftlichen und mündlichen Kommunikationsformen einer Gesellschaft, kurz gesagt: die Institutionalisierungen eines Themas. In welchen Zusammenhängen und aufgrund welcher kommunikativen Bedürfnisse wird die Frage nach der Ma`at verhandelt? In welchen Diskursen gewinnen solche Thematisierungen Konstanz und Permanenz? Solche Diskurse sind „Institutionen" im Sinne der Institutionenlehre A. Gehlens. Sie „entlasten" die Teilnehmer von der Aufgabe, Sinn und Bedeutung des Themas im gegebenen Zusammenhang immer von neuem darlegen zu müssen und stellen eine Menge von Informationen bereit, auf deren Grundlage der Text aufbauen kann. Die Weisheitsliteratur ist ein Diskurs in diesem Sinne, und er läßt sich thematisch am angemessensten als „Diskurs über die Ma`at", als „Ma`at-Diskurs" charakterisieren.

Von diesem „Ma`at-Diskurs" möchte ich also ausgehen, um dann von diesem gesicherten Terrain aus zu anderen Diskurswelten überzugehen. Hinter diesem Vorgehen steht die Überzeugung, daß die Bedeutung eines Begriffs, hier: des Begriffs Ma`at, sich von seinen Gebrauchskontexten her bestimmt und daß diese Gebrauchskontexte nicht diffus und beliebig sind, sondern die Struktur soziokultureller Institutionen haben. Das ist mit dem Begriff „Diskurs" gemeint. Im Grunde sind es nicht mehr (aber auch nicht weniger) als fünf Diskurswelten, in denen der Begriff der Ma`at zentral ist und sprachlich entfaltet wird:

1. Die *Weisheitsliteratur*, in deren „Gelingensethik" Ma`at die „Richtung" des Gelingens angibt (Kapitel III);
2. Die *autobiographischen Grabinschriften*, in denen Ma`at die „Tugend" des Grabherrn und die dadurch geforderte Fortdauer im sozialen Gedächtnis begründet (Kapitel IV);
3. Die *Totenliteratur*, in der Ma`at die „Reinheit" des Verstorbenen für den Übergang ins Jenseits begründet und die den Begriff Ma`at im Hinblick auf das Totengericht kodifiziert (Kapitel V);
4. Die *kosmographischen und liturgischen Texte des Sonnenkults*, in denen Ma`at den „Triumph" des Sonnengottes über die Kräfte des Bösen und damit das Gelingen des kosmischen Prozesses begründet (Kapitel VI);
5. Die *Königsinschriften*, in denen Ma`at in genauer Entsprechung zum kosmischen Prozeß des „Sonnenlaufs" das Gelingen des sozio-politischen Prozesses (des Staates) begründet (Kapitel VII).

Alle diese fünf Diskurswelten entfalten sich zu verschiedenen Zeiten (1: Mittleres Reich; 2: Altes Reich; 3: Mittleres bis Neues Reich; 4 und 5: Neues Reich) und in mehr oder weniger enger Verbindung miteinander. Der entscheidende Vorteil einer Diskursgeschichte gegenüber einer Belegstellenanalyse liegt darin, daß man auch jene Aussagen zu Gesicht bekommt, die das Problem der Ma'at behandeln, ohne das Wort Ma'at zu verwenden. Das ist z. B. überall dort der Fall, wo über Ma'at *e contrario* gehandelt wird, wo also von Lüge, Habgier, Unrecht usw. die Rede ist.

2. Die Entstehung der Großen Texte

a) Das Konzept Ma'at im Alten Reich

Der Übergang von der Vorgeschichte zur Geschichte wird von der ägyptischen Rückerinnerung als „Einigung" gedeutet. Die „Vereinigung der beiden Länder" spielt als Stiftungsakt und Gründungsmythos Ägyptens im kulturellen Gedächtnis der ägyptischen Gesellschaft dieselbe Rolle wie der Exodus im Gedächtnis Israels. Und wie der Exodus von Israel in jedem Pessah-Fest liturgisch nachvollzogen und vergegenwärtigt wird, so wird die Vereinigung der beiden Länder in Ägypten mit jeder Thronbesteigung eines neuen Königs nachgespielt. Was immer die reale Natur der Vorgänge gewesen sein mag, die schließlich zur Errichtung des ersten großen Staatsgebildes in der Menschheitsgeschichte geführt haben:[25] die *Herstellung von Einheit* dürfte in jedem Falle das zentrale Problem der ersten Jahrhunderte pharaonischer Geschichte gewesen sein. Im Interesse dieses Motivs der Vereinigung als des zentralen Gründungsmythos wird der langsame Prozeß der Kulturentstehung in der Rückerinnerung zugespitzt auf einen dramatischen Bruch oder Einschnitt: Ägypten wächst als Staat nicht allmählich aus der Vorgeschichte heraus, wie etwa die sumerischen Stadtstaaten, sondern verdankt sich einem Stiftungsakt, der in zweifacher Form, mythisch und historisch, geformt wird. In seiner mythischen Form handelt es sich um den Sieg des Horus (Oberägypten) über Seth (Unterägypten) mit nachfolgender Versöhnung und Vereinigung, in seiner historischen Form handelt es sich um die Tat eines Königs „Menes", der Unterägypten erobert und die „Weißen Mauern", d. h. die neue Landeshauptstadt Memphis, gegründet haben soll. In jedem Falle wird der Prozeß zugespitzt auf die

---

[25] Diese Vorgänge beginnt man jetzt auf einen größeren Zeitraum zu verteilen, anstatt sie, wie früher üblich, auf wenige Jahrzehnte zusammenzudrängen. Vgl. schon E. Otto, in: *WdO* 1, 1952, 431–453 sowie neuerdings W. Helck, *Politische Gegensätze*; K. Kroeper, D. Wildung, *Minshat Abu Omar*, die mit einer friedlichen Verbreitung der oberägyptischen Kultur (und Herrschaft) rechnen. S. aber W. Kaiser, „Zum Friedhof der Naqadakultur von Minshat Abu Omar." Mit einer frühen, kriegerischen Eroberung Unterägyptens durch Oberägypten rechnet nach wie vor W. Helck, *Politische Gegensätze*, 8 ff.

dramatische Herstellung von Einheit aus vorgängiger Zweiheit, und zwar durch Krieg und Versöhnung.[26]

Diese Einheit wurde natürlich hier wie überall nicht nur auf der Ebene politischer Gewalt, sondern auch auf der Ebene der symbolischen Formen herzustellen versucht: als Konstitution kultureller Gemeinsamkeit in Sprache, Werten, Sitten, Kulten, Gottesvorstellungen, Welt- und Lebensdeutungen, kurz, eines „Ägyptertums", das sich als eine neue übergeordnete politische und kulturelle Identität und Lebensform vereinheitlichend über die verschiedenen regionalen Lebensformen (Dialekte, Sitten, Kulte usw.) legte. Wir dürfen nicht vergessen, daß die einheitstiftende Leistung der Ägypter auf den Ebenen der politischen Gewalt (Erzwingung von Gehorsam) und der administrativen Organisation (Steuerwesen, Speicher- und Verteilungswirtschaft) in der damaligen Welt beispiellos dastand. Gleichzeitig mit der Entwicklung einer Stadtkultur in Mesopotamien[27] entsteht in Ägypten eine „Reichskultur". Der entscheidende Unterschied liegt in der Struktur der „Interlokalität", der überregionalen Geltung gemeinsamer Traditionen. In Mesopotamien entsteht Interlokalität durch Harmonisierung lokaler Traditionen, in Ägypten durch Verbreitung einer „Residenzkultur" im ganzen Lande. Zu dieser Residenzkultur gehören vor allem vier Phänomene:

1. *Sprache*: eine Schrift- und Hochsprache, die im ganzen Lande verstanden wird;
2. *Kunst*: die kanonisierte Formensprache eines handwerklichen Monumentalstils;
3. *Religion*: der Totenkult des Königs als eine Art Staatsreligion und
4. *Ethos*: die Ma`at-Lehre als eine Art Staatsideologie.

Durch die Quellen sind wir über Kunst (2) und Religion (3) am besten unterrichtet. Die Dialekte sind uns durch die Schrift hindurch nicht zugänglich; abgesehen davon, daß sich die Schrift ohnehin auf die Residenz- und Hochsprache beziehen wird, vermag sie dialektale Unterschiede kaum wiederzugeben. Erst vom koptischen Befund her läßt sich auf das Vorhandensein von Dialekten rückschließen. Der Befund der Kunst und des Handwerks ist demgegenüber umso aussagekräftiger. Kunst und Handwerk waren in Ägypten Staatsmonopol und geradezu

---

[26] Durch die neuen Grabungen des Deutschen Archäologischen Instituts in Merimde Beni-Salame und in Buto hat sich die starke Anbindung des Deltas an den vorderasiatischen, und Oberägyptens an den afrikanischen Kulturhorizont immer deutlicher herausgestellt, so daß von einem erheblichen kulturellen Gegensatz der beiden Landesteile vor der Einigung auszugehen ist. S. J. Eiwanger, „Die Entwicklung der vorgeschichtlichen Kultur".

[27] Vgl. hierzu H. J. Nissen, *Grundzüge einer Geschichte der Frühzeit des Vorderen Orients*.

2. Die Entstehung der Großen Texte

militärisch organisiert. Das Bemühen um Herstellung von Einheit manifestiert sich hier in der Festlegung eines Regelwerks, des „Proportionskanons", das in seiner Systematik und Stabilität einzigartig ist und noch Platons Bewunderung erregt hat.[28] Die Kunst (2) ist mit der Religion (3) eng verbunden, denn Kunst und Handwerk stehen weitestgehend im Dienst des königlichen Totenkults, d. h. des Baus von Pyramiden, Pyramidentempeln und Nekropolen. Diese Verbindung von Staatsreligion und quasimilitärischer Handwerksorganisation wirkt, wie mehrfach hervorgehoben wurde,[29] unmittelbar einheitstiftend: weil sie Menschen aus allen Landesteilen zu gemeinsamer Arbeit zusammenbringt. So wurde z. B. auch der Bau des Mao-Mausoleums als ein Ritual zur Wiederherstellung von Einheit und „als eine Gemeinschaftshandlung des ganzen Volkes zelebriert: ... Über 700000 Menschen legten Hand an".[30] In gewissem Sinne muß man daher den königlichen Totenkult des Alten Reichs und die damit verbundenen ungeheuren, alle Kräfte des Landes in Anspruch nehmenden und eben dadurch einigenden Bautätigkeiten als eine „Große Tradition" verstehen, die eine interlokale Identität nicht nur stiftet, sondern auch noch mit überwältigender Sichtbarkeit symbolisiert.[31]

Die Parallele zwischen den Pyramiden und dem Mao-Mausoleum wirkt weniger anachronistisch, wenn man sich die eigentümliche Deutung in Erinnerung ruft, die die Bibel der babylonischen Monumentalarchitektur, der Ziqqurat, zuteil werden läßt. Beim Turmbau von Babel geht es ja nicht primär darum, den Himmel zu stürmen, sondern um *Identität* („Name") und *Einheit* („nicht zerstreut zu werden übers Antlitz der Erde"):

> *Heran! Bauen wir uns eine Stadt und einen Turm,*
> *dessen Haupt an den Himmel reicht,*
> *damit wir uns einen Namen machen*
> *und nicht zerstreut werden übers Antlitz der Erde.* (Gen. 11,4–5)

---

[28] E. Iversen, *Canon and Proportions*; Wh. Davis, „Canonical representation".

[29] Zuletzt W. Helck, *Politische Gegensätze*, 19.

[30] L. Ledderose, „Die Gedenkhalle für Mao Zedong. Ein Beispiel für Gedächtnisarchitektur", 311.

[31] Zum Prinzip der Interlokalität s. F. H. Tenbruck, *Gesellschaft und Geschichte*. Die sumerischen Stadtstaaten, die dem Alten Reich teilweise vorhergehen, teilweise gleichzeitig sind, realisieren das Interlokalitätsprinzip in der Form der Hegemonie einer Stadt über die anderen. In Ägypten fehlen solche vermittelnden Instanzen. Die staatliche Herrschaft steht unmittelbar über den bürokratisch verwalteten Regionen. Das ist ein entscheidender Unterschied, der sich auch ideologisch ausprägen muß. Zum Begriff der Großen Tradition s. R. Redfield, *Human Nature and the Study of Society*.

In diesem Sinne, als sichtbare Symbolisierung von Einheit und Identität eines *Reiches*, das eine Fülle von Regionen mit ihren verschiedenen Kulten und Traditionen integriert, möchte ich auch die Pyramiden verstehen. Nicht in Texten, sondern in einer Architektur mit ihrer an kristalliner Klarheit und Ausgewogenheit schlechthin unüberbietbaren Formensprache finden Herrschaftssystem und Weltbild des Alten Reichs ihren Ausdruck.

Das Konzept Ma`at ist die ideologische Entsprechung zu dieser politisch-organisatorischen Großtat, die einheitstiftende Idee, auf die hin die Bewohner der Gebiete vom Nildelta bis zum ersten Katarakt unter *einer* Herrschaft zusammengebracht werden konnten. Ma`at oder, wie es der schwedische Ägyptologe und Religionswissenschaftler Jan Bergman bezeichnet hat, die „Ma`at-Ideologie", ist der „grundlegende Staatsmythus".[32] Mit der Entstehung dieses Staates ist die Idee der Ma`at aufgekommen und hat immer mehr an Boden gewonnen.

In dieser Funktion einer tragenden Ideologie ist sie aber notwendigerweise implizit. Würde sich die pharaonische Kultur auf das Alte Reich beschränken, dann müßten wir, was das Konzept der Ma`at angeht, mit Formeln vorlieb nehmen wie „Er [der König] hat Ma`at an die Stelle der Isfet gesetzt"[33] oder „Ich sagte die Ma`at, ich tat die Ma`at", und mit der Begründung: „denn die Ma`at ist, was der Gott – oder der König – liebt" (wobei die Worte „Gott" und „König" sich in dieser Zeit auf dieselbe Instanz beziehen).[34] Geltung und Bedeutung des Konzepts Ma`at werden in den Texten allenthalben vorausgesetzt, so daß wir aus diesem Material keine differenzierte Vorstellung über das Wesen der Ma`at gewinnen.

b) Der Untergang des Alten Reichs und das Strittigwerden der Ordnung

Im Alten Reich bilden Sinn und Herrschaft ein kompaktes Ganzes. Der Sinn des Handelns liegt in der Aufrechterhaltung der pharaonischen Herrschaft. Der König ist das Sinnzentrum des Landes, bei ihm liegt alle Initiative, alles Handeln geschieht auf seinen Befehl hin und findet in seiner Anerkennung sein Ziel. Man sagt und tut die Ma`at, weil der

---

[32] J. Bergman, „Zum ‚Mythus vom Staat' im Alten Ägypten". Die Ideologie oder, mit einem Ausdruck des Autors, „geistesgeschichtliche Struktur" des Alten Reichs herauszuarbeiten, ist das Anliegen des monumentalen Werkes von J. Spiegel, *Das Werden der altägyptischen Hochkultur*, das freilich die ägyptischen Befunde kurzerhand in die europäische Geistesgeschichte vereinnahmt und in unerträglicher Weise anachronistisch und eurozentrisch verzerrt.

[33] Pyr 1775b vgl. Pyr 265 a/c.

[34] Urk I 57; 46f.; 194; 198 usw. Die Formel gehört zur Topik der „Idealbiographie", die in weiteren Formeln im Sinne exemplarischer Fälle andeutet, was zu dieser Zeit unter dem Tun und Sagen der Ma`at verstanden wurde. Vgl. unten, 4. Kapitel.

König sie liebt – das heißt nichts anderes als: *Die Ma'at ist der Wille des Königs*. Aus der Ungeschiedenheit von Sinn und Herrschaft ergibt sich die „Kompaktheit" (Voegelin) der zentralen Begriffe und Symbole. Herrscher und Gott, Kultur und Natur, Gesellschaft und Kosmos, Gerechtigkeit und Weltordnung sind in diesem Weltbild in der Tat ein und dasselbe. Die Ma'at gehört zu den Prinzipien allgemeiner und fundierender Sinnkonstitution, die in dieser Epoche unerschütterten Weltvertrauens in den Hintergrund impliziter Selbstverständlichkeit treten. Sie wird nicht in Frage gestellt und daher auch nicht „thematisiert". Jeder weiß, was die Ma'at ist. Es besteht kein kommunikatives Bedürfnis, sich darüber zu verständigen.

Der Zerfall des Alten Reiches setzt nun aber genau jenen Vorgang kritischer Reflexion und Kommunikation in Gang, den Jaspers für ein Symptom der Achsenzeit hält. Jetzt verblaßt das Zentrum gegenüber der Peripherie, den provinziellen Fürstenhöfen, die nun in Konkurrenz zueinander ein neues kulturelles Leben entfalten. Hält man sich an die biographischen Grabinschriften dieser Zeit, dann wirkt dieses neue Leben wie ein befreites Aufatmen. Die Ma'at-Lehre, wie sie sich im Alten Reich durchsetzt, macht den einzelnen zu einem Baustein im integrativen Gefüge des Staates. Alles selbstbestimmte, initiative Handeln ist im König monopolisiert, alles menschliche Handeln bezieht Sinn und Bedeutung aus der auftraggebenden Initiative des Königs. Jetzt, mit dem Zerfall dieser Zentralinstanz, bricht sich das Individuum Bahn.[35] Aus den Inschriften der Zeit spricht ein Individualismus von geradezu renaissancehafter Selbstherrlichkeit:

Ich bin der Anfang und das Ende der Menschen,
denn ein mir Gleicher ist nicht entstanden
und wird niemals entstehen.
Ich habe die Taten der Vorfahren übertroffen
und keiner nach mir wird jemals erreichen
was ich getan habe.[36]

Die biographischen Inschriften der Ersten Zwischenzeit übertreffen die des Alten Reichs an Explizitheit und Generalität bei weitem. So weit ich sehe, kommt aber der Begriff Ma'at in ihnen nicht vor. Das ist um so auffallender, als die Sache der Ma'at, der Schutz der Schwachen und Armen und die gesellschaftliche Solidarität, in ihnen eine zentrale Rolle spielt. Nur das Wort selbst wird vermieden. Das verweist auf eine be-

---

[35] Für eine ausführlichere Darstellung dieser Prozesse s. meine Beiträge „Sepulkrale Selbstthematisierung" und „Schrift, Tod und Identität".

[36] Anchtifi von Mo'alla, ed. J. Vandier, *Mo'alla*; Schenkel, *Memphis – Herakleopolis – Theben*, Nr. 37; M. Lichtheim, *Ancient Egyptian Autobiographies*, 26 Nr. 5.

wußte *Abkehr von der Ma'at* als der zentralistischen Staatslehre des Alten Reichs. Damit stellt sich erstmals die Frage nach dem Wesen der Ma'at. Das Wesen der Ma'at ist strittig und dadurch zuallererst thematisierbar geworden. Wenn die Ma'at der Wille des Königs ist, wo bleibt sie dann, wenn es das Königtum nicht mehr gibt? Steht und fällt die Ma'at mit der unangefochtenen Autorität der pharaonischen Monokratie? Der durch den Zerfall des Sinnzentrums freigewordene Handlungsspielraum verlangt nach neuen Orientierungen. Aus diesem Bedarf entspringt der Diskurs über die Ma'at. Er hat einen präzisen Ort in der Geschichte. Er hat den Zerfall des Alten Reichs und das Strittigwerden der Ordnung zur Voraussetzung, und er bildet seinerseits die geistige Grundlage des Mittleren Reichs.[37]

Das Ende des Alten Reichs bedeutet zugleich auch den Zerfall einer Fülle eingespielter Kommunikationssituationen, Kontexte und Präsuppositionen. Wissen, Vorverständigtsein gehen verloren, aristokratische und bürokratische Verständigungsgemeinschaften lösen sich auf. Aber anstelle völliger Desintegration und Re-Regionalisierung entsteht eine neuartige Offenheit, ein neuer Typus von Öffentlichkeit: Die allgemeine Betroffenheit von der Inkohärenz und Unverständlichkeit des Ganzen führt zu einem allgemeinen, funktional unfestgelegten Bedarf an Texten, wie er sich in dem umfassenden Skopus der erhaltenen Werke widerspiegelt, die von Gott und Welt und von den Grundlagen der menschlichen Existenz handeln.[38] Aus dem Zerfall der eingespielten Verständigungstraditionen des Alten Reichs entsteht Öffentlichkeit und Literatur,[39] vielleicht zunächst in der Form von höfischer Rhetorik (wie sie etwa in der *Lehre des Ptahhotep* vorausgesetzt wird)[40] und wanderndem Volksrednertum (vor dem z. B. die *Lehre für Merikare* warnt)[41], deren mündliche Traditionen dann später kodifiziert werden. Wichtig ist in unserem Zusammenhang vor allem die Tatsache, daß die Literatur, die aus diesen Auseinandersetzungen entsteht, Weisheits- oder Ma'at-Literatur ist. Sie

---

[37] Ich behandle diese Zusammenhänge zwischen Bindungs-Zerfall und Reflexion in einem längeren Beitrag zu S. N. Eisenstadt (Hg.), *Reflexivity in the Cultures of the Axial Age*. Für diesen Zusammenhang scheint es in der Geschichte viele Parallelen zu geben. Immer wenn der Zerfall überkommener Bindungen neue Handlungsräume freisetzt, beobachten wir einen Bedarf an Reflexion, Theorie und expliziter Begründung. Das eindrucksvollste Beispiel ist wohl die Entstehung der attischen Tragödie (als einer Art Handlungstheorie) in Parallele zur Demokratie, vgl. dazu jetzt Christian Meier, *Die politische Kunst der griechischen Tragödie*, München 1988.

[38] J. Assmann, „Schrift, Tod und Identität", S. 87.

[39] Vgl. zu diesem Zusammenhang H. Kuhn, „Literatur und Revolution".

[40] Vgl. hierzu G. Fecht, „Ptahhotep und die Disputierer".

[41] Der *mdwtj* „Wortemacher", der in P III 3 „Schlamm der Stadt" (Helck: „Aufwiegler der Stadt") genannt wird: W. Helck, *Lehre für Merikare*, 13.

entsteht in einer Situation kognitiver Dissonanz, des Auseinandertretens von „Ma`at" und Wirklichkeit, und aus der dadurch in Gang gesetzten Reflexion auf die allgemeinen Grundlagen der *conditio humana*.

Die „Erste Zwischenzeit" ist nicht nur Geschichte, sondern auch ein Mythos. Als geschichtliche Epoche gehört sie zu den „dark ages", die uns archäologisch und epigraphisch nur sehr lückenhaft erschlossen sind. Als Mythos gehört sie in die Rückerinnerung des Mittleren Reichs. Das Mittlere Reich legitimiert sich im Rückgriff auf die Erfahrung der Ersten Zwischenzeit als die Wiederherstellung von Einheit und Ordnung nach Zerfall und Chaos. Uns interessiert hier vor allem dieser „mythische" Aspekt der Ersten Zwischenzeit. Es ist die Epoche, in die das Mittlere Reich einige seiner bedeutenden Literaturwerke zurückversetzt. Die „Lehre für Merikare" und die „Klagen des Bauern", sprachlich eindeutig Texte des vorgeschrittenen Mittleren Reichs, sollen in der 9./10. Dynastie entstanden sein, andere Texte wie die Prophezeiungen des Neferti, die Klagen des Chacheperreseneb, der Lebensmüde und die Mahnworte des Ipuwer nehmen auf die Zustände der Ersten Zwischenzeit Bezug. Offensichtlich verfestigt sich in der Erinnerung die Erfahrung der Ersten Zwischenzeit zu einem Bild des Chaos, dessen Überwindung zum Gründungsmythos des Mittleren Reichs wird.

Das Mittlere Reich folgt auf die Periode des Zerfalls als eine Epoche der Rezentralisierung und des restaurativen Rückgriffs auf die Idee der Ma`at. Diese Figur von Abkehr und Rückgriff ist die klassische Grundvoraussetzung für jeden kodifizierenden und kanonisierenden Eingriff in Tradition.[42] Durch die Erfahrung der Abkehr in der Ersten Zwischenzeit hat das Prinzip Ma`at seine alternativenlose Selbstverständlichkeit eingebüßt. Im Rückgriff wird es nun bewußt und explizit ins geistige Zentrum der neuzuerringenden Einheit gestellt. Jetzt werden diejenigen Texte, die in den geistigen Auseinandersetzungen der vorhergehenden Krise das Prinzip Ma`at erstmals explizit reflektiert und thematisiert haben, gesammelt, redigiert, imitiert und zur Grundlage einer ideologischen Neuorientierung gemacht, die Literatur als Instrument staatlicher Propaganda, Erziehung, Werbung und Konsensbildung einsetzt.[43]

Die folgende Analyse des Ma`at-Konzepts nimmt daher ihren Ausgang von den Texten dieses Diskurses. Da sie im Gegensatz zu allen anderen ägyptischen Texten den Begriff Ma`at nicht voraussetzen, sondern explizit entfalten, d. h. Antworten auf die Frage darstellen „Was ist Ma`at?", gebührt ihnen methodisch der Vorrang.

---

[42] Vgl. dazu A. u. J. Assmann, „Kanon und Zensur", 15-19.
[43] Vgl. G. Posener, *Littérature et politique*.

III. Konnektive Gerechtigkeit: Gegenseitigkeit und Solidarität

1. Die „Klagen des Oasenmannes"

Wenn es einen Text gibt, der den Titel „Abhandlung über die Ma`at" tragen könnte, dann ist es ein Werk des Mittleren Reichs, das unter dem Namen „Die Klagen des Bauern" bekannt ist und zur Gattung der „Klagen" gehört. Der Text muß im Mittleren Reich sehr beliebt gewesen sein.[1] Auffallend ist, daß drei von den vier Papyri, die ihn erhalten, aufgrund ihrer Fund- oder Kaufumstände mit anderen bedeutenden Literaturwerken der Zeit assoziiert sind. Die beiden Berliner Papyri 3023 und 3025 wurden 1843 zusammen mit dem *Lebensmüden* (3024) und dem *Sinuhe* (3022) bei Sotheby aus der Sammlung Athanasi ersteigert, der Berliner Papyrus 10499, der 1899 von Quibell in einem Grab der 13.Dynastie im Ramesseumsbereich gefunden wurde, enthält den Text der Sinuhe-Erzählung auf dem Verso.[2] Der Ramesseum-Fund ist besonders bedeutsam, weil er Rückschlüsse auf die Trägerschicht jener Literatur erlaubt, die im Mittleren Reich kodifiziert und verbreitet wird. Offenbar handelt es sich bei dem Besitzer des Grabes um einen Arzt und Zauberer, der aber zugleich ritualistische[3] und literarische[4] Kompetenz besitzt. Weitaus die größte Menge der gefundenen Handschriften sowie einige Objekte und Figurinen gehören in den Bereich des Heilungszaubers.[5]

---

[1] Der Text existiert fragmentarisch auf 4 Papyri des Mittleren Reichs, die sich glücklicherweise ergänzen: pBerlin 3032 (B1); pBerlin 3025 (B2); pBM 10274=pButler 527 (Bt); pAmherst (6 Fragmente, zu B1 und B2 gehörig); pBerlin 10499 (R). Bis auf R (13. Dyn.) stammen alle Hss. aus der späten 12. Dyn. (18. Jh. v. Chr.). An neueren Übersetzungen sind zu nennen: M. Lichtheim, *Literature* I, 169–183; E. Hornung, *Meisterwerke*, 9–22. Der Kommentar von F. Vogelsang ist immer noch grundlegend und unentbehrlich. Vgl. a. G. Fecht, „Bauerngeschichte".

[2] Vgl. J. Bourriau, *Pharaohs and Mortals*, 110.

[3] Zu dem Fund gehören der *Dramatische Ramesseum-Papyrus*, die „Funerary Liturgy" und Hymnen an Sobek.

[4] Außer den *Klagen des Bauern* und dem *Sinuhe* enthielt der Fund Reste eines Weisheitstextes (Nr. II) und einer *Rede des Sisobek* (Nr. I).

[5] Vgl. A. H. Gardiner, *The Ramesseum Papyri*, 1ff. Der Uräus ist abgebildet in J. Bourriau, a.a.O., fig. 100. Gardiner weist S. 1 auf die vollkommene Analogie zur Zusammensetzung des Chester Beatty Fundes aus der 20. Dyn. hin (von dem inzwischen bekannt wurde, daß er aus der französischen Grabung in Der el Medine

Der Text gehört zu jenen Literaturwerken, die im späteren Mittleren Reich entstehen, aber in die Erste Zwischenzeit zurückversetzt werden.[6] Sie beziehen sich also auf die Erste Zwischenzeit im Sinne erinnerter Geschichte, die im Rückblick des Mittleren Reichs zum fundierenden Mythos geworden ist.

Der *plot* der Geschichte ist kurzgefaßt folgender: Ein Oasenmann, Repräsentant also nicht nur der sozialen Unterschicht, sondern auch noch der geographischen und kulturellen Peripherie des ägyptischen Reiches, ist seiner bescheidenen Habe beraubt worden und wendet sich an den zuständigen Magnaten und Großgrundbesitzer dieser Gegend, den Oberhofmeister Rensi, dem auch die Rechtspflege in diesem Gebiet obliegt. (Zum Verständnis des Falles ist es nicht ganz unerheblich zu wissen, daß der Raub als ein Akt von Selbstjustiz inszeniert wurde. Der Täter breitet über den Weg, den der Oasenmann mit seinem Esel geht, ein Tuch und zwingt ihn dadurch, in das angrenzende Kornfeld auszuweichen. Das wird zum Anlaß genommen, den Esel samt Ladung zu konfiszieren. Die Tat besteht also nicht in nackter Gewalt, sondern in der Beugung des Rechts. An Gewalt fehlt es freilich nicht. Das protestierende Opfer dieses selbstherrlichen Rechtsakts wird dann von seinem brutalen Kontrahenten noch verprügelt.) Der Oasenmann bringt nun seine Klage höheren Orts in so gewählten Worten vor, daß der Hofmeister den König von diesem ungewöhnlichen Auftritt unterrichtet. Der gibt die Anweisung, den beredten Oasenmann möglichst lange hinzuhalten, um ihm auf diese Weise noch weitere Reden von so wunderbarer Schönheit zu entlocken. Während der König unauffällig die Versorgung des Oasenmanns und seiner Familie sicherstellt, wird dieser weisungsgemäß von Rensi hingehalten. Der Kläger muß naturgemäß die Nichtbehandlung seines Falles falsch auslegen. Das gibt Anlaß zu äußerst elaborierten und, wie ich leider hinzufügen muß, auf weite Strecken unverständlichen Reflexionen über Handeln und Unterlassen, Gut und Böse, hinter denen man die Umrisse einer ziemlich komplexen Handlungstheorie ahnt. Die Bedeutung des Begriffs Ma`at als eines Horizonts letztinstanzlicher Normenbegründung wird aber jedenfalls deutlich genug. Der Oberhofmeister Rensi spielt hier nämlich, unschuldig, wie der Leser

---

stammt): Literarische Texte (wie der Streit zwischen Horus und Seth, die Liebeslieder, den Nilhymnus und die Weisheitslehre auf IV vso), Hymnen und Wissenstexte (IV rto, das Traumbuch III, XI), (medico-)magische Texte, Rituale (IX: Rit. f. Amenophis I).

[6] Vgl. dazu O. Berlev, „The Date of the Eloquent Peasant". Berlev unterscheidet zwischen dem „historischen Datum" der Textentstehung, das er aufgrund sprachlicher Kriterien in die zweite Hälfte der 12. Dyn. setzen kann, und dem „literarischen Datum" der fiktionalen Textsituierung, die durch den Königsnamen in die Zeit eines Cheti der 9./10. Dyn. festgelegt ist, s. dazu Newberry, in: *ZÄS* 50, 1912, 123.

weiß, die Rolle eines Gegenbilds der Ma'at. Was ihm der nicht nur beredte, sondern auch atemberaubend beherzte Oasenmann unterstellt, sind Gesinnungen, Motive, Handlungen und Unterlassungen, die das Gegenteil ma'atgemäßen Verhaltens darstellen. Da der Beamte zum Schweigen verpflichtet ist, drehen sich alle Vorwürfe um den Tatbestand schuldhafter Nichtintervention. Wer an verantwortlicher Stelle gegen das Unrecht nicht einschreitet, wird an ihm mitschuldig. In diesem Punkt deckt sich der Vorwurf des Bauern an den Obergütervorsteher Rensi mit dem berühmten Vorwurf, den Ipuwer an den Schöpfergott selbst erhebt: Auch Gott macht sich schuldig, wenn er gegen das Unrecht auf Erden nicht einschreitet. Damit wird offenbar die zentralistische Rechtspflege des Mittleren Reichs begründet.[7]

Die neun Klagen gipfeln in dem orakelhaften Ausspruch:

Es gibt kein Gestern für den Trägen,
es gibt keinen Freund für den, der für die Ma'at taub ist,
es gibt kein Fest für den Habgierigen.[8]

Trägheit, Verstocktheit und Habgier sind die Anklagen, in denen die Kritik des Oasenmanns an der Rechtspflege des Oberhofmeisters kulminiert. Sein Nichteinschreiten erklärt sich entweder als Trägheit oder aber als „Ma'at-Taubheit" (Verstocktheit) oder schließlich als Eigennutz (denn weil der Räuber ein Untergebener des Rensi ist, wird ihm ein Interesse an dessen Vermögenszuwachs unterstellt). Der *Träge*, der für die Ma'at *Taube* und der *Habgierige*: das sind aber zugleich auch die drei Gegenbilder der Ma'at, aus denen sich ihr Wesen *e contrario* am klarsten erschließen läßt.

2. Drei Sünden gegen die Ma'at

a) Trägheit und Vergessen: das Füreinander-Handeln als aktive Solidarität/ Reziprozität

Gegenseitigkeit und Erinnerung: iustitia „connectiva". Trägheit: das ist der Vorwurf, den der Oasenmann am häufigsten erhebt. Gemeint ist Nicht-

---

[7] Anders als E. Cruz-Euribe, der in „The Fall of the Middle Kingdom" diese Texte mit einer feudalistischen Opposition „gegen die zentralistischen Tendenzen der späten 12.Dynastie verbinden möchte, bin ich der Ansicht, daß die Gattung der Klagen, und ganz besonders die *Klagen des Bauern*, im Dienste einer zentralistischen und etatistischen Politik stehen.

[8] B2, 109–111, Vogelsang (1913), 225:
nn sf n wzfw
nn ḫnms n zḫ n mꜣʿt
nn hrw nfr n ʿwn-jb

2. Drei Sünden gegen die Ma'at

handeln, Unterlassen. In der Tat ist Handlungsabstinenz ja der hervorstechendste Zug im Verhalten des Oberhofmeisters. Hier geraten wir in die Handlungstheorie des Textes. Alles Handeln ist kommunikativ verzahnt, ist entweder Antwort oder erfordert eine Antwort. Der Raub des Esels und der Ladung ist eine Handlung (ein Rechtsbruch), die Bestrafung erfordert. Die Klage des Oasenmannes ist eine Handlung (ein Antrag), die Befassung erfordert. Wer hier untätig bleibt, unterbricht die Kontinuität der Wirklichkeit, die auf der „Verfugung des Handelns" beruht. Der Ausdruck ist ägyptisch und steht in einem anderen Text aus derselben Zeit. Dort wird gezeigt, wie auf böse Tat Unheil folgte, und dann resümiert: „Ein Schlag wird mit seinesgleichen vergolten – das ist die Verfugung[9] von allem, was getan wird", oder: „alle Handlungen sind ineinander verzahnt".[10] Die kommunikative Verfugung des Handelns erfordert Gedächtnis: die Präsenthaltung der Vergangenheit, des „Gestern", wie es in dem Text heißt. Der Träge hat kein Gestern, d. h. er ist unfähig zu solcher Präsenthaltung. Er vergißt das Gestern und die Forderungen, mit denen es das Heute an sich knüpft. Seine Vergeßlichkeit löst dieses Band. Er lebt verantwortungslos im fortwandernden Heute und verstößt auf diese Weise gegen die Ma'at. Über solche Haltung beklagt sich auch der sogenannte „Lebensmüde" in einem anderen wichtigen Text der Ma'at-Literatur[11] aus derselben Zeit:

> Zu wem kann ich heute noch reden?
> Man erinnert sich nicht des Gestern, man handelt nicht für den, der gehandelt hat heutzutage.[12]

„Man erinnert sich nicht des Gestern": Das ist zunächst nichts anderes als ein Ausdruck für Vergeßlichkeit, für den Verfall des Gedächtnisses. Als solcher erscheint er z. B. in der Beschreibung der Altersbeschwerden, mit denen die *Lehre des Ptahhotep* anhebt: „das Herz läßt nach, es erinnert

---

[9] *mdd*: ein Terminus der Zimmermannssprache, eigentlich „Einpassung" (mit Nut und Feder).

[10] *Merikare* P 123, s. dazu E. Otto, „Ägyptische Gedanken zur menschlichen Verantwortung", 19–26, bes. 24; G. Fecht, *Der Vorwurf an Gott*, 131.

[11] pBerlin 3024, 115 f. ed. A. Erman, *Das Gespräch eines Lebensmüden mit seiner Seele*. Zahlreiche neue Bearbeitungen, u. a. von R. O. Faulkner, in: *JEA* 42 (1956), 22 ff.; W. Barta, *Das Gespräch eines Mannes mit seinem Ba* und H. Goedicke, *The Report about the Dispute of a Man with his Ba*.

[12] Diese drei Zeilen stehen im Text an herausgehobener Stelle. Sie bilden die mittlere Strophe eines „anaphorischen Strophenliedes", dessen Strophen alle mit dem Satz „Zu wem kann ich heute (noch) reden?" beginnen und das mit drei anderen Strophenliedern den ansonsten „prosaischen" (oder besser gesagt: anders und schwächer geformten) Text lyrisch unterbricht.

sich nicht mehr des Gestern".[13] Hier ist aber nicht die individuelle, sondern die soziale Vergeßlichkeit gemeint, der Zerfall des „Füreinander-Handelns". Das macht der Nachsatz klar. Wenn das soziale Gedächtnis zerfällt, ägyptisch gesprochen „das Gestern vergessen wird", zerfällt auch das Netz der Solidarität, und die Welt wird zum Kampfplatz eines Kampfes aller gegen alle:

> *Siehe, man kämpft auf dem Kampfplatz, denn das Gestern ist vergessen.*
> *Nichts gelingt dem, der den nicht mehr kennt, den er gekannt hat.*[14]

Solidarisches Handeln setzt soziales Gedächtnis voraus, d. h. einen Motivationshorizont, der sich nicht immer neu von Tag zu Tag nach der jeweiligen Interessenlage konstituiert, sondern in die Vergangenheit zurückreicht, gestern und heute umgreift, das Heute an das Gestern rückbindet. Das heißt verantwortungsvolles Handeln im Sinne der Ma`at. So hatte es der Oasenmann selbst an einer früheren Stelle ausgeführt:

> *Ein guter Charakter*[15] *kehrt zurück an seine Stelle von gestern,*
> *denn es ist befohlen: Handle für den, der handelt,*
> *um zu veranlassen, daß er tätig bleibt.*
> *Das heißt, ihm danken für das, was er getan hat.*[16]

„Ein guter Charakter kehrt zurück an seine Stelle von gestern": Wir stoßen hier auf den Zusammenhang von Gedächtnis und Gewissen, dem kein Geringerer als F. Nietzsche eine eigene Abhandlung gewidmet hat. Die Zweite Abhandlung aus der *Genealogie der Moral* mit dem Titel „Schuld", „Schlechtes Gewissen" und Verwandtes leitet das Gewissen aus dem Versprechen her.[17] Der Mensch wird hier definiert als „das Tier, das versprechen darf", und diese Fähigkeit zur Selbstbindung auf unbestimmte Zukunft als ein „Gedächtnis des Willens" bestimmt, das dem natürlichen Lebensprinzip des Vergessens als die eigentliche Kulturleistung entgegensteht:

„Eben dieses notwendig vergeßliche Tier, an dem das Vergessen eine Kraft, eine Form der *starken* Gesundheit darstellt, hat sich nun ein Gegenvermögen angezüchtet, ein Gedächtnis, mit Hilfe dessen für gewisse

---

[13] *Ptahhotep* 16 (pPrisse 5.1: *jb tmw* „das Herz läßt nach"; var. L₂, C: *jb mhw* „das Herz ist vergeßlich"; s. Z. Žába, *Les maximes de Ptahhotep*); vgl. G. Burkard, „Ptahhotep und das Alter".

[14] *Lehre des Amenemhet* pMillingen 10f.; Abschnitt V d-e in der Textausgabe von W. Helck, *Die Lehre des Amenemhet*, 35–37. Vgl. zur Stelle W. Westendorf, in: *Göttinger Miszellen* 46 (1981), 33–42 und E. Blumenthal, in: ZÄS 111 (1984), 88.

[15] *bj3*, hier wohl im Sinn von „Handlungsweise", vgl. P. Vernus, „La formule du bon compartement".

[16] B I, 109–110; Vogelsang, 100.

[17] F. Nietzsche, *Werke* II, 799–837.

Fälle die Vergeßlichkeit ausgehängt wird – für die Fälle nämlich, daß versprochen werden soll: somit keineswegs bloß ein passivisches Nicht-wieder-los-werden-können des einmal geritzten Eindrucks, nicht bloß die Indigestion an einem einmal verpfändeten Wort, mit dem man nicht wieder fertig wird, sondern ein aktives Nicht-wieder-los-werden-*wollen*, ein Fort-und-fort-wollen des einmal Gewollten, ein eigentliches *Gedächtnis des Willens*: so daß zwischen das ursprüngliche "ich will„, "ich werde tun„ und die eigentliche Entladung des Willens, seinen *Akt*, unbedenklich eine Welt von neuen fremden Dingen, Umständen, selbst Willensakten dazwischengelegt werden darf, ohne daß diese lange Kette des Willens springt. Was setzt das aber alles voraus! Wie muß der Mensch, um dermaßen über die Zukunft voraus zu verfügen, erst gelernt haben, das notwendige vom zufälligen Geschehen scheiden, kausal denken, das Ferne wie gegenwärtig sehn und vorwegnehmen, was Zweck ist, was Mittel dazu ist, mit Sicherheit ansetzen, überhaupt rechnen, berechnen können – wie muß der Mensch selbst vorerst *berechenbar, regelmäßig, notwendig* geworden sein, auch sich selbst für seine eigene Vorstellung, um endlich dergestalt, wie es ein Versprechender tut, für sich *als Zukunft* gutsagen zu können! Eben das ist die lange Geschichte von der Herkunft der *Verantwortlichkeit*."[18]

Diese Verantwortlichkeit, am „Gestern" festzuhalten, kennzeichnet den „guten Charakter". Sein Gegensatz ist der „Träge", der „kein Gestern hat", der sich der naturhaften Vergeßlichkeit hingibt. Er sagt sich los von der Verläßlichkeit, der „Berechenbarkeit", die das Wesen des Kulturmenschen, das Ziel der „Arbeit des Menschen an sich selber" (Nietzsche) darstellt.

Der Ägypter entwickelt den Begriff des verantwortlichen (gewissenhaften) Handelns nicht aus dem Spezialfall des Versprechens (mit Blick auf die Zukunft), sondern aus dem der Dankbarkeit (oder allgemeiner: der Beantwortung vorangegangenen Handelns, also mit Blick auf die Vergangenheit). Verantwortliches Handeln heißt ägyptisch „Handeln für den, der handelt", also „Füreinander-Handeln". Diese Wendung begegnet hier wie im „Lebensmüden" im Zusammenhang mit der Erinnerung an das Gestern. Offenbar handelt es sich bei diesem „Füreinander-Handeln" um eine Formel von terminologischer Prägnanz. Füreinander-Handeln setzt voraus, „den zu kennen, den man gekannt hat", wie es in der *Lehre des Amenemhet I.* heißt. Ausführlicher wieder der Oasenmann:

Verhülle dein Angesicht nicht gegenüber dem, den du gekannt hast,
sei nicht blind gegenüber dem, auf den du geblickt hast,
stoße nicht zurück den, der sich bittend an dich wendet,

---

[18] A.a.O., 799f.

sondern laß ab[19] *von diesem Zögern* (wzf, „Trägheit"), *deinen Ausspruch hören zu lassen.*
Handle für den, der für dich handelt![20]

Durch die Verbindung mit dem Gestern, d. h. die Betonung der Zeitdimension und der Erinnerung, bekommt der ägyptische Begriff der Reziprozität als des „Füreinander-Handelns" eine ausgeprägt anamnetische Qualität. Handeln heißt sich erinnern, Nichthandeln vergessen. Der Untätige verliert das Gestern aus dem Auge und den Anspruch, den es an das Heute stellt.

Die Rückkehr der Tat zum Täter. Schenken und Vergelten als Paradigma der Sozialität. Im Begriff der Ma`at wird die Idee der Gegenseitigkeit auf einer sehr hohen Abstraktionsstufe gefaßt. Wer Ma`at tut, dem wird Ma`at zuteil, wer Isfet tut, dem wird Isfet gegeben. Im *Totenbuch* wird ein Wesen mit zwei Gesichtern erwähnt, von dem es heißt: *dd.f jzft n jrrsj, m3`t n jjw ḫr.s* „Er gibt Isfet dem, der sie tut, und Ma`at dem, der mit ihr kommt";[21] mit den gleichen Worten rühmen sich auch menschliche Richter ihrer Gerechtigkeit.[22] Auf diesem Topos baut auch Sethes Fassung der berühmten Passage des *Denkmals memphitischer Theologie*[23] auf:

<*sw djw m3`t n*> *jrrw mrrt*
<*sw djw jzft n*> *jrrw msḏdt*
sw djw `nḫ n ḥrj-ḥtp
sw djw mt n ḥrj-ḥbt

<*Und so wird Ma`at gegeben dem*>, *der tut, was geliebt wird,*
<*und so wird Isfet gegeben dem*>, *der tut, was gehaßt wird.*
Und so wird Leben gegeben dem Friedfertigen
und Tod gegeben dem Rebellischen.

Die Ma`at, die dem, der sie tut, „gegeben" wird, besteht darin, daß „für ihn gehandelt wird", was die Vergeltung erlittenen Unrechts an dem, der es ihm zugefügt hat, einschließt. Solches „Füreinander-Handeln" ist Ma`at. Gemeint ist „solidarisches Handeln" im Eingedenksein empfangener Wohltaten und der kommunikativen Verklammerung allen Handelns in der Zeitdimension. In einer Welt, in der die Ma`at herrscht, kehrt die Tat zum Täter zurück, und „Einer der handelt wird einer sein, für den gehandelt wird".[24]

---

[19] *h3j.k*, wörtlich: „steige herunter".
[20] B 2, 105–108.
[21] Vgl. Totb 17 = Urk V 57,7/8.
[22] Urk IV 492; CG 20539 Zeile 8 ed. Lange-Schäfer, 152.
[23] Vgl. Sethe, *Dramatische Texte*, 64 f.
[24] Vgl. H. de Meulenaere, „Une formule des inscriptions tardives".

2. Drei Sünden gegen die Ma`at

In diesem Fall sind wir einmal in der glücklichen Lage, die Richtigkeit dieser Interpretation nicht nur plausibel machen, sondern geradezu beweisen zu können. Denn auf genau diese Bedeutung läuft die einzige förmliche „Definition" des Begriffs Ma`at hinaus, die sich in einem ägyptischen Text finden läßt:

> Der Lohn eines Handelnden liegt darin, daß für ihn gehandelt wird.
> Das hält Gott für Ma`at.

Dieser bemerkenswerte Satz steht in einer Inschrift, die Neferhotep, ein König der 13. Dynastie (um 1700 v. Chr.), also in unmittelbarer zeitlicher Nachbarschaft der bisher behandelten Texte, auf einer im Osiris-Tempel von Abydos aufgestellten Stele anbringen ließ. Der Text steht in einem anderen Gattungszusammenhang, wo es nicht um die lehrhafte Entfaltung des Ma`at-Begriffs geht, sondern um eine Berufung auf die Ma`at zwecks Begründung einer königlichen Maßnahme.[25] Der Nachsatz „Das hält Gott für Ma`at" gibt dieser Gleichung („Füreinander-Handeln = Ma`at") definitorische und apriorische Geltung.[26]

Auf diesen Begriff des „Füreinander-Handelns" berufen sich bis in die Spätzeit zahllose Grabinschriften, wo es darum geht, den Leser der Inschrift zu einem Gebet für den Toten zu bewegen.[27] Anstelle dieser Formeln sei eine Passage aus einer Inschrift des Königs Taharqa aus dem 7. Jahrhundert v. Chr. zitiert, die sowohl die begriffliche Verfestigung als auch die Langlebigkeit dieses Prinzips bezeugt:

---

[25] Die Stele des Königs Neferhotep wurde von Mariette in Abydos gefunden und in *Abydos* II, 28-30 publiziert. Auf dieser Grundlage basiert die kommentierte Neuedition von M. Pieper, *Die große Inschrift des Königs Neferhotep*, denn das Original ging verloren. Die neue Edition von W. Helck, in: *Historisch-Biographische Texte der 2. Zwischenzeit*, Nr. 32, 21-29 versucht eine Rekonstruktion des Textes nach Mariettes Abschrift und Piepers Verbesserungen. In dieser Inschrift geht es um eine Repristinierung der abydenischen Kulttraditionen. In der Form der „Königsnovelle" wird erzählt, wie der König seinen Wunsch nach einem genauen Studium der abydenischen Tempelarchive äußert, um die ursprüngliche Form der Gottesbilder, Opfer und Festriten kennenzulernen, und dann in genauer Entsprechung zu den Schriften die „Osirismysterien" durchführt. Der zitierte Satz bildet den Schluß der langen Inschrift im Sinne einer resümierenden und letztinstanzlichen Begründung aller vorstehend aufgezählten Handlungen (ed. Helck, 29).

[26] Das heißt natürlich nicht, daß „Gott" nicht auch noch anderes für Ma`at halten kann. In einem anderen lehrhaften Text des Mittleren Reichs wird zum Beispiel gesagt, daß Gott die Festsetzung der Abgaben in Entsprechung zur oberägyptischen Gerste für [Ma`at] hält: *Enseignement Loyaliste* ed. Posener § 12. Die Ergänzung [Ma`at] darf als gesichert gelten. So soll natürlich auch in der Neferhotep-Inschrift nicht der Gesamtumfang, sondern der Kernbereich dessen, was Ma`at heißt, definiert werden.

[27] Vgl. z. B. P. Vernus, „La formule ,le souffle de la bouche' au Moyen Empire".

Wie schön ist es, zu handeln für den Handelnden.
Glücklich ist das Herz dessen,
der handelt für den, der für ihn gehandelt hat.[28]

Ma'at verkörpert also das Prinzip der Solidarität, Gegenseitigkeit und Vergeltung. Vergeltung ist nach ägyptischer Auffassung – zumindest des Mittleren Reichs – demzufolge weder Sache eines bestrafenden und belohnenden Gottes noch einer Privatinitiative der jeweils Betroffenen. Vergeltung ist aber auch nicht einer unpersönlichen Weltordnung anheimgestellt, sondern einer eminent zivilisatorischen Sozialordnung, einer Ordnung des Aneinander-Denkens und Füreinander-Handelns. Dieser Ordnung hat sich der Einzelne einzufügen, im sozialen Raum und vor allem in der Zeit. Er darf sich nicht vom Gestern abkoppeln, sonst zerreißt in diesem Fall der Tun-Ergehen-Zusammenhang, der eben *nicht* kosmisch garantiert ist. Es gibt im Ägyptischen auch keinen Automatismus der Tat-Folge-Sequenz, wie dies etwa K. Koch unter dem Begriff der „schicksalswirkenden Tatsphäre" für die Vorstellungswelt Israels behauptet hat.[29] Zwar ist die Vorstellung, daß die böse Tat auf den Täter zurückfällt, in ägyptischen Texten sehr verbreitet, vgl. z. B. eine andere Stelle in den *Klagen des Oasenmannes*:

Deine Trägheit (wzfw) wird dich angreifen,
deine Habgier (ʿwn jb) wird dich verstocken (swḫ3, „zum Toren machen")
deine Gier wird dir Feindschaft entstehen lassen.[30]

Hier wird in der Tat ein Tun-Ergehen-Zusammenhang behauptet; aber es wird nicht gesagt, daß er sich *von selbst*, sondern nur, daß er sich mit Sicherheit einstellt. Das aber ist eine Funktion des Aneinander-Denkens, des Bewußthaltens eines das Heute übergreifenden Motivations- und Folgenhorizonts, der gesellschaftlichen Solidarität. Wo diese zerbricht, zerfällt – wir haben einige der entsprechenden Stellen zitiert – auch der

---

[28] L. Macadam, *The Temples of Kawa* I, pl. 8, Inschrift IV.

[29] K. Koch, „Gab es ein Vergeltungsdogma im Alten Testament?", vgl. dazu die Einwände von H. H. Schmid, *Gerechtigkeit als Weltordnung*, 175 ff. Auch Brunner, *Altägyptische Weisheit*, spricht von einem „gewissen Automatismus", mit dem „die ältere Zeit" in bezug auf den Zusammenhang von Tun und Ergehen gerechnet habe. Damit meint Brunner aber lediglich, genau wie Otto, *Die biographischen Inschriften*, 23, daß hier die Vergeltung nicht in Gottes Hand gelegt würde. Das heißt aber nicht, daß sie sich von selbst einstellt.

[30] B 2, 39–42. In diesem Dreizeiler sind unschwer dieselben Schlüsselbegriffe wiederzuerkennen, die auch in dem Dreizeiler B 2, 109–111 vorkommen, von dem unsere Analyse ihren Ausgang genommen hat: Trägheit, Habgier, Verstocktheit. ḫrw „Feindschaft" ist Gegenbegriff zu ḫnms „Freundschaft" („der Verstockte hat keinen Freund").

2. Drei Sünden gegen die Ma'at

Tun-Ergehen-Zusammenhang. Es gibt keine Kausalität.[31] Ein Übeltäter kann straffrei ausgehen. Keine „schicksalswirkende Tatsphäre" vermag ihn einzuholen – wenn die Ordnung einmal aus den Fugen gerät. Nur die Solidarität der Gruppe vermag den Nexus von Tun und Ergehen zu garantieren.[32] Dieses Prinzip möchte ich die „konnektive Gerechtigkeit" nennen. Gerechtigkeit steht hier weder in ihrem „distributiven" noch in ihrem korrektiven oder kommutativen Aspekt im Blick,[33] sondern unter dem Gesichtspunkt der Frage nach dem *Nexus* von Tun und Ergehen, also dem *Sinn* allen Handelns und Erlebens. Dieser Sinn ist nur in einer Welt gegeben, in der *Gerechtigkeit* herrscht.

Die „Vergeltungsformeln" treten in den Inschriften der Spätzeit auffallend häufig auf.[34] Anscheinend gewinnt in dieser Zeit der Gedanke des „Füreinander-Handelns" eine besondere Bedeutung. Jetzt wird aber, im Unterschied zu den Texten des Mittleren Reichs, sehr oft auf die Gottheit als das Subjekt der Vergeltung zurückgegriffen:

> *Denn das heißt nicht etwa, daß der, der handelt, für einen handelt, der selbst nicht handelt.*
> *Es bedeutet (vielmehr), daß Re handelt im Himmel*
> *und den Handelnden sieht. Er belohnt die Tat dem, der sie vollbracht hat.*[35]

Und in allgemeiner Formulierung:

> *Wer etwas Gutes tut, den belohnt der Gott.*[36]

Im Mittleren Reich dagegen ist es das soziale Gedächtnis, das solidarische Aneinanderdenken und Füreinanderhandeln, das den Vergeltungszusammenhang garantiert.[37] Allerdings darf man nicht übersehen, daß das Prinzip der Solidarität und Gegenseitigkeit, wie es in den Texten des Mittleren Reichs als der Sinn der Ma'at entfaltet wird, *vertikal* gedacht ist. Die „Klagen des Bauern" sind ebenso wie der „Vorwurf an Gott" von unten nach oben gerichtet. Hier wird an das Gedächtnis nicht des „Nächsten", sondern des Fürsten, des Königs und des Gottes appelliert.

---

[31] Vgl. H. Kelsen, *Vergeltung und Kausalität*.
[32] Vgl. hierzu Assmann, „Vergeltung und Erinnerung".
[33] Vgl. hierzu Kap. VII, § 3.a).
[34] G. Lefebvre, „Rémunération et morale religieuse"; H. de Meulenaere, „Une formule".
[35] Berlin 24195; ähnlich Wien 5103:
   Re geht auf, um den Handelnden zu beobachten;
   er vergilt die Tat dem, der sie vollbringt.
S. hierzu P. Vernus, „La rētribution des actions". Vgl. auch H. de Meulenaere, „Reflexions sur une maxime".
[36] Kairo CG 22054. Vgl. Vernus, a. a. O.
[37] Auf diese Wandlung gehe ich ausführlicher im Kapitel VI ein.

Die Ma`at wirkt von oben nach unten und von unten nach oben. In ebendiesem Sinne entfalten auch die beiden eminent politischen Lehren des Mittleren Reichs, das *Enseignement Loyaliste* und die *Lehre eines Mannes für seinen Sohn* das Thema der reziproken Solidarität. Vom Untertan wird nicht bedingungslose Unterwerfung gefordert; vielmehr wird von ihm Einordnung verlangt in ein „Gefüge" solidarischen „Füreinander-Handelns", in dem auch für ihn gehandelt werden wird.[38] Stellt man den Begriff der Reziprozität in diese Perspektive einer „vertikalen Solidarität", dann bildet die Gottheit die Spitze, und der König, aber auch der Hofmeister Rensi und jeder andere der Ma`at zum Durchbruch verhelfende Rechtspfleger bilden die göttliche Ma`atverwirklichung nach unten hin ab. Der Oasenmann appelliert ebenso an diese vertikale Solidarität wie Ipuwer, so daß es letztlich keinen so entscheidenden Unterschied macht, ob dessen Vorwurf der Nicht-Intervention nun an Gott oder an den König gerichtet ist. So ist auch die Herausstellung Gottes als einer strafenden, die Durchsetzung der Ma`at überwachenden Instanz in der *Lehre für Merikare* zu verstehen. Gott steht nicht außerhalb dieser Verfugung des Handelns:

> *Gott ist eingedenk dessen, der für ihn gehandelt hat*[39]

Und:

> *Er hat die Frevler unter ihnen getötet*
> *wie ein Mann seinen Sohn um dessen Bruders willen erschlägt.*
> *Gott kennt jeden Namen.*[40]

Der ägyptische Begriff des „Füreinander-Handelns" bezieht sich auf das Prinzip der Reziprozität, deren Charakter einer soziogenen Energie *par excellence* wohl als erster M. Mauss in seiner berühmten Schrift *Die Gabe* hervorgehoben hat.[41] In dieser Studie zeigt Mauss am Beispiel demonstrativer Beschenkungs- und Verschwendungsrituale (Potlatch) die kommunikative (im Gegensatz zur bloß ökonomischen) Bedeutung des Warentauschs. Der Tausch stiftet und bestärkt soziale Bindungen. Darin besteht seine Funktion. Er reguliert die Bindungen der Mitglieder an die Gruppe und der Gruppen untereinander. „Die Gabe", so resümiert Marshall Sahlins Mauss' These, „ist Allianz, Solidarität, Kommunion, kurz: Frieden. ... Die Gabe hat in primitiven Gesellschaften die Funk-

---

[38] Vgl. dazu meinen Beitrag „Weisheit, Loyalismus, Frömmigkeit".

[39] Merikare P 130, vgl. P 67: „Gott ist kundig (*rḫ*) dessen, der für ihn gehandelt hat". Vgl. den in Schlußtexten von Hymnen vorkommenden, offenbar sentenzhaften Satz: „Es gibt keinen Gott, der den vergißt, der für ihn tätig war", s. dazu J. Assmann, in: *LÄ* I, 1086 m. Anm. 13; *Re und Amun*, 160f.

[40] *Lehre für Merikare* P 137–138.

[41] M. Mauss, *Essai sur le don*.

tion der Friedenstiftung, die in der bürgerlichen Gesellschaft vom Staat wahrgenommen wird".[42] Ma`at erweist sich als die Abstraktion dieses Prinzips. Nicht mehr Waren werden getauscht, sondern Handlungen. Das „Füreinander-Handeln" oder allgemeiner: Solidarität als „iustitia connectiva" ist die Nachfolgeinstitution des Warentauschs als Medium sozialer Vernetzung.[43]

„Der Träge hat kein Gestern": Was wir aus der Analyse dieses Satzes für unsere Frage nach dem Wesen der Ma`at festhalten wollen, ist die Verknüpfung des Gegenseitigkeitsprinzips („Handeln für den Handelnden") mit der Zeitdimension („Rückkehr zum Gestern"). Ma`at erscheint hier als die Ordnung bzw. „Verfugung" des Handelns in der Zeitdimension, also als eine Art Prozeß, der durch die Appräsentation des Gestern im Heute in Gang gehalten werden muß. Es muß garantiert sein, daß auch heute gilt, was gestern galt, daß einer zu dem steht, was er gestern gesagt und getan hat, daß er reagiert auf das, was andere gestern gesagt und getan haben. Ma`at ist also eine den Tag übergreifende, gestern und heute verknüpfende Konsistenz des Handelns, eine Form von aktiver Erinnerung oder erinnernder („anamnetischer") Aktivität, die Vertrauen und Gelingen ermöglicht.

b) Taubheit und Freundschaft: Ma`at als kommunikative Solidarität/ Reziprozität

Sprache als Paradigma kommunikativen Handelns: Reziprokes und Konverses Handeln. „Wer für die Ma`at taub ist, hat keinen Freund." Damit wird eine neue Dimension kommunikativen Handelns eingeführt. Wie die Trägheit der Handlung, so entspricht die Taubheit dem Hören, d. h. der Sprache, dem Verstehen. Wie der erste Vers die Handlung an das „Gestern", d. h. an die Zeitdimension und die Erinnerung knüpfte („anamnetisches Handeln"), so knüpft dieser Vers das Verstehen an die Freundschaft, d. h. die Sozialdimension („kommunikatives Handeln"). Wie der Träge in der Zeitdimension, so isoliert sich der Taube in der Sozialdimension. Natürlich ist diese abstrakte Begrifflichkeit dem ägyptischen Denken fremd. Aber in ihrer konkreten Weise bezeichnen die Begriffe „gestern" und „Freund" diese beiden Sinndimensionen in aller wünschbaren Deutlichkeit. Wie der Träge vom Gestern, so koppelt sich der Taube von den anderen ab. Beides ist ein Bruch der gesellschaftlichen Solidarität, des kommunikativen Kontakts, der bewirkt, daß das Band zerreißt zwischen Tun und Ergehen, Handlung und Erfolg, daß Erwar-

---

[42] M. Sahlins, *Stone Age Economics*, 173.
[43] Zur Kulturbedeutung des Warentauschs in Ägypten s. R. Müller-Wollermann, „Warenaustausch im Ägypten des Alten Reichs".

tung und Vertrauen enttäuscht werden und die „Verfugung allen Handelns" aus den Fugen gerät: beim Trägen in der diachronen, beim Tauben in der synchronen Verzahnung. Man kann sich diese Zuordnungen in einem Schema verdeutlichen:

Trägheit	Taubheit
„Gestern": Zeitdimension	„Freundschaft": Sozialdimension
Erinnerung	Verstehen
Vergeltung	Kommunikation
Reziprozität	Rollenkonformität
Handlung	Sprache
Die Ma`at, die man tut:	Die Ma`at, die man sagt:
Gerechtigkeit	Wahrheit

Der Begriff der „Solidarität" umklammert beide Spalten. Er ist als „aktive" und als „kommunikative Solidarität" zu spezifizieren, eine Solidarität des Handelns und eine Solidarität des Verstehens.

„Taubheit" meint in diesem Fall die Unfähigkeit, nicht: zu hören, sondern: zuzuhören. Für die „Verzahnung", das Ineinandergreifen des Handelns gibt es zwei Grundtypen. Der eine ist das „Füreinander-Handeln" oder Gegenseitigkeitsprinzip, das für den Zusammenhang von Tun und Ergehen, d. h. Konsistenz in der Zeitdimension sorgt: Hier folgt das eine Handeln dem anderen nach dem Grundsatz „wie du mir, so ich dir". Der andere ist das *Prinzip der Kommunikation*. Hier erfolgen die beiden aufeinander bezogenen Handlungen gleichzeitig im Rahmen einer gemeinsamen Konstellation differenzierter Rollen und in Erfüllung der Pflichten, die dieses Verhältnis jedem der Teilnehmer auferlegt. Wie das Gedächtnis für das Gegenseitigkeitsprinzip, so ist die Sprache für das Prinzip der Kommunikation das leitende Paradigma. Das ist sehr bezeichnend. Während sich für uns das soziale Leben mit seinem Ineinandergreifen des Handelns unter dem Bild des Marktes und des Warentauschs erschließt – „give and take-affairs" heißt es im Englischen –, ja sogar der Markt zum Paradigma sprachlicher Verständigung wird – *Warenform und Denkform*,[44] *L'économie des échanges linguistiques*,[45] um nur einige berühmte Buchtitel zu nennen –, gibt für den Ägypter die Sprache das leitende Paradigma ab, und hier wiederum, pars pro toto, das *Zuhö-*

---

[44] A. Sohn-Rethel, *Warenform und Denkform*.
[45] P. Bourdieu, *Ce que parler veut dire*. In diesem Buch kommt es Bourdieu aber gerade darauf an, den Gegensatz zwischen Kommunikation und Ökonomie aufzuheben, indem er den ökonomischen Charakter der Kommunikation aufdeckt, so wie Mauss den kommunikativen Charakter der Ökonomie (des Tauschs und Schenkens) aufgedeckt hatte.

2. Drei Sünden gegen die Ma'at

ren. Deutlicher kann gar nicht zum Ausdruck kommen, daß nach ägyptischer Auffassung soziale Kompetenz in erster Linie eine Sache des *Verstehens* ist. Nicht was eine Handlung bewirkt, sondern was sie besagt, ist entscheidend.

Während das Gegenseitigkeitsprinzip die Ordnung des Tun-Ergehen-Zusammenhangs voraussetzt und aufrechterhält, setzt das Kommunikationsprinzip die Ordnung eines Rollenspiels voraus, die in gegebener Situation festlegt, wer Sprecher und wer Zuhörer, wer Geber und wer Nehmer ist.

Die *Klagen des Oasenmannes* können sich gar nicht genug tun in der Schilderung einer Unordnung, die auf der Verkehrung dieser Rollen beruht. Der Oberhofmeister Rensi, der (wie der Leser weiß: auf höhere Weisung) nicht reagiert, fällt aus der Rolle:

> *Sein Gesicht ist blind gegenüber dem, was er sieht,*
> *taub gegenüber dem, was er hört,*
> *vergeßlich gegenüber dem, was ihm in Erinnerung gerufen wird.*[46]

> *Der Beobachter erweist sich als blind,*
> *der Anhörer als taub,*
> *der Führer als Irreführer.*[47]

> *Der Verteiler ist geizig,*
> *der Friedensstifter verursacht Trauer,*
> *der Heiler stiftet Krankheit.*[48]

> *Die Standwaage steht schief,*
> *das Zünglein irrt,*
> *das Maß schwankt. (...)*
> *Der Rechnungsprüfer legt auf die Seite,*
> *die Richter schnappen sich das Gestohlene, (...)*
> *der Luft gibt, erstickt den, der unten liegt,*
> *der Erfrischung gibt, macht das Atmen schwer.*
> *Der Verteiler ist geizig (s.o.),*
> *der das Elend vertreibt, befiehlt dessen Verursachung,*
> *der Hafen ist eine Flut,*
> *der das Böse abwehrt, begeht Unrecht.*[49]

Nach unseren Begriffen scheint der Oasenmann in solchen Tiraden, wie wir sagen würden, „das Kind mit dem Bade auszuschütten". Richtig ist, daß hier jemand, der Recht sprechen sollte, schweigt. Aber damit steht

---

[46] *Bauer* B1, 188–189.
[47] *Bauer* B1, 113–114; Vogelsang, 103.
[48] *Bauer* B1, 248–50, Vogelsang, 177f.
[49] *Bauer* B1, 96–103; Vogelsang, 92f.

doch noch nicht die ganze Welt auf dem Kopf, verkehren sich sämtliche soziale Rollen ins Gegenteil. Genau diese Unterschiede werden im ägyptischen Denken nicht gemacht. In dieser Welt hängt alles miteinander zusammen. Es gibt keine „ressorts", in denen partielle Störungen lokalisiert werden könnten, während im übrigen die Welt weiter geht. Wie der Arzt mit dem Stillstand der Sonnenbarke droht, wenn der Patient nicht geheilt wird, und dessen Schmerzen in die Größenordnungen einer kosmischen Katastrophe makroskopiert, so stellt auch der Oasenmann seinen Fall in das Licht eines allgemeinen Chaos. Das gehört zur Form und Strategie der „Chaosbeschreibung", der er sich hier ebenso bedient wie der Arzt im Heilungszauber.[50] Zur Topik der Chaosbeschreibung gehört die Inversion, *le monde à l'envers*.[51] Dabei gibt es zwei Typen von Inversion, von denen der eine sich an der Vorher-Nachher-Relation („einst-jetzt"), der andere an der Norm-Fall-Relation („normalerweise-hier") orientiert. Die „Einst-Jetzt"-Form, die P. Seibert so überzeugend auf die Form der Totenklage zurückgeführt und als eine Beschreibung von „Todesbefallenheit" gedeutet hatte, kommt vor allem in den politischen Klagen vor, als Beschreibung einer geschichtlichen Situation.[52] Hier geht es um das Motiv der *mutabilitas mundi*, der Wandelbarkeit der Welt. „Seht die *Verwandlungen (ḫprw)* unter den Menschen!", faßt Ipuwer diese Topik zusammen.[53] Dem Oasenmann geht es aber um die Gegenüberstellung nicht einer chaotischen Gegenwart und einer idealen Vergangenheit, sondern eines rollenkonformen und eines rollenwidrigen Verhaltens. Der konkrete Fall wird mit der Norm konfrontiert. Nicht „wer früher verteilte, ist jetzt geizig", sondern: „Der, von dem aufgrund seiner Funktion erwartet werden kann, daß er verteilt, erweist sich im konkreten Fall als geizig."[54] Wir haben es also mit einer Gegenüberstellung von

[50] Vgl. dazu J. Assmann, „Königsdogma und Heilserwartung".

[51] Vgl. H. Kenner, *Das Phänomen der Verkehrten Welt in der griechisch-römischen Antike*.

[52] P. Seibert, *Die Charakteristik*.

[53] *Admonitions* 7,9, mit Lichtheim, *Literature* I, 156 Anm. 18.

[54] Vgl. aber *Bauer* B1, 17f.: „Er ist doch der, der *gestern* den Räuber in diesem ganzen Land abwehrte. Sollte ich denn in seinem Gau beraubt werden?" Der Begriff der Rollenkonformität schließt natürlich das „sonst" ein. Dieser Unterschied wird daher auch von W. Schenkel übersehen, der im übrigen aber die einschlägigen Stellen in großer Vollständigkeit zusammengetragen und in bewährter Klarheit analysiert hat: „Sonst-Jetzt. Variationen eines literarischen Formelements". Auf die wichtige Arbeit von S. Luria, „Die Ersten werden die Letzten sein", deren ägyptologische Berücksichtigung Schenkel vermißt, verweist bereits M. Lichtheim, *Literature* I, 149f. und nach ihr F. Junge, „Die Welt der Klagen" und ich selbst („Königsdogma und Heilserwartung"). Die Stellen aus den *Klagen des Bauern* behandelt Schenkel, a. a. O., 56–61.

2. Drei Sünden gegen die Ma`at

Norm und Realität zu tun, ganz im Sinne jener Kritik, die K. Jaspers für ein Kennzeichen der „Achsenzeit" hielt.

Die Kunst des Hörens. Die Welt steht auf dem Kopf, denn ein Richter, der nicht zuhört – und dieser Fall liegt ja nach Ansicht des Oasenmannes hier vor –, ist für den Ägypter der Gipfel der Perversion.

Daß du eingesetzt wurdest, ist doch, um die Rede zu hören!

hält der Oasenmann dem Beamten vor.[55] Zuhören ist die vornehmste Tugend des Richters:

Geduldigen Herzens beim Anhören der Worte,
ein dem Gotte Gleicher in seiner Stunde.[56]

Die Tugend der „Herzensgeduld" ($w3ḫ\ jb$) bezieht sich auf die Kunst des guten Zuhörens, d. h. des *Verstehens*, und bezeichnet Eigenschaften wie „geduldig", „verständnisvoll", „aufmerksam", „zugewandt".[57]

Der grundlegende Text über das Zuhören steht in der *Lehre des Ptahhotep*. Dort heißt es:

Wenn du in einer Stellung bist, daß man sich mit Petitionen an dich wendet,
dann sollst du hören auf die Worte des Bittstellers.
Weise ihn nicht ab, bis er seinen Leib ausgefegt hat
von dem, was er sich zu sagen vorgenommen hat.
Wer Kummer hat, möchte lieber sein Herz erleichtern
als Erfolg haben mit dem, weswegen er gekommen ist.[58]
(...) Nicht alles, worum er bittet, erfüllt sich,
aber (schon) gut Zuhören tut dem Herzen wohl.[59]

---

[55] B 1, 234.
[56] Stele des Wesirs Mentuhotep unter Sesostris I, Kairo CG 20539 ed. K. Lange, H. Schäfer, 152, Zeile 5–6; Stele des Kares, *Urk* IV, 49; Grab des Scheschonq (Theben Nr. 27) s. A. Roccati, in: *Or.Ant.* 12, 1973, 32. Vgl. auch die Stele des Intef, Louvre C 26, *Urk* IV, 970 („Geduldigen Herzens beim Zuhören").
[57] Die Spruchfolge 38–40 der *Sargtexte* hat den Zweck, einen Toten $w3ḫ\text{-}jb$ zu stimmen gegenüber seinem auf Erden lebenden Sohn, vgl. R. Grieshammer, in: *Orientalia Lovanensia Periodica* 6/7, 1975/76, 231–35.
[58] Vgl. die Wendung *jjt.n.f jr.s* „wozu er gekommen ist" in den Hatnub-Graffiti (Hatnub 17.5; Simpson, in: *MDIK* 16, 1958, 306).
[59] Ptahhotep Max. 17, 264–276 nach pPrisse 9.3–7. Die Fassung des pBM 10409 (L$_2$) aus der 18. Dyn. weicht hier stark ab:
Wenn du einer bist, dem Gesuche vorgetragen werden,
dann sei geduldig, indem du hörst auf das, was der Bittsteller sagt.
Weise ihn nicht zurück, bis er seinen Leib ausgefegt hat, bis er gesagt hat, weswegen er gekommen ist.

III. Konnektive Gerechtigkeit: Gegenseitigkeit und Solidarität

Auf diese Maxime beruft sich im 20. Jahrhundert v. Chr. ein gewisser Mentuhotep, der von sich sagt:

> *Aufmerksamen Herzens bis er seine Not ausgesprochen hat,*
> *bis er die Sache in seinem Leib ausgekehrt hat,*
> *der seine Rede anhört und seine Not beseitigt,*
> *der einem Mann zu seinem Recht verhilft*[60]
> *(. . .) (nach dem Grundsatz) ‚neige dein Herz,*[61]
> *sei nicht voreingenommen gegen einen Bittsteller,*
> *bis er gesagt hat, weswegen er gekommen ist'.*[62]

Zu solchen Grundsätzen bekennen sich viele Inschriften dieser Zeit:

> *Nicht gab es einen, dessen Angelegenheiten ich mir nicht angehört hätte.*[63]
>
> *Der dem Bittsteller ein freundliches Gesicht zeigt,*
> *bis er seinen Wunsch ausgeleert hat.*[64]
>
> *Ich habe die Worte dessen, dem die Kehle eng war, angehört.*[65]
>
> *(. . .) in der ordentlichen Bearbeitung der Sache des Bittstellers*
> *oder beim Anhören eines Armen;*
> *so etwas tat ich immer, wie es recht ist.*[66]

Auch die Sentenz in den Lehren des pRamesseum II gehört hierher:

> *Unterbrich nicht einen, der sein Herz ausschüttet.*[67]

Ein Bittsteller möchte lieber, daß sein Ausspruch beachtet wird,
als Erfolg haben in dem, weswegen er gekommen ist.

Diese Fassung wird zitiert in der „Einsetzung des Wesirs", s. *Urk* IV 1090 f.:

Geh nicht vorbei an einem Bittsteller
bis du nicht seine Rede beachtet hast. (. . .)

Wenn du ihn zurückweist, dann erst, nachdem du ihn hast hören lassen, warum du ihn
zurückweist.

Siehe, es ist gesagt: ‚ein Bittsteller möchte lieber, daß [sein] Ausspruch [beachtet] wird,
[als Erfolg haben mit dem, weshalb er gekommen ist'.]

(Die Ergänzung von Sethe, der das Zitat nicht erkannt hat, ist entsprechend zu berichtigen.)

[60] Diese Wendung kommt sowohl in anderen biographischen Inschriften der Zeit, als auch in der „Einsetzung des Wesirs" (*Urk* IV, 1089, 6) und in den *Klagen des Oasenmannes* vor (B1, 202/3).

[61] Vgl. *Bauer* B1, 209 f. „Neige dein Herz, daß du die Ma`at erkennst."

[62] Stele London UC 14333 ed. H. Goedicke, „A Neglected Wisdom Text", vgl. Schenkel, in: *JEA* 50, 1964, 6–12.

[63] J. Clère, J. Vandier, *TPPI*, § 16; Schenkel, *Memphis, Herakleopolis, Theben*, 94.

[64] CG 20543; Schenkel, a. a. O., § 81.

[65] Mehrfach, vgl. Schenkel, § 120 und § 140.

[66] BM 614; *TPPI* § 20; Schenkel, § 75.

[67] J. Barns, *Five Ramesseum Papyri*, 12 f.

Erscheint das Zuhörenkönnen (Geduld, Freundlichkeit, aufmerksame Zuwendung) in diesen Stellen als eine hohe Beamtentugend, so ist das Hören auf die Ma`at eine allgemeine ethische Forderung. Gegenüber der Ma`at darf sich niemand taub stellen, ob er nun Wesir oder Fellache ist. Die Beteuerung „Ich war nicht taub gegenüber Worten der Ma`at" erscheint daher unter den Unschuldsbekenntnissen des 125. *Totenbuch-Kapitels*.[68] Hier geht es nicht um die Fähigkeit des „guten Zuhörens", auch nicht allgemein um Rollenkompetenz in den „konversen" Interaktionen des kommunikativen Handelns, sondern um die Kategorie der Belehrbarkeit. Wer „für die Ma`at taub ist", kann nicht erzogen werden. Ma`at ist in diesem Zusammenhang der Inbegriff aller Unterweisung, die den Menschen zum Menschen, d. h. zu einem geselligen (und gesellschaftsfähigen) Wesen macht.

Die „Kunst des Hörens" bildet das Kernstück dessen, was man die ägyptische Paideia nennen könnte. *Locus classicus* ist der Schlußteil der *Lehre des Ptahhotep*, worin das Lob des Hörens in über 100 Versen gesungen wird, die sich wie eine Fuge auf den Stamm *sḏm* „Hören" lesen.

Wohltätig ist das Hören für den hörenden Sohn.[70]
Wenn das Gehörte eintritt in den Hörenden,
wird der Hörende zu einem, auf den gehört wird.
Wenn das Hören gut ist, ist das Reden[71] *gut,*
und der Hörende[72] *ist ein Besitzer von Wohltätigem.*

Wohltätig ist das Hören für den Hörenden,
besser ist Hören als alles andere,
denn die Beliebtheit gelangt zur Vollendung.[73]
Wie schön ist, wenn ein Sohn annimmt, was sein Vater sagt:
ihm wird hohes Alter zuteil dadurch;
denn ein von Gott Geliebter ist der Hörende,
aber ein von Gott Gehaßter kann nicht hören.[74]

---

[68] *n zḫ.j ḥr mdt nt m3ʿt*: Nr. 24 im pBM 9900 (Nebseni), Nr. 26 in den Totenbüchern von Iuja und Ani (pBM 10470). S. Maystre, *Les declarations d'innocence*.
[70] Der Londoner Pap. hat nur „für den Hörenden".
[71] Var.: das Rechtsprechen.
[72] Var.: Der das Gehörte annimmt.
[73] *ḫpr* + PsP; ich verdanke diese Auffassung der Stelle einem Vorschlag von James P. Allen.
[74] Diese Stelle ist (zusammen mit Ptahhotep Dév. 216-19) immer im Sinne einer Prädestinationslehre aufgefaßt worden, s. dazu v. a. G. Fecht, *Der Vorwurf an Gott*, 128 ff. Mir erscheint das anachronistisch. Gemeint ist m. E. nur, daß der Hörende sich die Liebe, der Nichthörende aber den Haß Gottes erwirbt. Über Hören und Nichthören entscheidet aber nicht Gott, sondern, wie die folgenden Verse klarstellen, allein das menschliche Herz. Freilich gibt es eine so tiefeingewurzelte Form des Bösen, die man

> *Es ist aber das Herz, das seinen Besitzer macht*
> *zu einem Hörenden oder zu einem Nicht-Hörenden.*
> *Leben, Heil und Gesundheit eines Mannes ist sein Herz.*
> *Der Hörende hört das, was gesagt wird,*
> *der das Hören liebt, tut, was gesagt wird.*[75]

Uns interessiert hier vor allem der Zusammenhang von „Hören" und „Liebe", denn genau darum geht es ja dem Oasenmann, wenn er sagt, daß der für die Ma`at Taube keinen Freund habe: Er ist zur Liebe (im Sinn von *philia*) unfähig. Er verscherzt sich sogar die Liebe Gottes, die sich in Segensgütern wie einem hohen Alter äußert. Die Sentenz „Gut ist Hören für die Menschen" gehört daher zum Grundbestand ägyptischer Sprichwörter.[76]

Verstocktheit und sozialer Tod. Was „Taubheit" in diesem Zusammenhang bedeutet, ergibt sich aus einem Abschnitt im Schlußteil der *Lehre des Ptahhotep*, der über die Bedingungen der Möglichkeit von Erziehung reflektiert.

> *Der Tor*[77] *aber, der nicht hört,*
> *für den wird nichts getan;*
> *Wissen sieht er als Unwissen an,*
> *Förderliches als Schädliches:*
> *Alles Schändliche tut er,*
> *so daß Klage geführt wird über ihn Tag für Tag.*
>
> *Er lebt von dem, woran man stirbt,*
> *seine verderbliche Nahrung ist Sprechen.*
> *Seine Verfassung darin ist den Fürsten bekannt,*
> *nämlich: lebendig tot zu sein Tag für Tag.*
> *Man geht vorüber an seinen Notlagen*
> *wegen der Menge des ihm Widerfahrenden, Tag für Tag.*[78]

---

sich nur noch angeboren vorstellen kann. Hier hat dann das Herz die Entscheidung zum Bösen schon „im Mutterleib" getroffen, so daß die Götter das Kind schon vor der Geburt verworfen haben.

[75] Ptahhotep Dév. 534–554.

[76] Z. B. *Lebensmüder*, 67; *Schiffbrüchiger*, 181; *Metternichstele*, 49 s. A. Klasens, *A Magical Statue Base*, 69.

[77] *wḫ3*; Seibert, *Die Charakteristik*, 78, übersetzt „der Suchende", im Hinblick auf das Verb *wḫ3* „suchen", von dem *wḫ3* „Tor" durchaus eine Nominalableitung sein könnte.

[78] Ptahhotep 575–87, pPrisse 17, 4–9; Z. Žába, *Les Maximes de Ptahhotep*, 60f. Meine Übersetzung folgt weitgehend der meisterhaften Bearbeitung der Stelle durch P. Seibert, *Die Charakteristik*, 78–84.

Hier steht ebenfalls ein Nicht-Hörender im Blick, der keinen Freund hat; denn nichts anderes besagt die Wendung „für den wird nichts getan":[79] Er ist ausgeschlossen aus der Solidarität des „Füreinander-Handelns". Daß es auch hier um die Ma`at geht, für die der Tor taub ist, ergibt sich aus einer näheren Analyse. Wie P. Seibert gezeigt hat, gruppieren sich die beiden Strophen um die Stichworte „tun" und „sprechen". Wer für die Ma`at taub ist, kann nichts Gutes tun und ihm wird nichts zugute getan; er kann nichts Gutes sagen und wird auch nicht angesprochen, sondern „(schweigend) übergangen". Dahinter steht die Formel „die Ma`at tun – die Ma`at sagen",[80] die in den *Klagen des Oasenmannes* geradezu im Sinne eines kategorischen Imperativs zitiert wird als

> (...) *jenes schöne Wort, das aus dem Munde des Re selbst kam: Sage die Ma`at, tue die Ma`at!*[81]

Von der Sprache leben: das solidarische Reden. Der Tor, der nicht hört, d. h. der für die Ma`at Taube, verfehlt die Ma`at im Tun und im Sprechen. Es ist klar, daß damit etwas sehr viel Umfassenderes gemeint sein muß als „Gerechtigkeit üben" und „die Wahrheit sagen". Was das Tun angeht, so ist hier jenes „Füreinander-Handeln" gemeint, das im Text selbst genannt wird und das in den *Klagen des Oasenmannes* in kasuistischer Fülle entfaltet wird. Hier geht es um Solidarität im Sinne einer Ordnung des Vertrauens, zu deren Aufrechterhaltung der einzelne mit seinem Handeln beitragen muß. „Tue die Ma`at" heißt also, in der Form eines kategorischen Imperativs paraphrasiert: „Handle stets so, daß du das Netz des Füreinander-Handelns nicht zerreißt" oder kürzer: „Handle solidarisch." Solidarisch handeln heißt: das Vertrauen rechtfertigen, das die Gesellschaft einem Handeln entgegenbringt. Genau Entsprechendes ist mit dem Imperativ „Sage die Ma`at" gemeint, nämlich nicht „Sage die Wahrheit" bzw. „Du sollst nicht lügen", sondern: „Sprich solidarisch, im Einklang mit dem in deine Rede gesetzten Vertrauen. Zerstöre nicht mit deiner Zunge die Solidarität des Vertrauens, den sozialen Ein-

---

[79] Diese naheliegende Verbindung hat P. Seibert, der auch bereits auf die inhaltliche Parallele von *Ptahhotep* 575 f. und *Bauer* B2, 110 hingewiesen hat, sogar in einem Spruch der *Sargtexte* nachweisen können, in dem es um die Wiedervereinigung des Verstorbenen mit seinem „entourage personnel" geht: Familie, Gesinde, Freunden, in summa: „denen, die etwas für NN getan haben auf Erden" (CT Spruch 146)..

[80] „Der Verfasser will die beiden "Strophen„ als Gegenbild verstanden wissen zu der Aussage *ḏd m3ʿt* ("die Ma`at sagen„) – *jrj m3ʿt* ("die Ma`at tun„)" (Seibert, 81).

[81] B2, 83–84, Vogelsang, 215 f. Auch hier gibt die Nennung des Schöpfergottes Re, ebenso wie in der Stele des Neferhotep (s. o., S. 65 m. Anm.25), der Aussage den Charakter einer absoluten, d. h. letztinstanzlichen Norm.

klang."[82] Solches Reden ist mit der Wendung „die Ma'at sagen" gemeint und mit ihrer synonymen Paraphrase „Gutes sagen, Gutes wiederholen". Dies ist genau jenes „gute Reden", das, Ptahhotep zufolge, aus gutem Hören kommt.

In der Perikope über den Toren werden „Reden" und „Essen" gleichgesetzt; auch uns ist ja die Wendung „Worte in den Mund nehmen" vertraut. Wer Schlechtes redet, „lebt von verderbter Nahrung", er lebt von dem, „woran man stirbt". Dahinter steht der Gedanke, daß man von der Sprache lebt. Diese Auffassung der Sprache als des Lebenselements *par excellence* wird vor allem in den Unterweltsbüchern entfaltet. Diese Bücher stellen in Bildern und Texten die nächtliche Fahrt des Sonnengottes durch die Unterwelt dar als einen Raum, den er nicht nur mit seinen Strahlen, sondern vor allem mit seiner Stimme erfüllt. Mehr noch als Licht und Nahrung brauchen die Toten die Sprache: Sie leben vor allem von den Worten, die der Sonnengott an sie richtet:

> *Dieser große Gott, er gibt ihnen Weisungen*
> *und sie rufen ihm zu.*
> *Sie leben von der Stimme dieses großen Gottes.*
> *Ihre Kehlen atmen von dem, was er ihnen zuruft.*[83]

Die Toten „leben" vom Sinn der Worte, die der Sonnengott an sie richtet, denn darin geht es um Nahrung und Versorgung, und sie „atmen" von dem Hauch und Klang, der mit ihrer Äußerung verbunden ist: „sie leben von dem, was er ihnen zuruft: Er anbefiehlt ihnen Wasser. Sie atmen vom Hauch auf seinem Munde":[84]

> *Wenn dieser große Gott sie bei ihrem Namen ruft,*
> *sind sie zufrieden, atmen ihre Kehlen*
> *durch den Hauch, der im Munde dieses großen Gottes ist,*
> *und wandeln ihre Bas hinter ihnen zum Horizont.*[85]

Bestimmte Bereiche der Unterwelt sind so geheim, daß das Sonnenlicht nicht bis dorthin dringt. Ihre Bewohner leben allein von der Stimme des Sonnengottes, die sie zu hören vermögen:

---

[82] Darin entspricht Ma'at völlig dem akkadischen und hebräischen Wahrheitsbegriff: akk. *kanu* heißt „fest, beständig, wahr, treu sein", die Grundbedeutung von hebr. *'ämät* ist „Festigkeit, Sicherheit"; s. O. Loretz, *Die Wahrheit der Bibel*; H. Cancik, *Mythische und Historische Wahrheit*, 96–99.

[83] E. Hornung, *Das Amduat* I, 33; II, 52 Nr. 4.

[84] Ibd., I 53. Vermerke darüber, daß bestimmte unterweltliche Wesen „atmen" durch die Stimme oder die Worte des Sonnengottes, finden sich in den Unterweltsbüchern *passim*, vgl. etwa E. Hornung, *Ägyptische Unterweltsbücher*, 114; 126; 156 usw.

[85] Vgl. E. Hornung, *Ägyptische Unterweltsbücher*, 116.

2. Drei Sünden gegen die Ma`at

Sie sind in der Finsternis, ohne das Licht zu sehen,
aber die Stimme Res ist es, die diese Göttinnen hören
und sie atmen durch sie.[86]

Das schlimmste Los der Verdammnis ist das Schicksal derjenigen, die so weit aus dem Kreis der geordneten Welt herausgefallen sind, daß sie die Worte des Sonnengottes nicht mehr hören.[87]

Aber nicht nur die Worte, die man hören, sondern auch die, die man aussprechen kann, sind ein „Lebensunterhalt", weil sie das Medium der Einbindung des einzelnen in die Gemeinschaft sind; und dies ist es, wovon man lebt. Daher wird auch in den Unterweltsbüchern zuweilen betont, daß die Unterirdischen von ihren eigenen Worten leben:

Sie atmen durch die Worte dieses Gottes
und durch ihre eigenen Gebete.[88]

So heißt es wohl auch in diesem Sinne von den „Gerechten" (m3'tjw) im *Pfortenbuch*, daß sie „von der Ma`at leben":

Die, welche Ma`at gesprochen haben auf Erden,
die sich nicht dem Unreinen genähert haben.
Sie werden zu diesem Tor gerufen,
sie leben von der Ma`at.[89]

Und der Verstorbene sagt im gleichen Sinne, wenn er die Prüfung der Herzenswägung besteht:

Ich lebe von der Ma`at, ich existiere durch sie,
ich bin Horus in den Herzen inmitten der Eingeweide,
ich lebe von dem, was ich spreche.
Mein Herz (jb) *existiert,*[90] *es soll nicht geraubt werden,*
mein Herz (h3tj) *gehört mir, es soll nicht geschädigt werden.*[91]

---

[86] *Buch von der Erde*, s. Hornung, a.a.O., 476, ähnlich 427, 433, 339f. Dieselben Verhältnisse herrschen auch in Rosetau, das in der IV. und V. Stunde des *Amduat* dargestellt wird und dessen „Gottestor der große Gott nicht passieren kann – aber seine Stimme ist es, die sie hören" (Hornung, a.a.O., 96, ähnl. 98, 107, 109).

[87] Z.B. *Höhlenbuch*, vgl. E. Hornung, *Ägyptische Unterweltsbücher*, 351, 352, 367 (zweimal) usw.

[88] *Amduat*, XII. Stunde, Hornung, a.a.O., 193. Vgl. *Höhlenbuch*, a.a.O., 329:
Wenn ihr mir Jauchzen darbringt, lebt ihr,
wenn ihr über mich jubelt, seid ihr stark.

[89] *Pfortenbuch*, vgl. Hornung, a.a.O., 202.

[90] Lies *wnn* statt *wnt*? Faulkner emendiert *wnt <m> jb.j* „I live by saying what is in my heart": *Book of the Dead*, 54.

[91] Totb 29A. Hornung, *Totenbuch* 94.

*Ich lebe von der Ma`at,
ich esse von der Ma`at.*[92]

Daher ist, wer zu guter Rede und Einbindung nicht fähig ist, „lebendig tot". Ma`at ist der Inbegriff solcher „guten", d. h. Einklang stiftenden, integrierenden Rede. Die Texte sind sehr explizit hinsichtlich dessen, was mit „solidarischer Rede" gemeint ist. In den autobiographischen Grabinschriften z. B. wird dieses Prinzip exemplifiziert durch Aussagen wie „Niemals sagte ich etwas Böses gegen Irgendjemand",[93] „Niemals habe ich jemanden bei seinem Vorgesetzten schlecht gemacht"[94] oder durch positive Wendungen wie „Ich schlichtete Streit zwischen zwei Prozeßpartnern, so daß beide zufrieden waren",[95] „Der den Weinenden beruhigt mit guten Worten",[96] „Der einen Spruch findet, um die Not zu lindern".[97] Die Ägypter hatten einen großen Respekt vor der Macht des Wortes.[98] Verleumdung, Lästerung, Beschimpfung, Streit, Geschrei und natürlich auch Lüge waren ihnen ein Greuel. Der König wurde rituell geschützt gegen üble Nachrede,[99] und die Menschen beteten zur Gottheit „um Errettung aus dem Munde der Menschen".[100] Vor allem gehören hierher die in ihrer Menge und Differenzierung höchst auffallenden Zungen-, oder besser, Kommunikationssünden, die das 125. Kapitel des *Totenbuchs* aufzählt, und mit denen wir uns in Kapitel V beschäftigen werden. Auch in den Weisheitstexten des Neuen Reichs spielt die Warnung vor sprachlichem (kommunikativem) Fehlverhalten eine große Rolle:

*Schneller ist die schlechte Rede, die aus deinem Munde herauskommt,
wenn du sie wiederholst, handelst du verwerflich.*

---

[92] Totb 125, Schlußtext, 8 (Nu). Aber das sagt er im vollen Bewußtsein, sich damit den Göttern gleichzusetzen, die er anredete:
*Die ihr lebt von der Ma`at,
die ihr eßt von der Ma`at.*
[93] Z. B. Khentika, ed. T. G. H. James, *The Mastaba of Khentika called Ikhekhi*, Tf. VI; E. Edel, *Hieroglyphische Inschriften des Alten Reichs*, 77 ff.; A. Roccati, *La littérature historique*, § 156; ferner *Urk* I 123.1; 201.5; 204.9; Janssen, *Autobiografie* I, 163.
[94] Z. B. Nechebu, *Urk* I 215 ff., Roccati § 172; E. Otto, *Die biographischen Inschriften*, Inschr. 22 d; 36.6; 17 II 11–12; VI links 9. Von der Verleumdung handelt die 23. Maxime der *Lehre des Ptahhotep*.
[95] J. M. A. Janssen, *Autobiografie* II, 82.
[96] BM 581, Sethe, *Lesestücke*, 80,19.
[97] J. M. A. Janssen, *Autobiografie* II, 157.
[98] Vgl. hierzu meinen Beitrag „Reden und Schweigen", sowie allg. W. Bühlmann, *Vom rechten Reden und Schweigen*.
[99] K. Sethe, *Die Ächtung feindlicher Fürsten*, 71 f., vgl. a. Pyr 16 sowie Urk IV 257.15.
[100] *Lehre des Amenemope*, 1, 11; pChester Beatty IV rto., 8,4–5 (*ÄHG* Nr. 195, 148); Černý-Gardiner, *Hieratic Ostraca* I, 89 vso. (*ÄHG* Nr. 190, 38 f.); Černý-Gardiner, ibd., 8.1; Leiden D 19 (s. Maspero, in: *RT* 3, 1882, 104).

2. Drei Sünden gegen die Ma`at

Der Mensch wird von seiner Zunge zerstört.
Hüte dich vor feindseligem Handeln.[101]

Schneller ist die Rede eines, dessen Herz geschädigt ist, als Wind und
    Regen.
Er wird zerstört und er wird erbaut durch seine Zunge
und doch spricht er mangelhafte Rede.
Er gibt eine Antwort, die Prügel verdient,
indem ihre Fracht Schädigung ist.
Er macht eine Fahrt unter den Menschen,
indem er falsche Rede geladen hat;
er ist ein Fährmann, der von Worten gefangen ist,
er wird umgetrieben im Streit.
Sei es, daß er ißt, sei es, daß er trinkt im Innern,
so ist seine Antwort draußen.
(...)
Er ist wie ein junger Wolf in der Viehhürde,
er wendet ein Auge gegen das andere,
er macht Brüder streiten.
Er geht vor jedem Wind hin wie ein Gewölk,
er verdunkelt die Farbe der Sonne.
Er klappt seinen Schwanz zusammen wie ein junges Krokodil,
er macht das, was er trifft, mangelhaft.
Seine Lippen sind süß, seine Zunge sauer,
das Feuer brennt in seinem Innern.[102]

Wie die Ma`at lebenspendend, so ist das Gegenteil der Ma`at – äg. *grg*, „Lüge" – todbringend. Der Tor lebt von *grg*, der Weise von *m3ʿt*.

In der Tat ist die Wendung „von der Ma`at leben" in ägyptischen Texten gang und gäbe.[103] Das Schicksal des Ma`at-Tauben ist Isolation, sozialer Tod. In diesem Sinne ist die Ma`at die Nahrung, die Lebensgrundlage von jedermann; ein in den *Klagen des Oasenmannes* zitiertes Sprichwort vergleicht sie gar mit der Luft zum Atmen: „Ma`at-Tun ist Luft für die Nase."[104] Tausend Jahre später rühmt sich ein Beamter:

---

[101] *Ani*, Maxime 34, nach I. Grumach, *Untersuchungen*, 79.

[102] *Amenemope*, Kapitel 9, nach Grumach, a. a. O., 75 f.

[103] Sie bezieht sich aber immer auf Könige, Götter oder Tote, kaum auf lebende Privatpersonen. Eine Ausnahme ist etwa pBrooklyn 47.218.135, C, nach G. Posener und J. Sainte Fare Garnot, in: *Sagesses* (CESS 1962), 155, vom hohen Beamten: „Le Grand qui vit de la vérité et qui a le mensonge en abomination se mêlera aux imakhou".

[104] B 1, 147; R 197; Vogelsang, 127.

> *Ich gab Gesetze gemäß den alten Schriften,*
> *mein Sprechen bedeutete Atem des Lebens.*[105]

Als „Atemluft in der Nase des Sonnengottes" erscheint sie schon in den *Sargtexten,*[106] und der Sonnenhymnus des Haremhab preist sie mit den Worten: „Die Luft gibt dem, der in seiner Barke ist".[107] Aber von der Ma`at leben, von dieser Luft atmen kann nur der Hörende, der sie durch die Ohren in sich eingehen läßt.[108]

Kommunikationsverlust und Gewalt. Die bisher herangezogenen Texte behandeln den Zusammenhang zwischen Taubheit und Isolation, bzw. zwischen Verstehen und Freundschaft (Gemeinschaft, sozialer Harmonie) auf der Ebene individueller Verstocktheit. Das Thema spielt aber eine ebenso bedeutende Rolle auf der Ebene der Gesellschaft im Ganzen. Was geschieht, wenn die Gesellschaft (und das heißt ägyptisch: die Menschheit) insgesamt die Sprache verliert, nicht mehr zuhören, sich nicht mehr verständigen kann? Diese Frage ist das große Thema der „Klagen" und ganz besonders des *Gesprächs des Lebensmüden mit seinem Ba.* Das zweite Lied des „Lebensmüden", dessen Strophen mit der Zeile anfangen: „Zu wem kann ich heute reden?"[109] behandelt den Zusammenbruch von Ma`at und Freundschaft:

> *Zu wem kann ich heute reden?*
> *Die Brüder sind böse, die Freunde von heute, sie lieben nicht.*
>
> *Zu wem kann ich heute reden?*
> *Die Herzen sind habgierig, jedermann nimmt die Habe seines Nächsten.*
>
> *<Zu wem kann ich heute reden?>*
> *Der Milde geht zugrunde, der Gewalttätige (nḫt) ist herabgestiegen zu*
>   *jedermann.*[110]
>
> *Zu wem kann ich heute reden?*
> *Das Gesicht der Bosheit ist zufrieden, das Gute ist überall zu Boden*
>   *geworfen.*

---

[105] K. Jansen-Winkeln, *Ägyptische Biographien der 22. und 23. Dynastie,* 207; Teil 2, 553 Zeile 10–11.

[106] CT VI 271 e.

[107] BM 551: Urk IV 2098.13.

[108] Zu Ma`at als Atemluft s. bes. J. Bergman, *Ich bin Isis,* 182 ff.

[109] Diese Zeile zitiert offenbar der Weisheitstext des pRamesseum II vso II, 4 s. Barns, a. a. O., 14: *rḫ ḥr ḏd «ḏd.j n-m?»* „Der Weise sagt: ‚zu wem soll ich reden?'".

[110] Zum Gegensatz von Sanftmut und Gewalt s. *Bauer* B1, 117; 121; 204; *Ptahhotep* Prisse 10,7.

2. Drei Sünden gegen die Ma`at

Zu wem kann ich heute reden?
Der Zorn erregen sollte durch seine Schlechtigkeit,
er bringt alle zum Lachen, auch wenn sein Frevel schlimm ist.

Zu wem kann ich heute reden?
Raub herrscht, jedermann bestiehlt seinen Nächsten.

Zu wem kann ich heute reden?
Der Verräter ist ein Vertrauter,
der Gefährte ist zum Feind geworden.

Zu wem kann ich heute reden?
Man erinnert sich nicht des Gestern, man handelt nicht für den, der gehandelt hat heutzutage.

Zu wem kann ich heute reden?
Die Brüder sind böse, man nimmt Zuflucht zu Fremden[111] *für Zuneigung des Herzens.*

Zu wem kann ich heute reden?
Die Gesichter sind abgewandt, jedermann wendet den Blick zu Boden gegenüber seinen Brüdern.[112]

Zu wem kann ich heute reden?
Die Herzen sind habgierig, nicht gibt es ein Herz, auf das man sich verlassen kann.

Zu wem kann ich heute reden?
Es gibt keine Gerechten (m3ʿtj), das Land ist den Frevlern (jzftj) überlassen.

Zu wem kann ich heute reden?
Es mangelt an einem Vertrauten, man nimmt Zuflucht zu einem Unbekannten, um ihm zu klagen.

Zu wem kann ich heute reden?
Es gibt keinen Zufriedenen; den, mit dem man ging, gibt es nicht mehr.

Zu wem kann ich heute reden?
Ich bin beladen mit Elend aus Mangel an einem Vertrauten.

Zu wem kann ich heute reden?
Unrecht zieht durchs Land, und sein Ende ist nicht abzusehen.[113]

---

[111] Offenbar eine Anspielung auf *Ptahhotep* 349.

[112] Vgl. *Amenemope* 16, 20f.: „Sei nicht scheu gegen ihn, neige nicht dein Gesicht, und senke nicht deine Blicke."

[113] pBerlin 3024, 103–130; H. Goedicke, 155–172; W. Barta, 16–18, 26–27 (Anm. 11).

84 III. Konnektive Gerechtigkeit: Gegenseitigkeit und Solidarität

Was hier beklagt wird, ist der Zerfall des Zueinander-Redens. Das ist durchgängiges Thema aller Klagen. Wo die Sprache aufhört, übernimmt die Gewalt:

> *Es schmerzt, zu schweigen zu dem, was man hört,*
> *aber es ist vergeblich, dem Unwissenden zu antworten (wšb).*
> *Einer Rede (ḫn) zu entgegnen schafft Feindschaft,*
> *das Herz nimmt die Wahrheit nicht an,*[114]
> *man kann die Antwort auf eine Rede (mdt) nicht ertragen (wḥd),*
> *jedermann liebt nur seinen eigenen Ausspruch (ṯz).*
> *Jedermann baut auf Heimtücke,*
> *aufrichtige Rede hat man fallen gelassen.*[115]

Auch in den „Prophezeiungen des Neferti", jenes wohl berühmtesten Texts der Gattung, der später zu den Schulklassikern gezählt wurde,[116] spielt dieses Thema eine zentrale Rolle:

> *Man gibt nur mit Haß, um den Mund, der spricht, zum Schweigen zu bringen.*
> *Um ein Wort (ṯz) zu beantworten (wšb), fährt der Arm mit dem Stock heraus,*
> *man spricht (mdt) durch Totschlag.*
> *Rede (ḫn n mdt) wirkt auf das Herz wie Feuerbrand,*[117]
> *man kann das Wort eines Mundes nicht ertragen (wḥd).*[118]

Die fünf Schlüsselworte, die beiden Textstücken gemeinsam sind:

> *wšb* antworten
> *ḫn*   Äußerung
> *wḥd* ertragen

---

[114] *n šzp.n jb m3ʿt*; das entspricht sachlich dem Taubsein für die Ma`at.

[115] *Chacheperreseneb*, vso 3–5: Lichtheim, *Literature* I, 147.

[116] Der Text ist überliefert auf 1 Pap. (pPetersburg 1116B), 2 Schreibtafeln und 23 Ostraka, alle aus dem NR. Edition: W. Helck, *Die Prophezeiungen des Neferti* (Kleine Ägyptische Texte 1970). Neuere Bearbeitungen: H. Goedicke, *The Protocol of Neferyt*; E. Blumenthal, „Die Prophezeiung des Neferti". Zum Begriff der Klassik s. meinen Beitrag „Gibt es eine Klassik in der ägyptischen Literaturgeschichte?".

[117] Vgl. in der *Lehre eines Mannes für seinen Sohn* ed. Helck, 62:
Die Rede, sie ist wie Feuer,
eine Flamme ist sie, wenn sie einem Unwissenden antwortet.
(... daher:) Antworte nur dem Wissenden, weise den Unwissenden ab.
Vgl. auch in der Eulogie eines Beamten: „Der das Feuer der Rede löscht", Statue Kairo CG 42210 nach K. Jansen-Winkeln, *Biographien* I, 464; II, 66. Siehe auch Grapow, *Bildliche Ausdrücke*, 47.

[118] pPetersburg 116B, 48–50; ed. Helck, 39–42.

ṯz   Satz, Spruch
mdt   Rede

sind der Übersetzung in Klammern beigefügt.

Noch im spätesten Vertreter dieser Gattung, der überhaupt aus Ägypten erhalten ist, der koptischen Fassung der Asklepius-Apokalypse, erscheint „das Fehlen guter Worte" unter den Anzeichen des Weltuntergangs.[119]

Daher wird positiv gelehrt:

Schöpfe erst die Kraft der Worte aus, bevor du Gewalt anwendest![120]

Am deutlichsten vertritt diesen Gedanken die *Lehre für Merikare*:

Sei ein Meister im Reden, um stark zu sein!
Der Schwertarm eines Königs ist seine Zunge.
Die Rede ist mächtiger als der Waffenkampf.[121]

Wenn die Ma'at aus der Welt verschwindet, hört das Zueinander-Reden und Aufeinander-Hören auf. „Des Menschen Herz ist nur auf sich selbst gerichtet" (*Neferti*).[122] Worum es geht, ist der *Verlust an Gemeinsinn*. Die Lehren behandeln unter dem Thema des Toren den individuellen Mangel an Gemeinsinn, die Unfähigkeit zum Zuhören allgemein und zum Hören auf die Ma'at im besonderen, die Klagen entwerfen das Bild einer ganzen Gesellschaft, aus der der Gemeinsinn verschwunden ist. Mit diesem Begriff eines *sensus communis* ist die Klammer am präzisesten bezeichnet, die in den Texten die Themen „Sprache" (zueinander sprechen – aufeinander hören) und „Freundschaft", d. h. Sozialität, Gemeinschaft, Solidarität miteinander verbindet.

c) Habgier: Gemeinsinn als intentionale Solidarität

Habgier ist im Ägyptischen eine Eigenschaft des Herzens; der ägyptische Ausdruck *'wn-jb* ist mit dem Wort für „Herz" gebildet und bedeutet wörtlich „raffgierig in bezug auf das Herz". Nach „Handeln" und „Spre-

---

[119] Nag Hammadi Kodex VI, 8:73, 21–22 ed. M. Krause, Pahor Labib, *Gnostische und hermetische Schriften*, 199. In der lateinischen Fassung des *Corpus Hermeticum* ist hier vom Verstummen der göttlichen Stimmen, also wohl vom Niedergang der Orakel die Rede: *omnis vox divina necessaria taciturnitate mutescet.* (*Corpus Hermeticum* ed. A. D. Nock, A.-J. Festugière II., 329).

[120] *Lehre eines Mannes*, ed. Helck, 32. Übersetzung nach Brunner, *Weisheit*, 188.

[121] P 32f.; Übersetzung nach Brunner, *Weisheit*, 142. Die Formulierungen sind bewußt paradox. *nḫt.k* „um stark zu sein" und *ḫpš* „Schwertarm" beziehen sich präzise auf den Begriff der Brachialgewalt, die durch sprachliche Kommunikation ersetzt werden soll.

[122] *Neferti* 42: ed. Helck, 34: *jb n z m-s₃.f ḏs.f.*

chen" als den Medien kommunikativer Einbindung des einzelnen in die Gesellschaft geht es also nun um den inneren Menschen. Es scheint mir evident, daß den drei Versen, die wir zum Ausgangspunkt unserer Untersuchung genommen haben, die Dreiheit von Hand, Mund und Herz zugrundeliegt, wie sie auch sonst in ägyptischen Texten begegnet:[123]

Hand	*Mund/Ohr*	*Herz*
Handeln	Kommunikation	Wille
Trägheit	Verstocktheit	Habgier
aktive	kommunikative	intentionale
Solidarität	Solidarität	Solidarität

Habgier und Fest. Daß der Habgierige unfähig zum Feiern ist, leuchtet ein: Zum Feiern gehört ja die Verschwendung, die „unproduktive Verausgabung".[124] Was diese Unfähigkeit aber für den inneren Menschen bedeutet, ergibt sich wiederum aus einer Maxime der *Lehre des Ptahhotep*, die allerdings nicht den Ausdruck „Festtag", sondern die Wendung „dem Herzen folgen" verwendet, ein Ausdruck, der sich wohl darüber hinaus auf den allgemeineren Begriff der „Muße" bezieht:

Folge deinem Herzen,[125] *solange du lebst,*
und vermehre nicht die Geschäfte.
Verkürze nicht die Zeit des Dem-Herzen-Folgens,
ein Abscheu für den Ka ist es, seine Zeit zu schädigen.
Laß dich nicht in Anspruch nehmen von den Bedürfnissen des Alltags
über das Bestellen deines Haushalts hinaus.
Der Besitz dessen, der seinem Herzen folgt, wächst,
aber nichts gelingt, wenn es (das Herz) gekränkt wird.[126]

Daraus ergibt sich eine Psychologie der Habgier. Weil der Habgierige zum Feiern außerstande ist, schädigt er sein „Herz" und seinen „Ka". Hier geht es also um die Zerstörung nicht der Außenbezüge, sondern der inneren Persönlichkeit. „Herz" und „Ka" sind in der erstaunlich differen-

---

[123] Z. B. Urk IV 944.4: „mit heiler Hand, heilem Mund und heilem Herzen" will der Tote ins Jenseits eingehen.

[124] Vgl. J. Duvignaud, *Le don du rien. Essai d'anthropologie de la fête*, Paris 1977; M. Maffesoli, *Der Schatten des Dionysos. Zu einer Soziologie des Orgiasmus*, Frankfurt 1981.

[125] Die Wendungen „dem Herzen folgen" und „(sich) einen schönen Tag machen" sind im Ägyptischen synonym, vgl. dazu meinen Beitrag „Der Schöne Tag. Sinnlichkeit und Vergänglichkeit im altägyptischen Fest"; vgl. auch D. Lorton, „The Expression *šms-jb*"; id., „The expression *Jrj Hrw Nfr*".

[126] *Ptahhotep* Max. 11, 186–193; ed. Žába, 30–31; Übersetzung: E. Hornung, *Meisterwerke altägyptischer Dichtung*, 50.

zierten Begrifflichkeit der ägyptischen Anthropologie Sitz von Denken, Wille, Erkenntnis und Empfindung. Offenbar dient nach ägyptischer Vorstellung das Fest der Reintegration der durch die Mühen, Sorgen und Geschäfte des Alltags und vor allem durch das Erwerbstreben beeinträchtigten, vereinseitigten Persönlichkeit.[127]

Habgier und Sozialität. Habgier stellt sich aber nicht einfach als dritte, und schwerste, „Sünde gegen die Ma`at" neben die anderen beiden; wir müssen hierin vielmehr eine Art Oberbegriff sehen, der alle Verfehlungen gegen die Ma`at zusammenfaßt und bedingt. „Habgier" ist das Gegenprinzip schlechthin gegen alles, was Ma`at bedeutet. Wenn Ma`at eine positive „soziogene" Energie darstellt, die Kohärenz und Einklang stiftet auf den drei Ebenen der Zeit (Tun-Ergehen-Zusammenhang), der Gesellschaft und der Person, dann ist Habgier das destruktive Prinzip, das auf denselben drei Ebenen (und nicht nur auf der Ebene der Person) zerstörerisch wirkt. Habgier zerstört die sozialen Bindungen (so hat das auch der Oasenmann an einer früheren Stelle zum Ausdruck gebracht: ʿwn-jb ḥr ḥḏ ḫnms „Habgier zerstört die Freundschaft"),[128] und sie zerstört – in der Zeitdimension – die Dauer, die Einbindung des einzelnen in die Fortdauer der Gruppe und ihrer Erinnerung.

Im Grunde sind diese beiden Dimensionen, die Zeit und die Gemeinschaft, auch schon im ägyptischen Begriff des Festes, des „schönen Tages" (vgl. hebr. *yom tov*) mitgemeint. „Feiere dein Fest nicht ohne deine Nachbarn", heißt es in einem Weisheitstext des Neuen Reichs, „damit sie dir die Totenklage erweisen am Tag des Begräbnisses."[129] Wer nicht feiern kann, isoliert sich von seinen Nachbarn und schneidet sich auch die Zukunft, die Hoffnung auf ein „schönes Begräbnis" im liebenden Andenken seiner Mitwelt ab. Es sind genau diese beiden Aspekte, die in den entscheidenden Texten über die Habgier, den Maximen XIX und V der *Lehre des Ptahhotep*, herausgestellt werden. In diesen Texten wird vollkommen klar, daß der ägyptische Begriff ʿwn-jb, den wir mit „Habgier" übersetzen, sehr viel allgemeiner zu verstehen ist, nämlich als das Ma`at-antagonistische Prinzip *par excellence*.[130] Ist Ma`at der Wille der Gemeinschaft, den sich der einzelne, sofern er zu „hören" versteht und einen *sensus communis* besitzt, zu eigen macht, dann ist „Habgier" der

---

[127] Nach Ausweis der Grabrede des Perikles auf die Gefallenen bei Thukydides, wo es heißt, daß die Feste „der Erholung für den Geist von den Mühen" dienen, scheinen die Griechen eine ähnliche Auffassung von der Anthropologie des Festes gehabt zu haben. Auf diese Stelle machte mich Christian Meier aufmerksam.
[128] B1, 170.
[129] oPetrie 11, ed. J. Černý, A. H. Gardiner, *Hieratic Ostraca*, Oxford 1957, pl.I.
[130] Vgl. hierzu die Monographie von G. Fecht, *Der Habgierige und die Ma`at*.

Eigenwille, der sich solcher Einfügung entgegenstellt. Ist Ma`at Altruismus und Reziprozität, dann ist „Habgier" Egoismus und Autarkie. In diesen allgemeinen Kategorien ist der Begriff der „Habgier" zu interpretieren, wie ihn die XIX. Maxime behandelt:[131]

Wenn du willst, daß deine Führung vollkommen sei,
dann halte dich fern von allem Bösen
und sei gewappnet gegen ein Vorkommnis von Habgier.

Sie ist eine schwere, unheilbare Krankheit,
die man nicht behandeln kann.
Sie entfremdet Väter und Mütter
samt den Vollbrüdern;[132]
sie vertreibt die Gattin.
Ein Erwählen ist sie von allem Schlechten,
ein Behältnis ist sie von allem Verwerflichen.

Fortdauert (hingegen) der Mann, der der Ma`at entspricht
und der fortgeht (stirbt)[133] *entsprechend seinem Gang.*[134]
Er ist es, der dadurch ein Testament machen kann.
Aber der Habgierige hat kein Grab.[135]

---

[131] Vgl. zu dieser Maxime die Bearbeitung von P. Seibert, *Die Charakteristik*, 72–77.
[132] Die Londoner Papyri fügen hier noch ein:
Sie verbittert den süßen Freund
und entfernt Klienten und Herrn.
Sie legen damit jenen erweiterten Begriff von „entourage personnel" zugrunde, der in den *Sargtexten*, die von der Wiedervereinigung des Toten mit seiner *3bwt* („familia" im römischen Sinne) handeln, expliziert wird. S. dazu G. Heerma van Voss, „Hereniging in het hiernamaals volgens Egyptisch geloof"; D. Meeks, „Notes de lexicographie § 1".
[133] Die Bedeutung „sterben" für fortgehen ist in den Totentexten gang und gäbe, wenn es – wie hier – darum geht, die Fortdauer der Existenz, also des Lebens, über den Tod hinaus zu bekräftigen und die Worte „Tod", „sterben" daher vermieden werden müssen. Als Beispiel für viele genüge der Hinweis auf Pyr 134: „Du bist nicht weggegangen, indem du tot bist, du bist weggegangen, indem du lebendig bist."
[134] Zu *nmtt* s. J. Barns, *Five Ramesseum Papyri*, 6 zu l.16.
[135] *Ptahhotep* 298–315, ed. Žába, 39–41. Von der Habgier handelt auch die anschließende 20. Maxime, in der aber der Begriff Ma`at nicht explizit vorkommt:
Sei nicht gierig bei der Teilung
und verlange nichts, was nicht dein Anteil ist.
Sei nicht gierig gegenüber deinen Angehörigen.
Größer ist der Anspruch des Bescheidenen als der des Starken.
Arm ist, wer seine Angehörigen hintergeht,
er ist ausgeschlossen vom Austausch der Worte.
Aber ein wenig schon von dem, wonach einer gierig ist,
macht aus einem Querulanten einen Ausgeglichenen.

Hier wird nun in aller Deutlichkeit gesagt, daß Habgier die zwischenmenschlichen Beziehungen zerstört und daher den extremen Gegenpol zum Gemeinsinn und zur Solidarität darstellt. Daß auch die Habgier, genau wie die Torheit, als ein hoffnungsloser Fall gilt – Habgier als unheilbare Krankheit, Torheit als ein Lebendig-Totsein, an dem man „vorübergeht" – zeigt, daß hier die äußersten Gegenbilder der Ma`at gemeint sind. Ptahhotep stellt dem Habgierigen ausdrücklich den Ma`atgemäßen gegenüber, aber nicht, wie es die Logik erfordern würde, als den Prototyp eines gesellten Daseins, der im Einklang mit seinen Mitmenschen lebt, sondern als den „Grabherrn", der sein Vermögen seinen Kindern vererben und im Grabe fortdauern kann, während dem Habgierigen der Status eines „Grabherrn" versagt bleibt. In derselben Weise argumentiert auch die Maxime V, die umgekehrt vom Ma`at-gemäßen handelt und ihm den Habgierigen als Gegentypus gegenüberstellt. Der Habgierige hat nicht nur keinen „schönen Tag", und er hat sich nicht nur ausgeschlossen aus allen Bindungen der menschlichen Gesellschaft, sondern er hat auch kein Grab. Habgier bewirkt Zerstörung der Person, der Gemeinschaft und – wo nicht der Zeit, so doch der auf sie bezogenen Hoffnung auf Fortdauer.

Die drei Verse aus den *Klagen des Bauern*, die diesem Kapitel zugrundeliegen, fassen das zusammen, was in meinen Augen als die Quintessenz des ägyptischen Ma`at-Begriffs zu gelten hat. Ma`at erweist sich darin als etwas völlig anderes als „Weltordnung". Vielmehr geht es um etwas, das man am besten mit dem Begriff „Kultur" zusammenfaßt: um die Grundlagen menschlichen Zusammenlebens. Die drei Aspekte der Ma`at, Handlung, Kommunikation und Wille, sind klimaktisch angeordnet. Der Wille (ägyptisch: *das Herz*) ist das Entscheidende: Ihn gilt es zu bändigen und zu sozialisieren, genau im Sinne jener Unterordnung des Eigenwillens unter den Gemeinwillen, die S. Freud als das Grundprinzip der Kultur herausgearbeitet hat. Der ägyptische Begriff der „Habgier" (*'wn-jb*) meint nichts anderes als diesen asozialen Eigenwillen, der nur auf Selbstdurchsetzung und Selbstbehauptung gerichtet ist und den äußersten Gegensatz zur Ma`at, der Kultur des Füreinander-Handelns und Aufeinander-Hörens darstellt. Nach ägyptischer Auffassung stehen diesem zentrifugalen und destruktiven Prinzip zwei zentripetale, konstruktive Prinzipien gegenüber: Erinnerung (Eingedenksein des „Gestern")

Hier geht es ebenfalls um die Gefahr, die Habgier für den Familienverbund darstellt. Interessant ist hier wiederum der Hinweis auf das Miteinander-Reden, aus dem sich der Habgierige ausschließt (falls wir die nur hier belegte Wendung *jnt n<t> mdt* „das Bringen von Worten" richtig verstehen). Das letzte Verspaar bezieht sich offenbar auf die Wirkung der Großzügigkeit auch in kleinen Dingen; es ist aber schon im NR nicht mehr in diesem Sinne verstanden worden. L₂ liest: „macht aus einem Ausgeglichenen einen Querulanten", d.h. Habgier entzündet sich schon an Kleinigkeiten.

und Zuhören/Verstehen. Beides sind Formen der Selbsttranszendierung. Die Forderungen der Ma`at, oder der Kultur, erweisen sich damit als Erziehung zum Miteinander, zur Gemeinsamkeit, zum Mitmenschen. Das schlimmste Übel ist die Sünde gegen die Gemeinschaft, die Selbstabschließung: durch Nichthandeln, Nichthören und Egoismus. Nach ägyptischer Auffassung ist Autarkie ein tödlicher Wahn: „Einer lebt, wenn der andere ihn leitet."[136] Nur wer sich leiten läßt, wer sich verstehend und erinnernd einfügt in die Bindungen und Ordnungen des Miteinander-Lebens, vermag überhaupt zu leben. Wer sich nicht einfügt, ist lebendig tot.

Vielleicht die bemerkenswerteste Aussage zu diesem Thema steht im „historischen Abschnitt" des großen Papyrus Harris:

Jedermann war seine eigene Richtschnur.[137]

Das Bemerkenswerte an diesem Satz, den jeder im Zeichen abendländischen Selbständigkeitspathos' für eine positive Aussage halten würde, ist die Tatsache, daß er in einer *Chaosbeschreibung* steht und den Inbegriff einer verkehrten Welt zum Ausdruck bringen will. Für den Ägypter bedeutet solche Selbständigkeit und Selbstherrlichkeit den Zerfall jeder sozialen Ordnung.

Soziale Ordnung beruht nach ägyptischer Auffassung auf einer Ummodellierung des „Herzens": An die Stelle des gemeinschaftszerstörenden Selbstdurchsetzungswillens, der „Habgier", muß der Gemeinwille, die Ma`at, treten, die durch Erziehung im Herzen eingepflanzt wird. Ma`at ist keine „mythische Substanz" (K. Hübner),[138] die die Menschen aneinander bindet; sie hat vielmehr Vertrags- und Konsens-Charakter. Der Einzelne muß sich in freier Entscheidung und Zustimmung einfügen in diesen „Sinnvertrag", den die Ägypter Ma`at nannten und dessen Bindungsqualität auf der Erkenntnis der eigenen Nichtautarkie, der Angewiesenheit auf den Anderen, beruht. Nicht die radikal altruistische Wendung, die die jüdisch-christliche Tradition dieser Einsicht gibt, die Idee, daß der Andere *mich* braucht, sondern die schlichtere Erkenntnis, daß *ich* den Anderen brauche, begründet das, was man, in Anlehnung an den französischen Philosophen E. Lévinas, den ägyptischen „Humanismus des Anderen" nennen könnte.[139]

---

[136] A. Klasens, *A Magical Statue Base*, 10.

[137] Pap.Harris 75.3: *z nb m ꜥq3.f*.

[138] K. Hübner, *Die Wahrheit des Mythos*, München 1984.

[139] E. Lévinas, *Humanisme de l'autre homme*. Lévinas selbst steht ganz im Zeichen des radikalen Altruismus, der jede Reziprozität in Richtung auf schlechthinnige Uneigennützigkeit übersteigt. Im Gegensatz zu solcher religiösen Überhöhung, ja Mystifikation des Anderen geht es in Ägypten um die schlichte Anerkennung gegenseitiger Angewiesenheit.

2. Drei Sünden gegen die Ma'at

Gerechtigkeit, im ägyptischen Sinne, ist in erster Linie Mitmenschlichkeit, *iustitia connectiva*, „konnektive Gerechtigkeit", die die Menschen miteinander verbindet, indem sie Verantwortlichkeit und Vertrauen stiftet. Der zur Ma'at erzogene Mensch weiß sich für sein Tun und Reden verantwortlich; daher ist er des Vertrauens der anderen würdig. Er hat ein „geduldiges Herz" (w3ḫ jb), das sich dem Anderen zuwendet, zuzuhören, zu warten und, vor allem, zu verzeihen vermag, in seinem Tun und Reden alles vermeidet, was den mitmenschlichen Zusammenhang zu stören vermag und alles dafür tut, ihn aufrechtzuerhalten.[140]

Die Verantwortung des Einen ermöglicht das Vertrauen des Anderen. Vertrauen und Verantwortung sind daher „konvers" aufeinander bezogen, so wie kaufen und verkaufen, reden und zuhören. Die Wechselbeziehung konverser Handlungen, Haltungen und Erwartungen hat den Charakter eines Vertrags. Es geht nicht nur um Verstehen, sondern um Vertrauen. Man versteht einander, wenn man einen gemeinsamen „Code" benutzt, man vertraut einander, wenn man einen Vertrag eingeht. Unter den Bedingungen der Ma'at wird die Sprache, wird sozialer Sinn vom Code zum Vertrag gesteigert, der Vertrauen fundiert, indem er Verantwortung und Verbindlichkeit fordert. Darin zeigt sich die bindende Kraft der Ma'at als „konnektive Gerechtigkeit".

---

[140] Gerechtigkeit als Mitmenschlichkeit ist auch in der biblischen Tradition zentral, s. Stellen wie Ex. 22, 21; Dtn 10, 18; 27.19 (Witwen und Waisen); Dtn 15, 14 (Fremdling); Ex 23, 4f. (Feind in Not); von Jahwes Gerechtigkeit: Ps. 23,6; 103, 8/18; 116, 5; Joel 2, 13. Vgl. A. Dihle, „Gerechtigkeit", 293 ff.

IV. Vertikale Solidarität: Tugend und Fortdauer

1. Grab und Gerechtigkeit

a) Unrecht Gut vererbt sich nicht

In den *Klagen des Oasenmannes* steht, daß es „für den Habgierigen kein Fest gibt". In der *Lehre des Ptahhotep* dagegen heißt es, daß es „für den Habgierigen kein Grab gibt". Damit ist der Übergang bezeichnet, den wir jetzt in unserer Analyse des Ma`at-Begriffs vollziehen wollen: vom Leben vor, zum Leben nach dem Tode. Mit diesem Übergang vom Horizont diesseitigen Gelingens in den weiteren Horizont unvergänglicher Fortdauer bekommen wir zugleich die eigentlich religiöse Dimension des Ma`at-Begriffs zu Gesicht. Ma`at, im Horizont des diesseitigen Lebens eher das Prinzip der Kultur, das ein geordnetes Zusammenleben der Menschen ermöglicht, erweist sich im Horizont der Fortdauer nach dem Tode als das Prinzip der Beständigkeit, also der Erlösung von Tod und Vergänglichkeit und damit als eine eminent religiöse Idee. Mit diesem Übergang vom Leben im Einklang mit der Mitwelt zum Fortleben im Andenken der Nachwelt vollziehen wir eine erste Ausweitung des Ma`at-Gedankens in einer Richtung, an deren Ende die Idee der „Weltordnung" steht. Nach wie vor aber – das ist entscheidend – ist es die *Gesellschaft*, die als Instanz der Rechtfertigung gilt. Der Mensch, der sich durch sein Tun und Sagen der Ma`at als „Mitmensch" bewähren konnte, bleibt auch über den Tod hinaus in die Gemeinschaft integriert. Der Tod vermag ihn nicht zu isolieren, aus der auf Ma`at gegründeten Gemeinschaft herauszulösen.

Der entscheidende Text über Ma`at als Prinzip der todüberwindenden Beständigkeit steht wiederum in der *Lehre des Ptahhotep* (5. Maxime):

> *Wenn du ein Mann in leitender Stellung bist,*
> *der Vielen Befehle gibt,*
> *dann strebe fortwährend nach richtigem Handeln,*
> *bis dein Verhalten ohne Fehl ist.*
>
> *Groß ist die Ma`at, dauernd und wirksam,*[1]
> *sie wurde nicht gestört seit der Zeit des Osiris.*[2]

---

[1] Ich lese mit Fecht (Anm. 4): *w3ḥ<.s> spd.t<j>*.

[2] S. hierzu W. Westendorf, „Eine auf die Ma`at anspielende Form"; der Gedanke ist wohl, daß in der Zeit des Osiris die Ma`at tatsächlich gestört wurde (durch die Ermor-

Man bestraft den, der ihre³ Gesetze übertritt,
aber dem Habgierigen erscheint das als etwas Fernes.

Die Gemeinheit rafft zwar Schätze zusammen,
aber niemals ist das Unrecht gelandet und hat überdauert.
Wenn das Ende da ist, dauert (allein) die Ma`at,
so daß ein Mann sagen kann: ‚das ist die Habe meines Vaters'.[4]

G. Fecht hat in seiner eindringlichen Analyse die Auffassung vertreten, daß dieser Text bewußt doppelsinnig formuliert sei und in dem, was man als den „zweiten Schriftsinn" ansetzen müßte, auf das Totengericht anspiele. Vordergründig laufe die Argumentation auf die Sentenz „Unrecht Gut gedeiht nicht gut" hinaus, also auf eine immanente Begründung. Hintergründig werde aber durch den Doppelsinn verschiedener Wörter wie ʿḥʿw „Schätze" und „Lebenszeit", mnj „landen" und „sterben" auf das Totengericht als den Ort angespielt, an dem die Bestrafung des Habgierigen letztendlich stattfindet. Fecht ist unbedingt recht zu geben in der Auffassung, daß sich diese Maxime auf die Todesschwelle bezieht, an der der Habgierige scheitert, während die Ma`at sie zu überdauern vermag. Aber ich glaube nicht, daß diese Beziehung im Hintergrund eines „zweiten", verborgenen Schriftsinns steht: Sie scheint mir vielmehr völlig eindeutig zum Ausdruck gebracht, ebenso wie in der 19. Maxime:

Es dauert aber der Mann, der der Ma`at entspricht
und der fortgeht (stirbt) gemäß seiner Vorgehensweise.[5]
Er allein ist imstande, der darüber ein Testament erlassen kann,
aber der Habgierige hat kein Grab.[6]

Hier wie dort wird die Frage der Fortdauer mit der Möglichkeit der Vererbung des Besitzes verknüpft. Dafür braucht man allerdings das Totengericht nicht. Für den Erbgang und die damit verknüpfte Sicherung des Totenkults sind die irdischen Gerichte zuständig. So findet sich derselbe Appell an den Wunsch nach Fortdauer auch in den *Klagen des Oasenmannes*, der die gleichen Stichwörter „fortgehen" und „landen"

---

dung des Gottes von der Hand seines Bruders Seth); vgl. dazu CT VI 278 d, wo es von den Feinden des Osiris heißt: „Sie haben gesagt, daß sie die Ma`at stören werden."

[3] Ich lese mit Fecht (Anm. 4): ... *hpw.s w3t pw*.

[4] Ptahhotep Dév. 84–98; Z. Žába, *Les maximes de Ptahhotep*, 24; G. Fecht, *Der Habgierige und die Ma`at*. Fecht hält den letzten Vers für deplaziert (aus der 6. Max.).

[5] *r nmtt.f* vgl. Haremhab-Dekret ed. Helck, in: *ZÄS* 80, 1955, 127 („gemäß seiner Bestimmung").

[6] Z. Žába, *Les maximes de Ptahhotep*, 39 f., 85 f., 141 f.; Fecht, a. a. O., 34–47; Seibert, *Die Charakteristik*, 72–77.

verwendet, um damit eindeutig auf „Tod" und „Jenseits", aber nicht notwendigerweise auf das Totengericht zu verweisen:

*Wenn die Lüge fortgeht, so verirrt sie sich
und vermag nicht mit der Fähre überzusetzen.
Nicht (...)
Wer an ihr reich ist, der hat keine Kinder,
der hat keine Erben auf Erden.
Wer mit ihr im Schiff fährt, erreicht nicht das Land,
dessen Barke landet nicht in ihrem Hafen.*[7]

Der Gedankengang ist folgender: Der Erbe ist zum Totenkult verpflichtet.[8] Daher ist die Vererbbarkeit eines Vermögens eine gewisse Garantie für das Fortdauern im Totenreich. Das Testament aber muß im Wesirsbüro vom Wesir persönlich gesiegelt werden[9], so daß die Vererbung einem Offenbarungseid gleichkommt: Unrecht Gut *vererbt* sich nicht.[10] So heißt es etwa im *Enseignement loyaliste*:

*Die Schätze des Rechtsbrechers (jzftj) vermögen nicht zu überdauern,
seine Kinder finden keinen Vorrat.
Wer unrechtmäßig vorgeht, am Ende seines Lebens
werden keine Kinder von ihm da sein mit ‚Herzensbindung' (tkn-jb).
Wer sich zu beherrschen versteht, besitzt Angehörige,
aber der Haltlose* (tff ḫ3tj *„dessen Herz herausgerissen ist") hat keinen Erben.*[11]

Den Loyalen dagegen wird eine Fortdauer in der „Liebe" ihrer Nachkommen verheißen:

---

[7] B2, 98–103; Vogelsang, 221. Beachte die Wiederkehr immer derselben Schlüsselbegriffe: šmj „gehen" vgl. *Ptahhotep* 313, mnj „landen" = *Ptahhotep* 93; msw, jwꜥ „Kinder, Erben" vgl. *Enseignement Loyaliste* § 7, § 12.

[8] Hierzu und allgemein zum Testament in Ägypten vgl. A. Théodoridès, in: *Revue Intern. du Droit Ancien* 3 ser. XVII, 1970, 117–216; Sch. Allam, in: *Oriens Antiquus* 16, 1977, 89–97.

[9] Dienstanweisung des Wesirs Urk IV 1111.6–7: „Ihm werden alle Testamente gebracht. Er ist es, der sie siegelt". s. W. Helck, *Verwaltung*, 35 § 11; van den Boorn, *Duties*, 172–84 findet es schwer vorstellbar, daß sich der Wesir um alle privaten Testamente persönlich gekümmert haben soll und möchte die Stelle auf die offizielle Sphäre, die Überweisung von Ämtern und Amtsvermögen, beschränken. Er zieht aber keine der hier angeführten Textstellen in Betracht, die auf genau diese Institution einer allgemeinen amtlichen Bestätigungspflicht testamentarischer Verfügungen verweisen.

[10] Vgl. dazu J. Assmann, „Vergeltung und Erinnerung", 693–695.

[11] *Enseignement Loyaliste* ed. G. Posener, § 12. Der Abschnitt beginnt mit einer Warnung vor übermäßiger Besteuerung:
*Setze die Abgaben fest in Entsprechung zur oberägyptischen Gerste,
denn das hält Gott für [Maꜥat].*

1. Grab und Gerechtigkeit

Tretet ein in die Erde, die der König gibt,
ruht an der Stätte der Unvergänglichkeit,
vereint euch der Höhle in Ewigkeit.

Die Wohnungen eurer Kinder werden voll der Liebe zu euch sein
und eure Erben werden dauern auf euren Plätzen.[12]

Mit dieser Verheißung lassen sich die Worte des Henu vergleichen, der sich auf seiner Stele rühmt, daß sein

Besitz auf Erden in der Hand meines Sohnes ist,
meines Erben, der die Erinnerung an mich wachhält.[13]

Der Grundsatz der Unvererbbarkeit unrecht erworbenen Gutes gilt auch noch im Neuen Reich. Die Lehren auf dem Verso des Papyrus Chester Beatty beginnen mit der Maxime:

Schädige nicht einen anderen an seiner Grenze,
sondern mache (...),
auf daß du dein Vermögen seinen Kindern vermachen (swḏ) kannst,
wenn du (das Lebensende) erreichst.[14]

Gerade Landbesitz ist aktenkundig, wie wir u. a. aus dem Prozeß des Mes, aber auch aus der schon erwähnten Dienstanweisung des Wesirs wissen. Dort wird im Zusammenhang mit der Zuweisung von *šdw*-Grundstücken ausdrücklich festgesetzt, daß die *jmjt-pr*-Dokumente, also testamentarische Verfügungen, im Büro des Wesirs gesiegelt werden müssen. Daher ist es wohl kein Zufall, daß in der *Lehre des Amenemope* derselbe Gedankengang wiederum in Zusammenhang mit der Warnung vor Grenzfrevel vorgebracht wird:

Sein (des Grenzfrevlers) Haus ist ein Feind der Stadt,
seine Scheunen sind zerstört,
seine Habe wird seinen Kindern weggenommen,
um seine Sachen einem anderen zu geben.[15]

Wichtiger aber als die Vererbbarkeitsbestimmungen ist der allgemeinere Gedanke an eine Fortdauer im Gedächtnis der Nachwelt. Diese Bestim-

---

[12] *Enseignement Loyaliste* ed. Posener, § 7.
[13] Clère u. Vandier, *TPPI*, § 24, 20; Schenkel, *Memphis – Herakleopolis – Theben*, § 375, 229.
[14] A. H. Gardiner, *Hieratic Papyri 3rd series*, I Tf. 18 vso, 1, 1–2; II, 37.
[15] *Amenemope* 8, 5–8; Grumach, *Untersuchungen*, 56–63. Vgl. Strafklauseln wie „sein Erbe soll einem Fremden gegeben werden, wobei seine Augen zuschauen" (*Stèle d'apanage* etc., s. H. Sottas, *La préservation*, 163 ff.). Im Dekret für Amenophis Sohn des Hapu wird verfügt, daß der Sohn eines Zuwiderhandelnden nicht an die Stelle des Vaters treten soll (Zeile 9).

mungen bilden nur einen konkreten Fall, an dem ein allgemeineres Gesetz veranschaulicht wird. Dieses Gesetz besagt, daß ein Leben nach dem Tode nur dem zuteil wird, der sich während seines irdischen Lebens die „Liebe" seiner Mitmenschen erworben und dem sozialen Gedächtnis der Gruppe in unauslöschlicher Weise eingeschrieben hat. Drei Voraussetzungen müssen erfüllt sein, damit der Mensch mit dem Sterben nicht vergeht, sondern fortexistiert:

1. ein Amt, das die Möglichkeit zur Bewährung im Königsdienst und zur Verewigung des Erdenlebens im Monumentalgrab bietet;
2. eine Nachkommenschaft, die für den Totenkult sorgt, und
3. ein sicherer Platz im sozialen Gedächtnis, in der „Liebe" der anderen, damit der Besitz vererbt werden kann und das Grab respektiert wird.

Der Habgierige mag in den ersten beiden Voraussetzungen Erfolg haben, aber er scheitert unweigerlich an der dritten.

Alle drei Komponenten faßt das Ägyptische in einem Begriff zusammen, den wir mit „Versorgtheit" und „Geehrtheit" übersetzen: jm3ḫjj. Dieser Ausdruck bezieht sich auf den Status eines Gerechten, der sich aufgrund seines ma`atgemäßen Lebens Grab, Totendienst und „liebende Erinnerung" erworben hat. Dieser Status ist es, der dem Habgierigen abgesprochen wird, wenn es heißt, daß er „kein Grab" habe oder nur der Gerechte eine Vermögensverfügung machen könne. So heißt es, in der für sie charakteristischen loyalistischen Umdeutung, in der *Loyalistischen Lehre*:

> Wer sich dem König anschließt, wird ein jm3ḫjj sein,
> aber wer gegen den König rebelliert, hat kein Grab.[16]

Die ungeheure Bedeutung, die Totenkult und Jenseitsvorstellungen in der ägyptischen Welt hatten, legt die Vermutung nahe, daß nach ägyptischer Vorstellung Fortdauer und Unsterblichkeit vornehmlich eine Frage materieller, ritueller und magischer Ausstattung gewesen seien. Demgegenüber ist die Tatsache unzureichend beachtet worden, daß trotzdem der Gedanke einer Fortdauer im kommemorativen Gedächtnis der Gruppe während fast aller Epochen der ägyptischen Geschichte das Zentrum des Totenglaubens bildete. Nur so erklären sich die ungeheuren Investi-

---

[16] G. Posener, *Enseignement Loyaliste*, § 6, 3–4. Vgl. auch pTurin, Pleyte u. Rossi 89.8–9 ed. V. Condon, MÄS 37, 21 bzw. *KRI* VI, 394.10–11: „Sie (die Bösen) werden herausgerissen aus ihren Gräbern und verstreut in alle Winde." In diesen Zusammenhang gehört die „Bestrafung des Namens" (*damnatio memoriae*) s. Nauri-Dekret Sethos' I., Zeile 113 f. (*KRI* I, 58: *r sswn rn.f, r šḥtm b3.f, r tm djt ḥtp ḥ3t.f m ḫrt nṯr* „um seinen Namen zu bestrafen, um seinen Ba zu vernichten, um zu verhindern, daß sein Leichnam in seinem Grabe ruht") bzw. die „Auslöschung des Namens im ganzen Lande" (Henut-tawi-Dekret Zeile 20 s. Gardiner, in: *JEA* 48, 1962, 61).

tionen in die monumentale Grabarchitektur.[17] Das Monument ist *eine* Form, im sozialen Gedächtnis präsent zu bleiben. Aber dies gelingt nur, wenn es lediglich ein „Außenhalt" ist für ein Gedenken, das sich an die Tugend und Leistung des Verstorbenen, also an die von ihm in Wort und Tat verwirklichte Ma`at knüpft. Der Stein allein vermag also den Menschen nicht zu verewigen. Dies gelingt allein dem Stein, an den sich eine lebendige Erinnerung knüpft, d. h. der Verbindung von Stein und Gedächtnis. Dieses Prinzip liegt den autobiographischen Grabinschriften zugrunde. In ihnen legt ein Grabherr Rechenschaft ab von seiner Leistung und „seiner Entsprechung zur Ma`at" (*`q3.f r m3`t*), wie es in der *Lehre des Ptahhotep* heißt.

b) Das Zeugnis der biographischen Grabinschriften. „Liebe" und „vertikale Solidarität"

Die Geschichte der verschiedenen Gattungen biographischer Grabinschriften ist sehr aufschlußreich für die Verbindung von „Grab" und „Gerechtigkeit", also die Ethisierung und Verjenseitigung des Totenglaubens.[18] Den Ausgangspunkt bilden kurze Texte, die nicht den Grabherrn, sondern das Grab zum Thema haben. Das Grab wird in diesen Texten fast immer nur „dieses" genannt; der Text steht am Grab und bezieht sich darauf wie ein Kommentar. Diese Inschriften enthalten Drohformeln gegen Grabschänder:

> *Das Krokodil gegen ihn zu Wasser,*
> *die Schlange gegen ihn zu Lande,*
> *der etwas tun wird gegen „dieses" (Grab).*
> *Niemals habe ich etwas gegen ihn getan.*
> *Der Gott ist es, der richten wird.*[19]

Ferner enthalten sie Beteuerungen der ma`atgemäßen Erbauung des Grabes ohne Beschädigung anderer Gräber und unter gerechter Entlohnung der Handwerker:

> *Ich habe dieses Grab errichtet aus meinem rechtmäßigem Besitz (*m jšt<.j> m3`t*); niemals habe ich irgendjemand etwas weggenommen.*[20]

---

[17] Vgl. J. Assmann, „Stein und Zeit"; ders., „Égypte ancienne – la mémoire monumentale".

[18] Für eine etwas detailliertere Behandlung dieser Geschichte, die hier nicht im einzelnen dargelegt werden kann, vgl. meine Beiträge „Schrift, Tod und Identität" und „Sepulkrale Selbstthematisierung".

[19] Urk I 23.11–16.

[20] Urk I 50, ähnl. 69f., 71f. u. ö.

*Alle Leute, die darin für mich gearbeitet haben, für die habe ich gehandelt,
daß sie mir über die Maßen dankten. Sie machten „dies" (Grab) für
mich gegen Brot, Bier und Kleidung, Salböl und Korn in reichlichster
Weise. Niemals habe ich irgendwelche Leute unterdrückt.*[21]

Schon in diesen frühesten Inschriften äußert sich die Sorge, das Grab als das Zeugnis ungewöhnlichen Reichtums könnte Zweifel aufkommen lassen an der Rechtmäßigkeit seines Zustandekommens. Daher bekennt sich der Grabherr ausdrücklich zu bestimmten moralischen Prinzipien, die mit der Errichtung von Gräbern verbunden sind:

- das Grab an einer „reinen", d. h. unbebauten Stätte zu errichten,[22]
- keine vorhandenen Gräber dabei zu zerstören,
- nicht anderer Leute Eigentum (Steine und sonstiges Baumaterial oder Ausstattungsstücke) wegzunehmen,
- die Handwerker zufriedenzustellen,
- das Eigentum eines Verstorbenen („der zu seinem Ka gegangen ist") zu respektieren.[23]

Die Beachtung dieser Grundsätze wird als „etwas Rechtes" (*jḫt mꜣꜥt*) zusammengefaßt und damit begründet, daß es das ist, „was der Gott liebt": *mrrt nṯr pw jrt jḫt mꜣꜥt* „Etwas Rechtes tun ist, was der Gott liebt."[24]

Daraus entwickelt sich die „Idealbiographie", die jetzt, weiterhin unter dem leitenden Gesichtspunkt der Ma`at, nicht mehr vom Grab, sondern vom Grabherrn spricht:

*Ich bin aus meiner Stadt hinausgegangen
und hinabgestiegen aus meinem Gau,*[25]
*nachdem ich die Ma`at darin gesagt
und die Ma`at darin getan hatte.
Möge es euch wohl ergehen, meine Nachkommen,
und möchtet ihr gerechtfertigt werden, meine Nachfahren!*[26]

---

[21] Urk I 50. Einige weitere Beispiele: „Jeder, der dies (Grab) für mich gebaut hat, war niemals unzufrieden" (Urk I 23); „Was alle Handwerker angeht, so habe ich sie zufriedengestellt, nachdem sie dieses (Grab) geschaffen hatten, sodaß sie meinetwegen Gott priesen. Eine Freude war ihnen die Arbeit und es verdroß sie nicht, auch hart zu arbeiten, weil sie Gott deshalb für mich priesen" (Urk I 69ff.). Vgl. auch E. Edel, in: *MIO* I, 327ff., A. Roccati, *La littérature historique*, § 142. Zur Entlohnung der Handwerker s. a. R. Müller-Wollermann, „Warenaustausch", 142–145.

[22] Vgl. Urk I 50; 260 usw.

[23] Vgl. Urk I 71; 73.

[24] Urk I 71.

[25] Zu dieser Formel s. H. Goedicke, „Passing from Life to Death".

[26] Weitere Belege der Formel bei E. Edel, *Untersuchungen zur Phraseologie*, 17f. § 19.

1. Grab und Gerechtigkeit

> *Was ihr aber tun werdet gegen "dieses" (Grab),[27] so wird Gleiches getan werden gegen euren Besitz von Seiten eurer Nachkommen.[28]*
>
> *Ich habe niemals irgendwelchen Streit gehabt,*
> *seit meiner Geburt habe ich niemals verursacht,*
> *daß jemand die Nacht unzufrieden verbringt wegen irgendetwas.[29]*
>
> *Ich bin jemand, der Opfer dargebracht*
> *und für Totenehrung gesorgt hat,*
> *den sein Vater liebte, den seine Mutter liebte,*
> *der geehrt ist bei seinen Mitbürgern,*
> *wohlgelitten bei seinen Brüdern,*
> *geliebt von seinen Dienern, der niemals Streit hatte mit irgendwelchen Menschen.[30]*

Im späteren Alten Reich geht es bereits um sehr viel mehr als um die Beachtung der Prinzipien, die einer rechtmäßigen Grabanlage zugrunde gelegt werden müssen. Der Grabherr stellt sich als einen Mann dar, der sich in seiner ganzen Lebensführung nach der Ma`at gerichtet hat und – im Gegensatz zur Selbstisolation des Habgierigen – sich die Liebe seiner Mitmenschen erworben und sich in vollkommenster Weise eingebunden hat in die Konstellationen der Gesellschaft. Die „Oberwelt" – Stadt und Gau – erscheint in diesen Texten als ein „Diesseits", das zum „Jenseits", in das der Tote „hinabgestiegen" ist, bereits in einer gewissen Distanz steht. Aber die Ma`at vermag beide Sphären zu umgreifen. Durch die Verwirklichung der Ma`at im Diesseits erwirbt sich der einzelne einen Status, der ihm die Fortdauer im Grab garantiert: den Status eines *jm3ḫjj*, eines „Geehrten, Versorgten":

> *Ich bin aus meiner Stadt herausgegangen,*
> *ich bin aus meinem Gau herabgestiegen,*
> *nachdem ich die Ma`at getan habe für ihren Herrn*
> *und den Gott zufriedengestellt habe mit dem, was er liebt.*
> *Ich habe Gutes gesagt und Gutes wiederholt,*
> *ich habe Ma`at gesagt und Ma`at getan.*
> *Ich gab Brot dem Hungrigen*
> *und Kleider dem Nackten.*

---

[27] Die Bezeichnung des Grabes nur mit dem Demonstrativpronomen ist auch noch für die späteren Idealbiographien des Alten Reichs typisch und zeigt, wie eng der Bezug zu den älteren Drohformeln ist; es handelt sich nach wie vor um einen Kommentar der Grabanlage.

[28] Weitere Belege: Edel, a. a. O., 18 f. § 20.

[29] Weitere Belege: Edel, a. a. O., 38 f. § 29.

[30] Urk I 46–47: Inschrift des *Wr-ḫww* oder *Ḫwj-wj-Wr* vgl. J. Spiegel, *Hochkultur*, 348; Schmid, *Weisheit*, 206 f.

*Ich habe meinen Vater geehrt
und wurde von meiner Mutter geliebt.
Ich habe niemals etwas Schlechtes,
Böses oder Boshaftes gesagt gegen irgend jemand,
denn ich wollte, daß es mir gut ginge und daß ich
ein jm3ḫjj sei bei Gott und bei den Menschen für immer.*[31]

Im Laufe der 5. und 6. Dynastie entwickelt sich so etwas wie ein Kanon beispielhafter Handlungen, an denen illustriert wird, worin das Tun und Sagen der Ma`at besteht:

*Ich bin aus meiner Stadt herausgegangen
und aus meinem Gau herabgestiegen,
nachdem ich die Ma`at getan habe für ihren Herrn
und ihn zufriedengestellt habe mit dem, was er liebt.
Ich habe die Ma`at gesagt, ich habe die Ma`at getan,
ich habe das Gute gesagt und Gutes wiederholt,
ich habe die Vollkommenheit erreicht,
denn ich wollte, daß es mir gut erginge bei den Menschen.*

*Ich habe zwei Prozeßgegner so beschieden, daß beide zufrieden waren,
ich habe den Elenden errettet vor dem, der mächtiger war als er, soweit dies
    in meiner Macht stand,
ich habe dem Hungrigen Brot gegeben
und Kleider dem Nackten,
eine Überfahrt dem Schiffbrüchigen,
einen Sarg dem, der keinen Sohn hatte,
und ein Schiff dem Schifflosen.
Ich habe meinen Vater geehrt
und wurde von meiner Mutter geliebt,
ich habe ihre Kinder aufgezogen.
So spricht er, dessen schöner Name Scheschi ist.*[32]

Zunächst springt in die Augen, daß das Thema dieser Inschriften ebenfalls die Ma`at ist. Während die Lebenslehren von der Ma`at handeln, die zu tun ist, und dem Schüler das in einer Fülle konkreter Lebenssituationen beibringen wollen, handeln die Inschriften von der Ma`at, die ein einzelner in seinem Diesseitsleben getan hat und veranschaulichen das an einem kleinen Kreis beispielhafter Handlungen:

---

[31] Urk I 203 f.; Roccati, a. a. O., § 119. Vgl. auch die Inschriften des Ichechi, Roccati a. a. O., § 156.
[32] Urk I 198 f.; Roccati, a. a. O., § 120.

1. Grab und Gerechtigkeit

Geben	*Reden*
Brot dem Hungrigen	niemals Böses sagen gegen irgend jemand[37]
Kleider dem Nackten[33]	Gutes Sagen, Gutes wiederholen[36]
ein Schiff dem Schifflosen[34]	zwei Parteien so richten, daß beide zufrieden sind[38]
einen Sarg dem Kinderlosen[35]	den Elenden erretten vor dem, der mächtiger ist als er[39]

Wichtig für den Begriff der Ma`at ist nun, daß in den Idealbiographien des Alten Reichs niemals von der spektakulären Karriere des Grabherrn und seinen Leistungen im Königsdienst die Rede ist. Hierfür war eine andere Gattung da, in deren Rahmen solche Erfolge festgehalten wurden, in der aber Ma`at (zunächst) keine Rolle spielt. Als Begründung für den Erfolg im Königsdienst gilt nicht das Ma`at-tun, vielmehr gelten so individuelle Dinge wie

> *weil ich ohne Tadel war im Herzen Seiner Majestät,*
> *weil ich ‚verwurzelt' war im Herzen Seiner Majestät,*
> *weil das Herz Seiner Majestät mit mir erfüllt war.*[40]

Andere nennen sich „Höhergeschätzt beim König als jeder andere Diener".[41] Worauf es hier ankommt, ist die individuelle Leistung und die Distinktion gegenüber anderen. Demgegenüber geht es bei der Ma`at offensichtlich um etwas Allgemeines, Überpersönliches, um eine Norm, durch deren Erfüllung man sich nicht vor anderen hervortun, sondern sich vielmehr in die Gemeinschaft einfügen will und durch die man zwar die Liebe seiner Mitmenschen – Familie, Diener, Freunde, Klienten und Vorgesetzte bis hin zum König -, aber nicht unbedingt die spezielle Gunst des Königs erringt. Diese ist vielmehr das Thema jener anderen Gattung, der „Laufbahnbiographie". In der Laufbahnbiographie erzählt man von den spektakulären Leistungen und Ereignissen einer großen

---

[33] Edel, a. a. O., 40f., § 33; J. M. A. Janssen, *Autobiografie*, II, 113–115.
[34] Edel, a. a. O. § 34; Janssen, a. a. O., 163f. vgl. Edel § 11: „Ich machte ein Schiff dem, der keines hatte."
[35] Janssen, a. a. O., 156f.
[36] Edel, 46f., § 43.
[37] Edel, a. a. O., 31–34, § 26.
[38] Edel a. a. O., § 37, 42f.
[39] Edel, a. a. O., § 36.
[40] Urk I 98–110; die Formel kommt in der langen Inschrift fünfmal vor.
[41] Urk I 51–53; auch diese Formel wird in der Inschrift refrainartig sechsmal wiederholt.

Karriere, in der Idealbiographie begnügt man sich mit festgeprägten Formeln, die die Wendung „Ich tat die Ma`at, ich sagte die Ma`at" spezifizieren.

Die Laufbahnbiographie entwickelt sich aus der Titulatur des Grabherrn und ist wie diese selbst als eine Expansion der Namensnennung anzusehen. Die Idealbiographie dagegen entwickelt sich aus der Widmungsinschrift oder, allgemeiner und zugleich genauer, aus dem „Kommentar der Grabanlage". Das zeigt sich am deutlichsten an der Deixis: Noch in ihrer entwickelten Form sprechen die Idealbiographien vom Grab einfach mit dem Demonstrativpronomen „dieses". Die Fragen, die dieser Kommentar beim Leser voraussetzt, richten sich von Anfang an auf die Rechtschaffenheit des Grabherrn: Hat er die Handwerker zufriedengestellt? Hat er auch keine anderen Gräber dabei zerstört? Hat er sich (bei der Anlage seines Grabes) auch nichts zuschulden kommen lassen? Mit dem Übergang zur 6. Dynastie weiten sie sich aber auf die gesamte Lebensführung aus: Hat er ein Leben im Sinne der Ma`at geführt?

Ein Leben im Sinne der Ma`at zu führen, heißt nun aber offensichtlich nicht nur, sich nichts zuschulden kommen zu lassen, nichts Böses zu reden, nichts Böses zu tun,[42] niemanden in Ärger die Nacht verbringen zu lassen.[43] Es bedeutet vor allem positive Hilfsbereitschaft, „aktive Solidarität".[44]

Hier zeigt sich nun aber ganz unverkennbar, daß es sich dabei um eine Standesethik handelt: Die meisten Forderungen beziehen sich auf die Wohltätigkeit. Soziale Ungleichheit wird vorausgesetzt; es kommt darauf an, sie zu mildern, nicht sie abzuschaffen. Wer sich zu den Normen der Ma`at bekennt, gibt sich als ein Mitglied der Oberschicht zu erkennen. Ma`at bezieht sich hier auf eine Verantwortung, die sich mit Macht und Besitz verbindet: eine Sorgepflicht für die Macht- und Besitzlosen. Ma`at erscheint in diesen Inschriften als der Gemeinsinn der Reichen und äußert sich im Bewußtsein der Verpflichtung, Macht und Besitz nicht zur Unterdrückung der Armen zu benutzen, sondern umgekehrt zur Erleichterung ihres Loses. „Niemals habe ich meine Autorität gegen jemanden verwendet" sagt Khentika-Ikhekhi.[45] Man „sagt" und „tut" die Ma`at „für" den König, aber an den Mitmenschen, zu denen eben auch und vor allem die Unterschichten gehören. Ganz besonders auf-

---

[42] Vgl. Edel, a.a.O., § 28.
[43] Vgl. Edel, a.a.O., § 29.
[44] Edel, a.a.O., 55 faßt die Ergebnisse seiner Untersuchung wie folgt zusammen: „Inhaltlich am kennzeichnendsten für die VI. Dyn. sind ... die Phrasen mit Betonung der sozialen Hilfe und Gerechtigkeit. Vergleicht man damit die ältere Schicht der aus der IV. und V. Dyn. stammenden Phrasen, so zeigt sich, daß diese im Gegensatz dazu ... sich meist in negativen Aussagen erschöpfen..."
[45] Roccati, *La littérature historique*, 167.

1. Grab und Gerechtigkeit

schlußreich erscheint in diesem Zusammenhang die häufige Wendung: „Ich rettete den Schwachen vor dem Stärkeren." Offenbar geht es nicht nur darum, sich der Armen, Entrechteten und Unterprivilegierten anzunehmen. Es geht auch darum, den „Starken" entgegenzutreten. Die Ungleichheit unter den Menschen wird also nicht nur vorausgesetzt, sie wird auch beurteilt, und zwar negativ. In einer Welt, die in Arme und Reiche, Starke und Schwache, Unterdrücker und Unterdrückte zerfällt, gilt von Natur aus das Recht des Stärkeren. Diesem „Recht" arbeitet die Ma'at entgegen. Wir werden darauf in Kapitel VII noch näher eingehen. Aber schon hier ist es wichtig festzustellen, daß sich mit dem Begriff der Ma'at die Vorstellung einer ausgleichenden Gerechtigkeit verbindet, die die Reichen dazu verpflichtet, sich der Armen anzunehmen. Im Gegensatz etwa zum chinesischen oder auch abendländisch-mittelalterlichen Ordnungsdenken bezieht sich Ma'at also keineswegs auf eine hierarchisch gegliederte Ordnung; die Ungleichheit der Menschen wird durch das Prinzip Ma'at nicht legitimiert. Es ist durchaus nicht im Sinne der Ma'at, daß die Menschheit in Arme und Reiche, Schwache und Starke zerfällt. Aber diese Ungleichheit wird durch das Prinzip Ma'at auch nicht abgeschafft, es wird ihr vielmehr in einer Weise entgegengearbeitet, die sie voraussetzt. Ma'at bezeichnet das Prinzip einer „vertikalen Solidarität", die von oben nach unten und von unten nach oben wirkt: als Schutz, Verteilung und Wohltätigkeit nach unten, als Gehorsam und Loyalität nach oben. Ma'at kann es nur in einer stratifizierten Gesellschaft geben. Als das Prinzip des Schutzes setzt es die „Schwachen" und deren Schutzbedürftigkeit, als das Prinzip der gerechten Verteilung setzt es die vorgängige Vereinnahmung des zu Verteilenden, und als das Prinzip der Wohltätigkeit setzt es „Arme" voraus.[46] Besonders eindrucksvoll wird Ma'at in der Biographie des Rechmire, aus der 18. Dynastie, als „vertikale Solidarität" beschrieben:

Ich habe die Ma'at erhoben (wṯz) bis zur Höhe des Himmels,
und ihre Schönheit verbreitet, (pḫr) so weit die Erde ist,
auf daß sie ihre Nasen erfülle wie der [Nordwind][47]
und die Bitternis vertreibe in den Leibern.[48]
Ich habe Recht gesprochen zwischen dem Armen und dem Reichen,
ich habe den Schwachen (s3r-ᶜ) bewahrt vor dem Starken (nḫt-ᶜ),
ich habe die Wut des Bösen (ḏw-qd) abgewehrt,
ich habe den Habgierigen zurückgedrängt in seiner Stunde,
ich habe [...] die Zeit des Wütenden.

---

[46] Vgl. H. Bolkestein, *Wohltätigkeit und Armenpflege*.
[47] Erhalten: das ḫ von *mḫjjt*.
[48] ḫt im Sinne von „Inneres", Sinn, Bewußtsein.

Ich habe die Tränen abgewischt ...,[49]
ich habe die Witwe beschützt, die keinen Gatten hat,
ich habe den Sohn eingesetzt auf den Amtssitz seines Vaters,
ich habe [Brot] gegeben [dem Hungrigen]
und Wasser dem Durstigen,
Fleisch, Salbe und Kleider dem, der nichts hat.
Ich habe den Alten gestärkt,
indem ich ihm meinen Stock gab,
ich veranlaßte, daß die alten Frauen sagten: „das ist eine gute Sache!"
   (usw.)[50]

Im Grab des Paser, eines anderen Wesirs, der 150 Jahre später lebte, liest man:

Ich gab Brot dem Hungrigen,
Wasser dem Dürstenden,
Kleider dem Nackten.
Ich rettete den Elenden vor dem Gewalttätigen (prj-ᶜ),
ich setzte den Sohn auf den Platz seines Vaters.
Ich befriedigte den König meiner Zeit,
um den zu retten, der in der Hand des Mächtigen war.[51]

Anhurmose, aus dessen langer biographischer Inschrift die folgenden Ausschnitte stammen, wirkte unter Merenptah (Ende 13. Jahrhundert v. Chr.) als Hohepriester des Schu in This:

Ich war ein Schweigender von vollkommenem Verhalten (bj3t),
(...) der sich mit dem, der nichts hatte, vereinigte.
Ich beachtete den Friedfertigen und setzte hintan den Ausspruch des
   Hitzigen (t3j-r3).
(...) Ich vertrieb Unrecht und Sorge,
ich schenkte Aufmerksamkeit der Stimme der Witwe.
Ich rettete die Untergehenden und gab Lebensunterhalt den Notleidenden.
Ich war ein Schutz des Schwachen,
der eintrat für die Witwe, wenn sie ihrer Habe beraubt war.
Ich war ein Vater des Vaterlosen,
eine Mutter, die die Geringen rettete.
Ich war eine Amme für seine Klienten,
der sie auf den rechten Weg gab.

---

[49] *m ḏb3* (?) *wšbw*.
[50] Urk IV 1077f. Übersetzung, 424f. Gardiner, „The Autobiography of Rekhmere". Davies, *Rekh-mi-re'*, pl. XI.
[51] TT 106, Text 42 (Edition durch das Heidelberger Ramessidenprojekt in Vorbereitung).

Ich war ein Hirte seiner Leute,
der sie schützte vor allem Leid.
Ich war ein Schiffer für seine Hörigen,
der sich kümmerte um ihre Angelegenheiten.
(...) Ich war der Vertraute des Besitzlosen (nmḥj),
der den Klagen der Leute Aufmerksamkeit schenkte.
Ich hörte dem Geringen zu
und tat, was er sagte.

Ich freute mich über Worte der Ma`at,
mein Abscheu war es, Lügen anzuhören.
Ich tat die Ma`at auf Erden
soviele Male wie Haare auf dem Kopf sind.
Ich bin ein Gerechtfertigter an allen meinen Plätzen
am Tag des (Toten-)Gerichts.

(...) Ich war einer, den das Volk liebte,
über dessen Worte die Leute sich freuten.
Ich war freigiebig gegenüber dem, der nichts hatte,
und belebte den Niedergeschlagenen.
Ich weinte über einen Unglücksfall
und sorgte mich um den, der zu Boden schaute.
Ich war wach für den Notschrei der Waise
und erfüllte alle ihre Wünsche.
Ich hob das Kind auf, das von Kummer beladen war,
ich beendete sein [Leid] und wischte seine Tränen ab.
Ich ließ die Klagende ihre Trauer vergessen.
(...)
Ich salbte die verarmte Witwe,
und gab Kleider dem Nackten.
Ich sprach Recht zwischen zwei Wütenden,
sodaß sie zufrieden herausgingen.
Ich befriedete zwei streitende Brüder,
sodaß ich ihren Zorn mit meinem Ausspruch vertrieb.
Ich vertrieb das Leid aus dem Herzen der Leute
und beglückte das Herz des Traurigen.
Ich beschützte das mittellose Kind,
bis der Tag kam, da es flügge wurde.
Ich hob den Niedergesunkenen auf mit meiner Nahrung,
ich (war eine Zuflucht für) die Elende, um ihre Glieder am Feuer zu
*   wärmen.*
(...)[52]

---

[52] B. Ockinga, *Two Ramesside Tombs at El Mashayikh* I, 36–42, Tf. 25–29.

Was man sich durch Wohltätigkeit, Armenpflege, gerechte Verteilung, Schutz des Schwachen, kurz: „vertikale Solidarität" erwirbt, ist einerseits das Wohlgefallen des Königs bzw. des „Großen Gottes": „da ich wollte, daß es mir dadurch gut erginge beim Großen Gott",[53] andererseits das Wohlgefallen und die „Liebe" der Menschen: „da ich wollte, daß es mir dadurch gut erginge bei den Menschen".[54] Regelmäßig wird die Aufzählung der Ma`at-Taten summiert durch die abschließende Bestätigung: „Ich war ein von seinem Vater Geliebter, von seiner Mutter Gelobter, von seinen Brüdern geliebt",[55] oder kurz: „Ich war ein von allen Menschen Geliebter".[56] Liebe ist das, was sich der einzelne erwirbt im Austausch für sein Tun und Sagen der Ma`at.

Was hat diese „Liebe", diese soziale Eingebundenheit des Individuums in der Horizontalen und in der Vertikalen mit dem Leben nach dem Tode zu tun? Sie garantiert erstens den Fortbestand des *Grabes*, weil es niemanden gibt, der einen Grund hätte, sich durch Schändung des Grabes am Grabherrn zu rächen, und sie garantiert zweitens die Fortdauer der *Person* im sozialen Gedächtnis. Durch das Tun und Sagen der Ma`at erwirbt man sich einen Status, der ägyptisch *jm3ḥjj* heißt. Damit ist der „Grabversorgte" gemeint, dessen diesseitige Fortdauer nach dem Tode durch den Segen des Gottes, die Gunst des Königs und die Liebe der Mitwelt sowie durch Grab, Grabausstattung, Totenriten und Opferkult gesichert ist. „Da ich wollte, daß mein Name gut sei bei Gott (= König) und mein Status eines *jm3ḥjj* bei den Menschen sei", begründet Khentika-Ikhekhi seine ethische Handlungsweise.[57] Das ist der Grund, warum das Grab zum Aufzeichnungsort solcher Bekenntnisse zur Ma`at wird. In ihnen rechtfertigt sich der Grabherr vor der Nachwelt. Das Grab repräsentiert ihn als Magnaten, als einen der Reichen und Mächtigen. In den Inschriften aber versichert er, daß er seine Macht dazu benutzt habe, „den Schwachen zu retten vor dem, der stärker war als er".[58] Durch eine Lebensführung im Sinne der Ma`at hat er sich das Grab verdient. Er dauert fort in der Gunst des „Großen Gottes", des Königs, und im Gedächtnis der Gruppe. Das Grab ist nur der „Außenhalt" und die sichtbare Ausdrucksform dieser Fortdauer. Daher ist es sakrosankt.

Den Ungerechten, den Habgierigen und Unterdrücker aber trifft die Rache der Unterdrückten an seinem Grabe, der er sich damit ebenso aussetzt wie dem Gedächtnis einer solidarischen Nachwelt. Das ein-

---

[53] Edel, a. a. O., 34 § 27, B–D.
[54] Edel, a. a. O., § 27 A.
[55] Junker, *Pyramidenzeit*, 57.; Edel, a. a. O., 44–46 § 40.
[56] Edel, a. a. O., 46 § 42.
[57] Roccati, a. a. O., 167 § 156.
[58] Belege: Edel, a. a. O. 42 § 12.

drucksvollste Beispiel eines solchen Racheaktes veröffentliche E. Drioton: das Graffito in einem Grab in Saqqara, das die willentliche Beschädigung einer Figur erläutert:

> *Du hast mich gefesselt und hattest meinen Vater geschlagen;*
> *jetzt bin ich zufrieden, denn wer könnte dich aus meiner Hand befreien?*
> *Auch mein Vater ist zufrieden.*[59]

„Beliebtheit" (*mrwt*) und „Versorgtheit" (*jm3ḫjj*) gehören zusammen. Ein „versorgter Grabherr" wird nur der, der es vermocht hat, sich die Liebe seiner Mitwelt zu erwerben. Das Mittel dazu ist das Tun und Sagen der Ma`at.

> *Ich verbrachte meine Lebenszeit bis zum Alter von 100 Jahren unter den*
>   *jm3ḫjjw,*
> *indem die Lebenden mit meinem Ka (Nahrung) versorgt waren.*
> *Ich verbrachte einen großen Teil dieser Zeit als Hoherpriester der Hathor*
>   *von Qusae,*
> *wobei ich eintrat zu Hathor von Qusae,*
> *sie erblickte und mit meinen Händen ihre Riten verrichtete.*

> *Ich bin jm3ḫjj beim König,*
> *ich bin jm3ḫjj beim Großen Gott,*
> *ich bin jm3ḫjj bei den Menschen.*
> *Ich bin ein von seinem Vater Geliebter,*
> *ich bin ein von seiner Mutter Gelobter,*
> *ich bin ein von seinen Geschwistern Geliebter.*

> *Ich verbrachte alle Zeit, die ich im Magistratenamt verbrachte,*
> *indem ich Gutes tat und Gewünschtes („was geliebt wird") sagte,*
> *damit (der Ruf) meine(r) Handlungsweise zum Gott gelangte*
> *und damit ich alt würde [in meiner Stadt].*
> *Ich habe zwei Prozeßgegner zu ihrer Zufriedenheit beschieden,*
> *weil ich wußte, daß es dies ist, was der Gott wünscht.*
> *Niemals verbrachte ich die Nacht in Ärger [mit Leuten] wegen ihrer Handlungsweise mir gegenüber.*

> *Ich habe aber veranlaßt, daß mein Amtsvermögen als Magistrat*
> *(angelegt wird) im Westen, im Gelände der Herrin der Ma`at,*
> *an einer reinen Stätte, an einer vollkommenen Stätte,*
> *an der noch nicht gebaut worden war, an der niemals in der Vergangenheit*
>   *andere vor mir gebaut hatten.*
> *Ich bin es, der dieses Gelände erschlossen hat,*
> *damit es mir als Nekropole diene und um meinen Wunsch zu erfüllen.*

---

[59] Drioton, „Une mutilation d'image"; W. Helck, *Politische Gegensätze*, 30.

*Ich habe meine Aufmerksamkeit darauf verwendet in jeder Hinsicht, als ich unter den Lebenden war;
ich gelange nun zu ihr, indem ich ein ausgezeichnetes Alter erreicht habe, nachdem ich meine Zeit verbracht hatte unter den Lebenden
im Schatten des jm3ḫjj-Status beim König.*[60]

In diesem Text wird das Tun der Ma`at – die hier bereits nicht mehr mit Namen genannt, aber in vollkommen eindeutigen Wendungen (Gutes tun, Gefälliges sagen) umschrieben wird – in Verbindung gebracht mit der „Liebe" der Menschen, des Königs und des „Großen Gottes", mit dem Status eines *jm3ḫjj*, und mit einem langen Leben auf Erden, das sich in eine unbegrenzte Fortdauer in der Nekropole fortsetzt. Man tut und spricht die Ma`at, um „zu dauern auf Erden", wie es in der *Lehre für Merikare* heißt. Diese Dauer umgreift eine lange Lebenszeit und das Jenseits. Ma`at ist das Prinzip einer das Sterben überdauernden Selbsterhaltung durch Selbsteinbindung in die Konstellationen der sozialen Welt.

Der Begriff der „Liebe" (*mrwt*), der in den Grabinschriften eine so hervorstechende Rolle spielt, bezieht sich auf diese Einbettung des Individuums in die Konstellationen der Gesellschaft. Es ist dieselbe Liebe, von der Ptahhotep sagt, daß sie „zur Vollendung gelangt", wenn das Hören gut ist und das Reden gut ist. Entsprechend der Bedeutung des ägyptischen Wortes *mrwt* handelt es sich dabei um einen Affekt, den man anderen einflößt, nicht um einen, den man selbst empfindet. *mrwt.j*, „Meine Liebe", heißt „die Liebe zu mir, meine Beliebtheit". „Liebe" ist im Ägyptischen, wie „Furcht", „Schrecken", „Entzücken" und eine ganze Reihe weiterer Affekte, eine „Strahlkraft", die von der Person ausgeht.[61] Der einzelne vermag diese Ausstrahlung auszuüben durch das Tun und Sagen der Ma`at. Die Ma`at ist „das Gute", und das Gute ist „das, was geliebt, gewünscht, gewollt wird" (*mrrt*).

Die Konstellationen, in die sich der einzelne durch die Liebe-erweckende Ausstrahlung seines Tuns und Sprechens einbindet, lassen sich im Bild konzentrischer Kreise denken, vom engsten Kreis der Eltern und Geschwister über die weiteren Kreise der Nachbarn und Amtskollegen, der „Stadt" und des „Gaus" bis zum weitesten Kreis des „ganzen Landes", „aller Menschen"; sie stehen aber auch in einer vertikalen Ordnung, der sich das Individuum nach oben, in Richtung König und Gott, und nach unten, in Richtung seiner Klienten, der seiner Hilfe und Protektion bedürftigen Armen und Schwachen, einfügt.

---

[60] Urk I 221–223; Roccati, a. a. O., § 222; M. Lichtheim, *Autobiographies*, 18 f.

[61] J. Assmann, *Liturgische Lieder*, 65–67, 59 (4) Index s. v. „Strahlkraft"; ders., „Furcht", in: *LÄ* II, 1976, 359–367.

Entsprechend der ägyptischen Affektenlehre, die Affekte nicht in der empfindenden, sondern in der auslösenden Person lokalisiert, fordert die Ma`at vom einzelnen nicht, daß er liebt, sondern daß er Liebe einflößt. Daher haben so viele Maximen der ägyptischen Ethik einen „liebedienerischen" Anstrich, der manche modernen Beurteiler unangenehm berührt hat. Uns steht der Satz „Liebe deinen Nächsten wie dich selbst", das Prinzip einer „horizontalen" Solidarität, näher. Wir dürfen aber nicht vergessen, daß sich die ägyptische Forderung, sich beliebt zu machen, in genau derselben Schärfe dem Egoismus und der Selbstgenügsamkeit entgegenstellt, wie die israelitische Forderung, zu lieben. Man macht sich beliebt, indem man von sich selbst absieht, an andere denkt, sich einfügt. Und wir dürfen zweitens nicht vergessen, daß die Liebe, die der ägyptische Mensch einflößen soll, sich nicht im sozialen Nahhorizont der Familie und Nachbarn erschöpft, sondern sich ebenso auf die Menschen, den König und Gott richtet, wie die Liebe, die der israelitische Mensch empfinden soll, dem Nächsten *und* Jahwe gilt. Drittens ist entscheidend, daß ein solches Sich-Beliebt-Machen sich nicht im zeitlichen Nahhorizont von Gefälligkeiten und Rücksichtnahmen erschöpft. Vielmehr ist ja an eine Liebe gedacht, die den einzelnen für *immer* in die Gemeinschaft einbindet. In beiden Richtungen, in der Sozialdimension und in der Zeitdimension, eröffnet sich im Prinzip der Ma`at eine umfassende Sinnordnung, deren äußerste Pole mit den Begriffen „Gott" und „Ewigkeit" bezeichnet sind. Darin zeigt sich das spezifisch religiöse Element des Ma`at-Begriffs.

2. Die Denkmalhaftigkeit der Tugend

Der Satz in der *Lehre des Ptahhotep*, daß der Habgierige kein Grab habe, ist als eine Radikalisierung der allgemeinen Überzeugung zu verstehen, daß ein Leben nach dem Tode nicht allein schon durch die Anlage eines monumentalen Grabes gesichert ist, sondern erst dadurch, daß man sich in das Wohlwollen des Königs und das Gedächtnis der Gruppe einschreibt und ein *jm3ḫjj* wird. Natürlich hat auch der Habgierige ein Grab; aber es nützt ihm nichts, weil er sich aus der Gemeinschaft ausgeschlossen hat und dadurch einer *damnatio memoriae* anheimfällt. Diese Position wird negativ zugespitzt in dem Satz, daß der Habgierige (überhaupt) kein Grab habe, und positiv formuliert in einer Sentenz, die in sehr vielen Texten des Mittleren Reichs in verschiedenen Formen auftritt, am ausführlichsten in der biographischen Inschrift des Mentuhotep:[62]

---

[62] Stele London UC 14333 ed. Goedicke, in: *JEA* 48, 1962, 26 vgl. W. Schenkel, in: *JEA* 50, 1964, 11 f.

Der gute Charakter eines Mannes ist für ihn mehr (wert)
als tausende von Taten.
Wie man denn hört im Munde der Menschen
in der Form jenes Spruches, den die ‚Bürger' im Munde führen:
„Das Denkmal eines Mannes ist seine Tugend,
der mit schlechtem Charakter aber wird vergessen."
Wenn geschieht, wie gesagt wird,
dann wird mein guter Name fortdauern in meiner Stadt,
und mein Denkmal nicht verfallen in Ewigkeit.

Die „Bürger" sind die amtlosen Privatleute,[63] die ihre gesellschaftliche Unvergessenheit nicht einer prominenten Stellung im Königsdienst verdanken, sondern ihrer Rechtschaffenheit. In dieser radikalen Position treten Königsdienst, Beamtenkarriere und Grabmonument ganz in den Hintergrund. Was allein zählt, ist der „gute Charakter", die Qualität des „inneren Menschen". „Man gedenkt seiner wegen des Guten", zitiert der Oasenmann als „die Regel der Gottesworte",[64] und noch Diodor weiß davon, daß die Ägypter ihre steinernen Gräber für jene Ewigkeit bauen, für deren Dauer sie „wegen der Tugend in Erinnerung bleiben".[65] Die „Tugend" (gr. *arete*, äg. *bw nfr* bzw. *nfrw*) ist allerdings jedermann zugänglich und nicht abhängig von Amt, Status und Besitz, so daß die Kennzeichnung dieser Devise als „bürgerlich" einen sehr guten Sinn ergibt. Auf die Sentenz von der Denkmalhaftigkeit eines guten Charakters bzw. der guten Tat stoßen wir in Texten verschiedener Gattungen, Grabinschriften und Lehren, und in verschiedenen Formulierungen.[66] Eine davon[67] ist sogar in die moderne Dichtung eingegangen: Mit ihr beginnt, und zwar in Hieroglyphen, der 93. Canto von Ezra Pound:

---

[63] W. Helck, *Wirtschaftsgeschichte*, 143, 146f.

[64] B1, 310–11 = B2, 75–76: *jw sh3.tw.f hr bw nfr/ tp hsb pw n mdw-ntr*.

[65] Diodor I 51, nach Hekataios von Abdera.

[66] Vgl. dazu H. de Meulenaere, in: *BIFAO* 63, 1965, 32ff.; P. Vernus, in: *RdE* 28, 1976, 141, doc. (13), 145 Anm. (f); J. Barns, *Five Ramesseum Papyri*, 6, l.21; G. Posener, in: *AnnCF* 72, 437; ders., *L'Enseignement Loyaliste*, 46 zu § 13.3; E. Otto, *Die biographischen Inschriften*, Inschriften Nr. 16; 25; 62; 137.5 („ein Denkmal ist es, Gutes zu tun"); 32 („ein Denkmal ist ein guter Charakter"). Einige Beispiele aus Lehren: „Das Denkmal eines Mannes ist Geduld (*w3h-jb*)" (*Enseignement Loyaliste* § 13.3); „Die Erinnerung an einen Mann ist Freundlichkeit (*j3mt*) für die Jahre nach dem Dienst" (Ptahhotep 487f.).

[67] „Ein gutes Wesen ist der Himmel eines Mannes" (*Lehre für Merikare* P 31 ed. A. Volten, *Zwei altägyptische politische Schriften*„ 12; W. Helck, *Die Lehre für Merikare*, 16). Der Nachsatz lautet: „schlimm aber ist das Schelten eines Wüterichs" und stellt damit die Aussage in den Horizont freundlichen, zivilisierten Auftretens vor allem im Sprachverhalten.

2. Die Denkmalhaftigkeit der Tugend

„A man's paradise is his good nature"
s/d Kati[68]

In diesen Formeln wird bald die gute Tat, bald der gute Charakter (Wesen, Gesinnung, eben „der innere Mensch") hervorgehoben. Die Lehren und auch die autobiographischen Grabinschriften heben mehr auf das Wesen ab, die „Anrufe an die Grabbesucher", die um das Sprechen eines Opfergebets bitten, dagegen mehr auf die gute Tat: Wer dem Toten diesen Dienst erweist, erwirbt sich selbst ein Anrecht auf entsprechende Wohltaten. Das Motiv von der Denkmalhaftigkeit der guten Tat wird dabei explizit in den Zusammenhang des „Füreinander-Handelns" hineingestellt:

> *Denn der, der handelt, ist einer, für den gehandelt wird. Ein Denkmal ist es, das Gute zu tun.*[69]
>
> *Denn der, der handelt, ist einer, für den gehandelt wird; tut für mich, was ich getan habe.*
> *Ein Denkmal ist es, das Gute zu tun:*
> *man findet den Ertrag für die Zukunft der Jahre*
> *bis in die Länge der Ewigkeit.*[70]

Fassen wir zusammen. Das Prinzip, der Oberbegriff, der alle diese Spezifizierungen des Guten, das man tut oder ist, bündig zusammenfaßt, ist Ma`at. Mit dem Prinzip Ma`at ist ein Horizont von Handlungsfolgen anvisiert, der über den Tod des einzelnen hinaus, „bis in die Länge der Ewigkeit" reicht, und doch rein diesseitig begründet werden kann. Durch das Tun und Sagen der Ma`at gliedert sich der einzelne so unverbrüchlich in den Sozialkörper ein, daß auch der Tod diese Bindung nicht zu zerreißen vermag. Mit dem Konzept Ma`at verbinden sich also die Vorstellungen zum einen der Gemeinschaftstreue[71] – der Solidarität und sozialen Einbindung –, und zum anderen der Fortdauer über den Tod hinaus. Wer der Ma`at folgt, erwirbt sich sowohl Liebe als auch Beständigkeit, und zwar beides sowohl über den Tod hinaus als auch „auf Erden".

---

[68] *The Cantos of Ezra Pound*, London 1975, 623. „Kati" bezieht sich auf den Vater des Merikare, einen König Kheti (gr. Achthoes), dem nach der literarischen Konvention der Weisheitsliteratur die Lehre in den Mund gelegt ist.

[69] Vernus, a. a. O. mit doc. 13.

[70] Kairo CG 565; H. de Meulenaere, a. a. O., mit weiteren Beispielen.

[71] Ich verwende diesen Begriff, den der Alttestamentler K. Koch als Übersetzung von hebr. ṣedaqa vorgeschlagen hat („Wesen und Ursprung der ‚Gemeinschaftstreue'"), ohne seine bundestheologischen Konnotationen im allgemeinen Sinne von „Solidarität".

„Tue die Ma'at, auf daß du dauerst auf Erden", heißt es in der *Lehre für Merikare*.[72] Dieser Satz klingt nicht viel anders als die Begründung des vierten Gebots: Du sollst Vater und Mutter ehren, auf daß du lang lebest auf Erden. Und doch steht hier eine ganz andere Art von Dauer im Blick als im Alten Testament. Der Israelit (zumindest der älteren Zeit) ist durchdrungen vom Bewußtsein der Vergänglichkeit des menschlichen Lebens; hier müssen alle Rechnungen im Diesseits aufgehen;[73] das Sinnen und Trachten des Ägypters dagegen zielt auf eine Überwindung des Todes, der zwar als solcher nicht geleugnet wird, der aber dem Leben keine Grenze setzen, sondern lediglich den Übergang in eine andere Lebensform darstellen soll. Im Hinblick auf dieses Leben nach dem Tode sind die ungeheuren Anstrengungen zu verstehen, die die Ägypter auf die Konservierung des Leichnams und die Errichtung monumentaler Grabanlagen verwendet haben. Schon aus den Inschriften des Alten Reichs, die ein Licht auf den Sinn dieser Anstrengungen werfen, geht hervor, daß sie die Befolgung des Prinzips Ma'at einschließen. Diese Position wird im Übergang zum Mittleren Reich radikalisiert. Jetzt kommt es überhaupt nur noch auf die Ma'at an. Sehr deutlich bringt die *Lehre für Merikare* diesen Wandel zum Ausdruck, indem sie die berühmte Maxime einer älteren Lehre zitiert, in der die Errichtung eines monumentalen und wohlausgestatteten Grabes gefordert wird, um dieser Forderung dann durch einen neuen Zusatz einen völlig anderen Sinn zu geben:

»*Mache dein Haus im Westen trefflich*
und statte reichlich aus deinen Sitz in der Nekropole«[74]

---

[72] *Merikare* P 46–47; Posener, in: *AnnCF* 63, 304.

[73] Zur israelitischen Todesauffassung s. H. W. Wolff, *Anthropologie des Alten Testaments*, mit zahlreichen weiteren Literaturhinweisen.

[74] *Lehre des Hordjedef* ed. G. Posener, in: *RdE* 9, 1952, 109 ff., vgl. zu dieser Stelle und zu ihrer umdeutenden Übernahme durch den Verfasser der *Lehre für Merikare*: G. Fecht, *Der Habgierige und die Ma'at*, 50 f.; H. Brunner, in: *Studia Aegyptiaca* I, 1974, 55–64; ders., in: Hornung, E., Keel, O. (Hgg.), *Lebenslehren*, 113 f., 121 f. In der *Lehre des Hordjedef* wird diese Aufforderung fortgesetzt durch die Begründung:
nimm <dies> an, denn niedrig ist für uns der Tod,
nimm <dies> an, denn hoch ist für uns das Leben:
das Haus des Todes ist für das Leben da.
Posener, der davon überzeugt ist, daß die in ihrer literarischen Rahmung einem Prinzen der 4. Dyn. namens Hordjedef, Sohnes des Cheops, in den Mund gelegte Lehre tatsächlich aus dieser Zeit stammt, bemerkt dazu: „La garantie matérielle de la survie est celle de l'époque où vit Hardjedef; le point nouveau et intéressant est que le problème de la vie et de la mort se pose de son temps, et trouble déjà les esprits." In der Tat gehören solche Texte erst in eine spätere Zeit, in der die Praxis des monumentalen Grabbaus fragwürdig und dadurch überhaupt erst thematisierungsfähig geworden ist.

2. Die Denkmalhaftigkeit der Tugend

*als ein Rechtschaffener und als einer, der die Ma`at tut,
denn das allein ist es, worauf das Herz eines Mannes vertrauen kann.*[75]

Auf die materiellen Zurüstungen einer prächtigen Grabanlage kann man sich nicht verlassen, sondern allein auf „Rechtschaffenheit" und „Ma`at". Die beiden Schlüsselworte, *ʿꜣ* und *mꜣʿt*, kommen – worauf bereits Fecht hingewiesen hat[76] – auch in dem entscheidenden Satz des Ptahhotep vor, der der Habgier die Ma`at entgegenstellt: „Fortdauert der Mann, der der Ma`at entspricht"–,[77] und sie begegnen 1600 Jahre später wieder in dem Satz aus einer Inschrift des Petosiris, auf die wir noch eingehen werden:

Keiner gelangt zu ihm (dem Westen), wenn nicht sein Herz »aufrichtig war im Tun der Ma`at«

Die schönsten Worte aber findet wiederum der Oasenmann für diese Bedeutung des Konzepts Ma`at, dem menschlichen Dasein einen Bestand zu geben, der nicht nur die Wechselfälle des irdischen Lebens, sondern auch noch den Tod überwindet:

*Ma`at aber wird ewig sein,
sie steigt an der Hand dessen, der sie tat, ins Totenreich hinab.
Er wird begraben und vereint sich der Erde,
aber sein Name wird nicht ausgelöscht werden auf Erden,
sondern man gedenkt seiner wegen des Guten.*[78]
Das ist die Regel der Gottesworte.[79]
(...)
*Sage die Ma`at, tue die Ma`at,
denn sie ist groß und gewaltig;
sie ist beständig, ihre Macht ist bewährt,
sie allein geleitet zur Grabversorgtheit (jmꜣḫjj).*[80]

Die Grundsätze aber, die dieser Text explizit macht, entsprechen genau den „impliziten Axiomen" der Cheops-Zeit, und darin liegt auch der Sinn der literarischen Fiktion ihrer Zuweisung an den Prinzen Hordjedef.

[75] *Lehre für Merikare* P 127–8, s. dazu G. Posener, in: *AnnCF* 66, 1966/67, 343.

[76] In: *Der Habgierige und die Ma`at*, 24.

[77] *ʿꜣ.f mꜣʿt* haben wir, bei verbaler Auffassung des Lexems *ʿꜣ*, als „der der Ma`at entspricht" übersetzt; *ʿꜣ* „entsprechen" und *ʿꜣ* „Rechtschaffenheit" sind Ableitungen desselben Stammes.

[78] *bw nfr*, = *nfrw* in der Inschrift des Mentuhotep; zu der Bedeutung „Tugend" s. o.

[79] B1, 307–311 = B2, 72–76; Vogelsang, 211–213.

[80] B1, 320–322 = B2, 84–87; Vogelsang, 215 f.

3. Ma'at und die Schöpfung des inneren Menschen

Auf der Suche nach dem, was dem vergänglichen menschlichen Dasein Ziel und Fortdauer verleihen könnte, erfindet der Ägypter zunächst das monumentale Steingrab und dann, diese Erfindung übertrumpfend aber nicht ersetzend, die Tugend. Die Tugend ist gewissermaßen die verinnerlichte Form des Monumentalgrabes. Ein Gerechter dauert fort kraft seiner Tugend und nicht kraft seiner Denkmäler und seiner hohen Ämter. Diese Bedeutungsausweitung des Konzepts Ma'at ist eng verbunden mit drei Prozessen, die in den gleichen Zeitraum gehören:

1. der Ausbildung einer neuen Seelenvorstellung: des „Ba";
2. der Heraufkunft der Osiris-Religion und den mit ihr verbundenen Jenseitsvorstellungen, und
3. der „Lehre vom Herzen", d. h. der Ausdifferenzierung einer personalen Innenwelt.

a) Der „Ba"

Der Ba[81] ist der Aspekt der Person, der nach dem Tode den Körper verläßt und nicht nur den Übergang ins Jenseits, sondern auch die periodische Rückkehr ins Diesseits und die Wiedervereinigung mit dem Leichnam bewerkstelligen kann. Nach ursprünglicher Auffassung, die bis zum Ende des Alten Reichs in Geltung gewesen zu sein scheint, hat nur der König einen Ba, weil auch nur der König nach dem Tode in die Götterwelt eingeht, indem er zum Himmel aufsteigt und sich mit dem Sonnengott, seinem Vater, vereint. Während die Menschen im „schönen Westen" in ihren Gräbern und im Gedächtnis der Nachwelt fortdauern, hat der König in Ba-Gestalt an der Unsterblichkeit der Götter teil.

Mit dem Untergang des Alten Reichs werden diese Vorstellungen demokratisiert oder vielmehr (wie man angesichts der Unangemessenheit der in diesem Wort anklingenden „Demokratie" lieber sagen möchte) demotisiert. Neben die traditionellen Konzeptionen einer Fortdauer im Grabe und im sozialen Gedächtnis treten nun die neuen Vorstellungen einer unsterblichen Seele, die aus eigener Kraft, nach Maßgabe ihres Wissens und ihrer Tugend, den Übergang in eine jenseitige Welt zu bestehen vermag. „Aus eigener Kraft" ist das entscheidende Stichwort: denn damit tritt ein Prinzip in den Blick, das nach allem, was uns die im 3. Kapitel analysierten Stellen über den Begriff Ma'at lehren konnten, in

---

[81] Vgl. hierzu L. V. Žabkar, *Ba Concept*; Barta, MÄS 18; Assmann, in: *LÄ* VI, 1985, 668 f.

äußerstem Gegensatz zu Ma`at steht. Ma`at und Ba gehören keineswegs von Haus aus zusammen. Ma`at ist das Prinzip der Einbindung des einzelnen in das staatlich organisierte Gefüge der Gemeinschaft, die ihn über den Tod hinaus fortdauern läßt. Der Ba dagegen ist als solcher unsterblich und von gesellschaftlicher Einbindung unabhängig. Deshalb braucht auch der König, der nach dem Tode als unsterblicher Ba zum Himmel aufsteigt, keine biographischen Grabinschriften, die ihn der Gesellschaft als einen Gerechten anempfehlen.[82] Die Verbindung zwischen dem Ba, der aus eigener Kraft unsterblich ist,[83] und der Ma`at, die dem Menschen eine Fortdauer im sozialen Gedächtnis der Gruppe verheißt und ihn dadurch nachdrücklich auf seine Abhängigkeit vom Ganzen der Gemeinschaft verweist, liegt also in keiner Weise auf der Hand und muß erst gefunden werden. Der Ba, soviel ist klar, bedarf des sozialen Gedächtnisses nicht, er verläßt die Gruppe und entfernt sich in jenseitige Bereiche. Das bedeutet eigentlich, daß er auch der Ma`at nicht bedarf. Aber an der Ma`at hält der Ägypter fest, auch im Kontext eines gewandelten Jenseitsglaubens. Die Lösung dieses Problems wird darin gefunden, daß es nun die Ma`at ist, die den Ba in sein Jenseits gelangen läßt. Ein im Sinne der Ma`at geführtes Leben ist nun die Vorbedingung nicht nur für eine Fortdauer im Grab und im sozialen Gedächtnis, sondern auch für das Bestehen der gefahrvollen Jenseitsreise des Ba. „Der Weise", sagt Ptahhotep, „speist seinen Ba, indem er seine Tugend in ihm fest macht auf Erden".[84] Ein ähnlicher Gedanke findet sich in der *Lehre für Merikare*, wo es heißt, daß die regelmäßige Verrichtung kultischer Dienste dem Ba zugute komme:

> *So erweist ein Mann seinem Ba Wohltaten:*
> *Monatsopfer durchführen, weiße Sandalen anlegen,*
> *sich in den Tempel begeben, das Geheime enthüllen,*
> *eintreten ins Allerheiligste, Brot essen im Gotteshause.*[85]

So bereitet man auf Erden den Ba für das Jenseits vor. Mit dem Aufkommen der Ba-Vorstellung erweitert sich der Horizont der Handlungsfol-

---

[82] Mit Recht nimmt M. Lichtheim die Tatsache, daß die Autobiographie dem nichtköniglichen Bereich angehört, zum entscheidenden Ausgangspunkt ihrer Studie, s. *Autobiographies*, 5, vgl. J. Assmann, „Schrift, Tod und Identität", 78 f.; „Sepulkrale Selbstthematisierung", 214.

[83] Die Beziehung zwischen der Ba-Vorstellung und der neuen, die erste Zwischenzeit kennzeichnenden „Autonomie" des einzelnen betont auch A. Loprieno, *Topos und Mimesis*, 91–93.

[84] *Ptahhotep* Dév 524–25; pPrisse 15, 12–13; ed. Žába, 57. Anders Loprieno, a.a.O., 92 n.38.

[85] *Merikare* P 63–65; A. Volten, *Zwei altägyptische politische Schriften*, 33 f.; W. Helck, *Die Lehre für Merikare*, 38 f.

gen nicht nur über den Tod hinaus – das galt, wie wir sahen, schon für das Alte Reich – sondern auch über das Diesseits hinaus in jenseitige, nur durch einen schwierigen Übergang zu bewältigende Bereiche. Eine andere Stelle in der *Lehre für Merikare* bezieht sich offenbar auf die Fähigkeit des Ba, diese Passage in beiden Richtungen zu bewältigen:

> *Wenn der Ba kommt zu dem Ort, den er kennt,*
> *weicht er nicht ab von seinem Weg von gestern.*
> *Kein Zauber kann ihn abwehren.*
> *Er gelangt zu dem, der ihm Wasser spendet.*[86]

„Möge dein Ba die Wege des Jenseits kennen, die zur Pforte dessen, der den Ermatteten (Osiris) verhüllt, führen", sagt in einer Erzählung ein Weiser zu einem Prinzen als Ausdruck eines besonders höflichen Wunsches.[87] Der Ba, soviel wird aus diesen Stellen deutlich, ist die Form, in der der Mensch nach dem Tode den Übergang in eine andere Welt zu bewältigen hofft.[88] Der wichtigste Text für die Auseinandersetzung mit den neuen Seelen- und Jenseitsvorstellungen ist das „Gespräch eines Mannes mit seinem Ba". Dieser Text gehört zur Gattung der „Klagen", d. h. er bezieht sich auf die Vision einer Welt, aus der die Ma`at verschwunden ist und in der folglich auch die traditionellen Vorstellungen einer Fortdauer im Diesseits, durch Grab, Kult und Kommemoration, hinfällig geworden sind. Der Ba ist es, der dem „Mann" die Vergeblichkeit dieser Investitionen vor Augen führt:

> *Wenn du an das Begräbnis denkst: das wühlt nur das Herz auf,*
> *das ruft nur Tränen hervor und stürzt einen Menschen ins Unglück,*
> *es bedeutet, einen Menschen aus seinem Haus herauszuholen*
> *und ihn in die Wüste hinauszuwerfen.*
> *Du wirst nicht wieder herauskommen, um die Sonne zu sehen.*
>
> *Die da bauten in Granit,*
> *die schöne Pyramiden errichteten in vollendeter Arbeit,*
> *wenn die Grabherren zu Göttern geworden waren,*
> *blieben ihre Opferstellen leer wie die der ‚Müden',*
> *die auf dem Uferdamm starben ohne einen Hinterbliebenen.*[89]

---

[86] *Merikare* P 52–53; Volten, a. a. O., 23–24; Helck, a. a. O., 29–30. Die beiden ersten Verse wiederholt der Verfasser der *Lehre für Merikare* noch einmal an einer späteren Stelle: P 127. Dort folgt dann die Aufforderung zur Errichtung eines Grabes durch Rechtschaffenheit und Ma`at-tun.

[87] pWestcar VII, 23–26.

[88] Vgl. dazu L. V. Žabkar, *Ba-Concept*, 115 ff.

[89] pBerlin 3024, 56–65; Barta, MÄS 18, 14 f., 23, 33; Goedicke, *Report*, 123–128.

3. Ma'at und die Schöpfung des inneren Menschen

b) Osiris und das Jenseits

Der *Disput des Mannes mit seinem Ba* endet mit einem Loblied, das der „Mann" auf das Jenseits anstimmt:

> *Wer aber dort ist, wird sein als ein lebendiger Gott,*
> *der den Frevel bestraft an dem, der ihn begeht.*
> *Wer aber dort ist, wird stehen in der (Sonnen)barke*
> *und Opfergaben daraus verteilen an die Tempel.*
> *Wer aber dort ist, wird ein Weiser sein, der nicht abgewiesen werden kann,*
> *wenn er sich an den Sonnengott wendet, wenn er spricht.*[90]

Die drei Aktivitäten des „verklärten", ins Jenseits übergegangenen Toten wirken auf den ersten Blick als Inbegriff eines seligen Lebens rätselhaft; sie finden ihre Einheit in dem Begriff Ma'at, der genau diese Aspekte umfaßt: Rechtsprechung, gerechte Verteilung und Weisheit, und laufen auf die Erkenntnis hinaus, daß Ma'at nur noch „dort" zu finden ist.[91]

Setzen wir vorgreifend daneben, was die *Lehre für Merikare* zu diesem „Dortsein" zu sagen hat im Zusammenhang einer längeren Perikope, auf die wir noch näher eingehen werden:

> *Die Ewigkeit bedeutet das Dortsein,*
> *(...) wer es erreicht ohne Verfehlung,*
> *der wird dort sein wie ein Gott,*
> *frei schreitend wie die Herren der Ewigkeit.*

Die Stichworte „Gott" und „lebendiger Gott" geben deutliche Hinweise darauf, daß wir es hier mit einer völlig anderen Auffassung vom Leben nach dem Tode zu tun haben. Wir müssen unterscheiden zwischen „Fortdauer" und „Unsterblichkeit". Der Begriff der „Fortdauer", ägyptisch artikuliert in Ausdrücken wie *ḏd* „dauern", *rwḏ* „fest sein", *n skj* „nicht vergehen" usw. und vor allem *mn* „bleiben" mit seiner Ableitung *mnw* „Monument", die all das zusammenfaßt, was der Ägypter an materiellen Aufwendungen in diese Fortdauer investiert, bezieht sich auf das Diesseits: auf die physische Fortdauer im Grabe, wie sie durch die Mumifizierung des Leichnams, die Grabbeigaben und die schützenden Funktionen der Grabarchitektur bewerkstelligt wird, und auf die „sozia-

---

[90] pBerlin 3024, 142–147; Barta, a.a.O., 18, 28, 47; Goedicke, a.a.O., 178–182. Vgl. zum letzten Verspaar einen Sargtext aus Kom el Hisn, den A. Loprieno, in: *Topos und Mimesis*, 97 zitiert:

ḥmzj.k r-gs Rʿw
sḏm.f mdw.k
Mögest du sitzen zu Seiten des Re,
möge er deine Rede hören.

[91] Das Jenseits als „der Ort, wo Maat ist": vgl. CT III, 143.

le Fortdauer" im Gedächtnis der Nachwelt, wie sie durch die Untadeligkeit des Lebenswandels, die biographischen Inschriften und die monumentalen Aspekte der Grabarchitektur gesichert wird. Unsterblichkeit ist etwas ganz anderes. Fortdauer ist eine Chance der Sterblichen, Unsterblichkeit aber ist als die Negation des Sterbens das Vorrecht der Götter. Der König ist als Gottessohn unsterblich, er fliegt nach dem Tode zum Himmel auf, wie es die *Pyramidentexte* in verschiedensten Formen ausmalen, während die Menschen „sich verbergen", nämlich in ihren Gräbern (Pyr. 459a). Mit der Demotisierung der königlichen Totenreligion nach dem Untergang des Alten Reichs tritt nun auch die Konzeption der Unsterblichkeit in den Horizont des allgemeinen Totenglaubens. Weiterhin aber gilt, daß der Mensch nicht als Mensch, sondern nur als König oder Gott unsterblich werden kann. Er muß also mit dem Tode zu einem Gott werden. Genau das ist die Verheißung der Osiris-Religion, die sich mit dem Untergang des Alten Reichs ausbreitet. Osiris ist der Gott, der gestorben ist und als gestorbener Gott lebt. Sein Lebensraum und Herrschaftsreich ist allerdings nicht das himmlische Jenseits des Königs, das die *Pyramidentexte* schildern, sondern die chthonische Unterwelt, ein Jenseits, das unter der Erde liegt und das der Sonnengott des Nachts mit seiner Barke durchfährt.[92] Jeder Verstorbene kann nach dem Tode durch den Vollzug der Totenriten zu einem „Osiris" werden,[93] in das Jenseitsreich des Osiris eingehen und an der Unsterblichkeit des Gottes teilhaben, „frei schreitend wie die Herren der Ewigkeit".

Durch die Verjenseitlichung des Totenraums erweitert sich das ägyptische Weltbild um eine neue Dimension. Gliederte sich im Zeichen der Fortdauer die Vorstellung von der menschlichen Existenz in ein „Jetzt"

---

[92] Ein Text dieser Zeit, der den Klagen nahesteht, aber nur in seiner Umformung als Totentext erhalten ist (*Totenbuch* Kap. 175), behandelt in der Form eines Dialogs zwischen Osiris und (dem Schöpfergott) Atum die Einrichtung des chthonischen Jenseits und die Existenzform der Toten. S. zu diesem Text E. Otto, „Zwei Paralleltexte zu Totenbuch 175", in: *CdE* 37, 1962, 249–256; E. Hornung, „Zeitliches Jenseits im Alten Ägypten"; J. Assmann, *Zeit und Ewigkeit*, 22–26. Ein entscheidender Schritt in der Ausformung der Unterweltsidee scheint in die Zeit Sesostris' II. und III. zu fallen. Jetzt werden die Vorstellungen von der chthonischen Tiefenwelt, in die die Verklärten zu Osiris eingehen, und vom Kreislauf der Sonne durch Himmel und Unterwelt, der die Welt in Gang hält, miteinander verbunden in der Idee einer mitternächtlichen Vereinigung von Re und Osiris. Auch das Jenseits des Königs, der im Tode zum Sonnengott eingeht, erweitert sich dadurch um die Dimension der unterweltlichen Tiefe, was in der königlichen Grabarchitektur seinen Ausdruck findet. S. dazu E. Hornung, *Totenbuch*, 21 f. und ders., „Verfall und Regeneration".

[93] Vgl. CT I, 12, c–d: „Mögest du deine Wärme zu Boden schütten, mögest du zu Osiris werden". Sargtext 227 trägt den Titel: „Zu einem Stellvertreter des Osiris werden". Der Osiris-Titel kommt bereits, wenn auch sehr vereinzelt, in der 6. Dyn. vor, s. H. G. Fischer, in: *ZÄS* 90, 1963, 37 Anm. 2; Kees, *Totenglauben*, 176 n.78.

und „Dann", so tritt nun ein „Hier" und „Dort" hinzu. War Ma'at vorher das Prinzip der Kontinuität, das die Verbindung von „Jetzt" und „Dann", d. h. die Fortdauer im „Dann" garantierte, so erscheint jetzt Ma'at als das Prinzip, das „Hier" und „Dort" verbindet und den Übergang des Menschen vom Erden- ins Jenseitsleben ermöglicht, den Übergang nicht nur in eine andere Welt, sondern auch in eine andere, nämlich göttliche, Seinsweise. Auch das „Jenseits" gehört zum Kosmos, den es differenziert, nicht transzendiert. Aber diese Differenz ist entscheidend. Ihre Einführung bedeutet eine grundlegende Veränderung der ägyptischen Welt.

c) Das Herz und der „innere Mensch"

Der Differenzierung des Weltbildes in ein „Hier" und „Dort" entspricht die Differenzierung des Menschenbildes in ein „Außen" und „Innen". Die menschliche Innenwelt bildet ein ähnliches „Jenseits" der sichtbaren Wirklichkeit, wie es das Reich des Osiris darstellt. Die Ausdifferenzierung dieser Innenwelt bedeutet eine ähnliche Ausweitung, ein ähnliches Komplexwerden der Welt, wie es die Ausdifferenzierung des raumzeitlichen Jenseits darstellt. Wie der Mensch nicht mehr in einer einzigen Welt lebt, in der er auch nach dem Tode fortzudauern sucht, sondern von einer anderen Welt weiß und sich auf den Übergang vorbereitet, so lebt er auch nicht mehr ausschließlich im „Außen" seiner sozialen Einbindung als ein Baustein im Staatsgefüge und ein Instrument des königlichen Willens. Vielmehr entsteht jetzt ein neues Bild vom Menschen, in dem sich „Außen" und „Innen" die Waage halten. Der „Außenstabilisierung" des Individuums durch seine Einbindung in das Gesellschaftsgefüge mit dem König als Zentrum steht nun eine „Innenstabilisierung" durch das Herz gegenüber, das als Sitz von Wollen, Denken und Fühlen die Führung übernimmt und den Menschen „anleitet" zum Tun des Guten und zum Dienst in der Beamtenlaufbahn.[94] Nicht der König, sondern das eigene Herz gilt jetzt als die Triebfeder menschlichen Handelns:

Ich war nicht trunken. Mein Herz war nicht vergeßlich.
Ich war nicht nachlässig in meinem Handeln.
Mein Herz war es, das meinen Rang erhöhte,[95]

---

[94] Zur äg. Vorstellung vom Herzen s. H. Brunner, „Das Herz im ägyptischen Glauben"; ders., „Das Hörende Herz"; ders., in: *Saeculum* 35, 1984, 193–196; ders., in: *LÄ* II, 1977, 1158–1168; A. Piankoff, *Le Coeur*; A. de Buck, in: *JEOL* 9, 1944, 9–24; A. Hermann, in: *JAC* 4, 1961, 77–107.

[95] Zu dieser formelhaften Wendung vgl. Janssen, *Autobiografie* II, 195; Leiden V 4 = Sethe, *Lesestücke*, 72.15; Hermann, *Stelen*, S. 23*, 53*, 57*.

> *mein Charakter bewirkte, daß meine Spitzenstellung dauerte.*
> *Ich vollbrachte alles, was ich tat, indem ich der Liebling meiner Herrin war,*
> *und durch meine Aufmerksamkeit schuf ich Wohlstand.*
> *Ich versorgte alle Dienste durch die eine Domäne verwaltet wird,*
> *indem ich aufrichtete, was ich verfallen fand.*
> *Man sagt doch: «es ist äußerst nutzbringend,*
> *wenn ein Mann die Vortrefflichkeit seines Herzens für seine Herrin ausübt,*
> *damit sein Denkmal erhöht werde».*[96]

Der folgende Text stammt aus der 18. Dynastie, aber man hat den Eindruck, daß er auf eine Quelle des Mittleren Reichs zurückgreift:

> *Mein Herz war es, das mich dazu antrieb,*
> *(meine Pflicht) zu tun entsprechend seiner Anleitung.*
> *Es ist für mich ein ausgezeichnetes Zeugnis,*
> *seine Anweisungen habe ich nicht verletzt,*
> *denn ich fürchtete, seine Anleitung zu übertreten*
> *und gedieh deswegen sehr.*
> *Trefflich erging es mir wegen seiner Eingebungen für mein Handeln,*
> *tadelsfrei war ich durch seine Führung.*
> *[...] sagen die Menschen,*
> *ein Gottesspruch ist es (= das Herz) in jedem Körper.*
> *Selig der, den es auf den richtigen Weg des Handelns geführt hat!*[97]

In dieser Tradition kann dann in der Ptolemäerzeit Panehemisis geradezu sagen:

> *Das Herz des Menschen ist sein eigener Gott.*
> *Mein Herz ist zufrieden über das, was ich getan habe.*
> *Es ist in meinem Leib, während ich (nun) ein Gott bin,*
> *die Götter freuen sich, mich zu sehen.*[98]

Der Begriff der Wahrheit nimmt so eine andere Bedeutung an: die Übereinstimmung von Außen und Innen. Wer nach der Ma`at lebt, dessen Handeln und Reden steht im Einklang mit seinem Herzen, d. h. seinem (besten) Wissen, Wollen und Vermögen.[99] Umgekehrt zerstört, wer ge-

---

[96] CG 20543, aus Dendera, cf. W. Schenkel, *Memphis – Herakleopolis – Theben*, 114; M. Lichtheim, *Autobiographies*, 43 f.

[97] Urk IV 974.

[98] *Panehemisis* I 29; W. Wreszinski, *Ägyptische Inschriften*, 160; Otto, *Biographische Inschriften*, S. 38 (dort eine Reihe weiterer Stellen ähnlichen Inhalts). S. auch H. Bonnet, „Der Gott im Menschen", 237 ff.

[99] Reden in Übereinstimmung mit dem Herzen: *Ptahhotep* 526–529; *Amenemope*, 13,17; Brunner, in: Fs Schott, 7 ff.

gen die Ma`at verstößt, nicht nur den sozialen Einklang und isoliert sich aus den Bindungen der Gemeinschaft, sondern er zerstört auch den inneren Einklang und „schädigt sein Herz".[100] Das Herz wird zum eigentlichen Ort und Träger der Ma`at. „Mein Herz voll Ma`at" will der Mensch vor den Totengott Osiris treten.[101] Ma`at wird nun eine Sache nicht nur des Tuns und Redens, sondern auch und vor allem des Denkens, Meinens, Planens und Wollens, der „Gesinnung". Zur Hand, die Ma`at tut, und zum Mund, der Ma`at sagt, tritt das Herz als der Sitz der Ma`at, der Hand und Mund regiert. „Heil an Herz, heil an Mund, heil an Hand"[102] geht der so von Innen Bestimmte und Geleitete ins Jenseits ein. Die autobiographischen Grabinschriften, deren eigentliches Thema ja, wie oben gezeigt, die Ma`at ist (in der spezifischen Form ihrer Verwirklichung durch den jeweiligen Grabherrn) beziehen sich im Mittleren Reich daher vor allem auf den „inneren Menschen".

Die Ausweitung des Ma`at-Konzepts nach dem Alten Reich geschieht also in zwei Richtungen: nach „außen", in ein Jenseits, in dem der Tote nicht „fortdauert", sondern in göttliche Form verwandelt unsterblich ist, und in einen inneren Bewußtseinsraum, in dem der Mensch sich seiner Individualität bewußt wird und „von innen" gesteuert weiß. In ihrer doppelten Ausrichtung nimmt diese Ausweitung die typische Form jener „Durchbrüche" vorweg, wie sie die Theorie der Achsenzeit für bestimmte Gesellschaften des 1. Jahrtausends v. Chr. beschreibt. Es scheint sich um eine typische Struktur zu handeln: Die Sphären des „Jenseits" und der „Seele", in denen sich nun die ägyptische Welt in zwei verschiedenen Richtungen ins Unsichtbare und Imaginative ausweitet, bedingen sich gegenseitig.

---

[100] Nach der Auffassung des Amenemope schädigt Unrechttun den Leib (8.3), also den „äußeren Menschen", falsche Rede dagegen das Herz, d. h. den „inneren Menschen" (12.1–4; 14.2–3; 14.9–10). Vgl. I. Grumach, *Untersuchungen*, 80–83.

[101] Die Wendung findet sich passim in Osiris-Hymnen und Totentexten, meist in der Form eines Parallelismus membrorum, weil das Ägyptische zwei Worte für „Herz" hat:

Ich bin zu dir gekommen, mein jb-Herz voll Ma`at,
mein ḫ3tj-Herz ohne Lüge (grg; oder jzft „Unrecht") darin.

[102] Urk IV 944.7.

V. Reinheit und Unsterblichkeit:
Die Idee des Totengerichts

1. Die Schwelle zur anderen Welt

Das Totengericht gehört zu den fundamentalen Ideen der Menschheitsgeschichte.[1] Seine Bedeutung liegt vor allem darin, daß es das Schuldgefühl des Menschen, das sich – wie Sprache, Bewußtsein und Gedächtnis überhaupt[2] – in engster Abhängigkeit von den „Konstellationen" seiner Gruppenzugehörigkeit entfaltet, an einem archimedischen Punkt außerhalb der Gruppen verankert und dadurch auf eine gruppenabstrakte (und in dieser Hinsicht „absolute") Grundlage stellt.

In Ägypten hat sich dieser Gedanke erstmals durchgesetzt; er ist die einzige religiöse Idee von zentraler Bedeutung, die Ägypten mit den großen Weltreligionen verbindet. Anhand einer Geschichte des Ma`at-Begriffs läßt sich sowohl seine Verankerung in der ägyptischen Geisteswelt als auch seine allmähliche Entstehung, Ausgestaltung und Durchsetzung verfolgen. Wir wollen ihn in diesem Zusammenhang jedoch nur insoweit untersuchen, als seine Geschichte für die Wandlung des Ma`at-Begriffs selbst von Bedeutung ist.

a) Kontinuität und Verwandlung der Person. Fortdauer und Unsterblichkeit

Die Idee des Totengerichts steht und fällt mit der Vorstellung der Unsterblichkeit. Sie ist daher dem Alten Reich fremd.[3] Ihre Entstehung

---

[1] Vgl. *Le jugement des morts* sowie S. G. F. Brandon, *The Judgment of the Dead*.

[2] Ich denke hier besonders an M. Halbwachs, *La mémoire collective* und *Les cadres sociaux de la mémoire*. Sein Nachweis der Soziogenese des Gedächtnisses gilt ebenso für die Soziogenese des Gewissens, das ja eine Funktion des Gedächtnisses ist. Hierzu vgl. F. Nietzsche, *Zur Genealogie der Moral*, 2. Abhandlung.

[3] Anders J. Spiegel, *Hochkultur*, 412, 662f.; H. Junker, *Pyramidenzeit*, 80–107 usw., s. die Literatur bei R. Grieshammer, *Jenseitsgericht*, 1 Anm. 5. Entscheidend für Grieshammers eigene Entscheidung, die Ausbildung der Idee eines allgemeinen ethischen Totengerichts bereits in die Zeit der ausgehenden 5. Dyn. zu setzen, ist die Deutung, die G. Fecht der 5. Maxime der *Lehre des Ptahhotep* gegeben hat. Nachdem sich jedoch gezeigt hat, daß in diesem Text nicht auf das Totengericht, sondern auf die Vererbung des Vermögens und damit auf die Grundlagen der *Fortdauer* (und nicht der *Unsterblichkeit*) angespielt wird, ist dieses Argument für eine Frühdatierung der Totengerichtsvorstellung hinfällig geworden (ganz abgesehen davon, daß die Datierung der *Lehre des Ptahhotep* in die ausgehende 5. Dyn. keineswegs gesichert ist).

gehört in den Umwandlungsprozeß hinein, der mit dem Ende des Alten Reichs einsetzt und auf den wir in Zusammenhang mit der Entfaltung des „Inneren Menschen" eingegangen sind. Sie hat die Demotisierung der Ba-Vorstellung, die Ausbreitung der Osiris-Religion und die Lehre vom Herzen zur Voraussetzung. Im Zusammenhang der ägyptischen Religionsgeschichte stellt sie etwas Neues dar, einen „Durchbruch", den man durchaus im Sinne von Karl Jaspers als einen Durchbruch zu einer Art von Transzendenz interpretieren möchte, zielt er doch genau in die beiden Richtungen, um die es Jaspers bei seiner Theorie der Achsenzeit geht: in Richtung auf ein Jenseits und auf den „inneren Menschen". In der Idee eines allgemeinen ethischen Totengerichts zeigt sich am klarsten der innere Zusammenhang dieser beiden „Durchbrüche": denn es ist der Übergang ins *Jenseits*, um den es beim Totengericht geht, und es ist der *innere Mensch*, das „Herz", das dabei geprüft wird.

Um diesen innovatorischen Charakter der Idee vom Totengericht besser zu verstehen, muß ich nochmals auf den Unterschied zwischen „Fortdauer" und „Unsterblichkeit" eingehen; denn dieser Unterschied ist, wie ich hoffe zeigen zu können, von entscheidender Bedeutung für eine andere Unterscheidung: die zwischen „Weisheit" und „Religion". Mit diesen Begriffen scheint mir die Transformation am eindeutigsten gekennzeichnet, die der Ma`at-Begriff im Zusammenhang der Idee vom Totengericht erfährt. Die weisheitliche Ma`at-Lehre hat es mit Fortdauer, nicht mit Unsterblichkeit zu tun: „Tue die Ma`at, auf daß du dauerst auf Erden."[4] Ma`at ist das Prinzip des Bestandes, der Beständigkeit und der Kontinuität. Wahr ist, was bleibt. Wer sich der Ma`at angleicht, gewinnt an der Unvergänglichkeit des Wahren Anteil, wird, wie es ägyptisch heißt, ein *jmȝḫjj*. Ein *jmȝḫjj* wird man durch „Liebe", d. h. durch die Vertäuung in einer „Sphäre des Seinigen", durch Solidarität und Gemeinsamkeit, aber nicht aus eigener Kraft. Als *jmȝḫjj* bleibt und dauert man fort auf Erden, im Diesseits. Man erringt diesen Status schon zu Lebzeiten und behält ihn über den Tod hinaus. Ein *jmȝḫjj* ist entweder ein Greis wie der Zauberer Dedi im Papyrus Westcar[5] oder ein verklärter Toter wie die Grabherren in ihren Inschriften. Der Unterschied wird ausdrücklich negiert in diesem Begriff, der sich sowohl auf das „Greisenalter" wie auf die „Jenseitsversorgtheit" bezieht. Die Weisheit lehrt, wie

[4] Merikare P 46–47.
[5] Der Prinz begrüßt ihn mit folgenden Wendungen:
 „*Dein Befinden sei das eines, der lebt an der Schwelle des Greisenalters,
 nah an der Zeit des Sterbens, der Einbalsamierung und des Begräbnisses,
 und doch bis zum hellen Morgen schläft, frei von Krankheiten,
 ohne Altershusten*" (pWestcar 7.17–20)
Der Erzähler kommentiert diese schöne Rede mit dem Hinweis: „So begrüßt man einen *jmȝḫjj*." S. A. M. Blackman, *Papyrus Westcar*, 9.

man ein *jm3ḫjj* wird, ägyptisch: „die Ma`at geleitet zum *jm3ḫ*-Sein" (*Bauer* B1, 322 = B2, 87). Sie hat es mit der Wahrheit zu tun, die sich im Bestehenden zeigt, und mit der Gerechtigkeit, die diese Wahrheit in Lebenspraxis umsetzt. Ihr höchstes Ideal ist die Kontinuität.

Die Idee der Unsterblichkeit ist das genaue Gegenteil der *jm3ḫ*-Idee. Sie beruht auf der Vorstellung der Verwandlung in eine andere Seinsform und des Übergangs in eine andere Welt, also auf dem Prinzip der Diskontinuität. „Wer aber dort ist, wird ein lebendiger Gott sein", heißt es im *Lebensmüden*:[6] „dort", und nicht „auf Erden", als „lebendiger Gott" und nicht als „versorgter Grabherr". Die Weisheit orientiert sich an der Zeitachse, an Vergehen und Bestehen, Scheitern und Gelingen. Ihr Anliegen ist die Ausweitung des „Gelingenshorizonts", des Horizonts einkalkulierter Handlungsfolgen. Das Prinzip der Kontinuität als *jm3ḫjj* verheißt indessen nur bedingte Fortdauer. Sie ist abhängig erstens von der immateriellen Grundlage des sozialen Gedächtnisses, der Erinnerung an die „Tugend", und zweitens von der materiellen Grundlage der Grabanlage und des Totenkults. Das Prinzip der Diskontinuität dagegen verheißt unbedingte Unsterblichkeit. Wer einmal als „lebendiger Gott" ins Jenseits eingegangen ist, wird dort „frei schreiten wie die Herren der Ewigkeit", unabhängig von Grab und Totenkult. Man kann sich den Gegensatz in folgender Gegenüberstellung verdeutlichen:

Kontinuität	*Diskontinuität*
Fortdauer	Unsterblichkeit
als Mensch: *jm3ḫjj*	als (lebendiger) Gott: *nṯr* (*ʿnḫ*)
„hier" (auf Erden)	„dort" (im Jenseits)

Dieser Widerspruch wird nun in typisch ägyptischer Weise im Sinne einer dualen Konzeption gelöst: der Dualität von „Leib" und „Ba". In Form des mumifizierten und verklärten Leibes bewohnt der Verstorbene weiterhin sein Grab, das seinen „Namen" auf Erden (im Gedächtnis der Gruppe) gegenwärtig hält. Als Leib (*ḫ3t*), Mumie (*sʿḥ*), Name und Grabherr (*jm3ḫjj*) dauert er fort, ganz im Sinne der Anthropologie des Alten Reichs. Als Ba aber und als ein zu Osiris gewordenes göttliches Wesen „geht er über" in das Jenseitsreich des Osiris (*pr Wsjr*).

Das Geheimnis dieser Verbindung ist die Idee des Totengerichts. Die Unsterblichkeit wird abhängig gemacht von einer Prüfung, bei der es um genau dasselbe geht wie bei der immateriellen Grundlage der Fortdauer: um die Tugend, d. h. die vom Verstorbenen zu Lebzeiten in Wort und Tat praktizierte Ma`at. Diese Prüfung findet ihre Gestalt in dem großen Bild von der Wägung, bei dem das Herz des Menschen gegen die Ma`at aufgewogen wird. Denn das Herz und die Ma`at bilden einen

---

[6] pBerlin 3024, 142 s. o., Kap. IV § 3.b).

1. Die Schwelle zur anderen Welt

Totengericht mit der Wägung des Herzens, aus dem Totenbuch des Hunefer (19. Dyn., Zeit Sethos' I., um 1300 v. Chr.)

dritten Komplex, der die beiden Sphären des Leibes (Grab, Diesseits, Fortdauer) und des Ba (Jenseits, Unsterblichkeit) umgreift und verklammert. Der Mensch behält auch als Ba und lebendiger Gott sein Herz, d. h. sein Gedächtnis, das Bewußtsein seines Erdenlebens,[7] seine personale Identität und moralische Verantwortlichkeit. Im Zeichen der Idee vom Totengericht braucht der Mensch die Ma`at nicht nur – wie es der (impliziten) Weisheit des Alten und auf weite Strecken auch noch der expliziten Weisheit des Mittleren Reichs entspricht – um als *jm3ḫjj* fortzudauern, sondern – das ist der entscheidende neue Gedanke – um als Ba ins Jenseits überzugehen und ein unsterblicher Gott zu werden.[8]

Im Grunde stellt sich, je mehr an der kategorialen Andersheit des Jenseits gelegen ist und damit des Lebens nach dem Tode, das Problem

---

[7] Vgl. CT I 182 f: *jb n b3.k sh3.f h3t.k* „Das Herz deines Ba gedenkt deines Leibes"; I 197 g: *wnn wnnt b3.k wn jb.k ḥnꜥ.k* „Wahrlich, wenn dein Ba existiert, dann existiert dein Herz mit dir"; I 362: *qm3.n.j b3.j h3.j r rdjt rh.f rht.n.j* „Ich habe meinen Ba um mich herum erschaffen, um zu veranlassen, daß er das kennt, was ich kannte".

[8] Die Ideen einer Unsterblichkeit in einem paradiesischen Jenseits und die des Totengerichts scheinen sich also gegenseitig zu bedingen. Dasselbe geht aus einer Beobachtung J. Gw. Griffiths' hervor: „It is significant that when the Greeks took over the idea of a happy Elysium, they also accepted the idea of judgment after death." Vgl. J. Gw. Griffiths, „The Idea of Porthumous Judgment", 193.

der Kontinuität nur umso dringlicher. Denn der Mensch wird ja nicht in dem Sinne zu Osiris, daß er voll und ganz, unter Preisgabe seiner irdischen Identität, im Wesen des Gottes aufgeht. Im Gegenteil: er setzt den Namen wie einen neuen Titel vor seine bisherigen Namen und Titel und geht mit dem ganzen Gepränge seiner Ämter und Ehren ins Jenseits ein. Das Geheimnis dieser Kontinuität ist die Ma`at. Sie regiert Diesseits und Jenseits. Wer sich mit ihr erfüllt, ist jenseits-würdig. Sie ermöglicht, sich schon im Diesseits auf das Jenseits vorzubereiten, im Sinne einer *melete thanatou* (Einübung ins Sterben), als welche Sokrates die Philosophie bezeichnet. Sie verschafft dem Menschen nicht nur einen Platz im sozialen Gedächtnis der Gruppe, sondern auch im Jenseits, in der Götterwelt. Jetzt macht die Ma`at nicht nur unvergänglich, sie macht auch unsterblich. Damit hört sie auf, eine Sache bloßer immanenter Erfahrung zu sein. Dieses „Gelingen" beruht auf einem Wissen, das zu den spezifisch religiösen Formen von Gewißheit – also „Glauben" – gehört: „Wer aber dort ist, wird sein als ein lebendiger Gott" (Vgl. o., Kapitel IV § 3.b). Dazu kommt, daß die Fortdauer, die der Weise als den verborgenen Richtungssinn des diesseitigen Geschehens erkennt, auch im eigenen Handeln verwirklicht werden kann. Solidarisches Handeln, Sprechen und Wollen fördert die Kontinuität der Wirklichkeit, und nicht nur die eigene, sondern auch die Fortdauer anderer. Man kann durch Totenopfer und Totengebete anderen zur Fortdauer verhelfen und seine Handlung damit als Teil der auf Gegenseitigkeit und Solidarität gegründeten diesseitigen Ordnung des Soziallebens praktizieren und erfahren. Man kann aber niemandem zur Unsterblichkeit verhelfen. Die „Große Prüfung" gehört zu einer Wirklichkeit von grundsätzlich anderer Ordnung. Das ist auch der Grund dafür, warum der „Glauben" an das Totengericht niemals das „Vertrauen" in die Solidarität der Nachwelt ersetzt hat.

Wenn Ma`at sich auf den verborgenen Richtungssinn des Wahren bezieht, der sich im „Währen", im Bestehen offenbart, dann gibt die Idee vom Totengericht diesem Richtungssinn jetzt ein neues Ziel. Man tut und sagt die Ma`at jetzt nicht nur, um seinem Dasein Bestand zu verleihen, sondern auch und vor allem, um „dorthin" zu gelangen, den „Westen zu erreichen".

b) Jenseitsgericht und Totengericht

Über das Alter der Idee vom Totengericht herrscht weitgehend Uneinigkeit, und die Begriffe gehen stark durcheinander.[9] Um hier klarer zu sehen, empfiehlt es sich, drei Vorstellungen zu unterscheiden:

---

[9] Aus der äußerst reichhaltigen Literatur seien vor allem genannt J. Spiegel, *Idee vom Totengericht*; Grieshammer, a. a. O. (Anm. 3); J. Yoyotte, „Le jugements des morts"; S. G. F. Brandon, *The Judgment of the Dead*; Chr. Seeber, *Darstellung des Totengerichts*.

1. der mythische Thronfolgeprozeß zwischen Horus und Seth;
2. ein jenseitiges Appellationsgericht, vor dem ein Verstorbener anklagen und angeklagt werden kann;
3. ein allgemeines Totengericht, vor dem sich jeder für seine Lebensführung zu verantworten und über seine Taten Rechenschaft abzulegen hat.

Diese drei Komplexe hängen miteinander zusammen, gehen terminologisch ineinander über und erschweren ein klares Bild von Alter und Entwicklung der Idee vom Totengericht.

Der *Mythos* erzählt von der „Rechtfertigung" des Horus gegen Seth, den Bruder und Mörder des Osiris.[10] Die Geschichte ist, auf die hier interessierenden Punkte verkürzt, folgende: Nach dem Tod des Osiris streiten Horus und Seth vor einem Göttergericht um die Königsherrschaft. Der Anspruch des Seth gründet sich auf sein Alter und seine Stärke. Der Anspruch des Horus gründet sich auf sein Erstgeburtsrecht. In einem ersten Urteil erhält Seth Oberägypten und Horus Unterägypten zugesprochen: so finden wir das Götterpaar auf unzähligen Monumenten dargestellt. Sie binden dort die Wappenpflanzen von Ober- und Unterägypten, Lilie und Papyrus, zusammen und symbolisieren die Einheit des Landes als *complexio oppositorum*. Daß Seth als Mörder eigentlich jeden Anspruch verwirkt haben sollte, spielt hier keine Rolle; diese Widersprüche zeigen, daß die einzelnen Episoden und Handlungskonstellationen erst sekundär zu einem einheitlichen Mythos verschmolzen sind. Diese Verschmelzung macht ein zweites Urteil nötig, das der Schuld des Seth Rechnung trägt und dem schwachen Kind zu seinem Recht gegenüber dem Starken verhilft. Jetzt erhält Horus die Herrschaft über ganz Ägypten, während Seth über das Ausland gesetzt wird. Durch dieses Urteil erhält sowohl Horus den Thron, als auch Osiris die Totenherrschaft. Das an Osiris begangene Unrecht wird gerächt und sein Tod somit geheilt. Hier liegt der Ursprung der Idee einer *Auferstehung durch Rechtfertigung*.

Ihren „Sitz im Leben" hat aber die Idee vom mythischen Thronfolgeprozeß zweifellos in den Thronbesteigungs- und Krönungsriten des Königtums. Jeder ägyptische König spielt auf seinem Weg zum Thron den Osiris-Horus-Seth-Mythos nach, indem er sich durch die Bestattung seines Vaters bzw. Vorgängers und seinen Triumph über „Seth" als ein wahrer Horus legitimiert.[11] Hier geht es also um das „Werden zu Horus", um einen Übergang nicht ins Jenseits, sondern ins Königtum. Mit der

---

[10] J. G. Griffiths, *The Conflict of Horus and Seth*.
[11] Vgl. hierzu H. Frankfort, *Kingship and the Gods*, sowie W. Barta, *Göttlichkeit des regierenden Königs*, 74 ff., der allerdings weder auf Frankforts bedeutenden Beitrag, noch auf die Bedeutung des mythischen Thronfolgeprozesses näher eingeht.

Demotisierung königlicher Jenseitsvorstellungen nach dem Zusammenbruch des Alten Reichs wird aber für den nichtköniglichen Toten das „Werden zu Horus", d. h. zu einem König, ein notwendiger Schritt zu seinem erstrebten Ziel jenseitiger Unsterblichkeit. Er muß erst einmal zu einem König werden, um an der königlichen Unsterblichkeit teilzuhaben. Zu einem König wird man aber nur durch einen Sieg im Thronfolgeprozeß.

Das *Jenseitsgericht* tritt uns in den Grabinschriften des Alten Reichs entgegen.[12] Hier droht der Grabinhaber Grabschändern, sich mit ihnen richten zu lassen „vor dem Großen Gott" und ihnen als Ergebnis des unzweifelhaften Urteils „das Genick umzudrehen wie einer Gans".[13] Der Große Gott als Vorsitzender dieses Gerichts ist der tote König, um dessen Pyramide die Beamtengräber geschart sind und der als Herr der Nekropole ihre Fortdauer und „Grabversorgtheit" (*jm3ḫj*) garantiert.

Aus dem Aufbau dieser Inschriften ergibt sich in aller Klarheit, daß das Tun der Ma`at Vorbedingung ist für den Sieg im angedrohten Rechtsstreit. Für diesen Zusammenhang genügt es, einen typischen Text dieser Gattung anzuführen, wobei nichts das Typische dieses arg zerstörten Beispiels besser illustriert als seine vollständige Ergänzbarkeit:[14]

> *[Ich bin aus] meiner Stadt [gekommen*
> *und aus meinem Gau] herabgestiegen,*
> *[nachdem ich die Ma`at getan habe für ihren Herrn*
> *und ihn zufriedengestellt habe mit dem, was er liebt.*
> *Ich sprach korrekt und berichtete korrekt;*
> *ich gab Brot dem Hungrigen*
> *und ein Gewand dem Nack]ten,*
> *ich setzte den Schifflosen [mit meinen Schi]ff[en] über;*
> *[niemals] schlug ich einen Mann, da er gering war,*
> *[nie ließ ich zu, daß sich] irgendein Mann über mich [ärgerte],*
> *damit [mein Name] gut angeschrieben sei [beim] Gott.*

> *Was Leute angeht, die [irgendetwas Böses] gegen [die Opferstelle dieses*
> *meines Grab]es oder die Totenpriester meiner Totenstiftung unternehmen sollten,*
> *[mit] denen werde ich [durch] den Großen Gott [gerichtet] werden; ich*
> *werde [ihren Hals wie den einer Gans] packen,*
> *denn ich bin ein fähiger Verklärter, [der seinen Zauberspruch kennt];*
> *und ich kenne [je]des [Geheimnis] der Hieroglyphen, [durch] das [man] in*
> *der Nekropole [verklärt wird].*

---

[12] Vgl. Grieshammer, a. a. O., 11–45 („der Rechtsstreit").
[13] Vgl. E. Edel, *Untersuchungen*, §§ 12 und 16.
[14] Nach: E. Edel, *Hieroglyphische Inschriften des Alten Reichs*, 10.

1. Die Schwelle zur anderen Welt

> *Ich habe nichts gegen irgendwelche Leute getan,*
> *so daß sie irgendetwas Böses gegen meinen Grabbesitz tun könnten.*
> *Ich war ein von den Leuten Geliebter und von seinem Vater immer wieder*
> *Gelobter.*

Was aus diesen Inschriften hervorgeht, ist die Vorstellung eines Gerichts, vor dem ein Grabherr gegen Grabfrevler vorgehen kann. Daran ist in unserem Zusammenhang zweierlei interessant: 1. Er darf seine Rache nicht in eigener Regie durchführen, obwohl er doch durch den Vollzug der entsprechenden Riten und die Ausstattung mit entsprechendem Wissen ein „fähiger Verklärter" geworden ist, sondern hat auch als ein solcher den Rechtsweg einzuhalten. 2. Er hat nur dann Aussicht auf Erfolg seiner Klage, wenn der zur Anklage gebrachte Frevel nicht seinerseits Rache an einem von ihm selbst zu Lebzeiten begangenen Unrecht ist. Es gibt also bereits hier einen engen und durch keine Magie zu umgehenden Zusammenhang zwischen einem Leben im Sinne der Ma`at und dem Freispruch vor einem jenseitigen Gericht. Aber dieses Gericht wird nur fallweise angerufen und dient dem Schutz der Grabanlage als der wichtigsten Grundlage für die Fortdauer nach dem Tode als „fähiger Verklärter". Der Freispruch im Gericht öffnet nicht das Tor zu einem Jenseits, sondern gibt dem Kläger das Recht zur Rache.

Diese Vorstellung hat offenbar in der Zeit nach dem Alten Reich stark an Bedeutung gewonnen. In dieser Zeit erweitern sich die ägyptischen Jenseitsvorstellungen um die Vorstellung einer chthonischen Unterwelt, die für den Verstorbenen voller Dämonen, Gefahren und Schrecknisse ist.[15] Zu diesen Gefahren gehört auch der Rechtsstreit, den der Tote im Jenseits gegen seine Feinde zu führen hat. Die *Sargtexte* der Ersten Zwischenzeit und des Mittleren Reichs sind voller Anspielungen, ja sogar elaborierter Schilderungen dieses Prozesses. Auch hier bedeutet die Rechtfertigung vor einem götterweltlichen Tribunal[16] das Recht zur Rache, d. h. die Verfügungsgewalt (*sḫm*) über seine Feinde,[17] aber nicht den Übergang in Jenseits und Unsterblichkeit.

In derselben Textgruppe, wenn auch seltener, finden sich auch bereits völlig eindeutige Anspielungen auf die Vorstellung eines allgemeinen *Totengerichts*, die wir freilich nur deswegen als solche identifizieren können, weil uns die entsprechenden Stichworte vom *Totenbuch* her bekannt

---

[15] Zandee, *Death as an Enemy*. E. Hornung hat darauf aufmerksam gemacht, daß sich die Ausbildung der Vorstellung eines jenseitigen Totenraumes auch in Wandlungen der königlichen Grabarchitektur ausprägt, die in die Zeit Sesostris' II. fallen: „Verfall und Regeneration", 441 ff.

[16] Vgl. R. Anthes, „The original meaning of maâ-khrw", 21 ff. und R. Grieshammer, a. a. O., 38–43.

[17] Vgl. z. B. CT II 234–235. S. Grieshammer, a. a. O., 42 f.

sind.[18] Das *Totenbuch*, die vom Neuen Reich (ab ca. 1500 v. Chr.) bis zur römischen Kaiserzeit verbindliche Form der ägyptischen Totenliteratur, gibt der Idee vom Totengericht ihre klassische Ausformung; auf diese Quelle werden wir uns im folgenden stützen.

Im Unterschied zum Jenseitsgericht ist das Totengericht kein Appellationsgericht, das nur zusammentritt, wenn eine Anklage vorliegt, und vor das man nur als Kläger oder Beklagter tritt. Das Totengericht ist vielmehr eine ständige Einrichtung, und es wird jeder nach dem Tode vorgeladen. Vor dem Totengericht wird man nicht mit einem Gegner konfrontiert, sondern mit der allgemeinen Norm der Ma`at. Entsprechend wird man auch nicht „gegen" einen Gegner gerechtfertigt wie im Jenseitsgericht. Das Urteil „gerechtfertigt" ergeht vielmehr absolut, nicht in bezug auf eine spezifische Anklage. Damit steht das Totengericht nicht nur im Gegensatz zum Jenseitsgericht, sondern auch zu allen diesseitigen ägyptischen Rechtsinstitutionen, und man kann sich fragen, ob die Bezeichnung „Toten*gericht*" eigentlich am Platz ist. Wäre nicht eine Bezeichnung wie „Totenprüfung" angemessener? Aber es bleibt in jedem Falle das Faktum, daß die Ägypter selbst ihre Gerichtsterminologie auf dieses eigentümliche Verfahren übertragen haben, wenn sie von *wḏˁ mdw* „richten" und *mȝˁ-ḫrw* „gerechtfertigt" sprechen.

Eine eigenartige Form eines Prozesses *post mortem*, in der die Kennzeichen des Jenseits- und des Totengerichts kombiniert sind, schildert Diodor I 92.4f. Ich zitiere seinen Bericht in der Zusammenfassung von R. Merkelbach: „Der Tote wurde, so erzählt er, in den Sarg gelegt und soll mit einem kleinen Nachen über einen Teich hinübergebracht werden.[19] Auf der anderen Seite des Teiches sitzen 42 Richter, und nun ist es jedermann erlaubt, herbeizutreten und den Verstorbenen vor den Richtern des ungerechten Lebenswandels anzuklagen. Falls dies geschieht und der Ankläger seine Klage beweist, dann verbieten die Richter, daß der Tote in der üblichen Weise bestattet wird;[20] falls die Richter aber finden, die Anklage sei ungerecht, dann wird der Ankläger bestraft. Im

---

[18] Der früheste Beleg für den terminus technicus des Totengerichts, *ḥsbt ˁȝw*, „die Berechnung der Differenz", findet sich auf der Stele eines Antef aus der 11. Dyn., s. dazu J. J. Clère, „Un passage de la stèle du général Antef"; W. Schenkel, *Memphis-Herakleopolis-Theben*, § 499; Grieshammer, a. a. O., 46ff. In der etwas älteren Stele des Merer in Krakau ed. J. Černý, in: *JEA* 47, 1961, 5–9 mit pl.I, findet sich der rätselhafte Ausdruck *ḥnn ḥȝt šwt*, den K. Jansen-Winkeln, „Bemerkungen zur Stele des Merer in Krakau", als Anspielung auf das Totengericht deutet: „mein Herz brachte die Feder zum Sinken".

[19] Zu Wasserfahrten im Teichgarten als Teil von Bestattungszeremonien vgl. B. Geßler-Löhr, in: J. Assmann, *Das Grab des Amenemope (TT41)*, THEBEN III (im Druck), Exkurs.

[20] Man denkt hier an den Satz des Ptahhotep, daß „der Habgierige kein Grab hat".

1. Die Schwelle zur anderen Welt

Fall des Freispruchs und ebenso wenn gar kein Ankläger auftritt, rühmen die anwesenden Angehörigen des Toten diesen als einen Gerechten und bitten die Götter der Unterwelt, ihn in die Gemeinschaft der Frommen aufzunehmen, und die übrigen bei der Bestattung Anwesenden preisen den Toten glücklich."[21] Die Motive der „Aufnahme in die Gemeinschaft der Frommen" und der Glücklichpreisung werden wir in den ägyptischen Quellen wiederfinden.

Die früheste und expliziteste Formulierung, die die Idee eines allgemeinen Totengerichts in ägyptischen Texten gefunden hat, steht nicht in einem Totentext, sondern in einem Text der Weisheitsliteratur, der „Lehre für König Merikare". Seine literarische Rahmung versetzt den Text in die 10. Dyn., aber die erhaltenen Hss. stammen alle aus dem Neuen Reich. Vermutlich entstand der Text in der 12. Dyn., der Blütezeit der ägyptischen Weisheitsliteratur. Die Perikope über das Totengericht schließt unmittelbar an die Stelle über den Ba an, der zum Ort zurückkehrt, den er kennt (s. Kapitel IV § 3 a):

> *Die Richter, die den Bedrängten richten,*
> *du weißt, daß sie nicht milde sind*
> *an jenem Tag des Richtens des Bedrückten,*
> *in der Stunde des Erfüllens der Vorschrift.*
> *Schlimm ist der Ankläger, der ein Wissender ist.*
>
> *Verlasse dich nicht auf die Länge der Jahre!*
> *Sie sehen die Lebenszeit als eine Stunde an.*
> *Wenn der Mensch übrig bleibt nach dem Landen,*
> *werden seine Taten als Summe neben ihn gelegt.*
>
> *Das Dortsein aber währt ewig.*
> *Ein Tor, wer tut, was sie tadeln.*
> *Wer zu ihnen gelangt ohne Frevel,*
> *der wird dort sein als ein Gott,*
> *frei schreitend wie die Herren der Ewigkeit.*[22]

In diesem Gedicht sind die wesentlichen Motive der Idee vom Totengericht präsent, und der Abstand zu den älteren Vorstellungen vom mythischen Thronfolgeprozeß und vom „Jenseitsgericht" ist evident. Was hier deutlich wird, ist die Schranke zwischen Diesseits und Jenseits. Von diesseitiger Fortdauer im sozialen Gedächtnis und im Kult der hinterblie-

---

[21] R. Merkelbach, „Die Unschuldserklärungen und Beichten im ägyptischen Totenbuch, in der römischen Elegie und im antiken Roman", *Universitätsbibliothek Giessen, Kurzberichte aus den Papyrussammlungen* 43, 1987, 12.

[22] *Lehre für Merikare* P 53–57; ich folge weitgehend der schönen metrischen Übersetzung von G. Fecht, in: *Der Vorwurf an Gott*, 147 mit Nachträgen 222 und 228f.

*Totengericht und Wägung des Menschen,
mit Ma'at als Gegengewicht und Wiegemeisterin, aus Theben Grab 41
(18./19. Dyn., Zeit Haremhab-Sethos I., um 1300 v. Chr.)*

benen Erben ist hier nicht mehr die Rede. Wer sich im Leben an die Ma'at hielt, dauert nicht nur auf Erden fort, sondern wird in einer anderen Welt zu einem Gott, der ewig lebt. Die Schwelle zwischen beiden Welten wird durch das Gericht markiert und in der Form eines Übergangsrituals inszeniert.

c) Die Herzwägung als Übergangsritus

Das Totengericht ist ein imaginäres Übergangsritual, ein *rite de passage*.[23] Es gibt der Vorstellung der Schwelle zwischen „hier und dort" und der Möglichkeit ihrer Überschreitung eine Form, gehört also zu den Schwellenritualen, den Ritualen der „Liminalität".[24] Es setzt diese Schwelle sehr hoch an. Es betont den Unterschied, die Furchtbarkeit der drohenden Vernichtung, aber auch die gottgleiche Seligkeit der verhei-

---

[23] Vgl. zu diesem Begriff das klassische Werk von A. van Gennep, *Les rites de passage*.

[24] Vgl. V. W. Turner, *The Forest of Symbols*, 93–111; *The Ritual Process: Structure and Anti-Structure*, 94–130; „Liminality in the Performative Genres".

ßenen Erlösung durch Rechtfertigung. Je höher die Schwelle, desto „jenseitiger" das Jenseits. Dieses Prinzip prägt sich besonders in den *Sargtexten*, d. h. der reichen Totenliteratur des Mittleren Reichs aus. Sie können sich gar nicht genug tun in der Ausmalung der Schrecknisse dieser Schwelle.[25] Die Idee des Totengerichts ist nur eines von vielen Übergangsbildern und befindet sich noch im Stadium der Formation. Es kommt also sehr auf die „Transzendenz" dieses Modells an, auf die Distanz zwischen dieser und der anderen Welt.

Die ägyptische Idee vom Totengericht findet ihren Ausdruck sowohl in Bildern wie in Texten. Beides gehört untrennbar zusammen und gibt dieser Vorstellung ihre unverwechselbaren Konturen. Das Grundmotiv der bildlichen Ausgestaltungen ist die Waage,[26] der Grundcharakter der Texte ist die Rechenschaft, die „Große Prüfung".[27] Als Gerichtsprozeß ist das Verfahren, wie schon erwähnt, auch nach ägyptischer Prozeßordnung höchst merkwürdig. Denn es gibt im Grunde keinen Kläger und keine streitenden Parteien. Worum es geht, ist, ägyptisch gesprochen, die „Berechnung der Differenz",[28] der Differenz zwischen Lebensführung und Ma`at. Die Feststellung dieser Differenz wird bildlich konkretisiert in Gestalt einer großen Standwaage, auf der das Herz des Verstorbenen gegen das Symbol der Ma`at abgewogen wird. Sprachlich wird sie ausgeformt in Gestalt einer Rezitation, in der der Verstorbene vor dem Gerichtshof Rechenschaft ablegt. Der Text liegt fest; es kommt also nicht etwa darauf an, seine individuelle Lebensgeschichte zu erzählen. Worauf es ankommt, ist die Wahrheit der Rezitation. Das eigene Herz darf den Sprecher nicht desavouieren, d. h. nicht „als Zeuge gegen ihn auftreten".[29] Wort und Herz müssen übereinstimmen, die Rezitation darf kein Lippenbekenntnis sein. Was der Mund sagt, muß auch im Herzen sein.[30]

Die Figuren oder Rollen dieses Verfahrens, deren Besetzung durch bestimmte Götter schwankt, lassen sich am besten in der Terminologie einer Initiationsprüfung beschreiben: In der Rolle des Mystagogen, der

---

[25] S. hierzu H. Kees, *Totenglauben*.

[26] Vgl. Grieshammer, a. a. O., 46 ff. Die Waage als Symbol der Prüfung wird natürlich nicht nur in Bildern dargestellt, sondern auch in Texten erwähnt. Auf solche Erwähnungen bezieht sich Grieshammers Kapitel. Zu bildlichen Darstellungen des Totengerichts s. Chr. Seeber, *Darstellung des Totengerichts*, 1976. (Zur Waage: 67 ff.)

[27] *hrw pf n jpt `3t*, „jener Tag der Großen Prüfung": Totb 125, pBM 10477, 6.

[28] *ḥsbt `3w*, vgl. dazu J. J. Clère, in: *BIFAO* 30, 1931, 425 ff.; Grieshammer, *Jenseitsgericht* (Anm. 68), 48–51. J. Settgast, *Bestattungsdarstellungen*, 80 vgl. 90.

[29] Dem Herzen sind die Kapitel 26–30 des *Totenbuchs* gewidmet. Zahlreiche Vorläufer in den *Sargtexten* behandelt Grieshammer, a. a. O., 51–55.

[30] Zur Rolle des Herzens beim Totengericht s. Grieshammer, a. a. O., 51–55; A. Piankoff, *Le Coeur*, 78 ff.; H. Brunner, *Das Herz*, 81 ff.

den Novizen durch die Prüfung geleitet, finden wir typischerweise Anubis, aber auch Horus und (ab der 21. Dynastie) Ma`at können in dieser Rolle auftreten. In der Rolle der Prüfer sehen wir Thoth (Protokollant und Wiegemeister), Horus und Ma`at. Die Rolle des Gottes, der dem Ganzen präsidiert und in dessen Gefolge und Gemeinschaft der Initiierte im Falle seiner Würdigkeit eintreten wird, spielt Osiris.[31] Ihn redet der Verstorbene als Vorsitzenden der Prüfung an:

> *Ich bin zu dir gekommen, indem ich dich und dein Wesen kenne*
> *und deine Gestalt (jrw) der Unterwelt verehre,*
> *wie du sitzt, die Ma`at dir gegenüber,*
> *und die Herzen richtest auf der Waage,*
> *während ich vor dir stehe, mein Herz voll Ma`at,*
> *keine Lüge in meinem Sinn.*[32]

Ma`at „konfrontiert" den Verstorbenen als Personifikation der Norm mit den ethischen Forderungen, denen seine Lebensführung entsprochen haben muß, wenn er die Prüfung bestehen will, und zwar einmal als Gegengewicht zum Herzen, auf der Waage selbst, zum anderen als eine der den Vorgang überwachenden Instanzen. In dieser Rolle erscheint sie oft verdoppelt, als „die beiden Ma`at", nach denen die Gerichtshalle „die Halle der beiden Ma`at" heißt.[33] Sie kann auch in einer dritten Rolle auftreten: als Mystagogin, die dem Toten nicht konfrontierend gegenübertritt, sondern ihn schützend geleitet. In dieser Form erscheint sie zuerst in den Königsgräbern des Neuen Reichs und wird dann ab der 21.Dynastie auch in den Totenbüchern immer häufiger.[34] Schließlich gehört zu der Szene noch eine Art Scharfrichter: die „Fresserin", ein Monstrum mit Krokodilskopf, Löwenrumpf und Nilpferdhinterteil, das im Falle einer Verurteilung den Schuldigen verschlingt und damit erst eigentlich tötet.[35] Der Freigesprochene aber – und darin liegt die Grundidee der ganzen Konzeption – wird mit der Schuld auch vom Tod freigesprochen und in die Götterwelt aufgenommen. Das Verfahren gibt dem

---

[31] Es sind aber auch Darstellungen mit dem Schreibergott Thoth belegt, der für das Rechnen und Berechnen zuständig ist und insofern eine besondere Beziehung zur Ma`at im Sinne von „Richtigkeit" hat, s. dazu Chr. Seeber, a.a.O., 147–154.

[32] Stele London BM 142 ed. *KRI* III, 218 f.

[33] Der Sinn der Verdoppelung erscheint mir, trotz der unzähligen Deutungsvorschläge, nach wie vor unklar. Nach E. Hornung „meint dieser Dual, über den man viel gerätselt hat, wohl einfach die vollständige, totale und universale Ma`at, die sich im Totengericht unweigerlich herstellt" („Ma`at – Gerechtigkeit für alle", in: *Eranos* 57, 1987, 419).

[34] Seeber, a.a.O., 140 ff.

[35] Seeber, a.a.O., 163 ff.

1. *Die Schwelle zur anderen Welt*

*Totengericht, mit Ma`at in dreifacher Gestalt:
als geleitende, als empfangende Göttin und als Gegengewicht auf der Waage;
aus dem Papyrus der Djedchonsiusanch
(frühptolemäisch, um 300 v. Chr.)*

Gedanken des Übergangs in eine andere Welt und in eine andere Seinsform eine Gestalt, die in Texten und Bildern genau festgelegt wird. Räumlich gesehen bildet die Gerichtshalle das Ziel eines langen Weges, der den Verstorbenen durch 21 Pforten führt. Vor jeder hat er sich auszuweisen, um nicht abgewiesen zu werden. Am Ende bildet dann die Wägung des Herzens die schwerste und entscheidende Prüfung. Wer sie besteht, tritt ein in das Jenseits, die Welt der Götter, und „lebt, wovon sie leben". „Ontisch" gesehen bedeutet daher der Prozeß der Rechtfertigung eine Verwandlung. Aus dem gestorbenen Menschen wird ein „lebendiger Gott".

Der Freispruch besiegelt seine Aufnahme in eine Sphäre, in der die Ma`at unangefochten herrscht, während sie auf Erden immer wieder von neuem durchgesetzt werden muß gegen eine der diesseitigen Welt eigene Tendenz zum Verfall, zum Vergessen und zur Zerstörung. Das Jenseits dagegen

> *ist wahrhaft ohne Schrecken.*
> *Sein Abscheu ist der Streit.*

Es gibt keinen, der sich vor seinem Genossen fürchtet in diesem Land, das keinen Aufruhr kennt.[36]

Die Ma'at wird nun zu einem „Nomos des Jenseits", d. h. zur Lebensform der Unsterblichen.

2. Totenbuch 125: die Kodifizierung der Ma'at

Als ein Nomos des Jenseits wird die Ma'at zu einem Thema der Totenliteratur, und als solcher wiederum unterliegt sie einer sehr viel strikteren Kodifikation als im Rahmen der Weisheitsliteratur. Die Weisheitsliteratur gibt Rat für diesseitige Lebenssituationen, und zwar nicht nach dem Gesichtspunkt einer transzendent begründenden Ethik, sondern dem eines innerweltlichen Gelingens. Sie verfährt daher kasuistisch. Nur ganz gelegentlich, wenn die Situation es erfordert, richtet sie den Blick auf einen weiteren Gelingenshorizont und zieht die Linien einzukalkulierender Handlungsfolgen bis über den Tod, ja bis ins Jenseits aus. Die Totenliteratur wiederum kodifiziert das Wissen über das Jenseits. Dazu gehört auch und vor allem das Wissen über die „Große Prüfung".

Die Totenliteratur hat aber nicht nur ein anderes Thema als die Weisheitsliteratur, sie hat auch eine andere kommunikative Struktur: Sie ist nicht auf „Hören", „Verstehen", „Beherzigen" und „durch eigene Erfahrung Bewahrheiten" angelegt, sondern auf die Ausübung magischer Macht. Sie gehört zur Ausrüstung des Toten, die ihn für die Gefahren der Jenseitsreise wappnen soll. Die Magie ist eine exakte Wissenschaft. Sie teilt diese Exaktheit allem mit, worauf sie sich erstreckt. Dies Schicksal wird nun der Ma'at zuteil. Die Magie kann sich nicht mit pauschalen Formeln zufrieden geben wie „Ich habe dem Hungrigen Brot gegeben und dem Nackten Kleider". Hier muß vielmehr genau festgelegt werden, welche Antworten der Verstorbene zu geben und hinsichtlich welcher Gesetze er seine Unschuld zu beweisen hat. So wird hier das Prinzip Ma'at in einem langen Text in über 80 Gesetzen ausbuchstabiert, der das Kapitel 125 des ägyptischen *Totenbuchs* bildet und vom Neuen Reich (1500 v. Chr.) an zu den Grundtexten des ägyptischen Totenglaubens gehört.[37] Daß damit der Geist der Sache gründlich verändert wird, ist

---

[36] Harfnerlied im Grab des Gottesvaters Neferhotep, TT 50, ed. R. Hari, *La tombe thébaine du père divin Neferhotep*, Tf. IV, 12f.; S. Schott, *Altägyptische Liebeslieder*, 137 Nr. 101.

[37] J. Yoyotte, „Le jugement des morts", 63–65 schließt aus der Tatsache, daß die Herkunftsorte der 42 „Beisitzer" im Totengericht sämtlich im Herrschaftsbereich des Herakleopolitenreichs liegen, auf eine Entstehung des Kapitels in der Herakleopolitenzeit (10. Dyn., um 2000 v. Chr.), wozu natürlich die Selbstdatierung der *Lehre für*

2. Totenbuch 125: die Kodifizierung der Ma'at

klar. S. Morenz sagte sehr richtig, mit Bezug auf die *Klagen des Oasenmannes:* „Gott sagte nur: ,Sage die Ma`at, tue die Ma`at', aber er äußerte keine expliziten Gebote. Die Ma`at ist von Gott gesetzt, dabei durch sein Wort geboten, aber sie ist ein Grundwert, kein explizites Gesetz."[38] Ma`at ist das „generative Prinzip" der Gesetzgebung, aber niemals kodifiziertes Recht. Von Gott stammt nur die allgemeine Richtschnur, stammen aber nicht die inhaltlichen Details der Gesetzgebung.[39] Ma`at ist ein „Kanon" – im ursprünglichen griechischen Sinne des Wortes[40] – der jede Gesetzgebung in der Weise eines generativ-regulativen Prinzips steuert, aber niemals der explizite Gesamtbestand kodifizierter Rechtssatzungen.[41]

Das 125. Kapitel des *Totenbuchs* ist unter dem Namen „Negatives Sündenbekenntnis" bekannt geworden. Es besteht aus zwei langen, sich kaum überschneidenden Auflistungen von Verfehlungen mit der Beteuerung, sie nicht begangen zu haben, die eine an den Vorsitzenden des Gerichts (A), die andere an die 42 Beisitzer gerichtet (B). Nur die Liste A folgt in ihrem Aufbau einer klar erkennbaren thematischen Ordnung. Die Liste B dagegen orientiert sich in ihrem Aufbau nicht nur an den 42 Verfehlungen, sondern auch an den 42 Gottheiten und ihren Herkunftsorten. Naturgemäß ergibt sich hier aus der Interferenz mehrerer Ordnungsprinzipien ein ziemliches Durcheinander. Beide Listen beginnen mit der ganz allgemeinen Versicherung, „keine *jzft*", d. h. positiv: die Ma`at getan zu haben. Nur in A wird diese allgemeine Versicherung auf zehn Sätze ausgedehnt:

Ich habe kein Unrecht gegen Menschen getan
und habe keine Tiere gequält (sm3r);
ich habe nicht Unrecht (jwjjt) an die Stelle der Ma`at gesetzt,
ich kannte nicht das Nichtseiende,
ich habe nichts Böses getan.

<...>

mein Name gelangte nicht (durch Anklage) zum Lenker der Barke,

---

Merikare vorzüglich passen würde. Es mag sein, daß der Text in seinem Ursprung auf eine lokale Tradition sehr viel höheren Alters zurückgeht. In der Tat läßt sich ja in dieser Zeit die Existenz der zugrundeliegenden Vorstellung auch sonst nachweisen. Allgemeine, überregionale Geltung gewinnt dieser Text jedoch erst in der 18. Dyn.

[38] *Ägyptische Religion*, 126. Ptahhotep spricht allerdings von den „Gesetzen der Ma`at" (5.Maxime). Zum Verhältnis von Ma`at und „Gesetzen" vgl. bes. Helck, „Wesen".

[39] Vgl. auch Otto, in: *MDIK* 14, 1956, 151.

[40] Vgl. hierzu H. Oppel, *KANON*; D. Conrad, „Zum Normcharakter von ,Kanon'".

[41] Vgl. hierzu auch E. Otto, „Prolegomena zur Geschichte der Rechtssprechung in Ägypten".

ich habe Gott nicht gelästert,
ich habe den Armen nicht seiner Habe beraubt,
ich habe nicht getan, was die Götter verabscheuen.

Die in B aufgezählten Verfehlungen lassen sich auf die Kategorien „aktives" (*jrj M3ʿt*) und „kommunikatives Verhalten" (*dd M3ʿt*) verteilen:

jrj M3ʿt: (Verstöße gegen die „aktive Solidarität")

2 *Ich habe nicht geraubt*;
3 *war nicht habgierig (ʿwn-jb)*;
4 *ich habe nicht gestohlen*;
5 *ich habe keine Menschen getötet* (vgl. hierzu allgemeiner A: *Ich habe nicht getötet, nicht zu töten befohlen* [A, 15–16]);
13 *ich habe das ‚göttliche Kleinvieh' nicht getötet* (sm3 ʿwt nṯrj: gemeint sind die Menschen);[42]
7 *ich habe nichts Krummes getan*;
8 *keinen Tempelbesitz gestohlen*;
10 *keine Nahrung gestohlen* (nḥm wnm);
15 *keine Portionen geraubt* (ʿw3 ḥnbt);
14 *keinen Kornwucher getrieben*;
18 *nur den eigenen Besitz begehrt* (vgl. 41);
12; 22 *Ich habe nicht übertreten (*th3);
19 *ich habe nicht die Frau eines anderen beschlafen*;
20 *ich habe nicht Unzucht getrieben* (19–20 wörtlich übereinstimmend mit A, 21–22);
27 *ich habe nicht gleichgeschlechtlich verkehrt*;

dd M3ʿt (Verstöße gegen „kommunikative Solidarität"):

9 *Ich habe nicht gelogen* (dd grg);
11 *nicht geschimpft* (knj[43]);
25 *ich habe nicht gestritten* (ḫnn);
29 *prozessiert* (šnt);
21 *keinen Terror gemacht*;
33 *keine überflüssigen Worte gemacht*;
37 *nicht die Stimme erhoben* (q3 ḫrw[44]);

---

[42] Vgl. Spiegelberg, in: *ZÄS* 64, 1929, 89; Hintze, in: *ZÄS* 78, 1942, 55 f.
[43] Vgl. A. Gutbub, *Textes fondamentaux de la théologie de Kom Ombo*, 177 ff.
[44] Vgl. Gutbub, a. a. O., 172. Dabei handelt es sich weniger um eine ethische Vorschrift (Zurückhaltung, im Sinne des „Schweigens"), als um ein kultisches Schweigegebot, vgl. schon Nemtinacht in der Bauerngeschichte: „Erhebe nicht deine Stimme, Oasenmann, du bist in der Stadt des Herrn des Schweigens!", sowie Urk IV 1031,9: „Ich habe nicht meine Stimme erhoben im Hause des Herrn des Schweigens" (Biographie des User); vgl. Gutbub, a. a. O.

2. Totenbuch 125: die Kodifizierung der Ma'at

35 *keinen Gott beleidigt;*
38 *nicht den König beleidigt;*
17 *nicht unbedacht geredet* (šm r3⁴⁵);
16 *niemanden belauscht;*
26 *niemandem zugeblinzelt* (trm⁴⁶);
39 *mich nicht aufgeblasen* (jrj šfw);
40 *mich nicht überhoben* (jrj stnwt);
23 *ich war nicht hitzig* (var. „heißmäulig");
31 *nicht jähzornig;*
30 *nicht gewalttätig;*
24 *ich habe mich nicht taub gestellt gegenüber Worten der Wahrheit.*

Dieses Thema wird in A ergänzt, z. B. durch das wichtige Motiv der Verleumdung:

11 *Ich habe niemanden schlecht gemacht bei seinem Vorgesetzten.*

Das Thema „Streit verursachen", das in B entfaltet wird, ergänzt die Liste A durch das Thema „Leid verursachen":

12 *Ich habe keinen Schmerz zugefügt,*
13 *ich habe keinen hungern lassen,*
14 *ich habe keine Tränen verursacht,*⁴⁷
15 *ich habe nicht getötet,*
16 *ich habe nicht zu töten befohlen,*
17 *ich habe niemandem Leid zugefügt.*⁴⁸

So wie in B der Schwerpunkt auf den traditionellen und allgemeinen Formen kommunikativen Fehlverhaltens in der menschlichen Gesellschaft, so liegt in A der Schwerpunkt auf Verfehlungen gegen die Götter. Dazu gehören vor allem die auch sonst häufig belegten Kardinalverbrechen gegen Opfer und Tempelbesitz:

18 *Ich habe nicht die Opfer geschmälert in den Tempeln,*
19 *ich habe die Opferbrote der Götter nicht verletzt*
20 *und die Opferkuchen der Verklärten nicht geraubt.* (18–20)

Aber auch spezifischere Tabu-Verletzungen, die in B kaum vorkommen (höchstens 36: *ich bin nicht im Wasser gewatet?*) und auch in den biographischen Grabinschriften nicht belegt sind:

---

⁴⁵ Vgl. *wstn r3* „dem Mund freien Lauf lassen": Gutbub, a. a. O., 171 f.

⁴⁶ *Wb* V, 387, 13–14: „Vom ungerechten Richter, der einen Wink mit den Augen gibt."

⁴⁷ Ähnlich Urk IV 1118.9; 1161.11: „Es gab kein weinendes Gesicht bei einem, der sich ihm bittend näherte."

⁴⁸ A, 12–17, Maystre, *Les déclarations d'innocence*, 36–39. Die Passage spielt mit dem Gleichklang der Worte *smr* (12), *srm* (13) und *sm3* (14–15).

> 30 *Ich habe keine Vögel aus dem Sumpfdickicht der Götter gefangen*
> 31 *und keine Fische aus ihren Lagunen.*
> 32 *Ich habe das Überschwemmungswasser nicht zurückgehalten in seiner Jahreszeit;*
> 33 *ich habe dem fließenden Wasser keinen Damm entgegengestellt;*
> 34 *ich habe das Feuer nicht ausgelöscht, wenn es brennen sollte.*
> 35 *Ich habe keine Fleischopfer versäumt an den Tagen (des Festes);*
> 36 *ich habe die Viehherden des Tempelbesitzes nicht zurückgehalten;*
> 37 *ich bin dem Gott(esbild) bei seiner Prozession nicht in den Weg getreten.*[49]

Dazwischen werden verschiedene Vergehen an Maßen und Gewichten angeführt, die in B nur in einem Satz erwähnt (B, 6: *ich habe das Hohlmaß nicht geschmälert*) und in A differenziert aufgezählt werden:

> 23 *Ich habe am Hohlmaß nichts hinzugefügt und nichts vermindert,*
> 24 *ich habe das Flächenmaß nicht geschmälert,*
> 25 *und am Ackerland nichts verändert.*
> 26 *Ich habe zu den Gewichten der Handwaage nichts hinzugefügt*
> 27 *und nichts verringert an den Gewichten der Standwaage.*[50]

Gemeinsam sind beiden Listen allein die sexuellen Vergehen, die in A und B wörtlich übereinstimmen:

> *Ich habe nicht kopuliert,*
> *ich habe nicht ejakuliert.*[51]
> (A' 20–21 = B 27 und 20)

Offensichtlich haben die Kompilatoren des 125. *Totenbuch*kapitels bei der Liste A aus anderen Quellen geschöpft, als aus den Lehren und dem phraseologischen Fundus der autobiographischen Grabinschriften.

3. Die priesterliche Reinigungsbeichte

Diese Quelle hat sich namhaft machen lassen. Es handelt sich um zwei Gattungen, die uns zwar nur in ihren spätesten Ausläufern erhalten sind, deren Existenz aber mit größer Sicherheit auch schon für frühere Epochen vorausgesetzt werden muß: den initiatorischen Priestereid und die

---

[49] Maystre, a. a. O., 47–51; Übersetzung E. Hornung, *Totenbuch*, 235.

[50] Zum korrekten Umgang mit Maßen und Gewichten vgl. die Kap. 16–17 der *Lehre des Amenemope* und dazu I. Grumach, *Untersuchungen*, 114–123.

[51] *d3d3* vgl. R. A. Caminos, *Late Egyptian Miscellanies*, Oxford 1954, 425 (Ich verdanke den Hinweis auf diese Stelle James P. Allen). Bei Nebseni findet sich der Zusatz „im Heiligtum (*w'bt*) meines Stadtgottes".

Priesterlehre. Die Priesterlehren kodifizieren die Vorschriften, nach denen die Priester zu leben haben, und der Priestereid stellt ihr Gelöbnis dar, nach diesen Vorschriften zu leben. Ein solcher Priestereid ist nur in griechischer Sprache erhalten und ähnelt verblüffend dem Negativen Sündenbekenntnis des *Totenbuchs*:

> *Ich werde nichts essen, was den Priestern verboten ist.*
> *Ich werde nicht mit dem Messer schneiden [. . .] und keinem anderen*
>   *auftragen, das zu tun, was verboten ist.*
> *Ich habe keinem Lebewesen den Kopf abgeschnitten,*
> *ich habe keinen Menschen getötet,*
> *ich habe keinen Umgang mit unreinen Menschen gehabt,*
> *ich habe keinen Knaben beschlafen,*
> *ich habe nicht mit der Frau eines anderen geschlafen, [. . .]*
> *ich werde weder essen noch trinken, was verboten ist oder in den Büchern*
>   *(als verboten) aufgezeichnet ist.*
> *An meinen Fingern soll nichts hängen bleiben.*
> *Ich werde auf der Tenne kein Korn abwiegen.*
> *Ich werde keine Waage in die Hand nehmen.*
> *Ich werde kein Land vermessen.*
> *Ich werde keinen unreinen Ort betreten.*
> *Ich werde keine Schafswolle berühren.*
> *Ich werde kein Messer anfassen, bis zum Tag meines Todes.*[52]

R. Merkelbach macht darauf aufmerksam, daß einige dieser Sätze im Futur, andere im Perfekt stehen, und deutet den Unterschied so: „Jene Vergehen, welche durch die Perfekte bezeichnet werden, sind schwere Sünden; ein Kandidat für das Priesteramt darf sie nie begangen haben (. . .) Bei allen übrigen Versicherungen handelt es sich um Handlungen, welche der Mann künftig nie mehr begehen darf."[53] Offensichtlich fließen in der Liste A des *Totenbuch*kapitels 125 beide Kategorien zusammen, die schweren Sünden, die niemand begehen darf und die einen Kandidaten a priori vom Priesteramt ausschließen, und die spezielleren Vergehen, denen der Priester abschwören muß, wenn er sein Amt antritt.

Drei thematische Komplexe werden hier, so scheint es, miteinander verbunden: (a) Vorschriften einer allgemein verbindlichen Ethik („Weisheit"), (b) Vorschriften einer priesterlichen Standesethik („Tabu") und

---

[52] R. Merkelbach, in: *ZPE* 2 (1968), 7–30; ders., in: *Religions en Égypte hellénistique et romaine*, 69–73; ders., „Die Unschuldserklärungen und Beichten im ägyptischen Totenbuch, in der römischen Elegie und im antiken Roman"; vgl. R. Grieshammer, „Zum "Sitz im Leben„ des negativen Sündenbekenntnisses".

[53] Merkelbach, *Unschuldserklärungen*, 15 f.

(c) Vorschriften einer administrativen Standesethik („Maße und Gewichte"). Dieselbe Dreiheit finden wir auch in einer Gruppe spätzeitlicher Tempelinschriften wieder, die Auszüge aus Priesterlehren darstellen. Es handelt sich um Inschriften am seitlichen Tempeleingang, durch den die (niederen) Priester den Tempel am Morgen betreten:[54]

> *Führt (niemanden) ein in Falschheit,*
> *tretet nicht ein in Unreinheit,*
> *sprecht keine Lüge in seinem Hause!*
> *Seid nicht gierig, verleumdet nicht,*
> *nehmt keine Bestechungsgeschenke an,*
> *macht keinen Unterschied zwischen arm und reich,*
> *fügt nichts hinzu zu Gewicht und Meßstrick und zieht nichts ab davon,*
> *gebt nichts ab und zu[55] vom Scheffel [...][56]*

> *Schwört keinen Eid,*
> *stellt nicht Lüge über Wahrheit im Reden!*
> *Hütet euch davor, etwas zu tun in der (Gottes)-Dienstzeit,*
> *niemand, der dabei redet, bleibt ungestraft.*
> *Macht keine Musik in seinem Hause, im Inneren des Tempels,*
> *nähert euch nicht der Stätte der Frauen [...]*
> *verrichtet den Dienst nicht nach eurem Belieben,*
> *sondern schaut in die Bücher und in die Vorschrift des Tempels,*
> *die ihr als Lehre euren Kindern weitergeben sollt.[57]*

> *Dringt nicht ein in Übertretung der Regel,*
> *tretet nicht ein in Unreinheit,*
> *sprecht keine Lüge in seinem Haus,*
> *tut kein Unrecht im Verleumden,*
> *setzt keine Listen von Beiträgen auf,[58] indem ihr den Armen zugunsten des Reichen benachteiligt,*
> *fügt nichts hinzu zu Gewichten und Maßen*
> *und vermindert sie auch nicht,*
> *begeht keine Betrügerei mit dem Scheffel*
> *und tut kein Unrecht an den Teilen des Sonnenauges.*

---

[54] Sog. „Tempeleinlaßtexte", s. dazu Grieshammer, a.a.O., 22 ff. (für eine Liste solcher Inschriften s. 22 Anm. 14); M. Alliot, *Le culte d'Horus*, 142 ff., 181 ff.; H. W. Fairman, „A Scene of the Offering of Truth in the Temple of Edfu", 86–92; M. Weinfeld, „Instructions".

[55] *jtj jnj* – S. zu dieser Wendung J. J. Clère, in: *JEA* 54, 1968, 140 f.; J. Vandier, *famine*, 71–73; Gardiner, in: *JEA* 24, 1938, 124 f.

[56] Aus der Inschrift Edfou III 360–61 = Kom Ombo II, 245.

[57] Aus der Inschrift Edfou III 361–62.

[58] Vgl. *Amenemope* 19.5.

3. Die priesterliche Reinigungsbeichte

> *Verratet nicht das geringste göttliche Geheimnis, das ihr geschaut habt,*
> *streckt nicht die Arme aus nach den Gütern seines Tempels,*
> *laßt euch nicht hinreißen, seine Opfer zu rauben.*
> *<...>*
> *Übereilt euch nicht,*
> *gebt eurem Mund nicht freien Lauf,*
> *erhebt nicht die Stimme gegen die Worte eines Anderen,*
> *schwört keinen Eid in irgendeiner Sache,*
> *gebt der Lüge keinen Vorzug gegenüber der Wahrheit durch Verleumdung,*
> *sondern seid groß im pünktlichen Vollzug der Riten.*
> *Tut euren Dienst nicht nach eurer Phantasie,*
> *sondern beachtet die alten Schriften.*
> *Die Regel des Tempels liegt vor euch*
> *als Lehre für eure Kinder.*[59]

Und am Haupteingang im Pronaos, durch das der Hohepriester als Abgesandter des Königs den Tempel betritt:

> *[...]*
> *[Ich bin gekommen] auf dem Wege Gottes,*
> *ich habe nicht parteiisch geurteilt,*
> *ich habe nicht mit dem Starken gemeinsame Sache gemacht*
> *und den Schwachen habe ich nicht beeinträchtigt,*
> *ich habe nichts gestohlen,*
> *ich habe die Teile des Horusauges nicht vermindert,*
> *ich habe nicht [gefälscht] mit der Waage,*
> *ich habe das Zubehör des Gottesauges nicht verletzt.*[60]

In Ägypten wird die initiatorische Situation zyklisch wiederholt. Dadurch wird der initiatorische Priestereid zur „Reinigungsbeichte", die jährlich oder gar täglich zu vollziehen ist. So gehören zum Neujahrsfest Hymnen mit Reinigungsbeichten des Königs, die ähnliche Unschuldserklärungen wie die Priestereide und *Totenbuch*kapitel 125 enthalten:

> *Die Belastungen des vergangenen Jahres, die ihm (sc. dem König)*
> *anhafteten, sind vertrieben,*
> *die Belastungen dieses Jahres sind vertrieben,*
> *er hat ihnen den Rücken gekehrt.*
> *Er hat ihretwegen Versöhnungsopfer dargebracht*
> *und sein Gesicht der Herrin zugewandt.*
> *Wie willkommen bist du wieder!*

---

[59] A. Gutbub, a. a. O., 149 f.
[60] Edfou III 78–79, s. M. Alliot, *Le culte d'Horus* I, 142 f.; H. W. Fairman, in: *MDIK* 16, 1958, 91.

*Er hat nichts Verabscheuungswürdiges getan
gegen den Gott seiner Stadt,
er hat nichts Böses begangen.
Nichts wird gegen ihn verzeichnet werden im Gerichtshof der Schreiber der
    beiden Länder,
die Leiden zuteilen als Jahresration,
die die Übeltäter zur göttlichen Schlachtbank treiben.*[61]

So erklärt sich, daß gerade der König zuerst, schon in den *Pyramidentexten,*[62] als Sprecher von Unschuldsbekenntnissen auftritt. Die ausführlichste dieser königlichen Reinigungsbeichten hat Ramses IV. auf einer großen Stele für die Götter von Abydos aufgezeichnet. Sie hat überraschende Ähnlichkeiten mit der Liste A des *Totenbuch*kapitels 125:

Ich bin ein eingeweihter Herrscher,[63]
*ich habe nichts usurpiert, indem ich auf dem Thron meines Erzeugers bin
    wie der Sohn der Isis,
seit ich als König auftrat auf dem Thron des Horus.*

*Ich habe die Ma`at in dieses Land gebracht, als sie nicht darin war,
weil ich weiß, daß du leidest, wenn sie fehlt in Ägypten.
Ich habe deinem Ka viele Gottesopfer dargebracht
und verdoppelt, was vordem als tägliches Opfer festgesetzt war.
Ich habe die Hörigen deiner Stadt geschützt und deinen Ort behütet,
ich habe Dekrete erlassen, um deinen Tempel auszustatten mit allerlei
    Schätzen.*

*Ich habe meinem Vater nicht widersprochen
und meine Mutter nicht abgewiesen.
Ich habe dem Nil nicht gewehrt, wenn er nach Norden strömt,
ich bin nicht zum Gott eingetreten
in dem, was ihm Unreinheit ist in seinem Gotteshaus.
Ich lebe von dem, was er liebt
am Tage seiner Geburt in der Flammeninsel.
Ich habe keinen Gott gelästert und keine Göttin gekränkt.*

*Ich habe kein sich entwickelndes Ei zerbrochen,
ich habe nicht gegessen, was mir Abscheu ist,
ich habe den Elenden nicht seiner Habe beraubt
und den Schwachen nicht getötet.*

---

[61] Philae: Hymnus an Isis als „Neues Jahr", s. J. Gw. Griffiths, „Royal Renewal Rites"; Žabkar, *Hymnus,* 115–27.

[62] J. Leclant, in: *AnnCF* 1982/83, 532.

[63] *ḥq3 n bs,* wörtlich „ein Herrscher der Initiation".

3. Die priesterliche Reinigungsbeichte

> *Ich habe keine Fische im Gottes-See gefangen*
> *und keine Vögel im Fangnetz.*
> *Ich habe nicht auf Löwen geschossen am Bastetfest,*
> *ich habe nicht beim Widder von Mendes geschworen*
> *im Haus der Götter,*
> *ich habe den Namen des Tatenen nicht ausgesprochen,*
> *ich habe seine Brote nicht vermindert.*
>
> *Ich habe die Ma`at gesehen zur Seite des Re*
> *und habe sie aufsteigen lassen zu ihrem Herrn.*
> *Ich habe mich angefreundet mit Thoth in seinen Schriften*
> *am Tag des Spuckens auf seine Schulter.*
>
> *Ich habe niemanden angefochten auf dem Platz seines Vaters,*
> *weil ich weiß, daß das dein Abscheu ist.*
> *Ich habe das Getreide nicht abgeschnitten als es klein war,*
> *noch die m3tt-Kräuter, bevor sie gezählt waren.*[64]

Die ägyptische Gattung der priesterlichen Reinigungsbeichte hat eine nicht nur formale, sondern auch bis in Einzelheiten inhaltliche Parallele in den israelitischen „Tempeleinlaßliturgien" der Psalmen.[65] Der gemeinsame Ort beider Gattungen ist das Tempeltor. Die hebräischen Texte stehen nicht am Tempeltor wie die ägyptischen Beispiele, sondern werden von den Eintretenden am Tor rezitiert. Auch sie formulieren die spezifische Rechtschaffenheit und Reinheit, die von dem gefordert wird, der zu Gott eintritt:

> *Wer ungebrochen seinen Weg geht*
> *und wer gemeinschaftstreu handelt*
> *und wer Verläßliches redet in seinem Herzen*[66]
> *– nicht hat er verleumdet mit seiner Zunge,*
> *nicht hat er seinem Gefährten Bosheiten angetan,*
> *Schändliches brachte er nicht über seinen Nächsten.*
> > *Den in seinen (Gottes?) Augen Verächtlichen verachtete er,*
> > *den Gottesfürchtigen aber wird er ehren.*
> *Was er schwur – nicht ändert er es ‚zum Bösen'.*
> *Sein Silber gab er nicht um Zins dahin,*
> *Bestechungsgeld gegen den Unschuldigen hat er nicht genommen.*

---

[64] KRI VI, 23.

[65] K. Koch, „Tempeleinlaßliturgien und Dekaloge"; M. Weinfeld, „Instructions".

[66] In der Nebeneinanderstellung von „Handeln" und „Reden" – *po‘el sædæq dober æmæt* – erkennt man unschwer das ägyptische Paar *jrj M3‘t* und *dd M3‘t*, wobei der Zusatz „in seinem Herzen" diese Zweiheit zur gleichen Dreiheit „Handeln, Reden, Wollen" ergänzt, die wir in Kapitel III behandelt haben.

Wer dieses tut,
wird bis in ferne Zeit nicht wanken.[67]

Aus den negativen Formulierungen dieses Psalms, aber auch aus Texten wie Dt 26.13 ff. „läßt sich entnehmen, daß ein Israelit zu gewissen Anlässen beim Eintritt in das Heiligtum eine *Unschuldsbeteuerung* abgab" (Koch):

Nicht übertrat ich eines deiner Gebote.
Nicht vergaß ich eins.
Nicht aß ich davon (vom Geweihten), als ich in Trauer war.
Nicht habe ich etwas fortgeschafft, als ich unrein war.
Nicht gab ich davon einem Toten.[68]

Auf diesem „Nomos des Tempels" basiert offenbar Ez 18, wo es um die „Richtschnur der göttlichen Vergeltung", also eine ähnliche Situation wie im ägyptischen Totengericht geht:[69]

Wenn aber einer gerecht ist
und Recht und Gerechtigkeit übt,
nicht auf den Bergen [Opferfleisch] ißt
und nicht seine Augen erhebt zu den Götzen des Hauses Israel,
nicht das Weib seines Nächsten schändet
und nicht einem Weibe sich naht, wenn es unrein ist,
wenn einer niemanden bedrückt und, was er gepfändet, dem Schuldner zurückgibt,
nichts mit Gewalt an sich reißt,
sein Brot dem Hungrigen gibt und den Nackten bekleidet,
nicht auf Zins leiht und keinen Zuschlag nimmt,
seine Hand von Unrecht fernhält und redlichen Spruch fällt zwischen Mann und Mann,
wenn einer in meinen Satzungen wandelt und meine Gesetze hält, indem er treulich darnach tut,
der ist gerecht, der soll am Leben bleiben, spricht Gott der Herr.

Die Parallele zwischen der Situation des Priesters, der den Tempel betritt, und des Verstorbenen, der ins Jenseits eingeht, liegt auf der Hand. Beide betreten einen heiligen Ort, der durch die Gegenwart des Göttlichen geweiht ist. So erklärt sich, daß der Skopus des Ma`at-Bekenntnisses im Totengericht sich gegenüber den Weisheitstexten und biographischen Grabinschriften in Richtung auf die speziell vom Priester

---

[67] Ps. 15, Übers. K. Koch, a. a. O., 46 f.; weitere Beispiele: Ps 24; 26.
[68] S. K. Galling, „Der Beichtspiegel", 126; Koch, a. a. O., 49 f.
[69] Zur Beziehung von Ez 18 zu Tempeleinlaßliturgien s. Koch, a. a. O., 56 mit weiterer Literatur (Anm. 29).

3. Die priesterliche Reinigungsbeichte

geforderte Reinheit erweitert hat (was aber nur von A, nicht von B gilt). Darin liegt aber der Ansatz zu einer Verallgemeinerung oder „Demotisierung" priesterlicher Reinheitsvorstellungen, die dann zwar möglicherweise weniger die ägyptische, aber im vollen Umfang die israelitische Situation kennzeichnet.[70] Die Torah kodifiziert zu großen Teilen priesterliche Reinheitsvorschriften, deren Einhaltung vom ganzen Volk verlangt wird.[71]

Die Unschuldserklärungen des *Totenbuchs* haben denselben initiatorischen Charakter wie die Priestereide und Tempeleinlaßtexte. Geht es bei diesen um die Schwelle von der profanen Außenwelt zur geheiligten Tempelsphäre, so geht es bei jenen um die Schwelle vom Diesseits zum Jenseits. Wir haben bereits oben von einem *rite de passage* gesprochen und können nun dessen Charakter klarer eingrenzen: Es handelt sich um ein initiatorisches Reinigungsritual, nach dem Modell der priesterlichen Reinigungs-Initiation. Zur Initiation gehört die Rolle des Mystagogen, der den Novizen durch die Prüfung geleitet. In den Darstellungen der Herzwägungsszene finden wir Anubis und Horus, später dann auch Ma'at in dieser Rolle. Sie nehmen den Verstorbenen an der Hand, geleiten ihn in die „Halle der beiden Wahrheiten" und führen ihn schließlich, gerechtfertigt, vor Osiris.[72]

Die Initiation ist ein Akt der Sozialisation. Dem Initiierten wird der Status eines Mitglieds zuerkannt, das von jetzt an der betreffenden Gemeinschaft angehört, vorausgesetzt, daß er sich in der initiatorischen Reinheitsprüfung als würdig erwiesen hat. Das Verfahren gliedert sich also in zwei Akte: den Akt der qualifizierenden Prüfung, und den Akt der Aufnahme. Diese Zweiteilung prägt sich in den bildlichen Darstellungen aufs klarste aus. Im priesterlichen Sinn bedeutet Qualifikation vor allem Reinigung. Durch seine Reinheit qualifiziert sich der Priester zum Eintritt in die Gegenwart des Heiligen.[73] Daher wird in den Darstellungen der priesterlichen Initiation, bekannt unter dem Namen „die

---

[70] Z. B. Ex 19.6: „Ihr sollt mir ein Königreich von Priestern werden und ein heiliges Volk."

[71] Die extremste Position in dieser Hinsicht vertritt das Heiligkeitsgesetz Lev 19–26 vgl. hierzu H. Graf Reventlow, *Das Heiligkeitsgesetz*; A. Cholewinski, *Heiligkeitsgesetz und Deuteronomium*.

[72] Siehe das einzelne bei Seeber, a. a. O.

[73] Im Grab des Userhat, TT 51, findet sich auf der Südwand eine Darstellung der Reinigung des Toten, die in genauer Parallele zur auf der gleichen Wand dargestellten Herzwägung zweiteilig, in „Qualifikationsszene" und „Präsentationsszene" aufgebaut ist. In der „Qualifikationsszene" reinigen 4×2 Priester den Toten, der in der gleichen Stellung sitzt, wie in der Herzwägungsszene auf der einen Waagschale. In der jeweils anschließenden Präsentationsszene sitzt der Tote in identischer Haltung vor Osiris und dem Götterkollegium. S. N. de G. Davies, *Two Ramesside Tombs at Thebes*, Tf. XI und XIII.

Taufe Pharaos",[74] die Szene der Reinigung der Szene der Einführung vorangestellt. In der Totengerichtsszene steht an der Stelle der Reinigung die Herzwägung. Auch sie hat purifikatorischen Charakter. Die Überschrift zur Herzwägungsszene hebt genau die beiden Aspekte hervor, die die Herzwägung mit der Priesterweihe gemein hat, Reinigung und Einführung:

> *Den NN trennen von allen seinen Sünden*   (= Reinigung).
>
> *Das Antlitz aller Götter schauen*   (= Einführung).

So wendet sich der Initiand an die „vier Paviane, die am Bug der Sonnenbarke sitzen", mit einer längeren Anrufung, auf die wir in anderem Zusammenhang noch eingehen werden,[75] und bittet sie:

> *Beseitigt das Übel an mir, zerstört das Unrecht an mir,*
> *kein Unheil von mir gelange zu euch!*
> *Laßt mich das Totenreich öffnen, daß ich in Rasetau eintrete*
> *und die geheimnisvollen Tore des Westens durchschreite.*
> *Dann soll mir ein Kuchen gegeben werden,*
> *ein Krug (Bier) und ein Laib (Brot),*
> *wie diesen Verklärten, die ein- und ausgehen in Rasetau.*
>
> *Komm doch, wir haben dein Übel beseitigt und dein Unrecht zerstört!*
> *Was dich verletzen könnte, fällt dahin,*
> *und wir haben das Übel, das dir anhaftet, vertrieben.*
> *Tritt nun ein in Rasetau*
> *und durchschreite die geheimnisvollen Tore des Westens!*
> *Dir wird ein Kuchen gegeben,*
> *ein Krug und ein Laib,*
> *du gehst aus und ein nach deinem Wunsch,*
> *wie diese begnadeten (ḥzjj) Verklärten,*
> *die Tag für Tag innen im Horizont gerufen werden.*[76]

Der gereinigte und dadurch gerechtfertigte Initiand wird in die Gemeinschaft der Götter aufgenommen. Er erhält den Status eines ḥzjj („Gelobten", kopt. *hasie* „beatus"). Als solcher ist er ein Mitglied der Göttergemeinschaft, deren Vorsitzender Osiris ist. Ihm wird Nahrung von der Tafel des Osiris zugesprochen und ein Sitz in der Ratsversammlung:

> (Die Götter sagen:)
> *Als gerecht bezeugt ist der Schreiber Ani,*
> *wir finden kein Verbrechen und keine Anklage bei ihm,*

---

[74] A. H. Gardiner, „The Baptism of Pharaoh".
[75] S.u., Kapitel VI.
[76] *Totenbuch* 126, Übers. E. Hornung.

die Fresserin soll keine Gewalt über ihn haben.
Mögen ihm Brote zugewiesen werden von der Tafel des Osiris
und ein bleibendes Grundstück im Opfergefilde wie den Gefolgsleuten des Horus!

(Horus sagt:)
Ich bin zu dir gekommen, Wannafre,
um dir den Schreiber Ani zu bringen.
Sein Herz wurde als gerecht befunden auf der Großen Waage.
Kein Gott und keine Göttin haben ein Vergehen bei ihm gefunden.
Thoth hat ihn schriftlich beurteilt.
Was die Götterneunheit ihn betreffend sagte:
Als gerecht bezeugt, gar sehr.
Man möge ihm Brot und Bier geben von der Tafel des Osiris.
Er soll sein wie die Gefolgsleute des Horus.

(Ani selbst sagt:)
Siehe, ich bin vor dir, o Herr des Westens!
Keine Sünde ist in meinem Leib,
ich habe bewußt keine Lüge gesprochen
und beging kein Zweites Mal.
Laß mich sein wie deine Gelobten in deinem Gefolge![77]

4. Schuld und Individualität

Wir haben Ez 18 als Beispiel einer Rechtsordnung angeführt, die ähnlich wie das 125. Kapitel des *Totenbuchs* allgemeine ethische Forderungen, spezifische religiöse Vorschriften und den korrekten Umgang mit Massen und Gewichten verknüpft. Das 18. Kapitel des Buches *Hesekiel* ist aber noch in anderer Hinsicht auch für die Bedeutung der Totengerichtsidee aufschlußreich. Bekanntlich geht es hier um die Individualisierung der Schuld: „Der Zusammenhang der Generationen ist für den Nexus von Schuld und Sühne im mythischen Bewußtsein zwingend und einleuchtend. Hesekiel Kap. 18 markiert in dieser Perspektive religionsgeschichtlich einen Wendepunkt. Es ist in der Tat ein konstitutives Kapitel zur «Urgeschichte der Subjektivität». Denn im Lehrvortrag des Propheten Kap. 18 wird die Macht des mythischen Nexus von Schuld und Sühne in der Kette der Generationen gebrochen und die mythische Geisteslage entscheidend überschritten. Schuld und Sühne durch die Kette der Geschlechter ist die mythische Klammer, die in Stämmen und Völ-

---

[77] pBM 10.470 col. 3–4 ed. E. A. Budge, *The Book of The Dead*, 15 f. Vgl. zu den Beischriften der Wägeszene Seeber, a. a. O., 108–113.

kern die Logik des Geschehens zwischen Göttern und Menschen zusammenhält."[78]

Hesekiel wendet sich in diesem Kapitel gegen das Prinzip der genealogischen Kollektivhaftung, wie es in dem Sprichwort zum Ausdruck kommt: „Die Väter haben Herlinge gegessen und der Kinder Zähne sind stumpf geworden" (Ez 18.2 vgl. Jer 31.29). Dem stellt er das neue Prinzip der Schuldfähigkeit und Schuldhaftung des *Individuums* gegenüber:

> *Solches Sprichwort soll nicht mehr unter euch gelten in Israel. Denn siehe, alle Seelen sind mein; des Vaters Seele ist sowohl mein als des Sohnes Seele. Welche Seele sündigt, die soll sterben.*[79]

Was bei Hesekiel als Entdeckung des Individuums gefeiert wird,[80] gilt so bereits in vollem Umfang für die ägyptische Idee des Totengerichts. Genau wie bei Hesekiel ist es die individuelle „Seele", in Ägypten verkörpert durch das Herz, die an der Ma`at gemessen wird. Der individuierende Gedanke des Totengerichts tritt besonders deutlich hervor in gewissen Symbolen, die nach dem Zeugnis einiger Papyri dem auf der Waage geprüften Herzen beistehen sollen: *Meschenet*, die Personifikation des „Geburtsziegels" als Inbegriff der dem Kind „in die Wiege gelegten" Anlagen und Lebenschancen, *Renenet*, die Personifikation der „Erfüllung" (eigentlich „Ernte") als Inbegriff des Wachstums an Geist, Körper und Glücksgütern, und *Schai*, die Personifikation der „Lebensfrist", der dem einzelnen zugemessenen Lebensspanne.[81] Alle drei symbolisieren Individualität gegenüber der allgemeinen Norm der Ma`at, an der sich das Individuum messen lassen muß, und zwar im Sinne spezifischer Determinanten, die das individuelle Leben bestimmt haben, aber der Verantwortung des Individuums entzogen sind.[82]

Das „mythische" Prinzip der genealogischen Schuldhaftung basiert auf der Forderung, daß alle Rechnungen im Diesseits aufgehen müssen. Es

---

[78] J. Taubes, in: K. H. Bohrer, *Mythos und Moderne*, 461.

[79] Ez. 18.3–4 vgl. Taubes, a.a.O., 462.

[80] Vgl. v.a. H. Cohen, *Die Religion der Vernunft nach den Quellen des Judentums*, 214ff.: „Jecheskel unterscheidet sich von den sozialen Propheten dadurch, daß er die Sünde als die des Individuums entdeckt hat." Cohen behandelt im XI. Kapitel seines Buches sehr ausführlich den Zusammenhang von Schuld, Ich, Gewissen und Gott.

[81] J. Quaegebeur, *Le dieu égyptien Shai*, 88ff.; 92ff.; 152ff.

[82] Die gleiche Rolle spielen Schai und Renenet auch in Weisheitstexten des NR, vgl. bes. pChester Beatty IV 6,5–7: „Hüte dich davor, daß du sagst: 'Jedermann ist seinem Charakter entsprechend'. Unwissend und wissend ist ein und dasselbe. Schai und Renenet sind eingegraben in den Charakter mit der Schrift des Gottes selbst"; vgl. Morenz, *Gott und Mensch*, 128 und I. Grumach, *Untersuchungen zur Lebenslehre des Amenope*, 67. Man soll sich, wenn es um das Lernen geht, nicht auf schicksalhafte Determinanten berufen. Beim Totengericht hingegen spielen sie die Rolle mildernder Umstände.

4. Schuld und Individualität

*Herzwägung, mit den Symbolen der Individualität:
„Frist", „Bestimmung" und „Erfüllung", aus dem Totenbuch des Ani,
Papyrus Britisch Museum Nr. 10470 col.3 (Sethos I. um 1300 v. Chr.)*

gibt kein Jenseits, in das die Sühne einer Schuld verschoben werden könnte. Daher müssen gegebenenfalls die Söhne für die Sünden ihrer Väter einstehen „bis ins dritte und vierte Glied". In Ägypten haben wir ähnliche Rechtsinstitute im Zusammenhang des Erbrechts angetroffen. Die Nachkommen eines Habgierigen (d. h. eines Mannes, der sein Vermögen auf Kosten anderer erworben hat) gehen leer aus. Der Habgierige verfällt dem posthumen Verdikt der Gesellschaft, „sein Haus ist ein Feind der Stadt". Das Totengericht schafft hier einen Ausweg: Es verlagert das gesellschaftliche Verdikt in die Götterwelt. An die Stelle der Familie, des „Hauses" tritt die Seele, das „Herz" als Zurechnungssubjekt der Schuld.

In der Idee des Totengerichts gehen Weisheit, Moral, Recht und Religion eine unauflösliche Einheit ein. Um diese Einheit als solche beschreiben zu können, muß man zunächst rein theoretisch diese vier Begriffe unterscheiden. Man orientiert sich am besten am Leitfaden der Frage nach der zugrundeliegenden Polarität. Der Weisheit geht es um Gelingen und Scheitern (des Lebens), der Moral um Gut und Böse, das Recht erkennt man an der Androhung von Sanktionen (Lohn und Strafe), und in der Religion geht es um Rein und Unrein. Die Lebenslehren und biographischen Inschriften verbinden Weisheit mit Moral, sie setzen das Böse dem Scheiternden, und das Gute dem Gelingenden gleich. Im *Totenbuch* kommt nun die Androhung einer massiven Sanktion in Gestalt der „Fresserin" hinzu, die den Sünder mit vollständiger Vernichtung bedroht.[83] Der *rechtliche* Charakter der weisheitlichen und moralischen Forderungen tritt hier daher in aller Deutlichkeit hervor. Darüberhinaus aber trägt die ritualisierte Beichte alle Kennzeichen eines Reinigungsritus. Damit verschiebt sich der Schwerpunkt in Richtung einer spezifisch religiösen Komponente.

Die Einheit von Weisheit, Moral und Recht ist im Begriff der Ma`at angelegt. Gerechtigkeit empfiehlt sich im Sinne der Weisheit als Prinzip des Gelingens und der Beständigkeit, sie ist das Gute, das vom Menschen im Sinne der Moral gefordert wird, und sie wird im Sinne des Rechts mit Sanktionen durchgesetzt. Im Kontext der Idee des Totengerichts hat sich die Ma`at jedoch grundlegend verändert. Das entscheidende Element scheint mir der spezifisch religiöse Gedanke der Reinheit. Das ist eine vornehmlich negative Idee. Es geht um Reinheit von allem Bösen. Die Negativität liegt aber bereits im Begriff des Bösen, das als Übertretung eher eines *Verbots* als eines Gebots zu denken ist. Ausgangspunkt ist eine Instanz, die Forderung stellt: „Du sollst nicht..."; darauf antwortet der Mensch mit: „Ich habe nicht..." und „Ich werde nicht". Es geht um zwei Instanzen: Die eine ist ethischer, die andere religiöser Natur. Die Ethik stellt ihre Forderungen im Namen der Gemeinschaft und der Tugend, die Religion die ihren im Namen des Heiligen und der Reinheit, beide vornehmlich in prohibitiver Form. Im Zentrum beider normengebender Prinzipien steht das Verbot, die „verbotene Frucht",[84] und damit die *Schuld*. Reinheit ist Reinheit von Schuld. Im Kontext der Ethik bedeutet Reinheit von Schuld Tugend, im Kontext der Religion Heiligkeit, d. h. Qualifikation zum Umgang mit dem Heiligen.[85] Wer sich von Schuld rein hält, ist zum Eintritt ins Heiligtum befugt. Daher ist der Grundsatz „Ihr sollt heilig sein, denn ich bin heilig" im Kern priesterlich und bezieht sich auf die vom Priester geforderte Anpassung an das Heilige, dem sich zu nähern allein der Geheiligte befugt ist. In Ägypten bedeutet Reinheit nicht Angleichung an Gott, sondern an Ma`at.

Natürlich gehen in der geschichtlichen Wirklichkeit weisheitliche, moralische und religiöse Normen ineinander über. Das Gelingende wird mit dem Guten und mit dem Reinen (Gott Wohlgefälligen)

---

[83] Zur Frage der Verurteilten im Totengericht s. E. Hornung, *Altägyptische Höllenvorstellungen*.

[84] Vgl. H. Bergson, *Les deux sources de la morale et de la religion*.

[85] Auf den Doppelsinn des dt. Wortes „heilig", das darin genau dem hebr. *qadoš* entspricht und von diesem durch die Bibelübersetzungen geprägt ist, hat A. Dihle aufmerksam gemacht: *RAC* Lieferg. 105, 1986. Die meisten Sprachen unterscheiden sorgfältig zwischen der Heiligkeit des Heiligen (*sacer*) und der Heiligkeit des zum Umgang mit ihm Geweihten (*sanctus*). Letztere Bedeutung wird äg. mit w^cb „rein" ausgedrückt.

gleichgesetzt. Von einer klaren Unterscheidung der vier Sphären sind wir in Ägypten weit entfernt. Trotzdem ist es sinnvoll, die vier Prinzipien der Normengebung theoretisch auseinanderzuhalten. Denn nur so lassen sich die Schwerpunktverschiebungen beschreiben und erklären, die in der Begriffsgeschichte der Ma'at zu beobachten sind. Sie führen von einer ganz am Gelingensbegriff orientierten Weisheit, wie sie uns in der *Lehre des Ptahhotep* entgegentritt, zu einer am Begriff der Tugend orientierten Moral, wie sie die Biographien des Mittleren Reichs und die späteren Weisheitstexte entfalten, und zu einer spezifisch religiösen Fassung des Ma'at-Begriffs, der sich im Zusammenhang der Totengerichtsidee ausbildet und in der Spannung von Reinheit und Unreinheit steht. Jetzt geht es um religiöse Schuld. Ma'at wird zum Inbegriff des den Göttern Wohlgefälligen. Wer sich mit Ma'at erfüllt, wird heilig, im priesterlichen Sinne der Heiligkeit als Reinheit von Profanem und Profanierendem.

5. Die konzentrischen Kreise

Im Zuge der Entwicklung der Idee vom Totengericht und der damit verbundenen Kodifizierung der Gesetze, die bei der Unschuldsprüfung des Verstorbenen zugrundegelegt werden sollen, verändert sich die Konzeption der Ma'at. Unter dem Einfluß des ursprünglich priesterlichen Reinheitsgedankens tritt das weisheitliche Kriterium innerweltlichen Gelingens zurück gegenüber der Vorstellung göttlicher Forderungen. Man tut das Gute, nicht um damit weiterzukommen, sondern um vor Gott zu bestehen. Der Horizont einkalkulierter Handlungsfolgen weitet sich auf das Jenseits aus. Die Vorstellung vom Totengericht fixiert und „institutionalisiert" diese Ausweitung. Dadurch verliert dieser Horizont seine kasuistische Flexibilität, wie sie der Weisheit eigen ist, deren Ratschläge, je nach der Tragweite der jeweiligen Handlungsweise, einen Erfolg mal auf kürzere, mal auf längere Sicht implizieren. Das Totengericht legt ihn auf den Gesichtspunkt der Ewigkeit fest.

Die Idee vom Totengericht und die damit verbundene Kodifizierung der Ma'at als eines „Nomos des Jenseits" institutionalisiert einen dritten Horizont des Gelingens und Scheiterns. Die ersten beiden konstituieren sich durch das Leben vor dem Tode und die (diesseitige) Fortdauer nach dem Tode. Entscheidend ist nun, daß keiner der weiteren Horizonte die engeren entwertet, relativiert oder vergleichgültigt. Man könnte sich vorstellen, daß *sub specie aeternitatis* der Erfolg in der Beamtenkarriere und das Lob der Vorgesetzten und Kollegen in ihrer Bedeutung stark zurücktreten gegenüber dem Wohlgefallen Gottes an einem Lebenswandel im Sinne der Ma'at.[86] Genau das ist jedoch nicht der Fall. Mit der Ausweitung des Konzepts Ma'at auf das Jenseits tritt keine grundsätzliche „Verjenseitigung" ein. Ma'at ist das Kontinuum, das Diesseits und Jenseits verbindet. Der Erfolg einer ma'atgemäßen Lebensführung manifestiert sich im Diesseits, als Aufstieg in der Beamtenkarriere, in der Gunst des Königs und in der Liebe der Mitmenschen, und er setzt sich bruchlos im Jenseits fort: als Rechtfertigung im Totengericht, Freispruch vom Tode und ewiges Leben.

Für diese Auffassung der Ma'at ist die biographische Inschrift eines Scheunenvorstehers Baki, der im 14. Jahrhundert v. Chr. gelebt hat, aufschlußreich, in der es heißt:

Ich bin ein wahrhaft Gerechter, frei von Verfehlungen,
der Gott in sein Herz gegeben hat
und kundig ist seiner Macht.[87]
Ich bin gekommen zur ‚Stadt in der Ewigkeit',
nachdem[88] *ich das Gute (bw nfr) getan habe auf Erden.*
Ich habe nicht gefrevelt und bin ohne Tadel,
mein Name wurde nicht gefragt wegen eines Vergehens,
ebensowenig wegen eines Unrechts (jzft).

Ich frohlocke beim Sagen der Ma'at,
denn ich weiß, daß sie wertvoll ist[89]
für den, der sie tut auf Erden
von der Geburt bis zum ‚Landen'.
Ein trefflicher Schutzwall ist sie für den, der sie sagt,
an jenem Tage, wenn er gelangt zum Gerichtshof,

---

[86] Diese Position wird jedoch erst sehr spät erreicht, in der *Lehre des Amenemope* (aus der 21. Dyn., 11. Jh. v. Chr.), und auch hier nur ansatzweise. Der entscheidende Satz steht im 18. Kapitel:
Es gibt keinen Erfolg in der Hand Gottes,
und es gibt auch kein Scheitern vor ihm.
Vgl. hierzu I. Grumach, *Untersuchungen*, 124–128, die den Satz folgendermaßen paraphrasiert (127 f.): „Verzichtet (der Mensch auf eigenes Handeln), begibt er sich "in die Hand des Gottes,„ so fallen Erfolg und Mißerfolg als Wertmaßstäbe dahin. Sie sind nicht mehr die Außenseite ma'atgemäßen oder ma'atwidrigen Tuns, sondern freie Gnade des Gottes, der zwischen den Menschen und sein Werk tritt."

[87] Bzw. „Zorn"; zu diesem Sinn von *b3w* als strafende Macht s. Posener, in: *RdE* 27, 1975, 201 Anm. 9; Wente, *Late Ramesside Letters*, 46 (g); Gardiner, in: *JEA* 48, 1962, 62 Anm. 6 und vor allem J. F. Borghouts, „Divine Intervention".

[88] *jw* hier bereits als „Converter", d.h. Nebensatz-Marker im Sinne temporaler Unterordnung.

[89] *3ḫ*, eigentlich „strahlkräftig", „geistmächtig", auch „zauberkräftig", ebenfalls ein ägyptischer Zentralbegriff, der sich besonders auf den Jenseits- und Ewigkeitsnutzen bezieht.

5. Die konzentrischen Kreise

der den Bedrängten richtet[90] *und den Charakter aufdeckt,*
den Sünder (jzftj) bestraft und seinen Ba abschneidet.

Ich existierte ohne Tadel,
so daß es keine Anklage gegen mich und keine Sünde von mir gibt vor ihnen,
so daß ich gerechtfertigt hervorgehe,
indem ich gelobt bin inmitten der Grabversorgten,
die zu ihrem Ka gegangen sind.

(. . .)[91]

Ich bin ein Edler, der über die Ma`at glücklich ist,
der den Gesetzen der ‚Halle der beiden Ma`at' nacheiferte,
denn ich plante, ins Totenreich zu gelangen,
ohne daß mein Name mit einer Gemeinheit verbunden wäre,
ohne den Menschen Böses angetan zu haben
oder etwas, das ihre Götter tadeln.

(Ich verbrachte) meine Lebenszeit in günstigem Wind,[92]
bis ich meine Grabversorgtheit erreichte in Vollkommenheit.
Ich stand in der Gunst des Königs
und war beliebt bei seinen Hofleuten.
Der Palast und alle, die in ihm sind –
nicht war etwas Böses, das ich getan hätte, in ihren Herzen.
Die Menschen draußen desgleichen
jubelten über meine untadelige Gesinnung (bj3t).
Mein Name wurde gefragt im Palast
als Besitzer von Charakter, der das Wahre (bw m3ᶜ) tut.

Meine Tugend war im Herzen
meines Vaters und meiner Mutter,
die Liebe zu mir war in ihrem Leib.
(. . .) Ich ehrte den Größeren und grüßte den Geringeren
und beschimpfte nicht den, der mir überlegen war.
Ich wurde um Rat gefragt als einer, der Gutes sagt,
es gibt keinen widrigen Ausspruch, den ich getan hätte.

---

[90] Zitat aus der *Lehre für Merikare*, s. Anm. 22.

[91] Es folgt eine Großstrophe von 2×6 Versen, in denen Baki von seinem Erfolg im Königsdienst berichtet und hervorhebt, daß es „mein Charakter war, der meine Stellung vorangebracht hat und mich ausgezeichnet hat vor Millionen Menschen".

[92] *m3ᶜw*, „günstiger Fahrtwind", bezeichnenderweise ebenfalls eine Ableitung von der Wurzel *m3ᶜ*; meist in bezug auf die Fahrt des Sonnenschiffes, sehr selten auch in übertragenem Sinne für die „Wohlfahrt" des Menschen gebraucht, z. B. in den *Klagen des Oasenmannes*, B1, 55; Urk IV 944.2; *Amenemope* X, 11.

Hört dies, wie ich es gesagt habe,
ihr Menschen alle, die ihr sein werdet!
Seid glücklich über die Ma`at alle Tage
wie über ein Korn, dessen man sich nicht ersättigen kann.
Wenn ihr sie tut, wird es für euch wertvoll (3ḫ) sein;
der Gott, der Herr von Abydos, lebt von ihr alle Tage.
Ihr werdet eure Lebenszeit verbringen in Herzenslust,
bis ihr im Schönen Westen ruht.
Eure Bas werden Macht haben, ein und auszugehen,
‚frei schreitend wie die Herren der Ewigkeit',
fortdauernd mit den Vorfahren.[93]

Die letzten Verse dieses langen Textes, den man als einen Hymnus auf die Ma`at lesen kann, fassen die Lehre noch einmal bündig zusammen: Die Befolgung der Ma`at bewährt sich in drei Horizonten: (a) im diesseitigen Leben (`ḥ`w), (b) in der (diesseitigen) Fortdauer nach dem Tode (im „Schönen Westen") und (c) im Jenseits, in das der Mensch in Gestalt seines Ba hinübergeht. Ma`at ist das Gesetz des Gelingens, das alle drei Sphären verbindet. Mit dem Ausdruck „Gesetze der Halle der beiden Ma`at" sind explizit die rund 80 Verbote gemeint, die im 125. Kapitel des *Totenbuchs* aufgezählt werden und die im Neuen Reich – zumindest für einzelne – zur Grundlage eines gottgefälligen Lebens, einer ersten Form „methodischer Lebensführung", werden.[94]

Über tausend Jahre später, in der Zeit Alexanders des Großen oder seines Nachfolgers, legt sich ein Hohepriester des Thoth von Hermupolis ein Monumentalgrab in hellenisierendem Stil an, dessen Inschriften die gleiche Weisheit lehren. Ein Leben im Sinne der Ma`at, oder „auf dem Wege Gottes", wie es hier in einer gleichfalls traditionellen Wendung heißt,[95] bedeutet Glück und Erfolg im Leben, Fortdauer im Westen und Rechtfertigung im Jenseits:

Gut (3ḫ) ist es, auf dem Wege Gottes zu wandeln,
Großes gelingt dem, der ihn in sein Herz gibt.

---

[93] Turin, Stele 156, ed. Varille, in: *BIFAO* 54, 1954, 129–135.

[94] Vgl. hierzu Kapitel IX., § 1a.

[95] „Weg des Lebens" und „Weg Gottes" sind weitgehend synonyme Selbstbezeichnungen der ägyptischen Weisheit. Als „Weg Gottes" versteht sich z. B. die *Lehre des (Dua-)Cheti*: „Siehe, ich habe dich auf den Weg Gottes gesetzt" (pSallier II, 11,1–2, ed. W. Helck, *Die Lehre des Dw3-Ḫtjj*), als „Weg des Lebens" die *Lehre des Amenemope*, s. Grumach, a. a. O., 10 und 14. Zum Ausdruck „Gottesweg" im Sinne von „rechter Ordnung des Landes" s. Leclant, *Montouemhat*, 208 f. In der *Lehre für Merikare* ist mit dem Ausdruck „Weg Gottes" die Prozessionsstraße gemeint (P 125). Zur Wendung vom „Weg des Lebens" s. B. Couroyer, „Le chemin de la vie en Égypte et en Israel", in: *Révue Biblique* 56, 1949, 412–432.

5. Die konzentrischen Kreise

Sein Denkmal ist es auf Erden,
wer ihn in sein Herz gibt.
Wer sich auf dem Wege Gottes hält,
der verbringt(?) seine Lebenszeit in Herzenslust,
herrlicher als die aller seinesgleichen.
Er wird alt in seiner Stadt
und wird ein Grabherr in seinem Gau.
Seine Glieder verjüngen sich wie die eines Kindes,
seine Kinder sind zahlreich vor ihm
als Notabeln der Städte,
indem Sohn auf Sohn folgt.
Er ist anzuschauen wie die Sonne, wenn sie sich zeigt.
Der Respekt vor ihm ist in den Herzen der Männer,
die Liebe zu ihm in den Herzen der Frauen.
Er erreicht das Heilige Land (das Totenreich) in Freude,
in guter Balsamierung von der Arbeit des Anubis, während die Kinder
seiner Kinder an seinem Platz sind.
Es sagen zu ihm die Bewohner seiner Stadt,
wenn er aus dem Leben scheidet:
‚Das ist einer, der dem (Osiris) Chontamenti folgte,
kein Vorwurf ist an ihm!
Du wandeltest auf dem Wege deines Herrn Thoth.
Er ließ dir dieses auf Erden gelingen,
er wird dir Gleiches widerfahren lassen nach dem Tode!'[96]

Diese Inschrift handelt vom Kontinuum der Fortdauer, eine andere Inschrift desselben Grabes zieht die Linien über das Totengericht bis zum Jenseits aus:

Der Westen ist die Stadt dessen, der ohne Fehl ist.
Man lobt Gott wegen eines Mannes, der ihn erreicht hat.
Keiner gelangt dorthin, wenn nicht sein Herz ‚aufrichtig war im Tun der
Ma`at'.
Man macht dort keinen Unterschied zwischen Arm und Reich,
sondern (es gilt nur) wessen Fehl nicht gefunden wurde.
Waage und Gewicht stehen vor dem Herrn der Ewigkeit,
keiner ist davon befreit, Rechenschaft ablegen zu müssen.
Thoth sitzt als Pavian auf ihrem Tragbalken,
um jedermann zu berechnen nach dem, was er auf Erden getan hat.[97]

---

[96] G. Lefebvre, *Le tombeau de Petosiris* II, 36 f. Nr. 61 c; Übersetzung: E. Otto, *Biographische Inschriften*, 180 f.
[97] Lefebvre, a. a. O., 54 Nr. 81; Otto, a. a. O., 181.

Diese Inschriften vermögen einen Begriff davon zu geben, in welcher Weise die Idee des Totengerichts formend auf die diesseitige Lebensführung eingewirkt haben muß.[98] Zweifellos bildete vom Neuen Reich an das Totengericht einen Faktor im Denken und Handeln der Ägypter. Ein Indiz dafür ist die wachsende Anzahl von Zitaten und Anklängen aus dem 125. Kapitel des *Totenbuchs*, die sich in biographischen Inschriften findet, wofür als Beispiel für viele die Stele des Prinzen Chaliut aus Gebel Barkal zitiert sei:

> *Ich ‚tat' keine Lüge, den Abscheu der Götter,*
> *ich beraubte das Volk nicht,*
> *ich beging kein Unrecht,*
> *mein Herz übertrat nicht*
> *zum Nachteil der Armen.*
> *Ich tötete niemand ungerechtfertigterweise,*
> *wenn sein Verbrechen nicht vorlag.*
> *Ich nahm keine Bestechungsgeschenke an, um Unrecht zu tun.*
> *Ich lieferte keinen Diener der Hand seines Herrn aus.*
> *Ich verkehrte nicht geschlechtlich mit einer verheirateten Frau.*
> *Ich gab kein falsches Urteil.*
> *Ich fing nicht die Vögel der Götter.*
> *Ich tötete kein Gottesvieh.*
> *Ich nahm keine Gottesopfer weg,*
> *sondern gab allen Göttern und Göttinnen Opfer.*
>
> *Ich gab Brot dem Hungrigen,*
> *Wasser dem Durstigen, Kleider dem Nackten.*
> *Ich tat dies auf Erden, weil ich auf dem Wege der Götter wandelte*
> *und mich fernhielt von dem, was sie verabscheuen,*
> *um ein gutes Ende zu erreichen für die Kinder,*
> *die nach mir sein werden in diesem Lande*
> *in Ewigkeit.*[99]

Was allerdings auffällt, ist die Tatsache, daß hier nicht mehr von jenseitiger Unsterblichkeit, sondern allein von diesseitiger Fortdauer im Andenken der irdischen Nachkommenschaft die Rede ist. Schon E. Otto hat in seiner meisterhaften Analyse der biographischen Inschriften der Spätzeit auf die unverkennbare Skepsis aufmerksam gemacht, mit der in den Inschriften von einem Jenseitsleben die Rede ist, und auf ihre Hinwen-

---

[98] Vgl. auch kürzere Formulierungen bei Petosiris wie z. B. „Ich tat dies, weil ich nach dem Sterben zu Gott zu kommen gedachte und mir des Tages bewußt war, an dem die Herren der Ma`at über uns richten werden", Nr. 116,6.
[99] G. A. Reisner, in: *ZÄS* 70, 1934, 40.

dung zu einer „irdischen Unsterblichkeit, die durch die Kontinuität der Generationen und die Dauer der Erinnerung gewährleistet ist. <...> Die Vergeltung findet, wenn überhaupt, auf Erden statt; die Verklärung besteht im Fortleben des guten Namens, in der Erinnerung der Nachwelt."[100] Die Jenseitsskepsis der Spätzeit bildet einen wichtigen Kontrapunkt zum Religiöswerden der Ma'at, das mit der Ausbreitung der Totengerichtsidee verbunden ist. Aber nicht nur der fromme Petosiris, sondern auch der skeptische Chaliut bekennen sich zu den Forderungen des Totengerichts als einer Grundlegung diesseitiger Lebensführung und nennen dies „den Weg Gottes".

[100] Otto, *Biographische Inschriften*, 64.

VI. Die Rechtfertigung des Sonnengottes und das Gelingen des kosmischen Prozesses

1. Ma'at als Göttin

Die Bedeutung des Begriffs Ma'at erschöpft sich nicht in den Ordnungen des menschlichen Zusammenlebens in ihren weisheitlichen, moralischen, rechtlichen und religiösen Aspekten. Ma'at ist auch eine kosmische Ordnungsmacht. Dieser Aspekt des Begriffs ist so auffallend, daß er allgemein für den ursprünglichen gehalten wird; wir haben die Entstehung dieser Deutung in Kapitel I nachgezeichnet. Wenn wir uns im folgenden dem kosmischen Aspekt der Ma'at zuwenden, werden wir uns indessen weitgehend auf Quellen des Neuen Reichs zu stützen haben, einer Epoche, die eher am Ende der in den vorstehenden Kapiteln nachgezeichneten Geschichte des Ma'at-Begriffs steht. Die „kosmische Ma'at" hat jedoch eine andere Art von Geschichtlichkeit. Es hat den Anschein, als ob wir es hier mit Grundstrukturen des ägyptischen Weltbilds zu tun haben, die sich verhältnismäßig wenig verändern, weil sie weitgehend implizit bleiben. Im Gegensatz zur „sozialen Ma'at", die in verschiedenen Textgattungen diskurshaft entfaltet wird, gehört die kosmische Ma'at zur „impliziten Theologie" der alten Ägypter. Mit diesem Begriff, den ich in *Theologie und Frömmigkeit* eingehender entfaltet habe, beziehe ich mich auf jene grundlegende Bild- und Begriffswelt ägyptischen Denkens und Handelns, der die Datierbarkeit expliziter Diskurse abgeht.

Im Kosmos tritt uns Ma'at als eine Göttin entgegen. Sie wirkt hier nicht, wie in der Menschenwelt, als ein „Prinzip", eine Richtschnur des Denkens, Sprechens und Handelns, sondern als eine göttliche „Person" im vollen Sinne des Wortes, mit Attributen, Mythen, Funktionen, kurz: allen Wesenszügen, wie sie im polytheistischen Weltbild der Ägypter eine Gottheit als „Person" kennzeichnen. Als Person erscheint eine Gottheit in den Rollen, die sie in der Götterwelt spielt, also in den sie kennzeichnenden „Konstellationen".[1] Wenn Ma'at eine Göttin ist, dann muß

---

[1] Dem polytheistischen Denken liegt ein Personbegriff zugrunde, der das Wesen einer Person – und damit auch einer Gottheit – von den Bindungen und Beziehungen zu anderen Personen her bestimmt, in die sie eingebettet ist. Als handelnde Person kann man z. B. Horus nicht ohne Bezugnahme auf Osiris, Isis und Seth denken. So wird unter dem Aspekt der Konstellation hier nach den Bindungen gefragt, von denen

1. Ma'at als Göttin

als erstes nach den Konstellationen gefragt werden, in deren Rahmen sie als Gottheit wirksam ist.

Die für Ma'at charakteristischste Konstellation ist die der Tochter des Sonnen- und Schöpfergottes.[2] Die weibliche Dimension des Göttlichen entfaltet sich konstellativ in den drei Rollen der Tochter, Gattin und Mutter, und mit jeder dieser drei Rollen verbinden sich besondere Bündel von Rollen, Attributen, Merkmalen, Mythen. Natürlich gibt es viele Gottheiten, die in allen drei Rollen wirksam sind: Isis als *Mutter* des Horus, *Schwestergattin* des Osiris und *Tochter* des Sonnengottes, Hathor als *Mutter* des Ihi, (Mutter-)Gattin des Horus und Tochter(-Gattin) des Sonnengottes usw., und es gibt die für Ägypten besonders charakteristischen „inzestuösen" Rollenverschmelzungen der Muttergattin und Tochtergattin.[3] Denn jede Göttin erfüllt, gleichviel ob als Mutter, Gattin oder Tochter, zugleich die Funktion eines „weiblichen Komplements" in bezug auf den männlichen Gott, dem sie dergestalt zugeordnet ist. Ma'at ist also in erster Linie die Tochter des Sonnengottes (*z3t R'w*). Die Rollen, die mit dieser Konstellation verbunden sind, werden in einem Hymnus an Ma'at beschrieben, der im Grabe Ramses' VI. aufgezeichnet ist:

Sei gegrüßt, jenes Auge des Re,
von dem er lebt, Tag für Tag,
vor der sich Der (Gott) hinter der Kajüte fürchtet;
die verklärt hervorkam aus dem Haupt ihres Erzeugers,
Stirnschlange, die hervorkam aus seiner Stirn.[4]
Du bist die Strahlende, die ihn leitet,

---

her das personale Wesen der Ma'at gedacht wird. Ich nenne diesen Personbegriff, der sowohl die ägyptische (implizite) Anthropologie wie Theologie bestimmt, „konstellativ" (im Gegensatz etwa zu „monadisch"). Vgl. zum Begriff „Konstellation" *Liturgische Lieder*, 333–359; *Re und Amun*, 54–95; Assmann, „Persönlichkeitsbegriff und -bewußtsein"; *Ägypten – Theologie und Frömmigkeit*, 117–135.

[2] Wenn im Hymnus zur 7. Tagesstunde im *Stundenritual* (späte Fassung) von Re gesagt wird: „Der sitzt auf dem Schoß der Ma'at", dann erscheint hier Ma'at nicht als Tochter, sondern als Mutter des morgendlich neu geborenen Sonnengottes. In der Tat heißt es im Grab des Montemhet im Schlußtext zu diesem Hymnus: „Sei gegrüßt, Re, an diesem schönen Tage, an dem deine Mutter deine sieben Ka's zu dir aufsteigen läßt", womit, wie unten gezeigt wird, eindeutig Ma'at gemeint ist. S. *STG* 56f., Text 41 mit (e). Auch im Hymnus des Papyrus Chester Beatty IV erscheint Ma'at als Mutter des mit Re gleichgesetzten Amun, und zwar in ihrer Rolle als Uräusschlange:

Deine Mutter ist Ma'at, Amun,
dein allein ist sie, aus dir ging sie hervor,
erzürnt, um zu verbrennen, die dich angegriffen haben.

(*ÄHG* Nr. 195, 195–197).

[3] Vgl. hierzu Assmann, in: *LÄ* IV, 264–66.

[4] Oder „aus ihm"; zu dieser Bedeutung von *m-ḫnt* = *ḫnt* s. *Wb* III, 302.14.

> *die Recht spricht für Den mit verborgenem Namen,*[5]
> *der gerechtfertigt ist vor der Neunheit.*
> *Herrin der Furcht, groß an Hoheit,*
> *Ma`at, mit der Re beglückt ist,*
> *die ihm die beiden Länder befriedigt*
> *durch das, was sie den Göttern befiehlt,*
> *die das Übel fern hält, die das Unrecht verabscheut,*
> *die die Herzen der Neunheit befriedigt.*
> *Du bist die Waage des Herrn der beiden Ufer.*[6]
> *Schöngesichtige, wenn Re aufsteigt zu seinen [...],*
> *er ist geehrt durch sie, ihm werden Ovationen zuteil von seiten der großen*
>   *Götter,*
> *die ,Ba's' der beiden Reichsheiligtümer beten ihn an.*
> *Strahlkräftiger ist er durch sie als die Götter*
>   *in jenem ihrem Namen „Strahlende";*
> *Thoth hat sie gebracht und gezählt*
>   *– sie ist befestigt, strahlend, vollständig –*
>   *in jenem ihrem Namen Ipet.*[7]
> *Er hat sie belebt als Uräus*
>   *in jenem ihrem Namen als „Wegöffner",*
> *die ihn leitet auf dem Weg der beiden Horizonte*
>   *in jenem ihrem Namen ,Leiterin der Menschen',*
> *die sich aufrichtet an seinem Scheitel*
>   *in jenem ihrem Namen ,Uräus'.*[8]

Dieser Text gibt in der charakteristischen Weise ägyptischer Hymnen eine Rollencharakteristik der Ma`at im Rahmen der Vater-Tochter-Konstellation mit dem Sonnengott. Sie ist seine „Stirnschlange", sie „leitet" ihn, sie „rechtfertigt" ihn vor der Neunheit (dem Götterkreis von Heliopolis, siehe S. 173), sie „befriedet" ihm die beiden Länder, sie „hält das Übel fern", ist die „Waage" des Königs, wird dem Sonnengott als Opfer dargebracht, wird ihm von Thoth vervollständigt und gebracht und ist als sein „Uräus" zugleich sein „Wegöffner", seine Führerin und die „Leiterin der Menschen". Alle diese Rollen entsprechen genau der von

---

[5] = der Sonnengott.
[6] = des Königs; „die beiden Ufer" = Ägypten.
[7] Wortspiel zwischen *jp* „zählen", „gezählt, vollzählig sein" und dem Gottesnamen *Jpt*. Diese Verse spielen an auf die Rolle des Thoth bei der Vervollständigung des Horusauges als mythologische Ausdeutung der Mondphasen.
[8] A. Piankoff, *The Tomb of Ramses VI*, Tf. 105; Übers. 320f. E. Hornung, „Gerechtigkeit", 421, macht darauf aufmerksam, daß dieser Hymnus im Grabe Ramses' VI. „räumlich und inhaltlich ganz eng auf das Totengericht bezogen ist. Sein Hymnus steht in der Vorkammer zur Sarkophaghalle, dem Anruf an die Totenrichter direkt gegenüber."

W. Westendorf vorgeschlagenen etymologischen Grundbedeutung des Wortes *m3ʿt*, die er von dem Verbum *m3ʿ* „lenken, ausrichten, darbringen" ableiten möchte.[9] Wenn *m3ʿ*, nach Westendorfs glücklicher Formulierung, soviel bedeutet wie „den Dingen eine (und zwar die "richtige„) Richtung geben", dann ist Ma`at als Tochter des Sonnengottes die Kraft, die dem Sonnenlauf seine Richtung gibt. Damit aber hält sie die Welt insgesamt in Gang; denn der Sonnenlauf ist nach ägyptischer Vorstellung der Kosmos, der vom Ägypter nicht als Raum, sondern als Prozeß gedacht wird. Als „Kosmos" ist die Welt ein Prozeß, nicht anders als das Leben des Menschen. Ma`at wirkt lenkend, hier wie dort, indem sie den Prozeß in den richtigen Bahnen hält und zum Gelingen steuert. Ma`at ist eine regulative Energie, die das Leben der Menschen zur Eintracht, Gemeinsamkeit und Gerechtigkeit steuert und die kosmischen Kräfte zur Gesetzmäßigkeit ihrer Bahnen, Rhythmen und Wirkungen ausbalanciert. In einem anderen Hymnus an Ma`at aus der Ramessidenzeit werden die kosmische und die soziale Seite ihres Wirkens ausdrücklich zueinander in Beziehung gesetzt:

Die freie Fahrt gibt den Insassen der Barke,
die die Taue der Mannschaft in Ordnung hält,
das Steuerruder ‚knüpft', den Weg leitet
und die Flut beruhigt im Himmel:

Die Umringlerschlange, die die Sonnenscheibe umzingelt
und die Glieder ihres Begleiters schützt;
die schöne Führerin des Allherrn,
das Leben der ganzen Erde.

Die Nasen der Menschen [atmen] durch ihre Gabe,
ihre Zauberkraft ist in jedem Auge.
Ihre Schutzkraft gehört dem Palastbewohner (dem König),
ihre Stärke ist gegen die gerichtet, die sich gegen ihn empören.
Der Schrecken vor ihr durchzieht die Seevölker,
kein Leib ist frei von Furcht vor ihr.

Die Starkarmige in ihren Verkörperungen,
die [...] der Doppelkrone, die die Krummherzigen einsperrt,
die die Feinde ihres Vaters bestraft, deren Arm keiner abwehrt;
die den Bogen spannt und die Pfeile herauszieht,
die die Bösen zuhauf niederstreckt,
Feurige mit großer Lohe,
Flammende [...] mit aggressivem Gesicht.
[...]

---

[9] W. Westendorf, „Ursprung und Wesen der Ma`at".

Deren Platz vorn ist auf dem Haupt des Re,
die Götter verneigen sich bei ihrem Anblick.
Die [...] erscheint als Uto,
die Dame, die die Länder erhellt mit ihrer Schönheit.
Die Edle, die groß ist im Haus des Ptah,
Renenutet, die Herrin der Nahrung,
Iusaas im Fürstenhaus,
die Erste der Götter.

Eine Pforte ist die Ma`at des Atum,
die es dem Herzen wohl sein läßt auf seinem Platz;
die die Menschen durchforscht, die sich ihm zuwenden,
die Waage [des Herrn der beiden Ufer[10]],
Lebensodem für den, der ihr folgt;
die spricht und es geschieht auf der Stelle,
die Herren von Heliopolis sind in ihrem Leib.[11]

Wir werden alle diese Rollen behandeln, die Ma`at als Tochter des Sonnengottes spielt. Zunächst aber möchte ich auf jenen Aspekt eingehen, den diese Hymnen auf Ma`at überraschenderweise *nicht* berühren: die Rolle der Ma`at bei der Schöpfung. Die Ägyptologie ist sich ja darin einig – wir haben einige der entsprechenden Stellungnahmen im ersten Kapitel zitiert –, daß Ma`at ursprünglich und vor allem die Ordnung bezeichnet, die der Schöpfer im Akt der Schöpfung „gesetzt" habe. Schöpfung bedeutet, zumindest nach ägyptologischer Auffassung, Setzen der Ma`at. Es ist dies der kreative Akt schlechthin. Über diesen Aspekt aber schweigt sich der Ma`at-Hymnus aus. Wo ist in ägyptischen Quellen davon die Rede?

Eine Antwort auf diese Frage wird man vor allem in jenen Texten suchen, die von der „Schöpfung" handeln. Hier sind zunächst zwei Einschränkungen zu machen. Die eine betrifft den Begriff der „Schöpfung", die andere die Art und Weise, wie davon in ägyptischen Texten die Rede ist. Der Begriff der Schöpfung impliziert eine Dissoziation von Gott und Welt, indem er sie als Subjekt und Objekt des Schöpfungsprozesses unterscheidet: Durch die Schöpfung schließt Gott sich selbst aus der Welt aus.[12] Diesem transitiven Modell der Schöpfung steht das intransi-

---

[10] Vgl. den Hymnus Ramses' VI., Vers 15.
[11] Pap. Chester Beatty IV rto. cf. *ÄHG* Nr. 195, 64–101.
[12] Vgl. N. Luhmann, *Ökologische Kommunikation*, 186. Luhmanns Verständnis von Religion leidet an der in der Religionswissenschaft verbreiteten Gleichsetzung der biblischen Religion mit Religion überhaupt, bzw. der Nichtunterscheidung „primärer" und „sekundärer" Religionen. So gilt auch die Unterscheidung von Gott und Welt nur für solche Schöpfungsmythen, in denen der komplementäre Aspekt der Weltwerdung Gottes kategorisch ausgeblendet ist.

1. Ma'at als Göttin

Der Sonnengott als Widder zwischen Hathor und Ma`at, Pektoral aus Tell Moqdam, Ägyptisches Museum Kairo (22. Dyn., 9. Jh. v. Chr.)

tive Modell der Kosmogonie gegenüber, in der die Welt nicht als Objekt einer Schöpfungshandlung, sondern als Subjekt eines Selbstentfaltungsprozesses erscheint. Mit der sich entfaltenden Welt entstehen die Götter, die dann auch in ihr kreativ tätig werden, aber auf keinen Fall vor ihr und außerhalb ihrer denkbar sind. In der kosmogonischen Spekulation der Ägypter werden beide Aspekte verbunden, wobei bald der Akzent mehr auf dem intransitiven, bald mehr auf dem transitiven Aspekt liegt.[13]

Entscheidend ist, daß in jedem Falle auch die „Welt", die sich aus keimhafter Präexistenz in die raumzeitliche Existenz entfaltet, ihrerseits ein Gott, nämlich Atum, ist. Die landläufige Auffassung, daß Ma`at die von Atum bei der „Schöpfung gesetzte Ordnung" sei, vereinseitigt den transitiven Aspekt des Geschehens in einer dem ägyptischen Denken unangemessenen Weise. Die zweite Einschränkung betrifft die Natur der

---

[13] Vgl. hierzu *Re und Amun*, 218–246; Assmann, „Schöpfung", in: *LÄ* V, 1984, 676–690; Allen, *Genesis*.

Quellen. Texte, die die „Schöpfung" um ihrer selbst willen thematisieren und die in dieser Hinsicht mit dem babylonischen *Enuma Elisch*, dem Schöpfungsbericht der Bibel oder auch der Hesiodischen *Theogonie* zu vergleichen wären, gibt es in Ägypten nicht. Ein solcher Text, würde er einmal gefunden, wäre natürlich am ehesten geeignet, auf unsere Frage nach der Rolle der Ma`at im Schöpfungsgeschehen eine Antwort zu geben. Die einzigen ägyptischen Texte, die dem Ideal eines Schöpfungsberichts nahekommen, sind die „Götterlehre" des *Denkmals memphitischer Theologie*[14] und die *Aretalogie des Urgottes*, die nur im Zusammenhang des späten *Apophisbuchs*, eines apotropäischen Rituals, überliefert ist.[15] In beiden Texten suchen wir eine Erwähnung der Ma`at vergeblich.[16] Aber es gibt darüber hinaus eine reiche Fülle von Hymnen an Schöpfergötter, die in der Form längerer oder kürzerer Summarien auf den Schöpfungsprozeß Bezug nehmen, zuweilen sogar in der Form einer breiter angelegten Erzählung.[17] Dieser Art ist das Material, an das wir uns wenden müssen. Auch hier ist der Befund jedoch negativ. Von Ma`at ist im Zusammenhang der Schöpfung in diesen Texten nicht die Rede. Die Texte, die vom Setzen der Ma`at durch den Schöpfergott sprechen, reden in Wahrheit vom König. Sie vergleichen seine Aufgabe, auf Erden Gerechtigkeit, Eintracht und Ordnung herzustellen, d. h. den irdischen Dingen „eine Richtung zu geben", mit dem Schöpfungsakt des Atum. Immer ist es der König, der die Ma`at „setzt" und sich darin dem Schöpfer vergleicht.[18] Die Vorstellung der Schöpfungsordnung gehört

---

[14] K. Sethe, *Dramatische Texte*; H. Junker, *Die Götterlehre von Memphis*; S. Sauneron, J. Yoyotte, „La naissance du monde, 17–91; J. P. Allen, *Genesis*, 42–47, 91–93 (Text 15).

[15] pBremner-Rhind XXVI, 21 ff. und XXVIII, 20 ff. s. D. Lorton, in: *SSEA* 7, 1977, 17–23; Allen, a. a. O., 28–31 (Text 9).

[16] Im *Denkmal memphitischer Theologie* ist an entscheidender Stelle ein Satz ausgefallen, in dem vermutlich von der Ma`at die Rede war:
> So wurden die Ka's geschaffen und die Hemesut bestimmt,
> die alle Speisen und Opfer hervorbringen.
> <So wird Recht gegeben dem>, der tut was geliebt wird,
> <so wird Unrecht gegeben dem>, der tut was gehaßt wird.
> So wird Leben gegeben dem Friedfertigen,
> so wird Tod gegeben dem Verbrecher.
> (Sethe, *Dramatische Texte*, 64 f.)

Hier haben wir es mit der typischen Verbindung von Fülle (Versorgung) und Rechtsprechung (Verteilung) zu tun, vgl. dazu Kap. VII. Bemerkenswert ist allerdings, daß gerade Ptah den Titel *nb m3ʿt* „Herr der Ma`at" führt, in dessen Theologie der kosmopoietische Aspekt gegenüber dem kosmogonischen entschieden dominiert.

[17] *Re und Amun*, 226–246.

[18] Die beiden hierfür gewöhnlich angeführten Stellen aus den *Pyramidentexten* (Pyr 265 c und 1775 b) beziehen sich auf den König, der „in der Feuerinsel Ma`at an die

also in den Zusammenhang nicht des kosmologischen, sondern des politischen Denkens der Ägypter. Wir haben es hier nicht mit der „kosmischen", sondern mit der „politischen" Ma'at, der Ma'at des Staates zu tun. Das politische Handeln des Königs wird als Wiederholung und Fortsetzung der Schöpfung interpretiert. In diesem Zusammenhang erscheint Ma'at als „gesetzte Ordnung". Wo aber nach dem Wesen des Kosmos gefragt wird, erscheint Ma'at in einem ganz anderen Zusammenhang, nicht in dem der Erschaffung, sondern in dem der Inganghaltung der Welt. Vor dem Hintergrund dieser allgemeinen Gegebenheiten wird der Ausnahmecharakter jener Texte sichtbar, die wir im folgenden Abschnitt behandeln wollen und in denen Ma'at in der Tat im Zusammenhang der Weltentstehung als kosmogonisches Prinzip auftritt.

2. Ma'at als kosmogonisches Prinzip

In den *Sargtexten*, der Totenliteratur des Mittleren Reichs, findet sich eine umfangreiche Spruchgruppe oder „Liturgie", deren Rezitation dem Verstorbenen Macht über Luft und die vier Winde in der Unterwelt verschaffen soll, dazu die Verwandlung in den Luftgott Schu bzw. seinen „Ba",[19] den Wind.[20] In diese Liturgie ist eine Kosmogonie eingearbeitet, in der der Schöpfergott selbst über die Entstehung der Welt berichtet. Hier wird der Luftgott Schu als ein präexistenter Urgott vorgestellt, der schon vor der Weltentstehung mit seinem Vater Atum zusammen war, und zwar nicht nur er, sondern auch seine Schwester Tefnut, die mit dem Vater eine Art Drei-Einheit bildeten.[21] Der Text, darin ein ganz einzigartiges Dokument früher theologischer Spekulation, verläßt aber die Ebene traditioneller Mythologie, indem er die Eigennamen der beiden präexistenten Gotteskinder durch Begriffe ersetzt. Schu wird „Leben", Tefnut wird „Ma'at" genannt:

> *Da sagte Atum: ‚Tefnut ist meine lebendige Tochter,*
> *sie ist zusammen mit ihrem Bruder Schu.*

Stelle der Isfet gesetzt hat". Alle von Morenz, *Ägyptische Religion*, 120 f. beigebrachten Stellen beziehen sich auf den König.

[19] Als theologischer Begriff bezeichnet „Ba" die sinnlich erfahrbare Form, in der eine verborgene Macht sich manifestiert. Vgl. *Re und Amun*, 203 ff., bes. 206 f.

[20] Sprüche 75–83, CT I, 314 – II, 48. Übersetzungen: R. O. Faulkner, *Coffin Texts* I, 72–88; P. Barguet, *Textes des sarcophages*, 462–474. Bearbeitung: J. Zandee, in: *ZÄS* 97–101, 1971–74. I. Shirun-Grumach, „Remarks on the Goddess Ma'at", 173–201.

[21] Vgl. A. de Buck, „Plaats en beteekenis van Sjoe"; J. Zandee, „Sargtext Spruch 80". In Spruch 121 bezeichnet sich der als Schu und Sohn des Atum auftretende Tote als „Gefährte der Ma'at".

„Leben" ist sein Name,
„Ma`at" ist ihr Name.
Ich lebe zusammen mit meinem Kinderpaar,
zusammen mit meinem Zwillingspaar,
indem ich mitten unter ihnen bin,
der eine an meinem Rücken, die andere an meinem Bauch.
„Leben" schläft mit meiner Tochter „Ma`at",
eines in mir, eines um mich herum,
ich habe mich aufgerichtet zwischen ihnen, indem ihre Arme um mich waren'.[22]

Was hier beschrieben wird, ist der kosmogonische Augenblick, an dem Präexistenz in Existenz umschlägt. Das Denken in Konstellationen tritt in diesem Text sehr deutlich hervor. Die Konstellation des Urgottes zu den beiden aus ihm hervorgegangenen Kindgöttern wird auf zweifache Weise ausgemalt: Erstens als „zwischen", wobei Schu-Leben hinter, und Tefnut-Ma`at in typischer Weise „vor" dem Urgott steht:[23] Dieses Zwischen als ein von vorn und hinten Umgebensein ist auch in den spätzeitlichen Ausformungen des Mythos zentral.[24] Zweitens als „innerhalb" (von innen erfüllend) und „außerhalb" (von außen umgebend): Diese Konstellation ist für das Begriffspaar „Ba" und „Sechem" typisch, jener beiden Aspekte der königlichen Macht, von denen es in den *Pyramidentexten* und sonst heißt, daß sie „im" König (Ba) und „um ihn herum" sind (Sechem).[25] Was den Menschen von außen umgibt, sind Ornat und Insignien, also die äußeren Symbole der Macht, und was ihn von innen erfüllt, sind Wille, Kraft und inneres Vermögen. „Ma`at" ist dem äußeren, kommunikativen Aspekt zugeordnet, der Erscheinung des Gottes, als sein Kleid und Ornat,[26] „Leben" seinem inneren, voluntativen, seelischen Aspekt.[27] Dargestellt wird der Moment, in dem der bewußtlos

---

[22] CT II 32b–33a; vgl. W. Schenkel, „*z3.t* ‚Kindchen', *t3.t* ‚Jüngchen'". Zur Bedeutung antagonistischer Götterpaare als Symbol der Existenz und der Zeit vgl. B. H. Stricker, „Tijd"; Allen, *Genesis*, Text 8.

[23] Die Stellung „vor" Atum ist für Ma`at kennzeichnend, vgl. dazu unten.

[24] E. Winter, *Ägyptische Tempelreliefs*, 76ff.

[25] *Liturgische Lieder*, 346f. mit Verweis auf Pyr 753a; 2098; 2010. In Pyr 1559 erscheinen überraschenderweise Ba „um" den König und Sechem „in seinem Inneren". Pyr 1364c heißt es „Dein Ach ist ‚um dich', dein Sechem ist ‚in deinem Inneren'; Pyr. Neith 742: "Dein Ach gehört dir in deinem Inneren, dein Ba gehört dir um dich herum". Vgl. a. CT VII 45i: „Dein Ka ist hinter dir, dein Ba in deinem Inneren."

[26] Vgl. CT II 3h–4b, 29fg, 30cd vom Wind als dem Kleid des Schu.

[27] Diesen Sinn der Konstellation *m ḥnw – m ḥ3* „innen – um herum" hat J. Zandee nicht erkannt, der sie deshalb, in überflüssig erscheinender Duplizierung von *r-s3 – r ḫt*, ebenfalls als „vor" und „hinter" wiedergeben möchte, s. ZÄS 101, 1974, 70. Wenn *m ḫn(w).f* aber einmal etwas anderes als „in seinem Inneren" heißt, dann gerade nicht

2. Ma'at als kosmogonisches Prinzip

(*nnjw*) im Urwasser treibende Urgott zu Bewußtsein kommt und aus handlungsunfähiger Mattigkeit in Bewußtsein, Wille und Handlung eintritt:

> ‚Ich bin am Schwimmen und sehr ermattet,
> meine Glieder (?) sind träge.
> Mein Sohn „Leben" ist es, der mein Herz erhebt.
> Er wird meinen Geist beleben, nachdem er diese
> meine Glieder zusammengerafft hat, die sehr müde sind.'
> Da sprach Nun (das Urwasser) zu Atum:
> ‚Küsse deine Tochter Ma`at, gib sie an deine Nase!
> Dein Herz lebt, wenn sie sich nicht von dir entfernen.
> Ma`at ist deine Tochter,
> zusammen mit deinem Sohn Schu,
> dessen Name „Leben" ist.
> Du wirst essen von deiner Tochter Ma`at;
> dein Sohn Schu, er wird dich erheben.'[28]

„Küssen" und „Essen": das sind die beiden Formen, in denen Atum die „vor ihm" befindliche Ma`at sich einverleibt. Denn „Küssen" bedeutet ägyptisch „einatmen". Wir werden diesen beiden typischen Formen der „Einverleibung" auch im Zusammenhang des Sonnenlaufs begegnen. Sie bilden die „rezeptive" Seite der Re-Ma`at-Konstellation, in deren „operativer" Seite Ma`at als die Stirnschlange des Sonnengottes nach außen wirkt und seine Feinde vertreibt.

Auf einer weiteren Stufe der Ausdeutung werden Schu-Leben und Tefnut-Ma`at dann auch als „Neheh-Ewigkeit" und „Djet-Ewigkeit" bezeichnet. In Spruch 78 stellt Schu sich und Tefnut als Neheh und Djet vor: „Ich bin Neheh, der Vater der Heh-Götter, meine Schwester Tefnut ist Djet"[29], und in Spruch 80 sagt der Sprecher als „Ba des Schu" zu den Heh-Göttern (den Verkörperungen des Luftraums):

> Er (Schu) hat euch Geb und Nut zugezählt,
> denn er ist Neheh und Tefnut ist Djet.[30]

Neheh und Djet sind Begriffe für die Fülle und Unabsehbarkeit der Zeit. Dabei bezeichnet Neheh das unabsehbare „Immer-Wieder" der Stunden, Tage, Monate, Jahre: die unaufhörliche Bewegung der in sich kreisenden

---

„vor ihm", sondern „in seinem Rücken", in Opposition zu *ḥft ḥr.f*, nämlich im Zusammenhang der Gerätefriese als Bezeichnung ihrer Position im Sarge, s. *Wb* III, 368 und Settgast, *Bestattungsdarstellungen*, 111.

[28] CT II 34g-35h.
[29] CT II 23a-b.
[30] CT II 28d.

Zeit, Djet die unendliche und unwandelbare Dauer dessen, was sich in der Zeit ereignet und vollendet hat.[31] Das zugrundeliegende Weltbild findet sich 600 bis 700 Jahre später dargestellt auf einem Schrein des Tutanchamun[32] und in den Königsgräbern der Ramessidenzeit als Begleitbilder zum „Mythos von der Himmelskuh".[33] Im einen sieht man den kuhgestaltigen Himmel, an dessen Bauch die Sonnenbarken fahren, emporgehoben von Schu und gestützt von acht „Heh-Göttern", im anderen Neheh und Djet als Halter der Himmelsstützen.[34] Aus dem Neuen Reich ist ein Hymnus überliefert, in dem Neheh und Djet sowohl als Himmelsträger wie auch als Himmelsschöpfer auftreten.[35] Offenbar hat der Ägypter Raum und Zeit verknüpft: Die Zeitfülle oder „Ewigkeit" ist es, die sich im kosmogonischen Prozeß als „Luft", als tragender und ordnender Zwischenraum zwischen Himmel und Erde schiebt und so zugleich die Zeit und den Raum hervorbringt, in denen das Leben sich entfalten kann. Neheh und Djet, die beiden Aspekte der Zeit, sind *kosmogonische Prinzipien*, die als räumliche und zeitliche Ausdehnung die Welt hervorbringen und in Gang halten.

Die Zuordnung von „Leben" und „Neheh", „Ma`at" und „Djet" folgt einerseits dem grammatischen Geschlecht der Wörter, hat andererseits aber auch eine inhaltliche Bedeutung. Ma`at wirkt, wie in den ersten Teilen unserer Untersuchung gezeigt wurde, in der sozialen Welt als Dauer und Bestand, als die Form, die das „Leben" gewinnen muß, um nicht zu vergehen. Genau diese Fortdauer des Bestehenden ist mit dem Begriff Djet gemeint. Zur Djet, zu unwandelbarer Fortdauer gelangt, was „gut", d. h. nach der Etymologie des Wortes: „ausgereift, vollendet" ist, während das Mangelhafte vergeht. Ma`at ist das Prinzip des Guten, nach dem sich zu richten und zu formen hat, was zur Vollendung gelangen will.

Die „Lufthaftigkeit" hat die Zeit mit „Leben" und „Wahrheit" gemeinsam. Daher können in dem *Sargtext*, der von dem Luftgott handelt,

---

[31] Vgl. hierzu Assmann, *Zeit und Ewigkeit* und „Das Doppelgesicht der Zeit". Die Ausbildung eines dichotomischen Zeitbegriffs erklärt sich aus der Aspektopposition Imperfektiv:Perfektiv oder Inaccompli:accompli, die dem Ägyptischen wie den meisten semitohamitischen Sprachen zugrundeliegt. Die Bedeutung der beiden Begriffe entspricht aber auch überraschend genau der Opposition von „Beständen" (vgl. djet) und „Ereignissen" (vgl. Neheh) in N. Luhmanns Skizze einer „Theorie der Zeit", in: *Vertrauen*, 8–17.

[32] A. Piankoff, *The Shrines of Tutankhamen*, fig. 47 bei 143; W. Westendorf, MÄS 10, Tf. 3 Nr. 6.

[33] Zu den Beziehungen der Spruchgruppe CT 75–83 zum *Buch von der Himmelskuh* s. Piankoff, *Shrines*, 35; K. Sethe, *Amun und die Acht Urgötter von Hermopolis*, 73 § 143; E. Winter, *Ägyptische Tempelreliefs*, 86 ff.

[34] E. Hornung, *Himmelskuh*, 81–87.

[35] Text in den Gräbern TT 158 und 222 s. Assmann, *Zeit und Ewigkeit*, 37 f.

2. Ma'at als kosmogonisches Prinzip

alle diese Begriffe füreinander eintreten: Der Luftgott Schu ist „Leben" und „Zeitfülle", die Luftgöttin Tefnut ist „Wahrheit" und „Dauer". Die Lufthaftigkeit der Ma'at kommt in ihrem Attribut, der Feder, zum Ausdruck.[36] Auch in den Texten wird Ma'at oft Luft oder Atem genannt und als Luftgöttin gepriesen:

> *Sei gegrüßt, Ma'at, Herrin des Nordwinds,*
> *die die Nasen der Lebenden existieren läßt*
> *und dem-in-seiner-Barke Luft gibt.*[37]

In dem oben angeführten Hymnus aus pChester Beatty IV:

> *Das Leben der ganzen Erde,*
> *die Nasen der Menschen atmen durch ihre Gabe.*
> *(...)*
> *Lebensodem für den, der ihr folgt.*[38]

An Schu:

> *Du lenkst (m3ᶜ) die Barke in gutem Segelwind (m3ᶜw nfr)*
> *in jenem deinem Namen „Ma'at".*[39]

Auch andere Texte heben den Luftcharakter der Ma'at hervor. „Ma'at-Tun ist Atemluft für die Nase" heißt es in den *Klagen des Oasenmannes*.[40] Und der Wesir Rechmire rühmt sich in seiner Autobiographie:

> *Ich habe Ma'at aufgerichtet bis zur Höhe des Himmels,*
> *und durch die Weite der Welt ließ ich ihre Schönheit wandern,*
> *damit sie die Nasen erfülle wie der Nordwind*
> *und die Bitterkeit vertreibe.*[41]

Dadurch wird Ma'at zwar nicht zur „Luftgottheit", wie I. Shirun-Grumach sie deutet, aber zu einer Gottheit von luftartigem Wesen, in Analogie zu den Gottheiten der Zeit und des Schicksals. Ihr Wesen ist, wie wir sagen würden, immateriell. Da den Ägyptern aber die Unterscheidung von „Geist" und „Materie" fremd ist, drücken sie Immaterialität mit Hilfe der Luft als einer besonders feinen, unsichtbaren, allgegenwärtigen und alldurchdringenden Substanz aus. Luftartig ist sie aber nicht nur hinsichtlich ihrer Immaterialität, sondern auch hinsichtlich ihrer Lebensnotwendigkeit. Wie atmen und sehen die Lebensäußerungen *par excellen-*

---

[36] I. Shirun-Grumach, a.a.O. Zur Lufthaftigkeit der Ma'at s.a.Bleeker, *Beteekenis*, 46–54.
[37] Stele des Haremhab BM 551, Urk IV 2094–99; *HT* VIII Tf. 28; *ÄHG* Nr. 58.
[38] *ÄHG* Nr. 195, 71–72 und 99.
[39] pMagHarris I.9 und III.3.
[40] B 1, 147; R 197, s. Vogelsang, 127.
[41] Urk IV 1077.13–16.

ce, so sind Luft und Licht die fundamentalen Lebenselemente. Schu ist der Gott der „lichterfüllten Luft", sein Symbol ist die Feder, und dies ist auch die Bedeutung der Ma`at-Feder. Schu und Ma`at sind nicht nur Luft- sondern auch und vor allem typische „Lebensgottheiten".[42]

Die Kosmogonie in Spruch 80 der *Sargtexte* formuliert daher einen Gedanken von erstaunlicher Tiefe und Tragweite, wenn sie dem präexistenten Urgott „Leben" und „Ma`at" als kosmogonische Urkräfte zugleich beigesellt und gleichsetzt, in derselben Weise, in der 2000 Jahre später das Johannesevangelium den Logos bestimmt. Bevor Gott überhaupt anfangen kann zu handeln, muß er zu Bewußtsein kommen, indem er diese beiden in ihm schlummernden Urkräfte, Leben und Wahrheit, aus sich heraussetzt: „Als er Einer war und zu Dreien wurde", wie es in dem Text heißt.[43] Leben und Wahrheit sind uranfängliche Wesenheiten: Sie waren am Anfang, waren bei Gott, und Gott war Leben und Wahrheit. Das ist die Quintessenz des zitierten Spruchs der *Sargtexte*. Es gibt aber einen gewichtigen Unterschied zum Logos des Johannesevangeliums. Der Logos ist ein transitives, „kosmopoietisches" Prinzip: Durch ihn erschafft Gott die Welt. Leben und Wahrheit aber sind intransitive, kosmogonische Prinzipien. Sie erschaffen nicht die Welt, sondern ermöglichen die Weltwerdung Gottes.

Wir stoßen hier auf jene Verbindung von „Schöpfung" und „Kosmogonie", die, wie oben gezeigt, für das Weltbild der frühen Hochkulturen insgesamt konstitutiv ist. Nach unseren Begriffen schließen sich die beiden Konzepte gegenseitig aus. Die Konzeption der Schöpfung impliziert eine Dissoziation von Gott und Welt. Auf der einen Seite ist der Schöpfer, auf der anderen die von ihm erschaffene Welt. Die Konzeption der Kosmogonie dagegen identifiziert Gott und Welt.[44] Die Welt ist eine Emanation Gottes, sie entspringt einem Akt der Selbstentfaltung des Gottes. In den ägyptischen Texten treten die beiden Konzeptionen jedoch – wir haben darauf bereits hingewiesen – immer in unauflöslicher Verbindung auf und scheinen sich zu einer komplementären Relation zu verbinden. Der Gott, aus dem die Welt hervorgeht, wird zugleich als Schöpfer in ihr wirksam. Aber das älteste, ursprünglichste und bis zuletzt dominierende Modell bleibt doch die Kosmogonie. In ihrer klassischen Form tritt sie uns z. B. in der Kosmogonie von Heliopolis entge-

---

[42] Zum Begriff des „Lebensgottes" s. *Re und Amun*, 246–263; Assmann, *Ägypten – Theologie und Frömmigkeit*, 209–215. Zu Ma`at als Lebensgöttin s. J. Bergman, *Ich bin Isis*, 187 Anm. 4; E. Otto, *Gott und Mensch*, 27; Assmann, in: LÄ II, 759.

[43] CT II 39e.

[44] Vgl. E. Voegelin, *Order and History* I, 41 mit Bezug auf das *Enuma Elisch*: „... in the Enuma Elish it is not God who creates the world. The Gods *are* the world and the progressive structural differentiation of the universe is, therefore, a story of the creation of the gods."

gen, die die Stadien der Weltentstehung als einen Stammbaum mit vier Generationen darstellt:

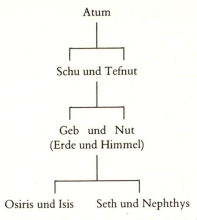

Sargtext 80 ist eine Elaboration des ersten Teils der heliopolitanischen Kosmogonie:

Der Text deutet das erste Götterpaar nicht als Bereiche der sichtbaren Welt (wie dann Himmel und Erde), sondern als kosmogonische Prinzipien: Leben und Wahrheit. Leben und Wahrheit wirken nicht von außen (wie der Logos) in die Welt hinein, sondern sie wirken in der Welt, indem sie den kosmischen Prozeß in Gang bringen und in Gang halten. Sie gehen aber nicht nur aus Atum hervor, sondern bilden mit ihm zusammen eine Triade, die geradezu als Trinität, d. h. als Drei-Einheit verstanden werden muß. Der Vorgang der kosmogonischen Initialzündung wird in *Sargtext* 80 in der Form einer Trinitätslehre dargestellt, die ihre engste Parallele in einem spätantiken Text aus den *Chaldäischen Orakeln* hat. Dort heißt es, in der Zusammenfassung von A. Dihle:

„Der Vater, als reines Geistwesen auch Erster Nous genannt, repräsentiert das unveränderliche, ewige Sein. Er entläßt aus sich die Dynamis, die reine ungelenkte Bewegung, das Leben und Wollen. Beide, als männliches und weibliches Prinzip, bringen gemeinsam den Zweiten Nous hervor, welcher der unbegrenzten Bewegung Grenzen, Ziel und

Bewußtsein gibt und so zum Schöpfer des geordneten Universums wird."[45]

In der ägyptischen Trinität repräsentiert Atum, wie sein Name sagt, das „All" und das „Noch-Nichtsein", die in der Präexistenz undifferenzierte Ganzheit des Seins, die sich in der Existenz zur Vielheit entfaltet. Er entläßt aus sich „Leben" und „Wahrheit", wobei „Leben" ziemlich genau der *dynamis*, und Ma`at dem *deuteros nous* des griechischen Modells entsprechen, „Leben" als „die reine ungelenkte Bewegung, das Leben und Wollen", Ma`at als die Kraft, die „der unbegrenzten Bewegung Grenzen, Ziel und Bewußtsein gibt". So ergibt sich – darin liegt das Gemeinsame der beiden zeitlich und geistig so weit voneinander entfernten Texte – eine trinitarische Konstellation kosmogonischer Prinzipien, die das Zwischen, die „liminale Phase"[46] zwischen Präexistenz und Existenz kennzeichnet.

3. Ma`at im Sonnenlauf

a) Der Sonnenlauf als Herrschaft und Lebensprozeß: Allgemeines

Der Ursprung des Bösen: die Spaltung der Welt. Was mit dem kosmogonischen Augenblick anhebt, da der im Urwasser treibende präexistente Urgott, dessen Name Atum „das All" und „das Nichts" bedeutet, „zu Dreien wurde", indem er sich mit den in ihm schlummernden Urkräften „Leben" und „Wahrheit" zu einer Dreiheit vereinigte, ist der Sonnenlauf. Daher heißt dieser Anbeginn ägyptisch „das Erste Mal".[47] Es handelt sich hier nicht um eine Schöpfung, als deren Endresultat eine geschaffene Welt vorliegt, sondern um einen kreisläufigen Prozeß, der mit dem „Ersten Mal" anhebt und sich in unendlichen Wiederholungen vollzieht. Daher würde der Ägypter mit dem, was wir „Kosmos" oder „Weltordnung" nennen und wofür es im Ägyptischen – zumindest auf Wortrang – keine äquivalenten Ausdrücke gibt, weniger an einen wohlgeordneten Raum denken als an einen *gelingenden Prozeß*. In der ägyptischen Konzeptualisierung des Sonnenlaufs als einer Barkenfahrt über den Himmel und durch die Unterwelt artikuliert sich der ägyptische Begriff von Kosmos und Weltordnung.

Der große Unterschied zwischen dem „Ersten Mal" und seinen alltäglichen Wiederholungen, d. h. zwischen der Kosmogonie und der je ge-

---

[45] Chald.Or. fr 4f.; 7; 12 des Places, vgl. A. Dihle, *Vorstellung vom Willen*, 119.

[46] V. W. Turner, *The Forest of Symbols*, Kap. IV: „Betwixt and Between: the Liminal Period in *Rites de passage*".

[47] S. hierzu v. a. E. Hornung, „Verfall und Regeneration".

Die Sonnenbarke, Gebäude des Taharka am heiligen See von Karnak (25. Dyn., um 680 v. Chr.)

genwärtigen Welt, ist die Anwesenheit des Bösen. Dem Ägypter ist die Vorstellung eines kosmogonischen Kampfes fremd, bei dem der Kosmos aus dem Sieg über das Chaos hervorgeht. Die Kosmogonie wird als widerstandslose Selbstentfaltung des Guten konzipiert. Die Idee einer Präexistenz des Bösen, das dem Guten weichen muß, und damit ein in irgendeiner Weise negativ besetzter Begriff von „Chaos" ist in den ägyptischen Quellen nicht greifbar. Präexistent ist vielmehr, wie wir gesehen haben, die Ordnung. Der Umschwung in den je gegenwärtigen Weltzustand, der demgegenüber durch die ständige Wirksamkeit zerstörender Gegenkräfte charakterisiert ist, bleibt ziemlich im dunkeln. Einer der Mythen, die davon handeln, wie das Böse in die Welt kam, ist das „Buch von der Himmelskuh".[48] Hier wird der Umschwung auf eine Empörung der Menschen gegen den altgewordenen Sonnengott zurückgeführt. Zwar kann sich der Sonnengott der Aufrührer erwehren, aber „sein Herz ist es allzu müde, mit ihnen zusammen zu sein".[49] Er zieht sich an den Himmel zurück, der nun erst über die Erde gewölbt und vom Sonnengott im Zyklus von Tag und Nacht umkreist wird. So entsteht die Trennung von Göttern und Menschen, von Diesseits und Jenseits.[50]

---

[48] Hornung, a. a. O. nennt es aus diesem Grund eine „Ätiologie des Unvollkommenen". Vgl. auch L. Kákosy, „Ideas about the Fallen State"; ders., „Urzeitmythen und Historiographie".

[49] Hornung, *Himmelskuh*, Vers 105: 10, 40, 59.

[50] Vgl. hierzu L. Kákosy, „A nap királysga. Az egyiptomi aranykormitozok"; H. te Velde, „Separation of Heaven and Earth". Allg.: W. Staudacher, *Die Trennung von*

Auch der Mythos von der Entstehung der Unterwelt, also einer weiteren Differenzierung der Welt in der Jenseitssphäre, führt diesen Schritt auf eine Empörung zurück; hier sind es „die Kinder der Nut", die „das Geschaffene zerstört haben". Das kann sich, nach dem Zusammenhang, nur auf den Mord an Osiris beziehen.

Alle mythologischen Anspielungen auf diesen „Fall" sind sich darin einig, daß hier eine ursprüngliche Einheit zerstört wurde und ein Zuwachs an Differenzierung und Trennung eintrat. Der Begriff des „Falles" (*lapsus*) trifft daher nicht den Kern der ägyptischen Vorstellung. Angemessener ist der Begriff der „Trennung" oder „Spaltung". Es handelt sich um „Spaltungsmythen", die dem Prozeß der Entfaltung und Differenzierung der Welt eine gewaltsame, tragische Bedeutung geben. Es sind schwere Konflikte, die zur Spaltung der Welt führen, zur Trennung von Leben und Tod,[51] Tag und Nacht,[52] Himmel und Erde,[53] Himmel, Erde und Unterwelt,[54] Göttern und Menschen,[55] Frieden und Krieg.[56]

Es handelt sich um einen „sekundären Dualismus". Der Antagonismus gehört nicht zum Urprinzip der Kosmogonie, er kommt nachträglich in die Welt und offenbar in verschiedenen Schüben, die zu einer Steigerung von Differenzierung, Komplexität und Negativität der Welt führen. Auch der Antagonismus von Gut und Böse bzw. Ma`at und Isfet gehört dazu. Die Welt, wie sie ist, der *status quo*, ist geprägt durch diesen Antagonismus. In der „gespaltenen" Welt muß sich das Gute gegen den Widerstand des Bösen durchsetzen. Die ägyptische Kosmologie, die den Begriff des Kosmos als „gelingenden Prozeß" konzipiert, deutet das Gute als „Bewegung", das Böse als „Stillstand". Die täglichen Wieder-

---

Himmel und Erde; H. Th. Fischer, *Het heilig huwelijk van Hemel en Aarde*, Utrecht 1929; K. Marot, „Die Trennung von Himmel und Erde", in: *Acta Antiqua* 1, 1951, 35–63; A. Seidenberg, „The Separation of Sky and Earth at Creation", in: *Folklore* 70, 1959, 477–82; 80, 1969, 188–96; 94, 1983, 192–200; G. Komoróczy, „The Separation of Sky and Earth: The Cycle of Kumarbi and the Myths of Cosmogony in Mesopotamia", in: *Acta Antiqua* 21, 1973, 21–45; K. Numazawa, „The Cultural-Historical Background of Myths on the Separation of Sky and Earth", in: A. Dundes (Hrsg.), *Sacred Narrative. Readings in the Theory of Myth*, Berkeley 1984, 182–92.

[51] „Ehe der Tod in die Welt gekommen war": Pyr 1466. Vgl. S. Schott, *Die Reinigung Pharaos*, 55, wo es vom gereinigten König heißt: „Pharao ist Horus im Urwasser, der Tod hat keine Macht über ihn." Schott erklärt diese Aussage damit, daß das Urwasser älter ist als der erst nach der Schöpfung entstandene Tod.

[52] *Buch von der Himmelskuh*, vgl. Hornung, a. a. O., Verse 132–33.

[53] Vgl. H. te Velde, „Separation of Heaven and Earth".

[54] *Totenbuch* 175.

[55] *Buch von der Himmelskuh*.

[56] *Himmelskuh* ed. Hornung, Verse 133–139 (mit dem Resumé: „das ist der Ursprung des Gemetzels unter den Menschen").

holungen des „Ersten Males" haben es daher mit einem Feind zu tun, der den Sonnenlauf und damit den als Prozeß konzipierten Kosmos zum Stillstand bringen will. Dadurch verändert der Vorgang seinen Sinn. Stehen beim Ersten Mal die göttlichen Handlungen im Zeichen der Kosmogonie, so stehen sie beim täglichen Kreislauf im Zeichen der Überwindung antagonistischer Gegenkräfte. Diese Gegenkräfte verkörpern die „Isfet" auf kosmischer Ebene. Ma'at ist das Prinzip ihrer Überwindung.

Man hat das ägyptische Weltbild treffend ein *perpetuum mobile* genannt, weil es sich in der ewigen Wiederkehr zyklischer Abläufe vollzieht.[57] Aber dieses „technomorphe" Bild impliziert eine mechanistische Automatik, die der Dramatik des Geschehens, so wie die ägyptischen Texte es darstellen, nicht gerecht wird. Der Ägypter visualisiert den kosmischen Prozeß vielmehr in bio- und soziomorphen Bildern. Der Sonnenlauf erscheint so zum einen als Ausübung von *Herrschaft*, die sich nur in fortwährender Überwindung des „Rebellen"[58] behaupten kann, und zum anderen als die Daseinsform eines *Lebens*, das nur in fortwährender Überwindung des Todes möglich ist: Unter diesem Aspekt altert der Sonnengott täglich und sinkt als gestorbener Greis „jenseitsversorgt"[59] in die Unterwelt hinab, um am Morgen als Kind wiedergeboren zu werden.

„*Ma'at vor Re*". Ma'at ist die Göttin, mit deren Hilfe der Sonnengott den Kosmos in Gang hält. Sie verkörpert das „Gelingen" des Weltprozesses. Mythisch wird das in vielen Bildern ausgemalt, die Ma'at als die Tochter des Sonnengottes „vor Re" zeigen. Der Alttestamentler Othmar Keel hat mit dem ihn auszeichnenden feinen Gespür für den Sinn räumlicher Verbildlichungen mythischer Beziehungen dieses Erscheinen der Ma'at „vor Re" mit den biblischen Überlieferungen der Göttin „Weisheit" (Hokhmah) zusammengebracht, die „vor Jahwe spielt".[60] In Ägypten hat dieses „vor" allerdings zwei Bedeutungen, die auch in zwei verschiedenen Präpositionen ausgedrückt werden. Wenn Ma'at m-ḫ3t R'w „vor Re", d.h. „ihm voraus" bzw. wörtlich „an seiner Stirn" erscheint, dann ist an Ma'at als *Nsrt*, die „zornflammende" Uräus-Schlange, gedacht, die an der Stirn des Sonnengottes als Zeichen seiner Königsherrschaft erscheint oder am Bug der Sonnenbarke ihm „den

---

[57] Ph. Derchain, „Perpetuum Mobile".

[58] *sbj*, „Rebell" ist die häufigste Bezeichnung des Apopis, zumindest in den Sonnenhymnen.

[59] Zum Begriff *jm3ḫ* in bezug auf den Sonnengott s. *Re und Amun*, 83 ff.; *Liturgische Lieder*, 63 f.

[60] O. Keel, *Die Weisheit spielt vor Gott*, 63–68.

Weg öffnet". Wenn Ma'at *m-b3ḥ R'w* „vor Re", d. h. „ihm gegenüber", oder *ḫft ḥr.f* „vor seinem Angesicht" erscheint,[61] ist Ma'at als *wḏ3t*-Auge gemeint, das ihm von Thoth als Symbol der Unversehrtheit, der wiederhergestellten Ordnung dargebracht wird bzw. an die Ma'at, die der Sonnengott „küßt", „einatmet", „ißt", die Opfergabe, die der König „zu ihm aufsteigen läßt". Einmal ist Ma'at das Herrschaftsinstrument des Gottes, das andere Mal seine Lebenssubstanz. Als beistehende Gottheit erscheint Ma'at in den Sonnenhymnen. Sie umarmt und küßt den Sonnengott, oder sie erscheint an seiner Stirn. „Ma'at umarmt dich allezeit", so schließt die erste, den Sonnenaufgang beschreibende Strophe des am weitesten verbreiteten Sonnenhymnus,[62] „Du verbringst den Tag in deiner Barke freudigen Herzens, Ma'at ist erschienen an deiner Stirn", heißt es in einem anderen sehr beliebten Text.[63]

In dieser aktiven und passiven bzw. operativen und rezeptiven Bedeutung der Konstellation „Ma'at vor Re" finden wir den Zirkel von Tun und Ergehen wieder, der uns auch in anderen Zusammenhängen entgegengetreten war: die Vorstellung, daß die Tat zum Täter zurückkehrt. In der menschlichen Sphäre haben sich die Ägypter diesen Kreislauf nicht als einen Automatismus vorgestellt. Die Vorstellung einer „schicksalswirkenden Tatsphäre" war ihnen fremd. Die Tat kehrt dann, und nur dann, zum Täter zurück, wenn das Prinzip Ma'at wirksam ist, also unter den Menschen die solidarische Reziprozität des Aufeinander-Hörens und Füreinander-Handelns herrscht. Die Rückwirkung der Tat auf den Täter, im Guten wie im Bösen, ist nach ägyptischer Vorstellung abhängig von der in einer Gesellschaft herrschenden Gerechtigkeit; man könnte auch sagen: von der „kommunikativen Verfaßtheit" der sozialen Welt. Sie ist also eine Sache der Kultur und nicht der Natur, und der Mensch ist fortwährend aufgerufen, sie aktiv ins Werk zu setzen. Daher ist die Ma'at etwas, das ihm zugleich als Richtschnur seines Handelns vorgegeben und als Ziel seines Handelns aufgegeben ist, eine Sache des Seins *und* des Sollens.

Der Mensch „lebt" von dem, was in Worten und Taten „aus ihm hervorgeht". Was aus ihm herauskommt, wirkt auf ihn zurück, kraft der „kommunikativen Verfaßtheit" der Welt, in die hinein er sprechend und handelnd sich äußert. Wir haben dieses Reziprozitätsprinzip, das in seiner reinsten und abstraktesten Form, der „Goldenen Regel", in Ägypten

---

[61] *M3't m-b3ḥ R'w*: Pyr 1774b; 490b s. Kees, *Götterglaube*, 248; Schott, in: *ZÄS* 78, 1943, 8 Anm. 1.

[62] *Liturgische Lieder* III.1, s. 270f.

[63] *Liturgische Lieder* II.1, s. 177–179.

3. Ma'at im Sonnenlauf

Ma'at im Sonnenlauf, als geflügelte Schutzgöttin (mit Hathor, links) und als Anbeterin des Sonnengottes (im Inneren der Sonnenscheibe); Pektoral des Scheschonq aus Tanis (22. Dyn., 10. Jh. v. Chr.)

nicht belegbar ist,[64] auf verschiedenen Ebenen in verschiedenen Formulierungen kennengelernt: „Der Lohn eines Handelnden liegt in dem, was für ihn getan wird",[65] im Totengericht „wird Ma'at gegeben dem, der sie bringt und Isfet dem, der mit ihr kommt",[66] in der Schöpfung des Ptah wird „<Recht gegeben dem>, der tut was geliebt wird und <Unrecht gegeben dem>, der tut was gehaßt wird. So wird Leben gegeben dem Friedfertigen, so wird Tod gegeben dem Verbrecher." Im Sonnenlauf geht es ebenfalls um einen Tun-Ergehen-Zusammenhang. Denn hier geht es sowohl um Handlung oder vielmehr einen komplexen Zusammenhang vieler verschiedener Handlungen, eine „konzertierte Aktion" mit dem Zweck der In-Gang-Haltung der Welt, als auch um einen intransitiven Lebensprozeß. Ma'at verkörpert das Gelingen des transitiven („Tun") wie des intransitiven („Ergehen") Aspekts dieses Zusammenhangs.

---

[64] Vgl. A. Dihle, *Die goldene Regel*.
[65] Vgl. o., Kapitel III.
[66] Totb 17 = Urk V 57.7–8 vgl. Kap. III, Anm. 21.

b) Die zornige Gerechtigkeit. Der Sonnenlauf als Herrschaftsausübung

Als Handlung bzw. „konzertierte Aktion" bedeutet der Sonnenlauf die Ausübung von Herrschaft. Der Sonnengott übt diese Herrschaft in der Form einer Barkenfahrt aus, d. h. einer „Königsreise" derselben Art, wie sie der ägyptische König nach seiner Thronbesteigung durchführt zum Zeichen seines Herrschaftsantritts und wohl auch danach noch, vor allem in der Frühzeit des ägyptischen Staats, regelmäßig vollzieht.[67] Eine solche Königsreise bei Herrschaftsantritt führt z. B. Haremhab nach seiner Krönung in Theben durch und vergleicht sich darin mit dem Sonnengott:

> *Stromabfahren seitens Seiner Majestät*
> *als ein Bild des Harachte.*
> *Siehe, er hat das Land gegründet*
> *und in Ordnung gebracht entsprechend der Zeit des Re.*[68]

Die Barken sind daher die „Königsschiffe" des Sonnengottes und als solche weniger Instrumente der Fortbewegung als der Herrschaftsausübung, und das heißt: der Rechtsprechung und der Versorgung. Daher tragen die Barken das Richtgerät als Symbol der Jurisdiktion und die Falkenstandarte als Symbol der Königsherrschaft und verweisen in beidem auf die Frühzeit des ägyptischen Staates als die Epoche, in der einerseits der ägyptische König seine Herrschaft weitgehend zu Schiff ausüben mußte (weil ein interlokal integrierendes bürokratisches System noch nicht existierte) und andererseits die ägyptischen Vorstellungen vom Sonnenlauf sich in Spiegelung irdischer Verhältnisse konkretisierten. Daher, als Instrumente einer vor allem dem Recht zum Durchbruch verhelfenden Herrschaftsausübung, heißen die beiden Sonnenboote in den frühen Quellen „die beiden Ma`at".[69] Unter den Bedingungen der „gespaltenen Welt" heißt Herrschaftsausübung vor allem Kampf: Überwindung von Widerständen, Behebung der Krise, Bezwingung des Feindes.

Der Feind tritt der Sonnenbarke in Gestalt einer riesigen Wasserschlange entgegen, die mit ihrem „Bösen Blick" die Barkengötter zu hypnotisieren[70] und mit ihrem Maul den Himmelsozean auszusaufen droht.[71] Im

---

[67] S. hierzu O. Firchow, „Königsschiff und Sonnenbarke"; R. Anthes, „Sonnenboote in den Pyramidentexten"; *Re und Amun*, 71 f.

[68] Urk IV 2119.10–12.

[69] Wenn später die Halle des Totengerichts „Halle der beiden Ma`at" genannt wird, liegt es nahe, hier einen Bezug zu den beiden Sonnenbarken zu sehen. In der Tat scheint ja das Totengericht mit dem „Barkengericht" des Sonnengottes zusammenzuhängen, vgl. dazu J. Spiegel, „Der Sonnengott in der Barke als Richter".

[70] J. F. Borghouts, „The Evil Eye of Apopis".

[71] *Liturgische Lieder*, 198 f.

3. Ma'at im Sonnenlauf

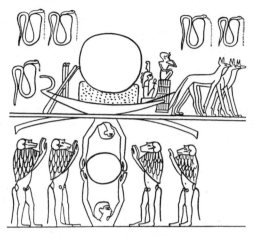

*Ma'at am Bug der von Schakalen
durch die Unterwelt gezogenen Nachtbarke,
Papyrus des Khonsu-Renep (10. Jh. v. Chr.)*

Zeichen der Ma'at vollzieht sich die Überwindung des Feindes nicht in der Form eines Kampfes, sondern eines Gerichts. Der Feind wird „bestraft" (*szwn*[72]), der Sonnengott wird „gerechtfertigt".[73] Für die Ägypter ist die gerichtliche Auseinandersetzung das Urbild jeder Konfrontation antagonistischer Kräfte. Was in anderen Kulturen der Kampf, ist in Ägypten der Prozeß. Der Inbegriff des Sieges ist daher der gerichtliche Erfolg, der in der Rechtfertigung und in der Bestrafung des Prozeßgegners besteht. Zum Kampf kommt es erst gar nicht in der vom Sonnengott durchgesetzten Herrschaftsordnung. Die rebellische Absicht des Feindes wird rechtzeitig durchschaut, das Urteil gefällt und die Strafe vollzogen (wobei die Vollstreckung in der Hand beistehender Gottheiten liegt).

Opferlitaneien an den Sonnengott, die die beistehenden Gottheiten in der Barke anrufen, nennen Ma'at an erster Stelle:

*Ma'at am Bug der Barke des Re,
Isis am Bug der Barke des Re,
Hathor am Bug der Barke des Re,
Hu am Bug der Barke des Re,
Sia am Bug der Barke des Re,*

---

[72] *Liturgische Lieder*, 301, 11; *Re und Amun*, 77.
[73] Zahlreiche Belege, vgl. z. B. *Liturgische Lieder*, 181 f.

*Chons am Bug der Barke des Re,
Seth am Bug der Barke des Re.*[74]

Darstellungen der Sonnenbarke zeigen Ma`at als vorderste Gottheit am Bug.[75] Licht und Bewegung der Sonne werden als ein Werk der Ma`at ausgedeutet. Ma`at leitet den Sonnengott, sie öffnet ihm die Wege am Bug der Barke[76] und ermöglicht so die Bewegung der Sonne, und sie erscheint als Strahlende an seiner Stirn und verkörpert das von der Sonne ausgehende Licht:

*Isis ist dies, die an seiner Stirn ist als Ma`at,
sie weist ihm die Wege beim Queren des Himmels.
Sein Ebenbild, das Auge des Re.*[77]

In den Umkreis dieser Mythen scheint auch der Mythos von der „Fernen Göttin" zu gehören, der einem der bedeutendsten Tempelfeste der ägyptischen Spätzeit zugrundeliegt. Tefnut, die Tochter des Sonnengottes, hat sich von ihrem Vater getrennt. Dürre und Zwietracht herrschen in dem verödenden Land. Aber Re schickt Schu aus, die zürnende Schwester heimzuholen, dem es mit dem Beistand des Weisen Thoth gelingt, sie zu besänftigen und im Triumph nach Ägypten zurückzubringen.[78] Der Mythos wird gewöhnlich mit der Verlagerung der Sonnenbahn in Verbindung gebracht, deren Verschiebung nach Süden als Trennung ausgedeutet würde.[79] Das mag für die Spätzeit zutreffen. Anspielungen auf diesen Mythos finden sich aber bereits in den *Sargtexten*. Auch hier entfernen sich Tefnut und Schu, und das „Auge" wird ausgesandt, sie zurückzuholen.[80] Im Neuen Reich scheint dieser Mythos eine bedeuten-

---

[74] *Re und Amun*, 75f. Belege: Ritual für Amenophis I, pChester Beatty IX rto.6, 3–10 und pKairo+Turin C 8,7 – T 19,8; Gardiner, *Hieratic Papyri in the British Museum*, 3rd. ser. I, 88f. (19), Tf. 52–53; Nelson, in: *JNES* 8, 1949, 231 ep. 33; Ramesseum: Champollion, *Not.* I, 598, 906; Mundöffnung, Sz. 59C (ed. Otto II, 134ff.). Vgl. *Liturgische Lieder*, 351f. m. Anm. 61 und Assmann, in: *LÄ* III, 1064 s. v. Litanei.

[75] Medinet Habu 421C u. ö. Zu Ma`at am Bug der Barke des Re vgl. auch J. Bergman, *Ich bin Isis*, 198–203; Bleeker, *Beteekenis*, 38ff.

[76] In dem o. zit. Hymnus aus dem Grabe Ramses' VI. wird Ma`at in dieser Funktion geradezu Upuaut gleichgesetzt. Zur Gerechtigkeit als Wegöffner s. auch Ps 85.14 und Jes. 58.8.

[77] CT VII 379 c-d.

[78] H. Junker, *Der Auszug der Hathor Tefnut*; ders., *Onuris-Legende*.

[79] W. Spiegelberg, *Der ägyptische Mythos vom Sonnenauge in einem demotischen Papyrus der römischen Spätzeit*, 877. Zuletzt H. Sternberg, *Mythische Motive und Mythenbildung*, 227ff. § 5.3.2.

[80] CT II 5; 33; vgl. 270; CT IV 174 b–e; vgl. auch pBM 10188, 29, 3–5, einen Papyrus aus der Spätzeit, der aber auf einer den *Sargtexten* nahestehenden Tradition fußt. Mit dieser Aussendung des „Auges" hängt ein anderes Motiv zusammen, dem-

3. Ma'at im Sonnenlauf

de Rolle gespielt zu haben. Das früheste Beispiel einer literarischen (d. h. nicht kultischen oder magischen) „mythologischen Erzählung", leider nur in schwer verständlichen Resten auf einigen Papyrusfragmenten in Moskau erhalten, behandelt diesen Stoff.[81] Hier heißt die Göttin *Nsrt* „die Flammende", wird also mit jenem Namen der Ma'at genannt, der sich auf ihre Rolle als „zornflammende Gerechtigkeit" bezieht, in der sie vom Sonnengott ausstrahlt und von Thoth (als *wḏ3t*) zurückgebracht werden muß. Als *Nsrt* ist Ma'at die Stirnschlange des Sonnengottes, Symbol seiner Königsherrschaft. Von ihr handelt der Mythos der Fernen Göttin.[82] Damit ist seine bisher nur aus griechisch-römischer Zeit bekannte[83] literarische Ausgestaltung schon tausend Jahre früher belegbar und läßt sich auf seinen Ursprung in der Sonnenlauf-Mythologie zurückführen.[84]

Im Mythos und in der Gestalt der *Nsrt*, der „zornflammenden" Ma'at, wird das Licht der Sonne gedeutet als die gegen das Böse gerichtete, aggressive Glut der zornigen Gerechtigkeit. Daher ist die Mittagsstunde, die Zeit der größten Sonnenstrahlung, die Zeit des Triumphes, in der Apopis überwunden und der Himmel in Harmonie versetzt wird.[85] Die Gleichsetzung von Licht und Gerechtigkeit ist ein universales Motiv. Der babylonische Sonnengott Schamasch ist der Herr von *kittu* und *mešaru* („Wahrheit und Gerechtigkeit"),[86] Christus wird „Sonne der Gerechtigkeit" genannt,[87] „Die Sonne bringt es an den Tag" sagt ein deutsches Sprichwort, – es handelt sich um die auf der Hand liegende Gleichsetzung von „Transparenz" und Rechtschaffenheit (nur das moralisch

---

zufolge das heimkehrende „Auge" seinen Platz besetzt gefunden habe und darüber in Zorn entbrannt sei: CT IV 238 ff., pBM 10188, 27.3. Zu Quellen aus dem NR s. Posener/Gardiner, in: *RdE* 6, 1951, 47 f.; Vandier, in: *RdE* 18, 1966, 81 vgl. *RdE* 6, 1951, 25 f.

[81] R. A. Caminos, *Literary Fragments*, 40–50 Tf. 17–23 und M. A. Korostovtsev, in: *Drevnij Egipet*, Moskau 1960, 119–133.

[82] Auch J. Bergman, „Der Mythos vom Staat im Alten Ägypten", 80–102, bezieht diesen Mythos auf Ma'at.

[83] pBM Inv. Nr. 274 (3. Jh. n. Chr.) ed. R. Reitzenstein, *Die griechische Tefnutlegende*; Stephanie West, „The Greek Version of the Legend of Tefnut"; Das demotische Original pLeiden (2. Jh. n. Chr.) wurde publiziert von W. Spiegelberg, *Der ägyptische Mythos vom Sonnenauge*.

[84] Zu Ma'at als Sonnenauge: pCarlsberg VII ed. E. Iversen, *Fragments of a Hieroglyphic Dictionary*, Z. 18; E. Hornung, *Das Amduat*, II, 76 Nr. 12; vgl. Anthes, in: *ZÄS* 86, 1961, 1; H. Sternberg, a. a. O., 227.

[85] *Liturgische Lieder*, 271–73, 276–278, 295–298 u. ö.; *Re und Amun*, 71–82.

[86] B. Janowski, *Rettungsgewißheit*, 30–113. Für die Assoziation von Licht und Gerechtigkeit findet sich in dieser äußerst gründlich dokumentierten Studie reiches altorientalisches Material und weiterführende Literatur.

[87] Maleachi 3.20 vgl. F. J. Dölger, *Sonne der Gerechtigkeit*.

Gute kann sich sehen lassen) bzw. Finsternis und Verbrechertum.[88] „Die Strahlen der Sonne vertreiben die Nacht", heißt es triumphierend zum Schluß der *Zauberflöte*, „zernichten der Heuchler erschlichene Macht". Über die Gleichsetzung von Leuchten und Sehen, Licht und Erkenntnis kommt es zur Vorstellung einer richterlichen Allwissenheit des Sonnengottes.[89] In Ägypten wird aber nun dieses die Welt mit Gerechtigkeit erfüllende Licht nicht einfach als Blick des Sonnengottes gedeutet – dieser Gedanke findet sich freilich auch[90] – , sondern als eigene Gottheit personifiziert: die Göttin Ma`at. Das Licht symbolisiert als solches Wahrheit und Gerechtigkeit.

Ma`at ist die Göttin der ersten Tagesstunde.[91] Jede Stunde untersteht einer besonderen Gottheit: Die Morgenröte gehört Ma`at. Nirgends tritt der Ordnungschaffende, Orientierunggebende, kosmogonische Charakter des Lichts, seine innere Beziehung zur kosmogonischen Gerechtigkeit, so klar hervor wie bei seinem morgendlichen, die Finsternis vertreibenden Aufleuchten. Der Sonnenaufgang bringt das Gericht über die Feinde, die in der Nacht ihr Unwesen treiben konnten. Mit dem Morgen erscheint der Sonnengott als Retter und Richter, so wie der siegende und strafende König als Morgensonne erscheint.[92] So ist es speziell das Finsternisvertreibende Morgenlicht, das in Ma`at verehrt wird.

c) Die lebenspendende Gerechtigkeit. Der Sonnenlauf als Lebenszyklus

*Ma`at vor Re: die ägyptische Theorie des Opfers als Antworthandlung.* Die Ma`at, die als *Nsrt*, das „flammende" Sonnenauge, die Herrschaft des Sonnengottes symbolisiert und durchsetzt, kehrt als *Wd3t*, das „heile" Sonnenauge, zu ihm zurück. Wir haben behauptet, daß diesem Zyklus dieselbe Vorstellung eines Tun-Ergehen-Zusammenhangs zugrunde-

---

[88] Auch dieser Gedanke scheint eine natürliche Evidenz zu besitzen. So findet sich etwa, worauf mich A. Assmann aufmerksam machte, unter den Aufzeichnungen O. Weiningers eine merkwürdige Überlegung, in der er die „Tiefsee" mit dem „Verbrechen" in Verbindung bringt, weil die Strahlen der Sonne hier nicht hindringen: „Es kam mir (Frühling 1902) der Gedanke, daß die *Tiefsee* in einer Beziehung zum *Verbrechen* stehen müsse. Und daran glaube ich auch heute im allgemeinen festhalten zu können. Die Tiefsee hat keinen Teil am *Licht*, dem größten Symbole des höchsten Lebens; und so muß auch, was den Aufenthalt dort wählt, lichtscheu, verbrecherisch sein. Die Polypen und Kraken können, wenn sie Symbole sind, jedenfalls nur als Symbole von Bösem betrachtet werden. (122, 124)". So haben auch die Ägypter die Welt „gelesen".

[89] R. Pettazzoni, *L'omniscienza di Dio*; F. M. Theo de Liagre Böhl, „De Zonnegod als Beschermer der Nooddruftigen".

[90] Vgl. dazu *Re und Amun*, 231 f.

[91] Vgl. *ÄHG* Nr. 1.

[92] B. Janowski, *Rettungsgewißheit*, 112–179.

liegt, die auch das menschliche Zusammenleben reguliert, und wollen diese Thesen jetzt näher begründen. Wie der Mensch, lebt auch der Gott von dem, was aus ihm hervorgeht und zu ihm zurückkehrt. So lebt der Sonnengott von der Ma`at. Ebensowenig wie in der menschlichen Sphäre handelt es sich dabei in der Götterwelt um einen Automatismus. Die Ma`at kehrt nicht von selbst zum Sonnengott zurück, sie muß ihm gebracht werden. Die Rolle des Ma`atbringers wird von Thoth, aber auch von Onuris gespielt, dessen Name „Der die Ferne (wieder)bringt" geradezu auf diese Rolle Bezug nimmt.[93] „Ich habe die Flammende (*Nsrt*) besänftigt, als sie raste (*nšntj*), ich habe Ma'at aufsteigen lassen zu dem, der sie liebt", sagt Thoth im *Totenbuch* Kap. 71.[94] Man kann sich also diesen Kreislauf der Ma`at folgendermaßen veranschaulichen:

$$
\begin{array}{c}
\longrightarrow m\text{-}h3t \quad Nsrt\ n\check{s}n.tj \longrightarrow : \text{Apopis} \\
Re \\
\longleftarrow m\text{-}b3h \quad Wd3t\ htp.tj \longleftarrow \text{Thoth}
\end{array}
$$

In diesen Kreislauf schaltet sich der Kult ein. Die Rituale sind dazu da, das Gelingen des Kosmos zu fördern und das Scheitern abzuwenden. So wird z. B. morgens, mittags und abends und in manchen Tempeln sogar unablässig das Apopisritual rezitiert. Dazu wird eine kleine Wachsfigur des Apopis beschimpft, bespuckt, durchbohrt und schließlich verbrannt. Mit diesem Ritual werden nicht nur der kosmische Feind, sondern gleichzeitig auch alle politischen Feinde und Aufrührer gebannt. Die Rezitation schließt sie in unablässig wiederholtem Parallelismus ein: Wie im Himmel die kosmischen, so sollen auf Erden die politischen Feinde der Ordnung zertreten und verbrannt werden. „Komm doch zu Pharao", wird der Sonnengott angerufen, „und vertreibe ihm seine Feinde, so wie er dir den Apopis fällt und den Bösen bestraft!" Ein später Text macht diese „Sympathie" zwischen Kult und Politik explizit:

Wenn man die Osiris-Zeremonien vernachlässigt
zu ihrer Zeit an diesem Ort (...)
dann wird das Land seiner Gesetze beraubt sein,
und der Pöbel wird seine Oberen im Stich lassen,
und es gibt keine Befehle für die Menge.
Wenn man den Feind nicht köpft, den man vor sich hat
aus Wachs, auf Papyrus oder aus Holz nach den Vorschriften des Rituals,
dann werden sich die Fremdländer gegen Ägypten empören
und Bürgerkrieg und Revolution im ganzen Land entstehen.

---

[93] H. Junker, *Onurislegende*.
[94] = CT spell 691.

*Man wird auf den König in seinem Palast nicht hören,
und das Land wird seiner Schutzwehr beraubt sein.*[95]

Durch den Kult werden menschliche Ordnung und kosmischer Prozeß miteinander verschränkt. Wenn die Osiris-Zeremonien vernachlässigt werden, leidet nicht etwa nur Osiris Not, sondern das Land wird seiner gesetzlichen Ordnung beraubt. Wenn der wächserne Apopis nicht geköpft wird, steht nicht etwa nur die Sonne still, sondern die Fremdländer empören sich gegen Ägypten, und im Inneren entsteht Bürgerkrieg.

Der König tritt auf Erden in der Götterrolle des Thoth bzw. Onuris auf: Er ist der Ma`atbringer *par excellence*. Der Titel „König", äg. *nj-swt*, kann als „Der sie (scil. Ma`at) bringt" gedeutet werden.[96] Sogar das Bild des Thoth als Pavian mit dem *wḏȝt*-Auge kann als Schreibung für „König" auftreten.[97]

Warum ist das Bringen der Ma`at von so grundlegender Bedeutung, daß es geradezu als Definition des Königtums eintreten kann? Es handelt sich hier um den Zentralgedanken des Kults überhaupt. Der Kult ist diejenige Handlungssphäre, in der das Handeln der Götter kommunikativ beantwortet wird. Wir haben gesehen, daß für den Ägypter der Kosmos weniger ein wohlgeordneter Raum als ein wohlgelingender Prozeß ist. Dieser Prozeß ist nichts anderes als das Handeln der Götter. Durch die kultische Beantwortung wird dieses Handeln kommunikativ, es wird in den übergeordneten Zusammenhang eines „Füreinander-Handelns" eingebunden. Man hat sich gefragt, ob das Grundprinzip dieses kultischen Füreinander-Handelns als „do ut des"[98] oder vielmehr als „do

---

[95] Papyrus Jumilhac ed. Vandier, 129 f.; s. Assmann, „Königsdogma und Heilserwartung", 271 f.

[96] Vgl. G. Fecht, *Wortakzent und Silbenstruktur*, §§ 30–48. Fecht rekonstruiert die Vokalisierung von *njswt* als *janéjs-w-wt und die von *jnj-sw/sj* als *janéj-s-w; beides wäre im NR in der Aussprache *anesa zusammengefallen.

[97] *Wb* I, 100.16; Sethe, in: *ZÄS* 49, 1911, 25; Drioton, in: *ASAE* 42, 1943, 177; *Valeurs phonétiques*, Nr. 757.

[98] G. van der Leeuw, in: *Archiv für Religionswissenschaft* 20, 1920/21, 241 ff. Für das Prinzip *Do ut des* wird auf die *Lehre für Merikare* verwiesen, wo es heißt (P 129–130):

Handle für Gott, damit er dir Gleiches tue,
und zwar durch große Opfer, die den Altar reichlich versehen!
Denn es ist eine Zuweisung deines Namens.
Gott kennt den, der für ihn handelt.

Dazu ist aber zu sagen, daß diese Verse dem Hymnus unmittelbar vorhergehen, der das fürsorgliche Handeln Gottes preist, der die Welt geschaffen hat und sie in Gestalt der Sonne täglich umkreist um seiner Geschöpfe willen. Dieser Hymnus stellt klar, daß Gott immer schon gehandelt hat, wenn ein König für Gott handelt, und daß es nur darum gehen kann, ein je vorgängiges göttliches Handeln so zu beantworten, daß der kommunikative Zusammenhang des Füreinander-Handelns gewahrt bleibt.

*Der König bringt Osiris, Isis und Horus die Ma'at dar,
Relief Sethos' I. aus Abydos (19. Dyn., um 1300 v. Chr.)*

quia dedisti" zu verstehen sei:[99] Es ist beides, nach dem ägyptischen Prinzip: „Handle für den, der gehandelt hat (*do quia dedisti*), um zu veranlassen, daß er handelt (*do ut des*)." Die kultische Ausformung dieser kommunikativen Beantwortung des göttlichen Handelns ist das Opfer. Im Opfer gibt man den Göttern zurück, was von ihnen ausgeht.[100] Der Inbegriff dessen, was von den Göttern im Drama des kosmischen Prozesses ausgeht, ist Ma'at; so ist auch das Darbringen der Ma'at der Inbegriff der Gabe, mit der der Mensch, und zwar repräsentativ für alle Menschen der König, das göttliche Handeln beantwortet. „Sie zu bringen", nämlich die Ma'at dem Sonnengott darzubringen, ist daher die wichtigste Handlung überhaupt, die vom Menschen in dieser Welt ausgehen kann; daher kann sie als Symbol der Königsrolle eintreten.

Die „rezeptive" Rolle der Ma'at im Sonnenlauf ist also die einer Opfergabe, die dem Sonnengott dargebracht wird. Es handelt sich hier um

---

[99] Vgl. H. Altenmüller, „Opfer", in: *LÄ* IV (1982), 579–584.
[100] Vgl. hierzu E. Hornung, *Der Eine*, Kap. VI: „Wirkung der Gottheit und Antwort des Menschen". Erst nach Abschluß des Manuskripts erschien die brillante Studie von P. J. Frandsen, „Trade and Cult", der den ägyptischen Opfergedanken ebenfalls auf das von M. Mauss entdeckte kommunikative Prinzip des Gabentauschs zurückführt und dies am Beispiel des Ma'atopfers illustriert.

eine Vorstellung, die sich vom Sonnenkult ausgehend auch auf andere Kulte ausgedehnt hat.[101] Hier aber, im Sonnenkult, hat sie ihren Ursprung und ihr Zentrum. Der Sonnengott ist derjenige Gott, „der von der Ma`at lebt" und dem die Ma`at als Opfer dargebracht wird. Um die Bedeutung dieser Idee richtig einschätzen zu können, müssen wir uns klar machen, was der Begriff „Leben" im Zusammenhang des Sonnenlaufs bedeutet. Wir haben diesen Prozeß bisher vor allem als Ausübung von Herrschaft betrachtet, als Überwindung des Bösen und Durchsetzung von Ordnung. Derselbe kosmische Vorgang wird aber zugleich auch intransitiv als Lebenszyklus verstanden. Der Sonnengott wird am Morgen geboren, reift bei seiner Tagesfahrt zum Manne, altert und geht als gestorbener und verklärter Greis in den Westen ein, um die Unterwelt zu neuer Geburt zu durchlaufen. Hier spielt nun Ma`at die Rolle einer Lebenssubstanz, die dem Sonnengott im Kult als Opfergabe zugeführt wird. Das ist der Sinn jener anderen Konstellation, in der sich Ma`at „vor" Re befindet und die ägyptisch mit der Präposition *m-b3ḥ* ausgedrückt wird. In dieser Konstellation handelt es sich um die Ma`at, von der Re lebt. In dieser Erscheinungsform wird sie von ihm geschaut,[102] eingeatmet,[103] geküßt,[104] umarmt,[105] gegessen,[106] verschluckt,[107] kurz: einverleibt:

> *Du ißt von Ma`at,*
> *du trinkst von Ma`at,*
> *dein Brot ist Ma`at,*
> *dein Bier ist Ma`at,*
> *du atmest Weihrauch ein als Ma`at,*
> *die Luft deiner Nase ist Ma`at.*[108]

Oder kürzer:

> *Dein ist die Ma`at vor dir;*
> *du lebst von ihr Tag für Tag.*[109]

---

[101] Vgl. A. M. Blackman, „Worship (Egyptian)", 777.

[102] Vgl. CT I 187 b–c: „Steh auf, daß du die Ma`at siehst! Sie ist vor dir, wie Re aufgeht (d. h. wie sie vor Re ist, wenn er aufgeht)." Vgl. a. pBerlin 3055 = *ÄHG* Nr. 125, 59: „Tu auf dein Gesicht, daß du Ma`at erblickst!"

[103] vgl. CT VI, 255 c (*ḥnm*). Vgl. auch CT VI 271 e: „Ich bin die Ma`at an der Nase des Re." Weitere Stellen: *Liturgische Lieder*, 179.

[104] *Liturgische Lieder*, 153 (6) und 179 (9).

[105] Vgl. *Liturgische Lieder*, 270 f.

[106] CT VII 238 d–e (*wnm*).

[107] *sʿm*: *STG* Text 59b, 17, 85 f. mit (f).

[108] Aus der Ma`at-Litanei des Amun-Rituals pBerlin 3055, XXII, 1–4 = *ÄHG* Nr. 125, 52–57; s. A. Moret, *Le rituel du culte divin*, 141 f.

[109] pGreenfield xxix, s. *Liturgische Lieder*, 177.

3. Ma'at im Sonnenlauf

Genau diesen Gedanken bringt z. B. der Thronname der Königin Hatschepsut zum Ausdruck, den sie sich bei ihrer Thronbesteigung zulegte und der, wie alle Thronnamen, eine programmatische Aussage, eine Regierungsdevise enthält: Ma'at-Ka-Re, zu deutsch: „Die Ma'at ist der Ka des Re". „Ka" bedeutet in diesem Zusammenhang nichts anderes als Lebenssubstanz. Hatschepsut äußert sich in einer ihrer Inschriften zu diesem Programm:

> *Ich habe die Ma'at groß gemacht, die er liebt,*
> *denn ich habe erkannt, daß er von ihr lebt.*
> *(Auch) meine Speise ist sie, ich schlucke ihren Tau,*
> *indem ich eines Leibes mit ihm bin.*[110]

Vom Sonnengott heißt es, daß er 14 Ka's habe, und jeder dieser Ka's, Inbegriffe der Lebensfülle wie „Leben", „Jauchzen", „Nahrungsfülle", „Vollkommenheit" usw., ist Ma'at.[111] In seiner Eigenschaft des von der Ma'at lebenden Gottes wird der Sonnengott in der sogenannten Ma'at-Litanei angerufen, einem Text, der aus dem Sonnenkult in verschiedene andere Kultrituale eingedrungen ist:

> *O Re, Herr der Ma'at,*
> *o Re, der lebt von Ma'at,*
> *o Re, der jauchzt über Ma'at,*
> *o Re, der vollkommen ist durch Ma'at,*
> *o Re, der beständig ist durch Ma'at,*
> *o Re, der gepriesen ist durch Ma'at,*
> *o Re, der bleibend ist durch Ma'at,*
> *o Re, der stark ist durch Ma'at,*
> *o Re, der dauert durch Ma'at,*
> *o Re, der herrscht durch Ma'at,*
> *o Re, der geschmückt ist durch Ma'at,*
> *o Re, der aufgeht in Ma'at,*
> *o Re, der erglänzt in Ma'at,*
> *o Re, der untergeht in Ma'at,*
> *o Re, der genährt ist mit Ma'at,*
> *o Re, der sich vereinigt hat mit Ma'at,*
>   *mit dessen Stirn sich Ma'at vereinigt!*
> *O Re, beständig an Taten, vollkommen an Planung,*

---

[110] Speos Artemidos Inschrift, ed. Gardiner (nach Abschrift von N. de G. Davies), in: *JEA* 32, 1946, pl. VI Z. 9–10, 46.

[111] Zu den 14 Ka's des Re s. Gardiner, in: *Proc.Soc.Bibl.Archaeol.* 37, 1915, 258 ff.; H. Ringren, *Word and Wisdom*, 38 ff.; *Liturgische Lieder*, 162 Anm. 12; *STG* Text 34, Verse 17–22 s. 46 f. m. Anm. (k).

> *mit gerechtem Herzen, der die Ma`at begründet in dem, was er geschaffen hat!*[112]

Auf diesen Anruf folgt eine sehr ausführliche Selbstvorstellung des Offizianten, und zwar in der kultischen Rolle des Thoth, der im Mythos die „Ferne Göttin" (Tefnut-Ma`at) zurückbringt und im Sonnenlauf dem Sonnengott die Ma`at in Gestalt eines *wḏ3t*-Auges darreicht:

> *Ich bin zu dir gekommen, ich bin Thoth (...),*
> *ich habe dir die Ma`at gebracht, damit du von ihr lebst,*
> *damit du über sie jauchzest, damit du vollkommen,*
> *beständig und gepriesen seist durch sie,*
> *damit du stark und bleibend seist durch sie,*
> *damit du dauerst, herrschst und geschmückt bist durch sie,*
> *damit du aufgehst, erglänzt und untergehst in ihr,*
> *damit du genährt seist durch sie und sie sich mit deiner Stirn vereine.*
> *Sie vereint sich mit dir, sie fällt deine Feinde,*
> *dein Herz freut sich, wenn du sie erblickst;*
> *die Götter, die deine Kajüte umgeben, jauchzen,*
> *wenn sie Ma`at erblicken bei dir.*
> *Der Mangel ist vergangen, der Aufruhr ist vertrieben,*
> *alle Götter sind in Harmonie!*

Unzählige Texte sagen vom Sonnengott, daß er „von der Ma`at lebt", am eindrücklichsten vielleicht jene Schilderung der verkehrten Welt, wo es heißt:

> *damit der Nil nicht aufsteige zum Himmel,*
> *um von der Ma`at zu leben;*
> *damit Re nicht zum Wasser hinabsteige,*
> *um von den Fischen zu leben.*[113]

Zugleich ist er aber auch ihr Schöpfer. Die Ma`at geht von ihm aus und erfüllt alle Welt mit Leben und Licht, Wahrheit und Gerechtigkeit. Das Ma`atopfer schließt den Kreis und führt dem Gott die von ihm ausgehende Ma`at in Gestalt von „Lebenskraft" (äg. *k3*) wieder zu. Auch dieser Kreislauf wird in den Texten zum Ausdruck gebracht:

---

[112] *Mundöffnung*, Sz. 71, ed. E. Otto, I, S. 186–188, II, S. 158f. Eine sehr viel ausführlichere Fassung dieser Litanei findet sich im Berliner Amunsritual pBerlin 3055, XX, 2–XXV, 6 ed. A. Moret, *Le rituel du culte divin*, 138–165. Für eine neuere Übersetzung s. *ÄHG* Nr. 125. Weitere Fassungen finden sich im thebanischen Grab des Neferhotep TT 49, N. de G. Davies, *The tomb of Nefer-hotep*, Tf. 37; Tempel Sethos' I. in Gurna: L.-A. Christophe, „La salle V du temple de Séthi Ier à Gurnah", 117–180; Tempel Darius' I. in Hibis: Davies, *The Temple of Hibis* III, *The Decoration*, Tf. 16; Totenbuch der Anhai, ed. Budge Tf. II, B 1–6. Vgl. auch *Liturgische Lieder*, 270f.

[113] *Totenbuch*, Kap. 65, 11.

3. Ma'at im Sonnenlauf

> *O Re, der die Ma'at hervorbringt,*
> *ihm bringt man die Ma'at dar.*
> *Gib du Ma'at in mein Herz,*
> *damit ich sie emporführe zu deinem Ka.*
> *Ich weiß ja, daß du von ihr lebst,*
> *du bist es, der ihren Leib geschaffen hat.*[114]

Im Kultbildritual von Abydos sagt der Priester zum Sonnengott:

> *Ich lasse die Ma'at aufsteigen zu ihrem Herrn*
> *und Opfergaben dem, der sie geschaffen hat.*[115]

In einem der Anrufungen des *Zweiwegebuchs*, das dem Toten den Weg zum Sonnengott und den Einstieg in die Sonnenbarke weisen soll, bezeichnet der Sprecher sein Tun, das Bringen der Ma'at, geradezu als „Belohnung Gottes für das, was er getan hat":

> *Sei gegrüßt, Thoth, im Gefolge des Re!*
> *Ich bin es, der das glänzende Wd3t-Auge bringt,*
> *der die Trübung vertreibt vom verwundeten Auge, daß es glänze.*
> *Ich bin zu dir gekommen in deinem nächtlichen Gefolge unter denen, die*
>   *Opfergaben bringen,*
> *ich bin eingestiegen in die Barke,*
> *um die Flamme zu ‚wässern',*
> *um die Finsternis zu erleuchten unter denen, die Opfergaben bringen,*
> *beim Bringen der Ma'at zu dem, der den Himmel quert,*
> *wenn er die Stimme des Zurufs hört*
> *auf dem nördlichen Gestade der Himmelserstreckung.*
> *Ich bin es, der Re vor Apopis errettet,*
> *indem er nicht in seine Fesseln fällt.*
> *Ich erhebe die Stimme, ich erhelle die Trübung, ich umkreise das Tor,*
> *ich belohne den Gott für das, was er getan hat.*[116]

So drücken die ägyptischen Texte diese Vorstellung vom Opfer als einem Kreislauf aus, der einen symbolischen Teil der vom Gott ausgehenden Segenskräfte auf ihn selbst zurückwendet. Es handelt sich, wie gesagt, um genau dasselbe Axiom von der Reziprozität des Schenkens und des Füreinander-Handelns, das auch das Zusammenleben der Menschen untereinander reguliert. Durch den Kult wird das Handeln der Götter in

---

[114] TT 49, Davies, *Nefer-hotep*, Tf. 37.

[115] Zit. bei Moret, *Rituel du culte divin*, 61 Anm. 3. Vgl. *Totenbuch* 181, 13–14:
   Ich brachte das Opfer dar seinem Herrn,
   die Gaben dem, der sie geschaffen hat.

[116] CT VII 372–77; Lesko, *Book of Two Ways*, 96. Lesko übersetzt: „who has adorned the god with what he has made", aber dieser Sinn ist weniger überzeugend.

diese umfassende Solidarität des Füreinander-Handelns hineingenommen. Im Sinne dieses Prinzips bringt man dem Sonnengott die Ma`at dar. Darauf wird besonders in den Totentexten unendlich oft Bezug genommen. So wird etwa ein Gott angerufen:

> *O du, der zufrieden ist über das, was er getan hat,*
> *der dem Re die Ma`at bringt Tag für Tag,*[117]
> *so daß die Leber des Re gedeiht durch die Ma`at Tag für Tag, wenn er sich*
>   *mit der ‚Großen Sache' (der Opfergabe)*[118] *vereint.*[119]

Der Tote tritt dem Sonnengott gegenüber auf als dieser Ma`atbringer:[120] „Er führt den Göttern Leben zu und *prt-ḫrw*-Opfer dem Re in Gestalt von Ma`at."[121] Das typische Verb für den Akt der Ma`at-Darbringung ist *sj`r* „aufsteigen lassen".[122] Dies bringt den vertikalen Charakter dieser Darbringung zum Ausdruck. In dem großen *Sargtext*-Spruch 1099, mit dem der Tote als Ma`atbringer vor den Sonnengott tritt, sagt er:

> *Ich bin ein Gefolgsmann des Sonnengottes, der sein Erz ergreift,*
> *der den Gott ausstattet in seinem Schrein,*
> *Horus, der zu seinem Herrn aufsteigt,*
> *mit geheimem Sitz unter denen, die seine Kajüte umgeben,*
> *der den Gott ausgesandt hat zu der, die er liebt.*
> *Ich bin es, der die Ma`at rettet, der sie aufsteigen läßt vor ihn.*[123]
> *Ich bin es, der das Tau knüpft und seine Kajüte bindet.*
> *Mein Abscheu ist der Streit.*[124]

sj`r M3`t: die Darbringung der Ma`at als Sprechakt. Die Frage ist nun, wie man sich solches Ma`atopfer konkret vorzustellen hat. Handelt es sich um Räucherwerk, Brandopfer oder was sonst immer geeignet ist, „aufsteigen gelassen" zu werden? Meine Vermutung ist, daß wir es hier mit einem „Sprachopfer" zu tun haben. Wo die Wendung vom „Aufsteigen-

---

[117] Diese Verse finden sich auch in pSchmitt (Berlin 3057), xiii, 34. In einem anderen Spruch derselben Liturgie wird der Verstorbene angeredet (ibd., xv, 6):
„*Du bist es, der dem Re die Ma`at bringt*
und der Atum befriedigt mit dem, was er liebt."

[118] Vgl. Pyr 188b, 189b, 190b: „Deine Arme um ‚die Sache' (= die Opfergabe), deine Tochter (= Ma`at), versieh dich mit ihr!"

[119] CT III, 6–7.

[120] Das ist normalerweise die Aufgabe des Thoth, s. B. Altenmüller, *Synkretismus*, 70.

[121] CT I, 51.

[122] CT IV 90k; VI 131k; 322q; VII 332g; 387c usw.

[123] Vgl. CT VII 432: *šd.n N pn M3`t: jrj w3t n N pn* „N hat die Ma`at gerettet, mache den Weg frei für N."

[124] CT VII 386–388; L. H. Lesko, *Book of Two Ways*, Berkeley 1972, 102f.

lassen der Ma`at" außerhalb des kultischen Kontexts vorkommt, bedeutet sie soviel wie „wahrheitsgemäß Bericht erstatten" (sc. vor dem König) und bezieht sich vollkommen eindeutig auf eine sprachliche Handlung.[125] Was hier aufsteigt, ist die Stimme des Sonnenpriesters. Sehr häufig findet sich nämlich die Wendung vom „Aufsteigenlassen der Ma`at" in Schlußtexten zu Sonnenhymnen, in denen der Priester seine Handlungen zusammenfassend kommentiert.[126] „Ich bin es, der Re die Ma`at sagt, ich bin es, der Atum die Ma`at verkündet."[127] „Ich bringe ihm die Ma`at dar, ich lasse sie aufsteigen zu ihrem Herrn."[128] Der Sprecher des Hymnus „läßt die Ma`at aufsteigen zum Stier der Ma`at."[129] Von einer „Schriftrolle" ist die Rede, „die dazu bestimmt ist, Re die Ma`at zu bringen."[130]

Rezitationen spielen in allen ägyptischen Kulten eine große Rolle. Sie begleiten nicht nur alle möglichen kultischen Handlungen – das Öffnen der Schreintüren, das Schminken des Kultbilds usw. –, sondern sie stellen auch selbst Handlungen dar. Huldigungen, Hymnen sind kultische Akte *sui generis*, die gelegentlich den Handlungsablauf unterbrechen. Im Sonnenkult aber scheint sich das Verhältnis umzukehren. Hier spielen Rezitationen die Hauptrolle, und es treten allenfalls Begleithandlungen hinzu. Mehr als die Hälfte der zahllosen Hymnen, die uns aus dem alten Ägypten erhalten sind, sind Sonnenhymnen. Es gibt keinen anderen Gott, dessen Kult eine solche Textproduktion veranlaßt hätte. So ist z. B. für den Sonnenkult das sogenannte *Stundenritual* charakteristisch, das den Sonnenlauf rund um die Uhr mit stündlichen Rezitationen begleitet.[131] Auf der Basis dieser ungeheuren Textfülle können wir uns daher ein gutes Bild machen von dem, was hier unter Ma`at verstanden wird.

Was die kultischen Rezitationen der Sonnenanbetung zur Sprache bringen, ist der Sonnenlauf. Sie stellen ihn dar in beschreibenden Sätzen

---

[125] *Wörterbuch* IV, 33.14.

[126] Das Verbum *šdj* in CT spell 1099 (VII 387c), das wir oben, mit Lesko, als „retten" wiedergegeben haben, weil hier offensichtlich auf die „Rettung" des Horusauges angespielt wird, läßt sich auch als „rezitieren" verstehen, wie auch Lesko fragend erwägt. Eine Var. hat in der Tat *šdj* durch das eindeutige *ḏd* „sprechen" ersetzt (B1Bo).

[127] Totenbuch der Nedjemet, s. *Liturgische Lieder*, 154f.

[128] Totb 15 AIV. Ich habe diese und viele andere verwandte Stellen zusammengestellt in: *Liturgische Lieder*, 154–157.

[129] *Stundenritual*, Hymnus zur 1. Tagesstunde („die sich für Ma`at erhebt"), s. *Liturgische Lieder*, 150.

[130] CT VI 70d. Der Spruch schließt mit der Aufforderung: „Eile dich, mein Ba, mein Ach, mein Zauber, mein Schatten, bemächtige dich deiner Füße, auf daß du Re die Ma`at bringest!" Vgl. auch pBM 10470 I = *ÄHG* Nr. 30, 13–14: „Thoth schreibt dir täglich die Ma`at nieder".

[131] *ÄHG* Nr. 1-20; *Liturgische Lieder*, 113–164.

und in der Form vollendeten Gelungenseins. So wird z. B. auf die Auseinandersetzung mit dem Feind immer nur im Tempus der Resultativität, als auf eine *behobene* Krise Bezug genommen. Die Gefahr ist gebannt, der Feind ist bestraft, die Wohlfahrt gesichert.[132] Sie beschwören den glücklichen Ausgang des kosmischen Geschehens, d. h. die Parusie der Ma`at, die im Sieg über Apopis zum Durchbruch kommt. Im vollen Wissen um die latente Katastrophe, die jeden Augenblick den Sonnenlauf zum Stillstand bringen kann, schildern sie bewußt eine Heile Welt, um das Heil zu beschwören und zu befestigen. Und dieses „Heil" ist Ma`at. Der Sonnenpriester, der einen Hymnus an den Sonnengott rezitiert, glaubt damit den Sonnenlauf in Gang zu halten, ägyptisch: „der Sonnenbarke freie Fahrt zu geben". Und diese inganghaltende Lobpreisung wird als Darbringung der Ma`at verstanden. Mit einer formelhaften Wendung, die besonders auf Stelophoren verbreitet ist, d. h. Statuetten, die eine Stele mit einem Sonnenhymnus halten, beschreibt der Beter seine Haltung als das Tragen und Bringen des Udjat-Auges, also der dem Sonnengott zurückgegebenen Ma`at, und weist auf die in Gang haltende Wirkung dieser Opferhandlung hin:

Ich bin zu dir gekommen, daß ich deine Schönheit preise
und Deine Majestät anbete zu den beiden Zeiten (morgens und abends).
Ich habe deiner Barke freie Fahrt gegeben,
indem du erschienen bist als König der Götter,
meine Arme tragen das Udjat-Auge, indem ich die Ma`at darbringe,
und veranlasse, daß Ihre Majestät in der Mesektet-Barke Platz nimmt,
damit Re in günstigem Wind existiert
Tag für Tag.[133]

Meine Arme tragen das Udjat-Auge, indem ich Ma`at darbringe
und veranlasse, daß Ihre Majestät in der Mesektet-Barke Platz nimmt,
täglich und Tag für Tag:
So ist gegeben, daß auch der NN frei einherfährt in der Nachtbarke
und in der Tagbarke ewiglich.[134]

Meine Arme tragen das Udjat-Auge, indem ich die Ma`at darbringe,
und veranlasse, daß Ihre Majestät in der Mesektet-Barke Platz nimmt,
daß Harachte in Freuden überfährt, indem sein Feind gefallen ist.[135]

---

[132] *Liturgische Lieder*, 179, 341, 364, 367 f.

[133] Moskau, Mus. Puschkin 4986; S. Hodjash, O. Berlev, *The Egyptian Reliefs and Stelae in the Pushkin Museum of Fine Arts*, Nr. 53; Stewart, in: *BIA* 4, 1946/47, 168 f.; Assmann, *Liturgische Lieder*, 266 Nr. 46.

[134] Theb.Grab Nr. 38 s. Assmann, *Liturgische Lieder*, 155 Nr. 2.

[135] Stelophor Kairo CG 977; Assmann, a. a. O., 156 Nr. 3.

Was hier geschieht, ist die Einbeziehung des Kosmos in die Sphäre sprachlicher Kommunikation. Der Kosmos wird in die Sphäre sprachlicher Kommunikation hineingezogen, die Ma'at ist, und zwar in der Form eines kultisch vollzogenen und als Opferdienst verstandenen Diskurses. Der Priester spricht ja nicht nur *über* den Sonnenlauf, sondern auch *zum* Sonnengott und den anderen an diesem Geschehen beteiligten Gottheiten, d. h. er *spricht zum Kosmos*. Er „kommuniziert" mit dem Sonnengott, und das, was hier „mit-geteilt" wird, nennt er Ma'at. Der Sonnenkult ist als „das Aufsteigenlassen der Ma'at" die Form, in der der Mensch die sinnhafte Ordnung der Welt sprachlich nach- und mitvollzieht. Denn kultisches Sprechen ist ein ins Werk setzender Vollzug dessen, was da zur Sprache kommt, es ist im Sinne der Sprechakt-Theorie J. L. Austins und J. R. Searles „performativ".[136] Es handelt sich nicht nur um eine Lesung oder Ausdeutung der kosmischen Vorgänge, sondern auch um eine rituelle Realisierung dieser Deutung, die den Sonnenlauf in der Bahn des Gelingens bestärkt und steuert.

Wahrheit und Leben sind nicht nur kosmogonische Prinzipien, die in der Selbstentfaltung des Urgottes zur Welt wirksam waren, sondern sie halten weiterhin die Welt in Gang. Der Ma'at-sprechende Mensch kann sich fördernd in diesen Prozeß einschalten und dadurch Anteil am kosmischen Leben gewinnen. Das Prinzip Ma'at stiftet eine Sinnsphäre, in der die Welt auf den Menschen hin lesbar, und der Mensch auf den Kosmos hin organisierbar wird.

Worum es beim Aufsteigenlassen der Ma'at als einem „Sprachopfer" geht, ist die Inganghaltung des Sonnenlaufs, aber weniger des kosmischen Vorgangs selbst, als des Bewußtseins von ihm, seines Sinns. Es ist dieser Sinn des Ganzen, den die Sonnenhymnen und Heliographien artikulieren, den sie in der kultischen Rezitation beschwören und den sie in der Tradition bewußt halten. Wenn der Ägypter von dem Bewußtsein durchdrungen war, daß das Gelingen des kosmischen Prozesses fortwährend auf dem Spiele steht, war es weniger die primitive Furcht, die Sonne könnte eines Tages nicht mehr aufgehen oder in der Mitte des Himmels stehen bleiben, als vielmehr die Furcht, daß der kommunikative Sinnzusammenhang des Ganzen zusammenbrechen würde, wenn er in der rituellen Versprachlichung der Welt nachlassen würde. Dann würde zwar die Sonne noch auf- und untergehen, aber das hätte nichts mehr zu besagen für die Überwindung der Feinde und des Todes, für die Wohlfahrt des Landes und die unvergängliche Erneuerungsfähigkeit des Lebens. Wir werden entsprechende Texte in Kapitel VII § 2.b kennenlernen.

---

[136] Vgl. *Liturgische Lieder*, 363–371; S. J. Tambiah, *A Performative Approach to Ritual*.

4. Vereindeutigung durch Polarisierung:
Die Rechtfertigung des Sonnengottes und des Menschen

Im Licht und in der Bewegung der Sonne sieht der Ägypter dasselbe Prinzip am Werk, das in der Menschenwelt als Solidarität die einzelnen zur Gemeinschaft des Staates verbindet und ihnen als Fortdauer ein ewiges Leben ermöglicht. Es handelt sich um die *Rechtfertigung des Sonnengottes*. In ihr erlebt der Ägypter urbildhaft die Überwindung des Bösen und die Überwindung des Todes. Der Sonnenlauf wird somit zur „Urszene" gelingender Wohlfahrt auf den Ebenen des kollektiven und des individuellen Lebens. Der Sieg des Lichts über die Finsternis, der Sieg der Bewegung über den Stillstand, der Sieg des Lebens über den Tod und der Sieg der Herrschaft über den Aufruhr: alle diese Bedeutungen hat der Sieg über Apopis, den die Hymnen als einen Durchbruch des Rechts und eine Parusie der Ma`at feiern. Durch die Überwindung des Feindes kommt die Ma`at zur Erscheinung und versetzt dadurch Himmel und Erde in Jubel. Der Kampf gegen den Feind in Gestalt einer Recht-schaffenden Selbstrechtfertigung des Sonnengottes erfüllt die Welt mit Gerechtigkeit.

Als Rechtsstreit hat die Auseinandersetzung zwischen Re und Apopis die Struktur der direkten Konfrontation zweier Prozeßgegner, von denen der eine „triumphiert", der andere unterliegt. Re „wird Recht gegeben" gegenüber Apopis, nur so ist dessen Bekämpfung legitim. Der „als Gerechtfertigter triumphierende" Sonnengott erhält also dasselbe Beiwort wie der im Totengericht freigesprochene Tote – dasselbe Wort: für die Überwindung des *Todes* und des kosmischen *Feindes*. Und es ist auch dieselbe Ma`at, die den Gerechten in die Unterwelt begleitet und die den Sonnengott über den Himmel führt. In beiden Fällen geht es um *Rechtfertigung*. Bei der Rechtfertigung des Sonnengottes gegen Apopis gibt es jedoch keine übergeordnete Instanz, im Unterschied zur Rechtfertigung des Einzelnen vor dem Totengericht.[137] Der Sonnengott „triumphiert" im Rahmen einer Rechtsordnung, die er selbst zuallererst aufrichtet und durchsetzt. Gerade darin besteht sein Triumph. Der Unterschied zwischen der Rechtfertigung des einzelnen und der Rechtfertigung des Sonnengottes liegt ferner darin, daß es beim einzelnen um eine Selbstreinigung vom Bösen geht („den NN trennen von allen seinen Sünden"),[138] während es beim Sonnenlauf um die „Ma`atisierung" der Welt geht. Die

---

[137] Das „Kollegium von Heliopolis" (*d3d3t Jwnw*), das in Sonnenhymnen des öfteren im Zusammenhang des kosmischen Triumphs erwähnt wird (z. B. *STG* Nr. 114.19 und 251.7.), fällt kein Urteil, sondern feiert den Triumph.

[138] Pap. BM 10470 (Ani) col. 3, vgl. Kap. V.

4. Die Rechtfertigung des Sonnengottes und des Menschen

Parallele, die in der Verwendung des Begriffs *mȝˁ-ḫrw* für die „Rechtfertigung" sowohl des einzelnen als auch des Sonnengottes zum Ausdruck kommt, betrifft Mensch und Kosmos: Beide sind mehrdeutig und müssen durch Anwendung der Unterscheidung von Ma`at und Isfet vereindeutigt werden. Welt und Mensch werden eindeutig und verlieren ihre mehrsinnige Unbestimmtheit, wenn sie in das Licht dieser Polarität gestellt werden. Dann zeigt sich nämlich, ob sie auf die Seite der Ma`at oder der Isfet gehören. Dieses Prinzip nenne ich „Vereindeutigung durch Polarisierung". In einer dergestalt vereindeutigten Welt ist die Feststellung von Ma`at oder Isfet im gegebenen Fall Sache richterlicher Entscheidung. Die ägyptischen Worte für „richten", *wpj* und *wḏˁ*, heißen beide ursprünglich „trennen", „scheiden", „entscheiden". Richten heißt trennen im Sinne der Polarisierung nach „recht" und „unrecht", „unschuldig" und „schuldig" in einer komplexen und mehrdeutigen Situation. Dieselbe Komplexität und Mehrdeutigkeit kennzeichnet die „gespaltene Welt". Sie ist daher der fortwährenden Vereindeutigung durch Polarisierung bedürftig. Der Triumph des Sonnengottes ist nichts anderes als die Vereindeutigung der Welt. Im Licht der Sonne treten Gut und Böse auseinander, durch ihre Bewegung wird das Böse überwunden. Dieser unaufhörliche Triumph bedeutet freilich niemals eine endgültige „Erlösung", so wie demgegenüber der Triumph des Toten im Totengericht, sondern nur ein immer zu wiederholendes Gelingen des kosmisches Prozesses vor dem Hintergrund der ständig möglichen und ständig abzuwendenden Katastrophe. Der ägyptische Kosmos ist ein Prozeß, aber kein Progress: Er bewegt sich nicht auf ein Ziel zu, das in der endgültigen Überwindung des Bösen besteht. Er ist eine in sich kreisende Bewegung. Aber er ist ein Prozeß im Doppelsinn des Wortes: „Vorgang" und „(gerichtliche) Auseinandersetzung". Die Anwesenheit des Bösen in der Welt, die „Gespaltenheit" und Ambiguität der Welt ruft ihn überhaupt erst hervor. Der Sonnenlauf ist eine Rechtsinstitution, die – wie das *Buch von der Himmelskuh* erzählt – erst durch den Einbruch des Bösen und die Spaltung der Welt notwendig wurde.

Als Beispiel für viele Texte, die diesen Parallelismus zwischen der kosmischen Ma`at und der Ma`at des Totengerichts, der Rechtfertigung des Sonnengottes gegen Apopis und der Rechtfertigung des Menschen im Jenseits zum Ausdruck bringen, möchte ich das 126. Kapitel des *Totenbuchs* anführen, in dem sich der Tote an „die vier Paviane am Bug der Sonnenbarke" wendet, also offenbar eine vierfache Besetzung der Thoth-Rolle des Ma`atbringers:

> *die die Ma`at aufsteigen lassen zum Allherrn,*
> *die Recht sprechen zwischen dem Schwachen und dem Starken,*
> *die die Götter befriedigen mit dem Hauch ihres Mundes,*

*die den Göttern Gottesopfer
und den Verklärten Totenopfer geben;*

*die von der Ma`at leben,
von der Ma`at essen,
mit rechtschaffenem Herzen, ohne Lüge,
deren Abscheu die Isfet ist:*

*Vertreibt mein Böses, tilgt meine Isfet,
keinerlei Schuld gebe es für mich vor euch!
Laßt mich die Höhle auftun, in Rasetau eintreten,
und vorbeiziehen an den geheimen Pforten des Westens,
auf daß man mir Brot, Bier und Opferkuchen gebe
wie diesen Verklärten, die in Rasetau aus- und eingehen.*[139]

Die Paviane sind Mittlerwesen. Sie sitzen in der Sonnenbarke und fördern den kosmischen Prozeß des Sonnenlaufs, indem sie dem Sonnengott die Ma`at bringen. Aber zugleich fördern sie auch, was man in Analogie zum Sonnenlauf den „soziopolitischen Prozeß" nennen möchte, indem sie „Recht sprechen zwischen dem Schwachen und dem Starken", d. h. die irdisch-menschlichen Verhältnisse vereindeutigen, „ma`atisieren". Und drittens haben sie die Macht, auch den Toten von seinen Sünden zu reinigen. In ihrer Rolle, in der Rolle des Mittlers, kommen die „kosmische", die „religiöse" und die „soziale" Ma`at zusammen und erscheinen als ein und dieselbe.

An diesem Punkt nun wird die Homologie von Kosmos und Gesellschaft explizit vollzogen, die für das frühe Denken charakteristisch ist. Das kosmische Geschehen wird auf einen Sinn hin ausgelegt, der um die Kernfragen des politischen, sozialen und individuellen Lebens kreist. Wir haben es mit einer anthropomorphen und soziomorphen Ausdeutung des Kosmos zu tun. Der Sonnengott wird geboren, altert, stirbt. Er herrscht, spricht Recht, straft und triumphiert. Der ganze Sonnenlauf ist eine unaufhörliche Entfaltung menschlicher Konstellationen und Urszenen auf den genannten drei Ebenen des Politischen, Sozialen und Personalen Lebens. Das Aufsteigenlassen der Ma`at, d. h. die Versprachlichung der kosmischen Vorgänge, erfüllt den Kosmos mit einem Sinn, in dem der Mensch sich wiederzuerkennen vermag. Die Ma`at, die der Mensch zum Sonnengott aufsteigen läßt, damit der kosmische Prozeß gelingt, ist dieselbe Ma`at, die auch sein eigenes Leben gelingen läßt, wenn er es versteht, sich ihr anzupassen.

Dieser Vorgang hat zwei Seiten. Die eine haben wir mit dem Stichwort der Anthropomorphose des Kosmos bezeichnet. Der Mensch legt

---

[139] Pap. Nu, pBM 10477, col. 24 nach Budge, *The Book of the Dead*, 269 (Übersetzung J. A.).

4. Die Rechtfertigung des Sonnengottes und des Menschen

sich den Kosmos so aus, daß er sich in ihm wiedererkennt, d. h. er legt ihn in bezug auf *sich* aus. Das ist die anthropo- und soziomorphe Deutung der Natur, von der Kelsen (*Vergeltung und Kausalität*) spricht. Zugleich aber impliziert diese Deutung, daß der Mensch auch das Kosmische in sich wiedererkennt. Er paßt sich dem Sonnenlauf an, legt sich und sein Dasein auf den Sonnenlauf hin aus, der ihm durch die anthropomorphe Auslegung durchsichtig geworden ist. Es handelt sich bei solcher anthropomorphen Auslegung um eine Daseinsaufhellung in doppelter Richtung, in Richtung auf die kosmischen Vorgänge, die sinnerfüllt und bedeutungsvoll werden, und in Richtung auf das menschliche Leben, das kosmische Ordnung und Beständigkeit gewinnt. Das ist die kosmomorphe Auslegung des menschlichen Daseins, von der, vor allem mit Bezug auf die politische Ebene, Voegelin (*Order and History*) spricht. Die beiden Deutungen implizieren sich gegenseitig: es handelt sich um die Struktur einer gegenseitigen Verweisung. Bruno Snell hat dieses Prinzip am Beispiel der homerischen Gleichnisse aufgezeigt. Wenn in der *Ilias* der Widerstand gegen eine angreifende feindliche Schlachtreihe mit einem Fels in der Brandung verglichen wird, geht es nicht nur um eine Anthropomorphisierung des Felsens, sondern auch um eine „Petromorphisierung" des Menschen.[140] In den ägyptischen Sonnentexten geht es entsprechend um eine Anthropomorphisierung des Sonnenlaufs, und gleichzeitig um eine Kosmomorphose des Menschen und seiner politischen Ordnung: des Staates.

---

[140] Vgl. B. Snell, *Die Entdeckung des Geistes*, 258–298. Für eine Verallgemeinerung dieser Beobachtungen zu einer Theorie der mutuellen Referenz vgl. E. Levinas, *Humanisme de l'autre homme*, 21 f.

VII. Kosmos und Staat.
Das Gelingen des politischen Prozesses:
Idee und Mythos des Staates in Ägypten

Die ägyptische Idee und Institution des Königtums ist sowohl anthropologisch wie kosmologisch fundiert, und es ist das Konzept Ma`at, das diese Fundierung leistet. Die These, die ich in diesem Kapitel erläutern möchte, ist folgende: Ma`at ist eine im höchsten Maße staatstragende Idee. „Soziale Ordnung" und „Kosmische Ordnung" sind nur Aspekte der übergreifenden Konzeption einer „Reichsordnung", deren Garant der König ist. Völlig zu Recht hat J. Bergman die Ma`at-Doktrin als den ägyptischen „Mythos vom Staat" bezeichnet.[1] Ma`at und Staat bedingen sich gegenseitig. Der Staat ist nach ägyptischer Auffassung dazu da, daß auf Erden Ma`at, und nicht Isfet, herrscht. Das bedeutet aber, daß Isfet, und nicht Ma`at, die natürliche, gegebene Verfassung der Welt darstellt. Das ist das Signum einer „gespaltenen" Welt. In ihr ist Ordnung nur durch Überwindung vorgegebener Unordnung möglich, die immer das Natürliche und Gegebene darstellt,[2] im Gegensatz zur Kosmogonie, der

---

[1] J. Bergman, „Zum ‚Mythos vom Staat' im Alten Ägypten". Vgl. auch J. Yoyotte, „Le jugement des morts", 21: „puisque le pharaon, fils et successeur de Rê, est par essence celui qui «maintient» ma`at et qui l'«offre» au dieu, celle-ci se confond en quelque sorte avec le régime pharaonique; elle représente le plus haut idéal de l'État et traduit finalement une conception étatique de la justice et de l'administration."

[2] In diesem Punkt vertreten die alten Ägypter denselben Standpunkt, den A. Gehlen unter dem Stichwort *Zurück zur Kultur!* als Gegen-Rousseauismus formuliert hat, als eine „Philosophie des Pessimismus und des Lebensernstes": „Die Bewegungen nach dem Verfall zu sind stets natürlich und wahrscheinlich, die Bewegungen nach der Größe, dem Anspruchsvollen und Kategorischen hin sind stets erzwungen, mühsam und unwahrscheinlich. Das Chaos ist ganz im Sinne ältester Mythen vorauszusetzen und *natürlich*, der Kosmos ist göttlich und *gefährdet*. (...) ‚Zurück zur Natur' hieß für Rousseau: die Kultur entstellt den Menschen, der Naturzustand zeigt ihn in voller Naivität, Gerechtigkeit und Beseelung. Dagegen und umgekehrt scheint es uns heute, daß *der Naturzustand im Menschen das Chaos ist*, das Medusenhaupt, bei dessen Anblick man erstarrt. Die Kultur ist das Unwahrscheinliche, nämlich das Recht, die Gesittung, die Disziplin, die Hegemonie des Moralischen." (Gehlen, *Anthropologische Forschung*, 59 f.)

Allerdings weist G. Balandier in seinem Buch *Le désordre*, auf das mich P. Vernus aufmerksam gemacht hat, darauf hin, daß es bei dem Projekt der Kultur nicht auf die Überwindung des Chaos ankommt, sondern auf die ständige und unabschließbare Bewegung seiner Bändigung. Diese Bewegung oder Arbeit als solche ist das Proprium

kein zu überwindendes Chaos vorausging. In der gespaltenen Welt jedoch kann sich Ma`at aus eigener Kraft nicht halten und bedarf des Königs zu ihrer Festsetzung. Nicht die Ma`at fundiert den Staat, sondern der Staat fundiert die Ma`at.

Der erste Grundsatz der ägyptischen Anthropologie besagt: *Der Mensch kann ohne Ma`at nicht leben.* Der Grund ist seine Angewiesenheit auf Gemeinschaft. Er kann nicht außerhalb der Gemeinschaft leben: Die Ma`at ist das Prinzip seiner sozialen Integration. Weil der Ägypter unter „Leben" mehr versteht als das physische Erdendasein zwischen Geburt und Tod, wird auch die Wirksamkeit der Ma`at ins Jenseits ausgedehnt. Auch eine Jenseitsexistenz ist ohne Ma`at nicht möglich; dafür sorgt das Totengericht.

Der zweite Grundsatz lautet: *Der Mensch kann ohne Staat nicht leben.* Der Grund ist: Er bedarf einer übergeordneten Instanz, die die Ma`at realisiert und garantiert. Der einzelne kann nur in einem beschränkten und abhängigen Rahmen agieren. In diesem Rahmen kann er die Ma`at „tun" und „sagen". Um aber die Ma`atsphäre im Großen zu verbreiten, innerhalb derer kommunikatives, d. h. auf Vertrauen und Verständigung basierendes Handeln überhaupt erst möglich ist, bedarf es einer übergeordneten Instanz. Diese Instanz ist das Königtum.

1. Der Mittler

„Die Homologie des Heiligen und des Politischen", schreibt G. Balandier, „ist möglich nur in dem Maße, wie die beiden Konzepte von einem dritten Begriff beherrscht sind, der ihnen übergeordnet ist."[3] Balandier identifiziert diesen „dritten Begriff" mit der Ordnung einer „symbolischen Klassifikation", einem *„ordo rerum"*, dessen überragende Bedeutung für das Weltbild archaischer Gesellschaften E. Durkheim und M. Mauss aufgezeigt haben.[4] In Ägypten nimmt diese Trinität des Heiligen, des Politischen und der Ordnung die konkrete Form einer „Konstellation" an. Die Rolle des *ordo rerum*, der die Sphären des Heiligen (hier: des Kosmischen) und des Politischen dominiert und verbindet, wird durch Ma`at verkörpert. Die Ma`at „geht hervor" aus dem Sonnengott und wird ihm in der Form eines belebenden Sprachopfers zurückgegeben. Sie wird aber auch auf Erden verwirklicht, indem zwischen dem

---

des Kulturellen, das ohne das Chaos nicht denkbar ist. Daher impliziert die Kultur nicht nur Ordnungs- sondern auch Chaoswissen, eine „Entropologie" (24).

[3] G. Balandier, *Anthropologie politique*, 128.

[4] E. Durkheim, M. Mauss, „De quelques formes de classification", in: *Année sociologique* VI.

Armen und dem Reichen Recht gesprochen wird. So werden die beiden Sphären aufeinander bezogen, und der anthropomorphisierenden Rechtfertigung des Sonnengottes entspricht die „kosmomorphisierende" Rechtfertigung der Menschenwelt. Die ägyptische Idee der Ma'at-Verwirklichung entspricht genau der Vorstellung, die sich, nach der Analyse G. Balandiers, die traditionalen Gesellschaften vom Sinn der kulturellen Arbeit (der Riten) machen:
„Die Affirmation solcher Solidarität gleicht die ‚Natur' der Gesellschaft der ‚Natur' der Natur an, die Ordnung und die Dauer (die Ewigkeit) der einen garantieren die Ordnung und die Fortdauer der anderen (die auf diese Weise aus der Geschichte und den Ungewißheiten herausgenommen ist). Es ist im übrigen bezeichnend, daß die politische Macht in den traditionalen Gesellschaften eine doppelte Aufgabe hat, nämlich die Ordnung der Menschen und die Ordnung der Dinge, daß die Beziehung verstanden wird als eine uranfängliche Harmonie mit der Natur oder auch als ein positives Verhältnis, das ständig hergestellt und aufrecht erhalten werden muß."[5]

Für die Ägypter gilt die „uranfängliche Harmonie" in der gespaltenen Welt als gestört; also muß die Homologie zwischen der „Ordnung der Menschen" und der „Ordnung der Dinge" immer wieder hergestellt und aufrechterhalten werden. Das ist die Aufgabe des „Mittlers". Wir haben oben die vier Paviane in der Sonnenbarke in der Rolle dieser Mittler kennengelernt:

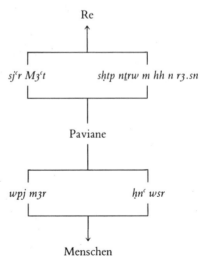

[5] G. Balandier, *Le désordre*, 32.

1. Der Mittler

*Darbringung der Ma`at, aus dem Grab Sethos' II.
(19. Dyn., um 1200 v. Chr.)*

In Wahrheit handelt es sich hier aber um die Rolle des Königs. Der pharaonische Staat ist nichts anderes als die „kosmomorphe" Organisationsform der menschlichen Gesellschaft. Der König ist der Mittler *par excellence*: Er „läßt die Ma`at aufsteigen" zum Sonnengott und „verwirklicht die Ma`at" in der Menschenwelt. Bevor wir den entscheidenden Text näher betrachten, der den König, in teilweise wörtlichen Übernahmen aus dem 126. Kapitel des *Totenbuchs*, in der Thoth-Rolle der Paviane darstellt, ist eine Bemerkung zur Terminologie am Platze. Die ägyptischen Texte unterscheiden sehr sorgfältig, ob die Ma`at als Opfer „dargebracht", als Gerechtigkeit „verwirklicht" oder als Lebensweisheit „in Wort und Tat praktiziert" wird. Wer auf diese Unterschiede nicht achtet, kommt leicht zu Aussagen wie „weisheitlichem Verhalten wohnt eine

Kosmos schaffende Funktion inne"[6] oder „alles Verwirklichen, Ausführen der Ma`at *ist* Kult".[7] Drei Formen der Realisierung von Ma`at müssen kategorisch geschieden werden:

1. *sj‛r, jnj M3‛t*: das „‚Aufsteigenlassen' und (Zurück)bringen der Ma`at". Dieser Umgang mit Ma`at bezieht sich exklusiv auf den Kult und sein himmlisches Spiegelbild, den Sonnenlauf. Es ist die Rolle des Thoth bzw. Onuris, ihres irdischen Ebenbilds, des Königs, und seiner Delegierten, der Priester. Es handelt sich um ein „Sprachopfer", einen kultischen Sprechakt, der als solcher „performativ" ist und dem daher, unter den genau festgelegten und peinlich zu beobachtenden Bedingungen des kultischen Kontexts, „eine Kosmos schaffende Funktion innewohnt". Die Kosmos schaffende Funktion besteht in der Bändigung des Chaos, der Inganghaltung der Welt.[8]

2. *shpr M3‛t, smn M3‛t*: die „Verwirklichung" und „Festsetzung der Ma`at". Das ist die ausschließliche Aufgabe des Königs. Auch wo diese Wendungen gelegentlich in bezug auf Götter oder Beamte vorkommen, werden jene darin mit dem König verglichen, in Königsrolle dargestellt.[9] Es handelt sich um die Funktion des Staates, der – wie wir noch deutlicher sehen werden – nach ägyptischer Auffassung dazu da ist, die Ma`at „zu verwirklichen". Auch hier wird „Kosmos geschaffen", denn es handelt sich um die „Heliomorphisierung" der Menschenwelt, die Herstellung der dem Mittler obliegenden Analogie von Kosmos und Geschichte.

3. *dd M3‛t, jrj M3‛t*: „Ma`at sprechen, Ma`at tun". Das ist die Form, in der die Menschen die Ma`at verwirklichen. Zwischen dieser und der königlichen Form muß streng unterschieden werden. Das Tun und Sagen der Ma`at durch den einzelnen im Alltagsleben setzt die vorgängige „Verwirklichung/Festsetzung" der Ma`at durch den König voraus. Nur

---

[6] H. H. Schmid, *Gerechtigkeit als Weltordnung*, 51. Vgl. auch H. H. Schmid, *Wesen und Geschichte der Weisheit*, 21 f.; dort stellt er die Verben *dd, jrj* und *shpr* auf eine Stufe und resümiert, „daß durch weises Verhalten Weltordnung überhaupt erst konstituiert und realisiert wird. Ma`at, Ordnung, Kosmos, Welt gibt es nur, wenn sie verwirklicht, resp. getan wird. So hat das menschlich-weisheitliche Verhalten kosmische Qualität: Es schafft Kosmos, er schafft und erhält die Ordnung in der Welt." Genau diese kosmische Qualität hat jedoch nur das Handeln des Königs.

[7] E. Hornung, bei Schmid, *Gerechtigkeit als Weltordnung*, 58 Anm. 325.

[8] Diesen Sinn verbinden auch andere Gesellschaften, die ein vergleichbar „dramatisches" Weltbild haben, mit den Opferriten. Die Azteken glaubten bekanntlich, die Welt nur durch massenhafte Menschenopfer vor der drohenden Auflösung bewahren zu können, vgl. J. Soustelle, *Les Quatre Soleils*, Paris 1967.

[9] Wenn z. B. in den *Klagen des Bauern* B1 64 ff. der Oberhofmeister Rensi angeredet wird „Der die Isfet vernichtet und die Ma`at verwirklicht", darf man nicht übersehen, daß diese Aussage, wie Ranke (*ZÄS* 79, 1954, 72 f.) gezeigt hat, im Kontext einer Parodie auf die königliche Namenreihe steht.

1. Der Mittler

im Rahmen des Staats können die Menschen die Ma`at praktizieren; ohne das Königtum schwindet die Ma`at aus der Welt, und die Menschen richten sich gegenseitig zugrunde. Die „Kosmos schaffende" Kraft ist das exklusive Vorrecht der königlichen Autorität.

Für die klassische Konzeption der Mittlerrolle des Königs gibt es einen Text, der als fundamental gelten kann. Er ist uns in nicht weniger als elf Fassungen erhalten, davon vier aus königlichen Tempelbauten von Hatschepsut bis Taharqa. Ich habe diesen Text 1970 publiziert[10], aber seine Bedeutung für das Verständnis des ägyptischen Königsdogmas scheint nicht recht erkannt worden sein.[11] Daher mag es erlaubt sein, nochmals auf diesen Text zurückzukommen.

Es handelt sich um einen „kulttheologischen Traktat"[12] über den König als Anbeter des Sonnengottes. Dabei bezieht er sich speziell auf die Anbetung des Sonnengottes am Morgen und daher im besonderen auf die Ma`at.[13] Denn der Ma`at ist die Stunde des Sonnenaufgangs im besonderen Maße heilig, „sie erhebt sich für Ma`at", wie es ägyptisch heißt.[14] Der Text ist dreigeteilt (10, 20 und 14 Verse nach der Gliederung von G. Fecht).[15] Der erste Teil beschreibt den Sonnenaufgang, den der König mit seiner Anbetung begleitet, in der Stilform der Kosmographie. Der zweite Teil spezifiziert das „Wissen" des Königs, der in die Arcana des Sonnenlaufs eingeweiht und durch dieses Wissen überhaupt erst zur Anbetung des Sonnengottes befähigt und ermächtigt ist. Der König kennt die *Phasen* (ḫprw) des sich im kosmischen Prozeß zyklisch verwandelnden Gottes, die *Wesen und Gegenstände*, die die „Sphäre des Seinigen" bilden, und die *Worte*, die im Vollzug des kosmischen Prozesses gesprochen werden. Es handelt sich in aller Evidenz um dieselbe Art von

---

[10] *Der König als Sonnenpriester*. Weitere Varianten: *Sonnenhymnen in thebanischen Gräbern*, 48 f. Text 37.

[11] In dem neuen Buch von M. A. Bonhême und A. Fardeau, *Pharaon*, vermißt man jeden Hinweis auf diesen Text. N. C. Grimal, *Propagande royale*, 50 zitiert ihn in der Taharqa-Version als einen Text der 25. Dyn. J. C. Goyon, der Editor der Taharqa-Version, hält ihn für eine Variante des 15. *Totenbuch*kapitels.

[12] Vgl. hierzu Assmann, *Re und Amun*, 24 ff.

[13] Von einem entsprechenden Abendtext sind nur unzusammenhängende Reste erhalten.

[14] *Liturgische Lieder*, 123 f. habe ich die Götter der 12 Tagesstunden zusammengestellt. Mit der Wendung „sich erheben für jmd." wird theologisch die Beziehung der Hypostase oder Manifestation ausgedrückt. Gottheiten manifestieren sich in Wesenheiten einer niederen Seinsstufe wie Tieren und Pflanzen (im ophiologischen Traktat des pBrooklyn, auf den G. Posener, bei J. Vandier, *Le Papyrus Jumilhac*, 81 f. aufmerksam macht, sind es Schlangen, im pJumilhac Bäume, Hunde, Schakale usw., die sich für verschiedene Gottheiten erheben). So gelten offenbar auch die Stunden als Wesenheiten einer niederen Seinsstufe, die Gottheiten als Erscheinungsform dienen können.

[15] S. *König als Sonnenpriester*, 20–22.

Wissen, wie es in den „Unterweltsbüchern" des Neuen Reichs kodifiziert ist.[16] Genaueste Kenntnis des Sonnenlaufs ist die Vorbedingung für die Möglichkeit, durch Anbetung fördernd in ihn einzugreifen.

Der dritte Teil äußert sich noch allgemeiner und grundsätzlicher zur Bevollmächtigung des Königs als Sonnenpriester. Nicht nur sein Wissen legitimiert ihn zu solcher Machtausübung, sondern vor allem die Tatsache, daß der Sonnengott selbst ihn auf der Erde eingesetzt und mit umfassenden Pflichten beauftragt hat.

> *Re hat den König eingesetzt*
> *auf der Erde der Lebenden*
> *für immer und ewig*
> *beim Rechtsprechen der Menschen, beim Befriedigen der Götter,*
> *beim Enstehenlassen der Ma`at, beim Vernichten der Isfet.*
> *Er (der König) gibt Gottesopfer den Göttern*
> *und Totenopfer den Verklärten.*
> *Der Name des Königs*
> *ist im Himmel wie (der des) Re.*
> *Er lebt in Herzensweite*
> *wie Re-Harachte.*
> *Die p`t-Menschen jubeln, wenn sie ihn sehen.*
> *Die rḫjjt-Menschen machen ihm Ovationen*
> *in seiner Rolle des Kindes.*

Diese Strophe entwirft die allgemeine Theorie des ägyptischen Königtums und das heißt: des Staates. Nur der letzte Vers lenkt den Bezug zurück auf die spezielle Situation der kultischen Sonnenanbetung am Morgen, die anderen beziehen sich auf das Königtum in einem ganz allgemeinen und umfassenden Sinne.

Das Weltbild, das hier greifbar wird, scheint mir durch zwei Kategorien gekennzeichnet: vertikale Gliederung und homologische Entsprechung. Dieses Thema wird angezeigt durch die Stichworte „Erde" und „Himmel" im jeweils zweiten Vers der beiden Strophen. Die erste behandelt die Einsetzung des Königtums von oben nach unten, auf die Erde, die zweite die Sonnenhaftigkeit des Königs, der in seiner Herrschaftsausübung vom Sonnengott nicht mehr unterscheidbar ist und die Erde in abbildhafte Korrespondenz zum Himmel bringt.

Nach ägyptischer Auffassung ist das ägyptische Königtum vom Sonnengott eingesetzt, um auf der „Erde der Lebenden" die Ma`at zu ver-

---

[16] E. Hornung, *Altägyptische Unterweltsbücher*. Daß diese „Bücher" auch als „Totenliteratur" für den König verwendet wurden, wie W. Barta, *Die Bedeutung der Jenseitsbücher*, nachweisen zu müssen glaubt, schließt sich mit dieser Deutung nicht aus und wird von niemand bestritten. Aber diese Verwendung ist m. E. sekundär.

wirklichen und deren Gegenteil, die Isfet, zu vertreiben. Es wird auch gesagt, worin die Ma'at besteht: in Gerechtigkeit und Kult. Die Aufgabe, um deretwillen der König vom Sonnengott auf Erden eingesetzt ist, besteht darin, dafür zu sorgen, daß die Menschen zu ihrem Recht und die Götter und Verklärten zu ihren Opfern kommen. Diese Verse sind mit dem oben zitierten Ausschnitt aus dem 126. Kapitel des *Totenbuchs* identisch. Bei näherem Zusehen erkennt man, daß die beiden Texte einander ergänzen und der König den Pavianen gleichgesetzt wird, d. h. in ihrer Rolle auftritt. So erscheint er auch in der Darstellung, die in den Tempeln mit diesem Text verbunden wird.[17] Wir können daher das Schema für die Mittler-Rolle der Paviane auf der Basis beider Texte für den König folgendermaßen ergänzen:

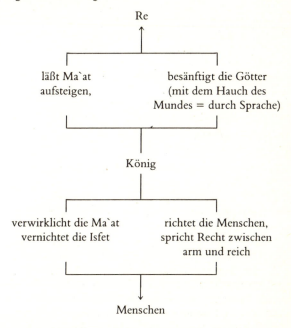

Der Text über die kultische Rolle des Königs bringt Stellung und Aufgabe des Königs in einem sehr komplexen Satz zum Ausdruck. Es lohnt sich, diesen Satz etwas genauer auf seinen Bau hin zu untersuchen, auch wenn wir dafür einen Abstecher in einige Details der ägyptischen Grammatik in Kauf nehmen müssen. Denn hinter der eigenartigen Syntax dieser Passage steht eine Kategorie von zentraler Bedeutung:

---

[17] Vgl. *König als Sonnenpriester*, passim.

die Kategorie der „indirekten Kausalität". Es handelt sich um einen Satz der Struktur PSO (Prädikat-Subjekt-Objekt) mit nicht weniger als sechs adverbialen Ergänzungen. Die Komplexität liegt darin, daß sich nur die ersten beiden dieser Ergänzungen auf das verbale Prädikat des Hauptsatzes beziehen und die Handlung des Subjekts (Re) in ihrem räumlichen („auf der Erde der Lebenden") und zeitlichen Rahmen („für immer und ewig") spezifizieren. Die anderen Ergänzungen beziehen sich auf das Objekt, den König, und sind nicht adverbial sondern attributiv zu verstehen. Seiner Struktur nach entspricht der Satz Aussagen wie

dd.tw n.k r₃.k ḥr mdt, rdwj.kj ḥr šm

man gibt dir deinen Mund beim Reden, deine Beine beim Gehen.[18]

Der Satz verknüpft in der Form einer *Apokoinou*-Konstruktion zwei Aktanten mit zwei Handlungstypen, die nach Tempus, Aspekt und Aktionsart divergieren:

Handlung 1	Subjekt	Objekt	Tempus	Aspekt	Aktionsart
Einsetzung	Re	König	Perfekt	Perfektiv	punktuell, Einmaligkeit

Handlungen 2	Subjekt	Objekt	Tempus	Aspekt	Aktionsart
Richten	König	Menschen	Null	Imperfektiv	durativ
Besänftigen	"	Götter	"	"	iterativ
Verwirklichen	"	Ma`at	"	"	"
Vernichten	"	Isfet	"	"	"

Beide Handlungen sind transitiv-kausativ. Der Gott verursacht eine Menge von Handlungen, der König eine Menge von Zuständen. Die Handlung des Gottes ist in ihrer Punktualität, Einmaligkeit, Perfektivität und Vergangenheit eine *Initialhandlung*, die den König ein- und dessen Handeln in Gang gesetzt hat. Die Handlungen des Königs sind in ihrer zeitlosen Iterativität typische Handlungen der *Inganghaltung*. Die Pointe des Satzes in seiner umständlichen Konstruktion liegt darin, daß die Handlungen des Königs der Initialhandlung des Gottes untergeordnet sind, d.h. daß der Gott sich des Königs als Mittlers bedient, um die Welt in Gang zu halten. Ich nenne dies das Prinzip der „indirekten Kausation". (Als „direkt" wäre demgegenüber eine Kausation zu bezeichnen, die die ordnungstiftenden Handlungen des Königs nicht mit ḥr+Inf. [„beim etwas tun"] an den König, sondern mit r+Inf. [„um etwas zu tun"] an

---

[18] Urk IV 114 usw. (häufiger Totentext). Vgl. zu dieser Konstruktion Gardiner, *Egyptian Grammar*³, XXXIII Nachtrag zu p.228 § 304,1; H. Jacquet-Gordon, in: *JEA* 46, 1960, 20; E. F. Wente, in: *JNES* 21, 1962, 126.

1. Der Mittler

*Der König opfert Ptah die Maʿat
(Theben, Grab Ramses' IX., um 1070 v. Chr.),
nach einem Aquarell von Hay*

die Initialhandlung des Gottes anschließen würden. Dann wäre schon das Initialhandeln des Gottes zielstrebig auf die Verwirklichung der Maʿat auf Erden gerichtet. Genau dies ist aber nicht der Sinn des Satzes.) Das Initialhandeln des Gottes richtet sich allein auf die Einsetzung des Königs auf Erden, d. h. die Einrichtung des Staates. Für alles weitere ist dann der König zuständig und verantwortlich. Gottes Handeln und vor allem: Gottes Wille beschränkt sich auf die „Initialisierung" dieses Prozesses und greift nicht in seine Inganghaltung ein. Auf dieser Trennung zwischen Initialisierung und Inganghaltung beruht das Prinzip der indirekten Kausation.

Mit dem Symbol „C" für die Relation der Kausation (C_1 = initiale Kausation, C_2 = iterativ-in Gang haltende Kausation) und dem Symbol

„P" für die Relation der Prädikation läßt sich dieses Prinzip folgendermaßen schematisieren:

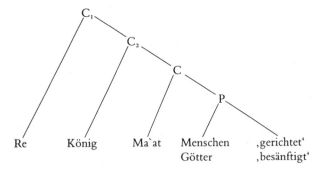

Dieses Schema läßt sich paraphrasieren: „Rc bewirkt, daß der König bewirkt, daß Ma'at bewirkt, daß den Menschen Gerechtigkeit und den Göttern Opfer zuteil werden". Wenn wir letzteren Zustand mit dem ägyptischen Begriff *ḥtpw* "Harmonie„ zusammenfassen, können wir das Schema folgendermaßen abkürzen:

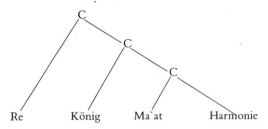

In dieser Form tritt sofort die Analogie zum Prinzip der kosmischen Herrschaft hervor. Auch hier haben wir die Unterscheidung zwischen der Initialhandlung des „Ersten Mals" und den inganghaltenden Iterativ-Handlungen des Sonnenlaufs, deren Ziel es ist, unter den Bedingungen der gespaltenen Welt Frieden und Harmonie herzustellen:

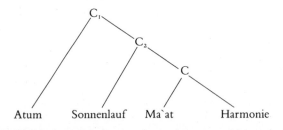

1. Der Mittler

So läßt sich auch anhand des Prinzips der „indirekten Kausation" noch einmal die spiegelbildliche Beziehung veranschaulichen, die nach ägyptischer Auffassung Himmel und Erde verbindet. Diese Beziehung der mutuellen Referenz steht und fällt mit der Idee einer indirekten Kausation; und diese wiederum steht und fällt mit der Idee der gespaltenen Welt. Nichts anderes als die Gefährdung der Welt durch die Anwesenheit des Bösen macht die Installation des Staates und des Sonnenlaufs notwendig.

Die Handlungen des Königs sind paarweise geordnet, nach Maßgabe der korrelativen Begriffspaare Menschen/Götter und Ma`at/Isfet. Das erste Paar ist konkret, das zweite abstrakt. Offenbar beziehen sich beide Paare nicht additiv sondern explanatorisch zueinander: Das zweite Paar erklärt das erste, das erste konkretisiert das zweite. Wir können die Aussagen in umgekehrter Abfolge paraphrasieren:

1. Die Aufgabe des Königs auf Erden besteht darin, hier die Ma`at zu verwirklichen und die Jsfet zu vertreiben.
2. Konkret bedeutet das, den Menschen Recht zu sprechen und die Götter zufriedenzustellen.

Der Begriff der Ma`at läßt sich also spezifizieren als:

   a) Gerechtigkeit bzw. Rechtsordnung unter den Menschen, herzustellen durch Rechtsprechung.
   b) Zufriedenheit bzw. Harmonie (*ḥtp*) unter den Göttern, herzustellen durch Kult (Verehrung und Opfer).

Zur Mittlerrolle des Königs und der Paviane gehört aber auch, daß sie, genau wie der Sonnengott selbst, „von der Ma`at leben". Besonders aufschlußreich sind in dieser Hinsicht die Schlußverse des Pavian-Texts. Sie enthalten dieselbe Aussage, die auch die Königin Hatschepsut von sich macht:

> *Ich habe die Ma`at groß gemacht, die er liebt,*
> *denn ich habe erkannt, daß er von ihr lebt.*
> *(Auch) meine Speise ist sie, ich schlucke ihren Tau,*
> *indem ich eines Leibes mit ihm bin.*[19]

Von der Ma`at zu leben gehört zur Rolle des Königs und des Sonnengottes. Es ist einer der Punkte, in der sie wesensgleich, „eines Leibes" (= Wesens) sind. Was ist mit dieser Formel gemeint? Was heißt „von der Ma`at leben"?

Von der Ma`at lebt der, dem sie als Opfergabe dargebracht wird: also der Sonnengott. Von der Ma`at lebt aber auch derjenige, für den sie, im

---

[19] Speos Artemidos Inschrift, ed. Gardiner (nach Abschrift von N. de G. Davies), in: *JEA* 32, 1946, pl. VI Z.9–10, 46.

Sinne einer ethischen Verpflichtung, getan wird: also der König und dann, in direkter Verlängerung dieser Linie, Osiris, die Totenrichter, die Paviane aus dem 126. Kapitel des *Totenbuchs* und wiederum der Sonnengott – alle Instanzen, vor denen sich der Mensch für das Tun der Ma`at verantworten muß. „Der von der Ma`at lebt" ist das Prädikat einer „ethischen Instanz", die für die Durchsetzung der Ma`at sorgt und für die sie gesagt und getan wird. Daher finden sich die meisten Belege dieser Wendung in Texten, die von der ethischen Bewährung des einzelnen reden. Der typische Kontext lautet etwa:

> *Ich tat dir die Ma`at, als ich auf Erden war,*
> *weil ich mir bewußt war, daß du von ihr lebst.*[20]

> *Ich bin der eine Vortreffliche, der seinem Gotte wohlgefällig ist,*
> *ich bin mir bewußt, daß er die Herzen richtet*
> *und daß er von der Ma`at lebt.*[21]

> *Ich tat die Ma`at für den Herrn der beiden Länder*
> *des Nachts wie am Tage,*
> *denn ich war mir bewußt, daß er von ihr lebt;*
> *mein Abscheu ist aufrührerische Rede.*[22]

Das Prinzip Ma`at stiftet eine Sphäre der Aufeinander-Bezogenheit alles Handelns, in der die Tat zum Täter zurückkehrt und der einzelne folgerichtig von dem „lebt", was in Wort und Tat „aus ihm hervorgeht". Diese Sphäre ist vertikal organisiert; wir haben es das Prinzip der „vertikalen Solidarität" genannt. Die Ma`at kommt daher in letzter Instanz von oben, und es ist folgerichtig der Gott, dem sie in letzter Instanz zurückgegeben wird, der „von ihr lebt". Als Repräsentant des Gottes auf Erden lebt der König von der Ma`at, und auch der einzelne darf, wenn er, verklärt und von seinen Sünden gereinigt, vor das Jenseitstribunal tritt, solches von sich behaupten. Von der Ma`at lebt der, zu dem man sie aufsteigen läßt, der als „ethische Instanz" über ihre Geltung wacht.

---

[20] Piehl, *Inscriptions hiéroglyphiques* I, 100.
[21] Davies, *The Tomb of Neferhotep*, Tf. 27.
[22] Urk IV 1795. Vgl. a. Urk IV 1531 (F): „Ich tat die Ma`at, die der König liebt, weil ich mir bewußt war, daß er von ihr lebt." Ebenfalls aus der 18. Dyn. Kairo CG 547: „Der die Ma`at tut für seinen Horus und sich bewußt ist, daß er von ihr lebt." Sehr häufig sind solche Aussagen auch mit Ausdrücken wie ḥtp.f jm.s „daß er über sie zufrieden ist" oder ḥˁ.f jm.s „daß er über sie jubelt."

2. Polarisierung und Politisierung: die Lehre von der Isfet

a) Negative Anthropologie: die Staatsangewiesenheit des Menschen

Das erste implizite Axiom der ägyptischen Staatslehre lautet: Ohne den Staat herrscht nicht Ma'at auf Erden, sondern Isfet. Was Isfet ist, erfahren wir aus den sogenannten Chaosbeschreibungen.[23] Es gibt sie im kultischen, politischen und weisheitlich-moralischen Kontext, worin man unschwer die drei Formen der Ma'atrealisierung wiedererkennt: das kultische „Aufsteigenlassen", politische „Verwirklichen" und moralische „Sagen/Tun" der Ma'at. Im moralischen Kontext reden vom Chaos die „Klagen" der Weisheitsliteratur, im politischen die Königsinschriften und im kultischen die magischen und Ritualtexte.

Der Begriff der Isfet bezeichnet das Gegenteil von menschenweltlicher Gerechtigkeit und götterweltlicher Harmonie, dem durch Rechtsprechung und Kult abgeholfen werden muß. Isfet bedeutet daher nicht einfach den Mangel an (die Abwesenheit von) Gerechtigkeit und Harmonie, sondern deren Gegensatz, d.h. Unrecht und Gewalt. Das ist entscheidend. Die „Erde der Lebenden", auf der der König durch Rechtsprechung und Kult die Ma'at verwirklichen soll, ist keine *tabula rasa*, sondern eine Sphäre, in der vorgängig, gewissermaßen von Natur aus, Isfet herrscht. Der König muß die Isfet vernichten, um die Ma'at zu verwirklichen. In der polarisierten Welt ist jeder Akt der Ma'at-Verwirklichung ein Akt der Isfet-Vernichtung – und umgekehrt. In den *Klagen des Oasenmannes* wird diese dialektische Beziehung in eindrucksvollen Bildern zum Ausdruck gebracht:

> *Wer die Lüge vernichtet, fördert die Ma'at,*
> *wer das Gute fördert, macht das Böse zunichte,*
> *wie Sattheit den Hunger vertreibt,*
> *Kleidung den Nackten bedeckt,*
> *wie der Himmel heiter ist nach heftigem Sturm,*
> *daß er alle Frierenden wärme,*
> *wie Feuer rohe Nahrung kocht,*
> *wie Wasser den Durst löscht.*[24]

In der gespaltenen Welt gibt es keine Neutralität. Man kann das Gute nicht verwirklichen, ohne gegen das Böse einzuschreiten. Alles politische Handeln hat daher doppelten Sinn: Es ist Belohnung für die Guten und Strafe für die Bösen, so wie jener „Feuersee" in der Unterwelt, der

---

[23] J. Assmann, „Königsdogma und Heilserwartung".
[24] *Bauer* B 1, 243–47; Übersetzung E. Hornung, *Meisterwerke*.

für die Gerechten aus erfrischendem Wasser, für die Frevler aber aus verzehrendem Feuer besteht.[25] Die Welt ist mehrdeutig und das politische Handeln des Königs dient ihrer Vereindeutigung, indem es richtend und ordnend zwischen Maat und Isfet, Gut und Böse scheidet.

Die Lehre von der Isfet ist entscheidend für das Verständnis der ägyptischen Staatstheorie: denn auf ihr beruht die Auffassung von der Notwendigkeit des Staates. Isfet bezeichnet nicht einfach einen Mangel, dem abgeholfen werden muß, sondern eine gegenstrebige Kraft des Bösen, gegen die das Gute – die Ma`at – durchgesetzt und immer wieder aufrechterhalten werden muß. Aus diesem Dauerkonflikt oder Antagonismus ergibt sich die Iterativität, das „immer wieder", der Prozeßcharakter des Staates. Der Zeitrahmen, *nḥḥ* und *ḏt*, wird gefüllt durch Geschichte nicht im Sinne von „Progress", sondern von „Prozeß", durch unablässige Gegensteuerung gegen die Gravitation zum Bösen. Diese Gegensteuerung besteht in Rechtsprechung und Kult.

Die kompakte Formel des Königstextes: *wḏʿ rmṯw* „den Menschen Recht sprechen" wird im Paviantext ersetzt durch: *wpjw m3r ḥnʿ wsr* „Recht sprechen zwischen dem Armen und dem Reichen (bzw. „dem Schwachen und dem Mächtigen"). Damit wird klar, worin jene Isfet besteht, der der König durch Rechtsprechung abhelfen bzw. gegensteuern muß: in der Ungleichheit der Menschen. Gerichtet wird nicht zwischen dem Guten und dem Bösen – *ṣaddiq* und *rašaʿ*, wie es biblisch heißen würde –, sondern zwischen dem Armen und dem Reichen, dem Schwachen und dem Starken. Damit wird unterstellt, daß der Reiche oder Starke der Böse ist. Das heißt: das Böse liegt in der menschlichen Natur, die, wenn man sie nur gewähren läßt, alle Chancen von Macht, Reichtum, Stärke und Einfluß nutzen wird, um die Schwächeren zu unterdrücken. Nicht die Ungleichheit als solche ist das Böse, sondern die Unterdrückung der Schwachen durch die Starken, die damit unvermeidlich verbunden ist. Die indische Tradition hat ein ähnlich negatives Menschenbild; dort heißt dieses Prinzip „das Gesetz der Fische" (*matsyanyaya*): Die Großen fressen die Kleinen.[26] Auch dort ist es die Aufgabe

---

[25] *Totenbuch* Kapitel 126 u. ö., vgl. E. Hornung, *Das Buch von den Pforten des Jenseits*, Bd. II, 80–84.

[26] Vgl. R. Lingat, *The Classical Law of India*, 207f.: „Kingship is regarded as an institution necessary to the maintenance of the social order established by the creator for the good of creatures. Only in the golden Age could men dispense with a king, because all of them had full knowledge of their duties and conformed to them naturally. ‚There were no law-suits then, nor did hatred exist, nor greed' (Nar. Intr. I.1). Consequent on the degeneration of humanity through the ages, men lost the inborn sense of their duties. Society was handed over to disorder. The strong oppresses the weak. There was no longer a barrier to contain appetites. There was no property and no family. Here we meet one of the dogmas of Indian thought: A society without a

2. Polarisierung und Politisierung: die Lehre von der Isfet

des Staates – und zwar speziell der Krieger- und Fürstenkaste *kšatriya* –, diesem Prinzip entgegenzuwirken. Denn hier sind die Aufgaben sorgfältig differenziert: Die Rechtsprechung (*wdˁ rmṯw*) ist Sache der weltlichen Führer (*kšatriya*), der Kult (*sḥtp nṯrw*) Sache der geistlichen (Brahmanen).[27] Ähnlich wie in Ägypten die *Isfet*, so kennzeichnet in Indien das „Gesetz der Fische" den Zustand einer Welt ohne Königtum:

> „Gäbe es auf Erden keinen König, der den züchtigenden Stock trägt, dann würden die Starken die Schwachen aufspießen und braten wie Fische."[28]

In der abendländischen Tradition ist es vor allem Thomas Hobbes, der dieses Prinzip einer negativen Anthropologie zur Grundlage einer Staatstheorie gemacht hat. Hobbes nennt es den „Naturzustand" (*status naturalis*) und beschreibt es als „Krieg aller gegen alle" (*bellum omnium contra omnes*) und *homo homini lupus*.[29] Der ägyptische Text, der das Problem der Isfet als Ungleichheit unter den Menschen behandelt, ist die berühmte Passage des *Sargtext*-Spruchs 1130, wo der Schöpfergott sagt:

> *Ich habe jedermann gleich seinem Nächsten geschaffen.*
> *Ich habe verboten, daß sie Isfet tun sollten.*
> *Aber ihre Herzen haben mein Verbot übertreten.*[30]

Die Isfet liegt nicht in der Natur der Schöpfung, sondern in der Natur des menschlichen Herzens, d. h. des freien Willens, der den Menschen und nur ihnen eigenen Freiheit, aus der Schöpfungsordnung auszusche-

---

king (a-rajaka) is not viable. It is the ‚logic of the fish' (i. e. the law of the jungle) which is law. Therefore the gods instituted the royal function, giving him who is vested with power of command (kšatra) the mission to protect the creatures and to give them ... the guarantee of security". Lingat zitiert in einer Fußnote M. Bloch, *La société féodale. La formation des liens de dépendance*, Paris 1939, 9. Dort geht es um die Bischofskonferenz von Trosly 909, auf der das Wort fiel: „Überall unterdrücken die Mächtigen die Schwachen und die Menschen sind wie die Fische im Meer, die sich unterschiedslos gegenseitig verschlingen." Ich verdanke den Hinweis auf das Buch von R. Lingat meinem indologischen Kollegen G. D. Sontheimer. Vgl. auch D. Conrad, „Max Weber's Conception of Hindu Dharma as a Paradigm".

[27] Auch in Indien ist es „die Pflicht des Königs, die Strafjustiz zu verwalten". Fehlte sie, „würden die Starken die Schwachen braten, Krähen würden die Opfergaben fressen, die Hunde daran lecken, nirgendwo gäbe es svamya, Herrschaft oder Eigentum, das Obere und das Untere kämen durcheinander": L. Dumont, *Homo Hierarchicus*, dt., 351.

[28] *Mahabharata* XII, 67, 16 nach Dumont, a. a. O.

[29] Leo Strauss, *The Political Philosophy of Thomas Hobbes: Its Basis and Its Genesis*; K. M. Kodalle, *Thomas Hobbes*.

[30] CT VII 463f–464c. S. hierzu, mit abweichender Interpretation, W. Schenkel, „Soziale Gleichheit", 26ff.

ren. Daher herrscht in der Menschenwelt Isfet, d. h. Gewalt, Unterdrükkung, das Gesetz der Fische, das Recht des Stärkeren, solange nicht eine andere Ordnung hier für Gerechtigkeit sorgt. Diese Gerechtigkeit dient daher in erster Linie dem Schutz der Schwachen, der Armen, der Witwen und Waisen, vor den Mächtigen.

Da die Gerechtigkeit im menschlichen Herzen nicht angelegt ist, muß sie von außen kommen. Nach ägyptischer Vorstellung kommt sie von oben, von Gott, der sie in der Form des Königtums auf Erden einsetzt. Im *Sargtext*-Spruch 1130 ist vom Königtum nicht die Rede, dort ist es der Gott selbst, der von sich sagt:

Ich richte zwischen den Starken (wsr) und den Schwachen (m3r).[31]

Aber damit ist zweifellos dasselbe gemeint wie in der *Lehre für Merikare*, wo es vom Schöpfergott heißt, daß er den Menschen:

"Herrscher im Ei" und Vorgesetzte gegeben habe,
um den Rücken des Schwachen zu stärken.[32]

Der Staat ist zum Schutz der Schwachen da. In der *Amtseinsetzung des Wesirs* heißt es geradezu:

Der Herrscher liebt den Furchtsamen mehr als den Starkherzigen.[33]

Er verwirklicht eine Rechtsordnung, die das Faustrecht aussschließt und dem Schwachen – den "Witwen und Waisen" – Lebenschancen ermöglicht, die sie sonst nicht besäßen. Der Staat kommt eben nicht "von unten", aus der Mitte der Menschen selbst (wie bei Hobbes), sondern "von oben". Königtum und Gerechtigkeit kommen vom Himmel herab in die Menschenwelt, um die hier normalerweise herrschende Isfet niederzuhalten (dr) bzw. zu vernichten (sḥtm), als Wohltat des Schöpfergottes.

Diese Konzeption ist keine Errungenschaft des Neuen Reichs, sondern kommt schon in Texten des Mittleren Reichs zum Ausdruck. Manches spricht dafür, daß sie bereits dem Staatsgedanken des Alten Reichs (zumindest ab der 5. Dynastie) zugrundeliegt. In § 265 b der *Pyramidentexte* wird gesagt, daß der König zum Himmel aufsteigt, nachdem er:

"Ma`at an die Stelle der Isfet gesetzt hat in der Feuerinsel."[34]

---

[31] CT VII 466e–467d s. *Re und Amun*, 178 und 279 f. Dasselbe Begriffspaar wie in Totb 126 und im pKairo 58038 (*wpjw m3r ḥnʿ wsr*) s. *Re und Amun* 177. Vgl. auch Ps 35.10: "Du entreißt den Schwachen dem, der stärker ist, den Schwachen und Armen dem, der ihn ausraubt" (vgl. a. Verse 23 f.).

[32] P 135–136.

[33] Urk IV 1092.14.

[34] Vgl. Pyr 265c; 1775b; vgl. auch Pyr 2290. Durch den "Fall" ist die Welt zur "Feuerinsel" geworden, in der fortwährend Ma`at an die Stelle von Isfet gesetzt wer-

2. Polarisierung und Politisierung: die Lehre von der Isfet

Ich nehme an, daß hier mit dem Ausdruck „Feuerinsel" genau dasselbe gemeint ist wie jene Sphäre, die unser Text „die Erde der Lebenden" nennt, die Menschenwelt, die eben deswegen eine „Feuerinsel" ist, weil in ihr Isfet herrscht. Der Ausdruck „Feuerinsel" bezeichnet den Ort der Gefahr, des Kampfes, des Gerichts, der Auseinandersetzung, also der Entscheidung zwischen Ma'at und Isfet, Horus und Seth, Leben und Tod, Recht und Gewalt.

Im Mittleren Reich wird dann die Lehre von der Isfet (die „negative Anthropologie") mit der historischen Erfahrung der Ersten Zwischenzeit verbunden. Eine ganze Literaturgattung entsteht, die diese Erinnerung kodifiziert: die Klagen und Prophezeihungen (wie *Admonitions, Neferti, Chacheperreseneb,* die *Klagen des Oasenmannes*) und Dialoge (wie der *Lebensmüde*). Was hier geschildert wird, ist eine Welt ohne Staat und ohne Ma'at, wahrhaftig eine „Feuerinsel", in der alle Bande der Mitmenschlichkeit, Solidarität, Verständigung zerrissen sind, in der Mord und Totschlag herrschen und in der alle Quellen des Lebens und der Fruchtbarkeit versiegt sind, weil sich die Götter von ihr abgewandt haben.

Wie P. Seibert nachgewiesen hat,[35] schildern die Klagen den staatslosen Zustand der Gesellschaft in der Stilform der Totenklage. Der Zerfall des Königtums und das Verschwinden der Ma'at stürzen die Menschheit in den Zustand der „Todesbefallenheit". „Leben ist den Lebenden genommen", heißt es in *Neferti*, „man lebt in der Nekropole". Diese Texte transformieren die Erfahrung der Ersten Zwischenzeit in Erinnerung, um anhand ihrer die These von der Lebensnotwendigkeit des Staates zu demonstrieren. Der Mensch kann ohne Gemeinschaft nicht leben (insoweit ist er auch nach ägyptischer Auffassung ein *zoon politikon*). Aus sich heraus bringt er aber den Geist der Gemeinschaft, des friedlichen Zusammenlebens, der mitmenschlichen Verständigung (äg. *M3ʿt*) nicht zustande, sondern nur das Gegenteil: Unrecht, Gewalt, Unterdrückung (äg. *jzft*). Er kann die Ma'at nicht verwirklichen (äg. *shpr*), sondern nur im Rahmen der verwirklichten Ma'at handeln (äg. *jrj M3ʿt*). Die Ma'at zu verwirklichen, d. h. gegen den Naturzustand der Isfet durchzusetzen, ist Sache des Königs, des Staates und des ihn einsetzenden Gottes.

---

den muß. Daher bezieht sich der Ausdruck auf jene Orte, die zum Brennpunkt der Auseinandersetzung mit dem Bösen werden: der Himmelsregion, an der Apopis bekämpft werden muß, der Oberwelt, in der sich der Mensch im Kampf gegen das Böse bewährt haben muß, um in die Unterwelt Eingang zu finden (*Sargtexte* 30–43) und später dann auch nach hermupolitanischer Lehre der Ort des Uraufgangs als eines ersten Sieges des Lichts=Rechts über die Finsternis. Vgl. zu den Sinndimensionen dieses Ausdrucks *Liturgische Lieder*, 271 f.

[35] *Die Charakteristik*, 20–25.

b) Negative Kosmologie: die Staatsangewiesenheit des Kosmos

Genau dieselben Zusammenhänge ergeben sich auf der kosmologischen Ebene. Auch hier läßt sich im Sinne eines ersten kosmologischen Grundsatzes feststellen: *Der Kosmos kann ohne Ma`at nicht leben.* Auf diesen Satz läuft die Lehre von „Leben" und „Ma`at" als kosmogonischen Prinzipien heraus, die im *Sargtext* 80 entwickelt wird. Noch einmal müssen wir uns klarmachen, daß der Ägypter den Kosmos nicht vom Raum, sondern von der Zeit her denkt. Was wir „Kosmos" nennen, betrachtet der Ägypter als einen Prozeß. Und dieser Prozeß ist zunächst einmal nichts anderes als Leben: das Leben einer Göttergemeinschaft, das sich im unaufhörlichen Werden und Vergehen der kosmischen Zyklen und vor allem im Sonnenlauf vollzieht. Auch dieses Leben bedarf, um zu gelingen, der Ma`at. Das haben uns die Quellen deutlich genug vor Augen geführt. Die Parallele zwischen Kosmos und Menschenwelt geht jedoch weiter: *Ohne den Staat kann auch der Kosmos nicht leben.* Zunächst ist zu sagen, daß wir – ebenso wie von einer „negativen Anthropologie" – auch von einer „negativen Kosmologie" sprechen müssen. Derchain hat dieses Weltbild geradezu „tragisch" genannt.[36] Der kosmische Prozeß ist fortwährend von Stillstand und Zerfall bedroht. Jedes Zyklusende wie Nacht, Jahreswechsel, Regierungswechsel kann das Weltende bedeuten und erfordert Maßnahmen, um es abzuwenden und den Fortbestand der Welt über diesen Bruch hinweg sicherzustellen.[37] Der Zusammenhang zwischen der negativen Anthropologie der Weisheitsbücher, vor allem der *Klagen*, und der negativen Kosmologie der Riten liegt auf der Hand. In beiden Sphären vermag sich die Ma`at nicht von selbst durchzusetzen. Beide Sphären verdienen von Natur aus kein Vertrauen, die Götterwelt ebensowenig wie die Menschenwelt. Auch von seiten der Götter muß man sich fortwährend des Bösen gewärtig sein, und zwar nicht nur von „Gegengöttern" wie Seth oder Apopis, Dämonen und spukenden Toten, sondern auch von Gottheiten wie Amun und Ptah, Thoth, Hathor und Sachmet.[38] Sehr treffend sagt Derchain: „il s'agit d'une inquiétude à l'égard du monde lui-même, de sa structure, et non pas vis-à-vis du ‚mal', comme ce sera le cas pour d'autres peuples."[39]

Ohne das Prinzip Herrschaft würde daher auch der Kosmos zusammenbrechen. Auch der Sonnenlauf ist kein *perpetuum mobile*, kein selbst-

---

[36] „Le rôle du roi", 67 vgl. auch ders., *Le Papyrus Salt 825*, I, 25 („allure tragique") und 28 („philosophie pessimiste").

[37] S. hierzu besonders Derchain, *Le Pap. Salt 825*, 24 ff. und passim.

[38] Vgl. hierzu besonders die *Oracular Amuletic Decrees*, wie sie I. E. S. Edwards in *Hieratic Papyri in the British Museum. Fourth ser.*, 1960, behandelt hat.

[39] *Le Pap. Salt 825*, 27.

organisierendes System. Auch das kosmische Leben ist, um zu gelingen, auf die regulierende Instanz des Herrschers angewiesen. Diese Instanz ist freilich nicht der Pharao, sondern der Sonnengott. Durch den Sonnengott gewinnt das kosmische Leben, das sich in Gestalt des Sonnenlaufs vollzieht, die zusätzliche Sinndimension der Herrschaft. Der Sonnenlauf ist Ausübung eines Weltregiments. Und dieses Weltregiment ist Ma`at. Der Sonnengott verbreitet mit seinem Licht die Ordnung, die die Welt bewohnbar macht. Ma`at ist kosmische Herrschaft. Daher ist ihr Platz die Stirnschlange, also die vornehmste Herrschaftsinsignie des Sonnengottes. Ma`at ist jene Herrschaft, die Leben ermöglicht.

Durch die Herrschaft des Sonnengottes gewinnt das ägyptische Weltbild eine monokratische Spitze, die es mit Sinn erfüllt und lesbar macht. Diesen Sinn greift die pharaonische Herrschaft auf und bildet ihn auf Erden ab. Es handelt sich dabei um eine bifokale Struktur, und die beiden Brennpunkte heißen Summodeismus und Gottkönigtum. Der Begriff der ordnung-stiftenden, Ma`at-verwirklichenden Herrschaft ist an diese monokratische Spitze gebunden und wohl für den Ägypter gar nicht anders zu denken als in den Formen der pharaonischen Zentralherrschaft. Man erkennt das daran, wie noch in der Spätzeit, als die konkreten geschichtlichen Verhältnisse sich weit von der Theorie entfernt hatten, an der immer abstrakter werdenden Figur des Pharao festgehalten wird. Hier geht es um eine zentrale und unabdingbare Stelle im System, und nicht um eine konkrete dynastische Herrschaft, die sich ideologisch legitimieren muß.[40] Die Institution des pharaonischen Gottkönigtums ist der geometrische Ort der Konvergenz der anthropologischen und der kosmischen Sphäre.

Was geschieht nach ägyptischer Vorstellung mit dem Kosmos – also dem kosmischen Prozeß –, wenn der Staat zerfällt? Auf diese Frage geben Texte eine Antwort, die man mit der Gattung der Apokalypsen verglichen hat.[41] Die beiden bedeutendsten Werke dieser Gattung liegen ungefähr zwei Jahrtausende auseinander, sind in verschiedenen Sprachen geschrieben und doch unverkennbar in der gleichen Tradition verankert. Die *Prophezeiungen des Neferti* schildern die Zustände einer Gesellschaft ohne Staat und ohne Ma`at und greifen dabei an zwei Stellen ins Kosmische aus:

> *Die Sonne ist verhüllt und strahlt nicht, daß die Menschen sehen können, man kann nicht leben, wenn Wolken (sie) verhüllen [...].*

---

[40] Das hat niemand klarer herausgearbeitet als Ph. Derchain in dem schon mehrfach zitierten Aufsatz „Le rôle du roi". „Le pharaon a donc", schreibt er (63), „la même réalité dans les temples tardifs que la gravitation dans les théories physiques, il est un élément fondamental du système (donc du monde) sans lequel rien ne peut être."

[41] Vgl. meinen Aufsatz „Königsdogma und Heilserwartung".

> *Der Fluß von Ägypten ist ausgetrocknet,*
> *man überquert das Wasser zu Fuß,*
> *die Flut wird zum Ufer,*
> *das Ufer zur Flut.*
> *Der Südwind wird mit dem Nordwind streiten*
> *und der Himmel in einem einzigen Windsturm sein.*

Hier ist vom Kosmos als „Natur" die Rede, die durch die politischen Mißstände in Mitleidenschaft gezogen wird. Das ist nur die symptomatische Außenseite. Die andere Stelle geht auf den theologischen Hintergrund ein:

> *Re wird sich von den Menschen trennen:*
> *Es gibt zwar noch die Stunde seines Aufgangs,*
> *aber niemand kann mehr wissen, wann Mittag ist,*
> *denn man kann keinen Schatten mehr unterscheiden.*
> *Kein Gesicht wird mehr geblendet sein, das <ihn> sieht.*[42]

Ähnlich äußert sich 2000 Jahre später in griechischer Sprache das *Töpferorakel*:

> *Der Nil wird niedrig sein, die Erde unfruchtbar, die Sonne wird sich*
> *verfinstern, weil sie das Unheil in Ägypten nicht sehen will; die*
> *Winde werden Schäden auf der Erde anrichten.*[43]

Der Zerfall der staatlichen Ordnung löst die Korrespondenz zwischen Himmel und Erde auf. Der Sonnenlauf findet in der Wohlfahrt des Landes keine Entsprechung mehr. Der Sonnengott erträgt den Anblick einer ihm fremd gewordenen Welt nicht. Während das *Töpferorakel* geradezu von einer Verfinsterung der Sonne spricht, beschreibt der ältere Text sehr viel differenzierter den Zustand einer Welt, deren äußerliches Funktionieren kaum verändert scheint, und die doch allen Glanz und Segen, alle orientierende Kraft verloren hat. Die Sonne scheint zwar noch, aber sie wirft keine Schatten. Wenn die Ma`at aus der Welt verschwindet, dann haben sich kosmische und soziale Welt nichts mehr zu sagen. Das kosmische Geschehen verliert seinen moralischen Sinn, das Licht der Sonne bedeutet nicht mehr „zornflammende Gerechtigkeit", die nicht nur den Apopisdrachen vernichtet, sondern auch den Schwachen aus der Hand des Starken rettet, und die sich selbst überlassenen Menschen zerfleischen sich gegenseitig.

---

[42] *Neferti* 51–53.
[43] pOxyrrhynchos 13–20 vgl. pRainer 1–8 (gekürzt), vgl. L. Koenen, „Die Prophezeiungen des Töpfers"; F. Dunand, „L'oracle du potier et la formation de l'Apocalyptique en Égypte".

2. Polarisierung und Politisierung: die Lehre von der Isfet

Den umgekehrten Fall schildern Thronbesteigungshymnen des Neuen Reichs. Die Thronbesteigung des neuen Königs führt die Welt in einen Heilszustand zurück, von dem Menschen und Götter, soziale und kosmische Sphäre gleichermaßen betroffen sind:

> *Freue dich, du ganzes Land!*
> *Die gute Zeit ist gekommen.*
> *Ein Herr – er lebe, sei heil und gesund – ist erschienen in allen Ländern,*
> *Ma`at ist an ihren Platz zurückgekehrt.*
>
> *Ihr Gerechten alle, kommt und schaut:*
> *Ma`at hat das Unrecht bezwungen!*
> *Die Bösen sind auf das Gesicht gefallen,*
> *die Habgierigen sind allesamt verachtet.*
>
> *Das Wasser steht und versiegt nicht,*
> *die Überschwemmung steigt hoch.*
> *Die Tage sind lang, die Nächte haben Stunden,*
> *der Mond kommt zur rechten Zeit.*
>
> *Die Götter sind besänftigt und zufrieden,*
> *man lebt in Lachen und Wundern.*[44]

Wie politische Störungen in den apokalyptischen Farben eines Weltuntergangs, so konnte die Thronbesteigung eines neuen Königs als Heilswende, als Restitution uranfänglicher Segensfülle dargestellt werden. Jeder König setzt einfach durch die Tatsache, daß er die im System vorgesehene Position ausfüllt, Ma`at an die Stelle von Isfet. Jede Thronbesteigung ist ein kosmopoietischer Akt.

Auch der Kosmos ist daher auf den Staat angewiesen. An der Mittlerrolle des Königs hängt das Gelingen sowohl des kosmischen wie des politischen Prozesses. An diesem Punkt kommt der Mythos von der „gespaltenen" Welt ins Spiel. Es handelt sich dabei, zugleich mit einer „Ätiologie des Unvollkommenen",[45] auch um eine Ätiologie des Staates. Die Notwendigkeit des Staates steht und fällt mit der Bedrohung, die vom Bösen in der Welt ausgeht. Der Mythos von der Spaltung der Welt führt dies auf die Urrebellion der Menschen gegen die Herrschaft des Sonnengottes zurück, die dieser in einer noch ungespaltenen Welt

---

[44] pSallier I (pBM10185) rto.viii.7–ix.1; Gardiner, *LEM*, 86f.; R. A. Caminos, *LEM*, 324ff.; *ÄHG* Nr. 239. Posener, *De la divinité du pharaon*, 56f. Das andere in diesem Zusammenhang regelmäßig zitierte Thronbesteigungslied ist das oTurin 2161, ed. G. Maspero, in: *RT* II, 1880, 116f.; W. Spiegelberg, in: *OLZ* 30, 1927, 73–76; *ÄHG* Nr. 241. Dieses Lied legt größeres Gewicht auf die sozialen Aspekte der Heilswende und erwähnt an kosmischen Segenszeichen nur den Hochstand des Nils.

[45] E. Hornung, *Mythos von der Himmelskuh*.

über Menschen und Götter gemeinsam ausübte. Diese Herrschaft muß man sich vorstaatlich denken, denn es gab noch keine Gewalt, keinen Krieg, keine Magie, die sämtlich mit vielen anderen Kennzeichen der gespaltenen Welt als Folge der menschlichen Empörung in die Schöpfung gekommen sind. Der Mythos von der Spaltung der Welt begründet mit ihrer Polarisierung zugleich ihre Politisierung. In der gespaltenen Welt herrscht Ma`at nicht mehr unangefochten, sondern muß sich – in weißglühendem Zorn – gegen die allgegenwärtige Rebellion des Bösen durchsetzen. Ohne diesen Zorn würde das Böse in der Welt überhandnehmen. Davon handeln die „Mahnworte" des Ipuwer, wo Gott der Vorwurf gemacht ist, daß er „frei von Wut ist dagegen".[46]

3. Die Heilsgüter des Staates

Der Staat ist also nach ägyptischer Auffassung notwendig, nicht um bessere Lebensverhältnisse, sondern um *Leben überhaupt* zu ermöglichen. Insofern ist er nicht nur ein Herrschafts- (Rechts- und Verwaltungs-), sondern auch ein Heilsinstitut. Die ägyptischen Begriffe für dieses Heil sind „Leben" (*'nḫ*) und „Ma`at". Dieses Heil, auf das die Menschen zwar angewiesen sind, das aber in dieser Welt (*t3*) nicht angelegt ist, kommt von anderswo, von oben. Daher bedarf es des Mittlers – des Königs –, um die Heilsgüter des Lebens und der Gerechtigkeit auf Erden durchzusetzen.

Wir müssen uns nun fragen, was für ein Heil das ist, das der König, jeder König, mit seiner Thronbesteigung heraufführt. Hierfür ist vor allem eines entscheidend: Dieses Heil besteht in der Normalisierung der Verhältnisse, der (Wieder-)Einführung einer Ordnung, die zu den Grundangewiesenheiten des Menschen gehört, auch wenn er nicht dazu in der Lage ist, sie ohne den Staat zu bewahren. Das Heil ist nichts Metaphysisches, sondern die simple Normalität einer Lebensform, in der sich die Menschen nicht gegenseitig erschlagen. Die Ma`at ist keine transzendente, metaphysische, absolute Ordnung, deren Durchsetzung auf Erden radikale Umgestaltung alles Bestehenden erforderte oder gar überhaupt utopisch wäre.[47] Die Welt ist nach ägyptischer Vorstellung

---

[46] *Admonitions* 12,6 s. Fecht, *Der Vorwurf an Gott*, 68, 70 f. Fecht weist in 70 Anm. 26 auf die Vorschrift in der „Einsetzung des Veziers" hin: „du sollst dich empören über das, worüber man sich empören soll" (Urk IV 1091.3), die dasselbe Wort *3d* verwendet wie die *Admonitions*.

[47] Wenn der Ägypter nicht nach einer absoluten, transzendenten, metaphysischen Vollkommenheit strebt, dann bedeutet dies jedoch nicht, wie E. Hornung, in: „Verfall und Regeneration...", 448 f. meint, daß er sich „dem Vollkommenen entgegenstellt", weil dieses „in letzter Konsequenz ... zur Auflösung des stabilen, differenzierten und

nicht der *Erlösung*, sondern nur der *Inganghaltung* bedürftig. Sie braucht den Herrscher, nicht den Heiland.

Und doch hat diese Herrschaft einen unverkennbaren Heilscharakter. Das hängt mit der monokratischen Spitze des ägyptischen Weltbilds zusammen. Man hat einen Zusammenhang postuliert zwischen der religiösen Konzeption des Monotheismus und der politischen Form der Monarchie. Diesen Zusammenhang hat, wie ich meine mit Recht, der Theologe Erik Peterson bestritten.[48] Er besteht nicht zwischen Monarchie und Monotheismus (wo es um „zwei Reiche" geht), sondern zwischen Monarchie und „Summodeismus", wo es um ein und dasselbe Reich geht, das durchaus und auf beiden Ebenen „von dieser Welt" ist. Auch nach antiker Staatstheorie ist der monarchische Staat, und nur dieser, Abbild des unter einem höchsten Lenker stehenden Kosmos.[49] Nach römischer Auffassung spielt der Kaiser im Gemeinwesen dieselbe Rolle wie die Sonne im Universum.[50] Die pharaonische Monarchie ist ebenso eine „Religion", wie sie ein „Staat" ist: Beide Begriffe sind gleichermaßen anachronistisch, weil sie einem differenzierteren Weltbild entstammen. Natürlich kann der Ägypter sehr wohl zwischen Kosmos und Gesellschaft unterscheiden. Die Herrschaft aber, die beide Sphären auf die monokratische Spitze hin strukturiert und ordnet, ist ein ungeschieden kosmisches und gesellschaftliches, religiöses und politisches Phänomen. Alle Begriffe, die hierhin gehören, haben zugleich religiösen und politischen Sinn.[51] Das, was wir den ägyptischen Staat nennen, ist in

---

ausgeglichenen Ordnungssystems" führen würde, „welches durch die Schöpfung entstanden ist" und damit „zum Stillstand, zum Ende". Dieser Begriff der Vollkommenheit ist dem Ägypter so fremd, daß er sich ihm kaum entgegengestellt hat. Das Problem ist, daß die Ma`at zwar ein „differenziertes und ausgeglichenes", aber kein „stabiles" Ordnungssystem ist. Hornung belegt seine These von der Vermeidung der Vollkommenheit mit gewissen Vermeidungen von Symmetrie in der ägyptischen Kunst. Islamische Teppichknüpfer begründen absichtliche Assymetrien gerne damit, „daß Allah allein vollkommen ist": Das ist jene transzendente Vollkommenheit, von der nur die Offenbarungsreligionen wissen.

[48] Erik Peterson, *Monotheismus als politisches Problem*. Dieser Traktat, nicht von ungefähr im Dritten Reich veröffentlicht, hat eine Debatte ausgelöst, über deren (vorerst) letzten Stand der von Jacob Taubes herausgegebene Band *Der Fürst dieser Welt* unterrichtet.

[49] In der Antike werden diese Fragen vor allem in den Schriften „Über das Königtum" (*peri basileias*) behandelt, vgl. A. Dihle, „Gerechtigkeit", 275 mit Verw. auf Iambul. bei Diod.Sic. 2,55; Ecphant. frg. 2,79/81; Plut. Alex.fort. 329D; Sen. clem. 1,19; Calp. ecl. 4,109; Corp.Herm. 18, 8/16; Kore kosmou: Corpus Herm. exc. 23 Nock-Festugière; Menand. rhet. gen.dem. 370 Spengel usw.

[50] Antipat.: Anth.Pal. 9, 297 s. Dihle, a. a. O.

[51] Carl Schmitt konstatiert bekanntlich in seiner *Politischen Theologie*, 49, einen Begriffstransfer von der Theologie zur Politik: „alle prägnanten Begriffe der moder-

der Geschichte beerbt worden einerseits durch Religionen wie Judentum, Christentum, Islam, andererseits durch Reiche wie Persien, Rom, Byzanz usw. Der pharaonische Staat ist die Vorgängerinstitution sowohl von Religionen als auch von Imperien.

Der Heilscharakter der pharaonischen Herrschaft beruht auf der Tatsache, daß sie und nur sie die Bedingung der Möglichkeit jenes Zustands darstellt, den der Ägypter mit Ma`at bezeichnet. Die durch die Spaltung eingetretenen Depravationen des Urzustands sind alle durch Ma`at heilbar: der Mangel, der Streit (Mißtrauen, Kommunikationslosigkeit, Gewalt) und der Tod. Die Ma`at aber, um es noch einmal zu betonen, ist nicht unwiederbringlich dahin, sondern jederzeit realisierbar. Jeder König tritt mit dem Pathos auf, den Zustand des „Ersten Males" wieder heraufzuführen:[52]

> *als Seine Majestät kam, um Isfet zu vertreiben,*
> *indem er erschien als Atum selbst,*
> *auf daß er instand setze, was er zerstört fand,*
> *indem eine Stadt von der anderen genommen hatte.*
> *Er ließ eine Stadt ihre Grenze gegenüber der anderen wissen*
> *und setzte ihre Grenzstelen fest wie den Himmel,*
> *so daß ihre Gewässer bekannt waren entsprechend den Schriften*
> *und kontrolliert entsprechend den alten Dokumenten,*
> *weil er (Amenemhet I.) die Ma`at so sehr liebte.*[53]

„Er (Thutmosis III.) versetzte Ägypten in den Zustand wie damals, als Re dort herrschte" (Urk IV 1246); „Er (Tutanchamun) hat die Isfet aus den beiden Ländern vertrieben, und die Ma`at ist fest auf ihrem Platz; er hat veranlaßt, daß die Lüge ein Abscheu ist und das Land ist wie beim ersten Male" (Urk IV 2026); „Er (Haremhab) aber brachte dies Land in Ordnung und richtete es so ein, wie es zur Zeit des Re gewesen" (Urk IV 2119); „Das Land war überschwemmt zu seiner (Taharqas) Zeit wie es gewesen war in der Zeit des Allherrn. Jedermann schlief bis zum hellen Tag und keiner sagte ‚Hätte ich doch! Ma`at war eingeführt durch die Länder hin, Isfet war an den Boden genagelt."[54]

---

nen Staatslehre sind säkularisierte theologische Begriffe". An diese überzeugende und brillant begründete These anschließend wäre zu fragen, woher die theologischen Begriffe kommen. Auch der theologischen Begriffsbildung liegt noch eine Phase voraus, in der die Sphären von Theologie und Staatslehre untrennbar verbunden waren. Mit dieser Phase haben wir es im pharaonischen Ägypten zu tun.

[52] Vgl. die Belege, die E. Hornung, *Geschichte als Fest*, 64 f. Anm. 74 zusammenstellt.

[53] Urk VII 27.

[54] Stele des Taharqa Jahr 6, L. Macadam, *The Temples of Kawa* I, No. V vgl. Otto, „Das Goldene Zeitalter", 101 f.

3. Die Heilsgüter des Staates

Ohne den pessimistischen Hintergrund des ägyptischen Welt- und Menschenbildes ist die religiöse Bedeutung des ägyptischen Königtums nicht zu verstehen. Der Ägypter ist sich über die Unvollkommenheit der Welt im klaren. In voller Anerkennung des Leids und Streits dieser Welt setzt er alle seine Hoffnungen auf das Institut des pharaonischen Königtums, weil er in dieser Form der Herrschaft die unmittelbare Fortsetzung des kosmogonisch-kosmopoietischen Prozesses erblickt. Nur aufgrund der Spiegelung von Himmel und Erde vermögen „Leben" und „Herrschaft" als kosmische Energien auch das irdische Leben und die menschliche Gesellschaft zu organisieren. Solange dieser Kontakt besteht, läßt sich die Ma`at vom Himmel zur Erde herunterholen, indem man sie im Kult in umgekehrter Richtung als Opfergabe zum Himmel „aufsteigen läßt".

In der Spätzeit allerdings geht dieser Glaube an die volle Wiederbringlichkeit der Ma`at verloren. Die Parusie der Ma`at wird jetzt zur Signatur einer mythischen Gegenwelt, die alle Anzeichen eines verlorenen Paradieses trägt. Davon handeln vier ptolemäische Tempeltexte, deren Bedeutung Otto in einer meisterhaften Studie herausgestellt hat.[55] Ich übersetze nach Text 1 (Urk VIII, 76) und gebe die Varianten der anderen Texte in den Fußnoten:

> *Ma`at war aus dem Himmel gekommen zu ihrer (der Urgötter) Zeit*
> *und vereinigte sich mit den Irdischen.[56]*
> *Das Land war überschwemmt, die Leiber waren gefüllt.[57]*
> *Es gab kein Hungerjahr in den beiden Ländern.[58]*
> *Die Mauern fielen noch nicht ein, der Dorn stach noch nicht*
> *in der Zeit der Göttervorfahren.[59]*

---

[55] E. Otto, „Das Goldene Zeitalter". Otto ist mit seiner These einer außerägyptischen Beeinflussung dieser Texte, die er schon in seinem Buch *Gott und Mensch*, 63, geäußert hatte, im Fach auf allgemeinen Widerspruch gestoßen. Morenz, Hornung und andere haben Otto die zahlreichen Stellen entgegengehalten, in denen seit den *Pyramidentexten* von einem Urzustand der Vollkommenheit und seiner Wiedereinführung durch den König die Rede ist. Dabei ist aber der entscheidende Punkt, nämlich die Kategorie der (Un)wiederbringlichkeit außer acht gelassen worden. Wir brauchen hier zur Frage eines außerägyptischen Einflusses nicht Stellung zu nehmen; wichtig erscheint mir vor allem die Neuartigkeit dieser Auslegung des gefallenen Weltzustands, die mit der politischen Situation der makedonischen Fremdherrschaft zusammenhängen muß.

[56] Text 2 (Urk VIII, 81) und 4 (Edfou V, 85): „den Göttern". In dieser Zeit lebten die Götter ja noch auf der Erde.

[57] Text 2: „Speisen waren überreichlich in den Leibern der *rhjjt*"; Text 4: „Nahrung und Speisen waren groß und ohne Grenzen."

[58] Texte 2 und 4: „es gab keine Isfet im Lande."

[59] Texte 2 und 4: „Das Krokodil raubte noch nicht, der Wurm stach noch nicht."

Hier verbindet sich mit solchen Bildern wohl nicht mehr die Vorstellung einer realisierten Eschatologie. Die ptolemäische Herrschaft hat für den Ägypter ihren Heilscharakter verloren, d. h. den Charakter einer (Erlösungs-)Religion, die mit der Verwirklichung der Ma`at das Leid der Welt zum Verschwinden bringt.

Dennoch – oder gerade deswegen – wird jetzt im Tempelkult das Ma`atopfer zum zentralen Ritus. Allein in Edfu ist diese Szene 59 mal, in Dendara sogar über hundertmal belegt.[60] Man gewinnt den Eindruck eines ungeheuer vertieften und intensivierten Ma`atbewußtseins, das das Bewußtsein eines Ma`atbedarfs ist, so als habe die Welt die Ma`at noch nie so nötig gehabt wie jetzt, opfert man doch nach ägyptischer Vorstellung den Göttern genau das, was man von ihnen erbittet.[61]

Wir wollen im folgenden die „Heilsgüter" des Staates kurz aufzählen; es sind die drei zentralen Aspekte des Ma`atbegriffs: 1. Versorgung und Fülle, 2. Wahrheit und Gerechtigkeit (Vertrauen, Sicherheit, Frieden, Ordnung, Verständigung) und 3. Fortdauer, Beständigkeit, Unsterblichkeit.

a) Versorgung und Fülle

Der Zusammenhang von Ma`at und Fülle,[62] der vor allem aus den spätzeitlichen Quellen so deutlich hervorgeht, läßt sich auf zweifache Weise erklären. Die eine Erklärung ist eher mythisch, die andere eher rational, und beide schließen sich jedenfalls nicht aus, sondern gehören als zwei Seiten derselben Sache zusammen.

Die mythische Erklärung verweist auf jenes Band zwischen der Gerechtigkeit des Herrschers und der Fruchtbarkeit der Natur, das uns in den Mythen der Völker in unendlicher Vielfalt entgegentritt und das in den Untersuchungen von J. Harrison und H. H. Schmid über archaische Formen der Gerechtigkeitsidee eine so bedeutsame Rolle spielt. Auch in Ägypten haben wir diese Verbindung vor uns. Gerechtigkeit manifestiert sich als Überfluß. Der Unterschied zur allgemeinen Mythologie liegt darin, daß dieser Zusammenhang nicht zum Maßstab einer Königsbeurteilung gemacht werden darf. Die Vorstellung eines ungerechten Herrschers, dessen Ungerechtigkeit für Hungersnot und Dürre verantwortlich wäre, ist in Ägypten nicht belegt. Der König ist der „Garant" der Ma`at, nicht ihr Diener. Man kann ihn nicht an seiner „Ma`attreue"

---

[60] J. Bergman, „Mythus vom Staat", 83–92.

[61] Zum Ma`atopfer und zur Ma`atphraseologie in den ptolemäischen Tempeln s. a. E. Otto, *Gott und Mensch*, 24 ff. und 74 ff.

[62] Vgl. hierzu besonders H. H. Schmid, *Gerechtigkeit als Weltordnung*, Tübingen 1968.

messen, so wie den israelitischen König an seiner Gesetzestreue. Ohne ihn gäbe es gar keine Ma`at, während die *Torah* sehr wohl ohne König besteht. Stellt man diese notwendige Einschränkung in Rechnung, läßt sich die allgemeine Verbindung von Gerechtigkeit und Fülle auch für Ägypten festhalten. Auch hier gilt vom König:

> *Er sättigt jedermann, ohne daß es ein Notjahr gibt;*
> *jeder Mund ist versehen mit Ma`at.*[63]

Die rationale Erklärung beruht auf dem engen Zusammenhang von Rechtsprechung und Versorgung. Aristoteles unterscheidet in seiner *Nikomachischen Ethik* zwei Aspekte der Gerechtigkeit: *iustitia commutativa* und *iustitia distributiva*, vergeltende und verteilende Gerechtigkeit.[64] Der ägyptische Ma`atbegriff ist vom *distributiven* Aspekt der Gerechtigkeit geprägt.[65] Indem Ma`at für die gerechte Verteilung der Güter sorgt, ist die Versorgung von jedermann und allgemeiner Wohlstand sichergestellt. Isfet ist der Eingriff in die gerechte Verteilung. Daher ist Habgier das schlimmste aller Übel.

In den ägyptischen Texten findet sich noch eine weitere Erklärung für den Zusammenhang von Ma`at und Fülle. Mit der ihnen eigenen Nüchternheit gehen die Ägypter davon aus, daß der notleidende Mensch zur Gerechtigkeit unfähig ist:

> *Mache deine Beamten reich, damit sie nach deinen Gesetzen handeln,*
> *denn wer reich in seinem Hause ist, handelt nicht parteiisch.*
> *Aber der Arme vermag nicht in seiner Ma`at zu sprechen,*
> *und wer ‚Hätte ich doch!' sagt, kann nicht aufrichtig sein.*
> *Er ist parteiisch für den, den er liebt,*
> *und neigt sich dem zu, der ihn entlohnt.*[66]

Daher heißt es auch vom Nil, der Ägypten mit Nahrung versorgt, daß er die Ma`at befestigt:

> *Der die Ma`at befestigt in den Herzen der Menschen:*
> *(denn) sie sprechen Lüge, wenn sie arm geworden sind.*[67]

---

[63] Ombos I, 98 s. Otto, *Gott und Mensch*, 25.

[64] Die aristotelischen Begriffe sind „dianemetische" und „diorthotische" (eigtl. „wiederherstellende, korrektive") Gerechtigkeit (*dikaion*), s. A. Dihle, „Gerechtigkeit", in: *RAC* X, 1978, 260–62, mit Verweis auf Plato, *Rep.* 331 d und 332 d sowie Aristoteles, *eth. Nic.* 5, 6f, 1131 a 31/b 24 und 5, 7, 1131 b 25/1132 b 20.

[65] Nach H. Hommel, „Wahrheit und Gerechtigkeit", 173 f. ist in der Begriffsgeschichte von gr. *dike* ebenfalls der distributive Aspekt ursprünglich, der korrektive dagegen später dazugekommen.

[66] *Merikare* P 42–44, ed. A. Volten, *Zwei altägyptische politische Schriften*, 19–21; H. Kees, in: *ZÄS* 63, 1928, 76–78.

[67] *Nilhymnus* pSallier II, 13.9–10; *ÄHG* Nr. 242, Strophe X, Verse 76–77.

Die Rechtsprechung wird hier im Sinne der *iustitia distributiva* klargestellt: Das Recht schützt den Schwachen vor dem Starken und sichert ihm seinen Anteil an der Versorgung. Die Gegensteuerung gegen das „Gesetz der Fische", die Unterdrückung der Kleinen durch die Großen, ist der Inbegriff der Ma`atverwirklichung und Ma`atbefolgung. Daher rühmen sich alle an der Ma`at-Verwirklichung Beteiligten, vom Schöpfer- und Sonnengott selbst bis zu den Beamten, den Schwachen vor dem Starken „errettet" zu haben. Der Schutz der Schwachen gilt als Akt der Rechtsprechung und Rechtschaffung *kat'exochen*.[68]

b) Sicherheit, Frieden, Vertrauen, Verständigung

Als der Truppenführer Anchtifi, vom Gott Horus selbst gerufen, in den Horusgau kommt, um ihn „zu ordnen", besteht seine erste Maßnahme darin, Frieden und Versöhnung zu stiften:

> *Ich veranlaßte, daß ein Mann umarmte den, der seinen Vater getötet hatte*
> *und den, der seinen Bruder getötet hatte.*[69]

Vom König Cheti heißt es gelegentlich einer ähnlichen Mission in Assiut:

> *Du veranlaßtest, daß Assiut im Wohlstand ist durch dein einzigartiges*
> *   Planen,*
> *daß alle Menschen schlafen können bei ihren Besitztümern*
> *(und) ohne daß es Kämpfen und Pfeilschießen gibt,*
> *ohne daß es das Erschlagen des Kindes an der Seite seiner Mutter gibt,*
> *ohne daß es Rauben gibt von Sachen in den Straßen*
> *und Handanlegen gegen sein Haus.*[70]

Diese Themen – Amnestie, Versöhnung, Frieden, Sicherheit – kehren später in den Königsinschriften wieder. Sesostris III. wird gepriesen als ein König,

> *der bewirkt, daß die Menschen bis zum Morgen schlummern können,*
> *seine Jungmannschaften, sie können sich ausschlafen,*
> *denn sein Herz ist ihr Beschützer.*[71]

---

[68] Janssen, *De traditioneele egyptische autobiografie*, I, 72; II B h; Edel, in: *MDIK* 13, 42 § 36; Vandier, *Mo'alla*, 242; Otto, *Biographische Inschriften*, 95; ders., *Gott und Mensch*, 127.
[69] Vandier, *Mo'alla*, BE 18 (1950), 162 ff. Inschr. Iß 1.
[70] Inschrift im Grab Siut IV, Übers. D. Franke.
[71] *ÄHG* Nr. 228, 19–21.

3. Die Heilsgüter des Staates

In einer Welt ohne Staat kann man nicht schlafen:

> *Wer schläft denn bis zum hellen Morgen?*
> *Gestört wird das Gehen in der Nacht, das Wandeln am Tage!*[72]

Der Staat macht die Welt erst begehbar:

> *Man geht ungehindert hinaus auf den Wegen,*
> *denn keinerlei Furcht ist in den Herzen der Menschen.*[73]
>
> *Eine Frau geht umher nach ihrem Belieben,*
> *ihre Kleider auf ihrem Kopf, ungehinderten Schritts wohin sie will.*[74]

Alle diese Motive vereint das Lied auf die Thronbesteigung Ramses' IV.:

> *O schöner Tag! Himmel und Erde sind in Freuden,*
> *du bist der gute Hirte Ägyptens!*
>
> *Die geflohen waren, sind heimgekehrt in ihre Städte,*
> *die sich versteckt hatten, sind herausgekommen,*
> *die hungerten, sind satt und froh,*
> *die dürsteten, sind trunken;*
> *die nackt waren, sind in feines Leinen gekleidet,*
> *die schmutzig waren, glänzen.*
> *Die in Gefangenschaft waren, sind freigelassen,*
> *die gefesselt waren, freuen sich;*
> *die Streitenden in diesem Lande*
> *sind zu Friedfertigen geworden.*
>
> *Ein hoher Nil ist aus seinem Quelloch getreten,*
> *um die Herzen des Volkes zu erfrischen.*
>
> *Die Witwen, ihre Häuser stehen offen,*
> *sie lassen die Wanderer ein; die Dirnen jauchzen*
> *und singen Jubellieder (...)*

---

[72] *Bauer* B1 201–202; Vogelsang, 157. Vgl. *Neferti* 34 f (Helck, *Die Prophezeiung des Neferti*, 28 ff.):
> *Man wird auf die Sturmleiter in der Nacht warten,*
> *man wird in die Sperren eintreten,*
> *man wird den Schlaf aus den Augen vertreiben,*
> *der sich hingelegt hat aber sagt: Ich bin wach gewesen.*

[73] *Israelstele* des Merenptah; es folgt eine sehr ausführliche Schilderung des Friedens, der durch den Sieg des Merenptah in Ägypten eingekehrt ist. S. G. Fecht, „Die Israelstele, Gestalt und Aussage", und E. Hornung, „Die Israelstele des Merenptah".

[74] Medinet Habu, Kitchen, *Ramesside Inscriptions* V, 27, 4–5; ähnl. pHarris I 78.8–9: *ich ließ die Ägypterin gehen, indem ihr Ausschreiten weit gemacht war, wohin sie wollte, ohne daß andere sie belästigten auf dem Wege.*

*Die Schiffe, sie jauchzen auf der Flut, sie brauchen keine Taue:
sie landen mit Segel und Ruder,
gesättigt mit Freude.*[75]

c) „Lebenshauch", Fortdauer, Unsterblichkeit

Die Heilsgüter des Staates werden zusammengefaßt in dem Begriff des „Lebenshauchs". Versorgung bedeutet: die Förderung der Fruchtbarkeit des Landes durch die kultische Beantwortung der göttlichen Wohltaten und die gerechte Verteilung der Güter. Sicherheit, Vertrauen und Frieden beruhen auf der „Vereindeutigung der Welt", die durch Recht und Gesetz sicherstellt, daß jeder weiß, woran er ist, im Schutz des Schwachen vor dem Starken und in der Befreiung der Menschen vor gegenseitiger Unterdrückung. Aber auch die Aussicht auf todüberdauernde Fortdauer im sozialen Gedächtnis eröffnet sich dem einzelnen im Königsdienst; denn ein Monumentalgrab erwirbt man nur durch königliche Gunsterweisung und Unvergessenheit nur durch Bewährung in spektakulären Ämtern und Aufträgen. Der König ist der „Herr des Begräbnisses". Ein Lied besingt Sesostris III.:

*[Er ist gekommen, und] seine Arme haben die Totenversorgung
[ausgeteilt], die uns seine Kraft eingebracht hat.
[Er ist gekommen und hat gegeben,] daß wir unsere Kinder [aufziehen]
und unsere Alten begraben können im [Westen].*[76]

Sogar die Möglichkeit eines ewigen Lebens schließlich verheißt der Staat dem einzelnen durch die Chance, die Ma`at zu tun und zu sagen und dadurch im Totengericht zu bestehen. Denn nur in einer Welt, in der der König für die „Verwirklichung" (*shpr*) oder „Befestigung" (*smn*) der Ma`at auf Erden sorgt, ist es dem einzelnen gegeben, sie im engen Wirkungskreis seiner Biographie in Wort und Tat zu praktizieren.

Ma`at umfaßt alle diese Bereiche: Kult, Fülle, gerechte Verteilung, Jurisdiktion, Schutz der Schwachen, Tugend, Bewährung, Rechtfertigung im Totengericht. Ma`at ist daher der Inbegriff des staatlich vermittelten Heils. Ma`at ist der Inbegriff dessen, was der Staat den Menschen gibt im Austausch für den Gehorsam, den er von ihnen fordert. Das Bild des Austauschs ist ägyptisch; der dabei verwendete Terminus ist aber nicht Ma`at, sondern konkreter: *ṯ3w n ʿnḫ* „Lebensodem". Im Austausch

---

[75] *ÄHG* Nr. 241.
[76] *ÄHG* Nr. 231, Ende. Vom unauflöslichen Zusammenhang zwischen Königtum und Fortdauer handelt die Sinuhe-Erzählung. Sinuhe, ein ägyptischer Emigrant, besinnt sich in dem Augenblick auf die Heimat und den unbezwingbaren Wunsch nach Heimkehr, als ihm das nahende Alter und Sterben bewußt werden.

für den Gehorsam, den er fordert, gibt der Staat seinen Mitgliedern Lebensatem:

(der König ist) wohltätig dem, der ihm folgt,
Lebensodem für den, der ihn anbetet.[77]

Damit ist zum einen materielle Fülle, zum anderen jedoch auch Recht und Unsterblichkeit gemeint. Indem der Staat dafür sorgt, daß auf Erden Ma`at herrscht, ist jedem die Chance der Rechtfertigung und damit eines ewigen Lebens eröffnet. So rühmt sich z. B. Ramses III. seiner Leistungen für Versorgung und Gerechtigkeit und spielt dabei auch auf die Rechtfertigung im Totengericht an:

Ich habe das ganze Land am Leben erhalten,
Fremde,[78] *Untertanen,*
p`t-Leute und ḥnmmt-Leute,
Männer und Frauen.
Ich errettete jedermann von seinem Vergehen (bt3),
ich gab ihm Luft;
ich rettete ihn vor dem Starken, der ihn unterdrückte.
Ich stellte jedermann an seinen Platz in ihren Ortschaften,
ich belebte die Anderen in der Halle der Unterwelt.[79]

4. Das Gegenmodell des Echnaton: „direkte Kausation" und Entpolarisierung der Welt

a) Positive Anthropologie und Kosmologie

Vielleicht der revolutionärste Aspekt der Amarna-Religion besteht darin, daß sie mit dem traditionellen Bild der „gespaltenen Welt" bricht und an die Stelle der bedrohten und fortwährend in Gang zu haltenden Welt eine Welt setzt, die „ganz Schönheit und Sicherheit ist"[80] und in der sich die lebenspendenden Kräfte des Lichts widerstandslos entfalten. Nichts

---

[77] A. Rowe, in: *ASAE* 39, 1939, 189, l.6. Vgl. Assmann, „Weisheit, Loyalismus und Frömmigkeit", 36ff. für viele ähnliche Formulierungen. D. Lorton, *The Juridical Terminology*, 136–148 hat anhand einer unerschöpflichen Fülle von Belegen die terminologische Bedeutung des Begriffs herausgearbeitet. Mit „Lebenshauch" ist die spezifische Gegengabe des Herrschers gemeint, die der Untertan im Austausch für seinen Gehorsam, und der Vasall im Austausch für seine Tribute erwarten darf.
[78] *kjwj Wb* V, 116.1–7. Die vom *Wb* nur fragend erwogene Bedeutung „Fremde" scheint mir hier zutreffend.
[79] pHarris I 78.13–79.1.
[80] P. Vernus, J. Yoyotte, *Les pharaons*, Paris 1988, 17.

ist bezeichnender für die ägyptische Auffassung von der Stellung des Menschen im Kosmos als die Tatsache, daß der Streit um das Böse, die Polarisierung und damit Politisierung der Welt hier nicht auf der anthropologischen, sondern auf der kosmologischen Ebene geführt wird. Echnaton ersetzt nicht ein pessimistisches Menschenbild durch ein optimistisches, sondern die negative Kosmologie der gespaltenen Welt, der Welt als „Prozeß" im Sinne der Auseinandersetzung, durch eine positive Kosmologie, in der es das Böse nicht gibt. Im Weltbild von Amarna entfällt der Feind, die gegenstrebige Kraft des Bösen, gegen die die lebensermöglichende Ordnung durchgesetzt werden muß.[81] In den Atonhymnen ist von einem Feind nicht die Rede. Damit verlieren Licht und Bewegung der Sonne jeden politischen und moralischen Sinn. Sie erfüllen eine passive, widerstandslose Welt mit Leben und Harmonie, ähnlich wie „Leben" und „Wahrheit" in der Kosmogonie von *Sargtext* 80 (Kap. VI § 2).

Mit der Entpolitisierung des Sonnenlaufs verändert auch das Handeln des Königs seinen Sinn. Es wird nicht mehr über *Gerechtigkeit*, d. h. über den Gegensatz von arm und reich, schwach und stark begründet, sondern über *Wahrheit*, d. h. über den Gegensatz von Wahrheit und Lüge. Die Wahrheit ist die Religion des Königs, Lüge ist die traditionelle Religion.[82] Das politische Handeln des Königs hat den einen Sinn, die neue Wahrheit durchzusetzen gegen die Lüge der alten polytheistischen Kulte. Die einzige Form, in der in einer lichterfüllten friedlichen Welt das Böse sich noch manifestieren kann, ist die Nichtanerkennung der Wahrheit, das Nichthören auf die Stimme des Königs, der

> *seine strafende Macht (b3w) erweist gegen den, der seine Lehre ignoriert und seine Gunst gegenüber dem, der ihn kennt.*[83]

Das führt zu einer Entpolitisierung des Staates, der nun mehr den Charakter einer Religion, d. h. einer Orthodoxie, als eines Staates annimmt (und entsprechend tatenlos und desinteressiert dem Zerfall seines politischen Einflusses in Syrien und Vorderasien zusieht).

Der Sonnengott (Aton), der keinen kosmischen Feind mehr bekämpft, kümmert sich auch nicht mehr um die soziale Isfet (die zugleich mit der kosmischen aus dem Weltbild verschwunden ist). Am Licht haben alle gleichen Anteil. Von der Freiheit des menschlichen Herzens zur Ungleichheit ist hier nicht mehr die Rede. Der von der Freiheit zum Bösen freigesprochene Mensch ist aber zugleich rückgestuft und mit Tieren und Pflanzen auf eine Stufe gestellt. Er kann sich dem Licht gar nicht

---

[81] S. hierzu *ÄHG*, 59 ff.

[82] Vgl. hierzu R. Anthes, *Die Ma`at des Echnaton* sowie Assmann, „Die ‚loyalistische Lehre' Echnatons".

[83] Sandman, *Texts from the Time of Akhenaten*, 86.15–16.

verschließen, er ist gegenüber Gott schuldunfähig. Verschließen kann er sich nur gegenüber der Lehre des Königs.

b) Anthropozentrik und direkte Kausation

Das Weltbild von Amarna kennt keine Götterwelt mehr, sondern nur noch den *einen* Gott. So können sich auch Götterwelt und Menschenwelt nicht mehr spiegeln. Es gibt nur noch eine einzige Welt, in der Gott handelt. Sein Handeln ist nicht mehr anthopomorph, sondern anthropozentrisch; es richtet sich auf den König und die Menschen. Ihretwegen geht er auf und unter, fährt über den Himmel und erfüllt die Erde mit Licht. Der ganze Sonnenlauf ist eine Veranstaltung um der Menschen willen. Dieses Handeln hat eben – im Horizont einer positiven Kosmologie – keinen politisch-herrscherlichen, sondern nur noch kosmischen Sinn. Es geht um die Belebung, und zwar in einem elementar natürlichen, vegetativen Sinne. Die traditionelle Kategorie der Ordnungs- und Staatsangewiesenheit von Kosmos und Gesellschaft (die nur im Horizont negativer Kosmologie und Anthropologie sinnvoll ist) wird ersetzt durch die Kategorie der *Lichtabhängigkeit* alles Lebendigen. Diese Abhängigkeit teilt der Mensch mit allem Lebendigen, ja sogar mit allem Sichtbaren („Acker, Weg und Fluß"). Alles, was Augen hat (*jrt nbt*) und alles, was sichtbar ist, verdankt sich den Strahlen der Sonne. Das bedeutet „direkte Kausation".

Die entscheidenden Elemente des Gottesnamens der Amarna-Religion sind *jtn* „Sonne" und *ʿnḫ* „lebend". Beide Elemente sind polemisch zu verstehen. Das Element *jtn* richtet sich gegen den Sonnengott des polytheistischen Sonnenlaufs als einer mythischen Herrschaftsinstitution (s. Kap. VI). Das Element *ʿnḫ* richtet sich gegen die Vorstellung der Grenze zwischen der Welt der Lebenden (*t3 n ʿnḫw*) und einer geistigen Welt der Götter und Toten. Der Gott der Amarna-Religion ist nicht distant-jenseitig, sondern präsent und diesseitig. Er ist in Gestalt des Lichts auf Erden leibhaftig gegenwärtig. Daher ist er nicht abbildbar, nicht repräsentierbar, auch nicht durch den König (ebensowenig wie durch Kultbilder). Er herrscht *direkt*, aber sein Herrschen ist kosmisch.

Der König hat an dieser Herrschaft nicht den Anteil des „Bildes", der Repräsentation, wie im traditionellen Weltbild, sondern den eines Mitregenten. Dies wird als Vater-Sohn-Beziehung ausgeformt und dadurch sichtbar gemacht, daß man die Namen beider Partner, des Königs *und* des Gottes, in Königsringen oder „Kartuschen" schreibt. Beide teilen sich in die Herrschaft.[84] Der Teil des Gottes ist die kosmisch-vegetative

---

[84] Zur Beziehung von Gott und König in der Amarna-Religion s. Žabkar, in: *JNES* 13, 1954, 87 ff.

Belebung der Welt durch Licht und Bewegung, d. h. die Sphäre des *Sichtbaren*. Der Teil des Königs ist die Verkündung der Wahrheit, d. h. die Sphäre des Hörbaren. Einer der auffallendsten Züge des Gottesbildes von Amarna ist die Stummheit: Er spricht nicht. Keine einzige Inschrift enthält eine Rede des Aton.[85] Dem korrespondiert die ungeheure Rolle, die im Königsbild die Stimme und die Lehre spielen. Am Hören auf die Stimme des Königs entscheidet sich, wer in der Ma`at lebt. Daher monopolisiert der König die Ma`at und nennt sich in seiner offiziellen Titulatur „Der von der Ma`at lebt".[86] Wie das Licht der Sonne die Erde mit Leben, so erfüllt seine Stimme die Welt mit Wahrheit. Die Wahrheit ist identisch mit seiner „Lehre".

Gewisse Elemente des Weltbildes von Amarna finden sich auch in Texten früherer und späterer Zeit. Das zeigt, daß wir es hier nicht mit einem erratischen Einbruch von außen zu tun haben, sondern mit Spannungen und Widersprüchen, die bereits im traditionellen Weltbild angelegt sind. Dieses Weltbild ist mit dem Neuen Reich in eine Krise geraten. Die Revolution des Echnaton ist als Versuch einer Lösung dieser Krise ein Ausdruck solcher Spannungen. Das betrifft *nicht* die positive Kosmologie und Anthropologie: Dies scheint Amarna-spezifisch.[87] Es betrifft aber die Anthropozentrik, d. h. die Vorstellung, daß die Götter nicht – oder nicht nur – in bezug aufeinander handeln, sondern vor allem in bezug auf den Menschen und daß vor allem die Herrschaftsinstitution des Sonnenlaufs einen unmittelbar menschenweltlichen Bezug hat. Die entscheidenden Texte sind die *Lehre für Merikare*:

> *Wohlversorgt sind die Menschen, die Herde Gottes,*
> *ihnen zuliebe schuf er Himmel und Erde*
> *und drängte die Gier des Wassers zurück;*
> *er schuf die Luft, damit ihre Nasen leben;*
> *seine Ebenbilder sind sie, hervorgegangen aus seinem Leib.*
>
> *Ihnen zuliebe geht er am Himmel auf,*
> *für sie erschafft er Kräuter und Vieh,*
> *Vögel und Fische, damit sie zu essen haben.*
> *(Aber) er tötete (auch) seine Feinde und vernichtete seine Kinder, weil sie*
>   *auf Rebellion sannen.*

---

[85] Vgl. Assmann, in: *Saeculum* 23, 1972, 118f.
[86] Vgl. hierzu R. Anthes, *Die Ma`at des Echnaton*.
[87] (der Suti-Hor-Hymnus mit seiner Ersetzung des ‚Feindes' durch die ‚Nacht' ist bereits Amarna-Theologie; diese Innovation gehört daher bereits in die Zeit Amenophis' III., die man sich gut als Beginn der Entpolitisierungsphase und Friedenspolitik vorstellen kann).

4. Das Gegenmodell des Echnaton

Ihnen zuliebe erschafft er das Licht,
um sie zu sehen, fährt er (am Himmel) dahin.
Er errichtete sich eine Kapelle hinter ihnen,
wenn sie weinen, hört er.

Für sie schuf er „Herrscher im Ei"
und Befehlshaber, um den Rücken des Armen zu stärken.
Für sie schuf er den Zauber als Waffe,
um den Schlag der Ereignisse abzuwehren,
wachend über sie des Nachts wie am Tage.

(Aber) er tötete (auch) die Krummherzigen unter ihnen,
wie ein Mann seinen Sohn um dessen Bruders willen erschlägt.
Gott kennt jeden Namen.[88]

und der Kairener Amunshymnus:

Sei gegrüßt, Re, Herr der Ma`at,
der seine Kapelle verbirgt, Herr der Götter,
Chepre in seiner Barke,
der befiehlt und es entstehen die Götter,
Atum, Schöpfer der Menschen,
der ihre Wesensart und ihren Lebensunterhalt schafft,
ihre Hautfarben unterscheidet, den einen vom anderen.

Der das Flehen erhört dessen, der in Bedrängnis ist,
wohlgeneigten Herzens gegenüber dem, der zu ihm ruft,
der den Furchtsamen errettet aus der Hand des Gewalttätigen,
der Recht spricht zwischen dem Armen und dem Reichen.[89]

Dieser menschenweltliche Bezug des Sonnenlaufs hat aber nicht nur (wie in Amarna) den rein kosmischen Sinn der *Belebung*, sondern auch (und vor allem) den der Ma`atverwirklichenden *Rechtsprechung*. „Um sie zu sehen, fährt er am Himmel dahin" (und nicht: damit sie sehen können),[90] „wenn sie weinen, hört er", also erstreckt sich sein Wirken auch in die Sphäre der *Sprache*. Und es ist genau dieser Aspekt einer ethischen Instanz, der mit dem Epithet „Herr der Ma`at" aufgerufen wird.[91]

Manche Elemente der Amarna-Religion richten sich offensichtlich weniger gegen die traditionelle Religion, als vielmehr gegen solche Innova-

---

[88] Merikare P 130–138; E. Blumenthal, in: *ZÄS* 107, 1980, 20; *Re und Amun*, 168f.; *Theologie und Frömmigkeit*, 72, 201 ff.

[89] Pap. Boulaq 17 = Kairo CG 58038 (*ÄHG* Nr. 87 C), vgl. *Re und Amun*, 176f.

[90] „sehen" im Sinne von „kontrollieren, behüten, beachten"; vgl. *Re und Amun*, 104–108.

[91] Vgl. besonders Pap. Leiden J 344 vso. 5, 1–4, s. dazu Kap. VIII.

tionen. Die anthropozentrische Konzeption wird zwar aufgegriffen und verabsolutiert (radikalisiert), aber sie wird im Sinne kosmischer Theologie vereinseitigt. Alles lebt durch das Licht der Sonne, und das Licht der Sonne hat keinen anderen Sinn und Zweck, als Leben zu schaffen und zu erhalten. Nur um des Lebens und der Lebewesen willen scheint sie. Daher ist dieses Weltbild anthropozentrisch. Es wird aber in dieser göttlichen Fürsorge kein Unterschied zwischen Gut und Böse, Mensch und Tier, Lebewesen und Dingen gemacht: Alles was sichtbar wird, lebt im und vom Licht. So hat diese Fürsorge keinen providentiellen Charakter, sie stiftet keinen Zusammenhang zwischen Tun und Gelingen und ist in dieser Hinsicht ohne moralischen Sinn. Im Zeichen des *Einen* wird die Religion entpolarisiert, entpolitisiert und damit auch entmoralisiert.

Da ist es nun höchst bezeichnend, daß der Mythos von der Spaltung der Welt, dem das Amarna-Weltbild so diametral widerspricht, genau in dem Augenblick erstmals aufgezeichnet wird, wo es gilt, die Revolution des Echnaton zu überwinden. Die frühesten Fassungen des *Buchs von der Himmelskuh* finden sich in den Gräbern der Restauratoren Tutanchamun und Sethos I. Mit diesem Mythos wird das Bild der gespaltenen Welt ausdrücklich bestätigt, die der ständigen Vereindeutigung durch die spiegelbildlich aufeinander bezogenen Prozesse des Sonnenlaufs und des Staates bedarf.

VIII. Ursprung und Krise der Ma'at

1. Vor der Ma'at: Gegenseitigkeit und Solidarität

a) Anthropologische Grundlagen: Zirkulation

Aristoteles definierte den Menschen bekanntlich als ein *zoon logon echon* und ein *zoon politikon*: das Tier, das Sprache hat, und das Tier, das auf Gemeinschaft angelegt ist. Beide Bestimmungen gehören zusammen. Denn es ist die Sprache, die es dem Menschen ermöglicht, Gruppen zu bilden und Formen gemeinschaftlichen Lebens zu entwickeln und aufrechtzuerhalten, auf die er angelegt und angewiesen ist. Während den Tieren, die in Rudeln oder „Staaten" leben, die bindenden Mechanismen ins genetische Programm eingeschrieben sind, sind bei den Menschen die gruppenbildenden Faktoren eine Sache der kulturellen Evolution. Worum es geht, ist die Ausbildung und Reproduktion einer kollektiven Identität. Das geschieht dadurch, daß alle Mitglieder einer Gruppe teilhaben an einem gemeinsamen Wissen und einer gemeinsamen Erinnerung, deren formative und normative Kräfte stark genug sind, um Zusammengehörigkeit und Verständigung über die Familien und über die Generationen hinweg zu erzeugen. Dazu bedarf es der Sprache, allgemeiner der Kommunikation in verschiedensten Medien symbolischer Formen. Diese identitätskonstituierende und -reproduzierende Kommunikation möchte ich das „kulturelle Gedächtnis" nennen.[1]

Die Formen, in denen kollektive Identität konstituiert und reproduziert wird, kann man sich am Beispiel des Immunsystems klarmachen. Das körperliche Immunsystem wird von der klassischen Theorie in der militärischen Metaphorik eines „Abwehrsystems" interpretiert, dessen Funktion darin besteht, feindliche Eindringlinge zu rekognoszieren und unschädlich zu machen. Die kognitive Biologie dagegen, für die die Namen von H. Maturana und F. Varela stehen mögen, faßt es als ein „kognitives System" auf, dessen Hauptfunktion darin besteht, körperliche Kohärenz und Identität aufrechtzuerhalten. Das geschieht durch Zirkulation, durch unablässige Bewegung und Austausch, kraft deren „gemeinsame Sprache, gemeinsames Wissen und gemeinsame Erinnerung"

---

[1] Vgl. hierzu A. u. J. Assmann, „Schrift, Tradition und Kultur"; J. Assmann, „Kollektives Gedächtnis und kulturelle Identität".

kommuniziert werden.² Ähnlich hat man sich die Funktion des kulturellen Gedächtnisses vorzustellen. Auch hier geht es um Kohärenz und Identität, nicht des physiologischen, sondern des „sozialen Körpers" der Gruppe. Was hier zirkuliert, ist „kultureller Sinn", d. h. die in Überlieferungen (Riten, Tänzen, Sprichwörtern, Erzählungen usw.) ausgeformten normativen und formativen Kräfte, die eine Menge disparater Individuen ebenso in eine als Einheit handlungsfähige „Gruppe" transformieren, wie das Immunsystem eine Masse disparater Zellen in einen „Körper" transformiert. Die Medien sozialer Sinnzirkulation sind oft außersprachlich: Frauentausch (Lévi-Strauss) sowohl wie Warentausch (M. Mauss) dienen der Befestigung sozialer Kohärenz und der Einübung kohäsiver Einstellungen wie Altruismus, Verantwortungsgefühl, Gemeinschaftsbewußtsein, Solidarität usw.³ In diesen ursprünglichen Formen gesellschaftlicher Kommunikation werden jene Ordnungen friedlichen Zusammenlebens errichtet, die man sich als einen Vertrag vorgestellt hat (Rousseau). In der Tat stiftet das Miteinander-Sprechen, das Aufeinander-Hören und Einander-Antworten einen Vertrag, der Vertrauen und Verantwortlichkeit impliziert. Denselben Vertragscharakter aber besitzen die ursprünglichen Formen der Warenzirkulation, die M. Sahlins als Kennzeichen der Steinzeit-Ökonomie erschlossen hat, und die Heiratsregeln archaischer Verwandtschaftssysteme.⁴

b) Ethnologische Grundlagen: Binnensolidarität („Amity")

Im Konzept der Ma`at werden die Vorstellungen von Gegenseitigkeit, Interdependenz und Solidarität auf den Begriff gebracht. Die Begrifflichkeit des „Füreinander-Handelns" und der „Verzahnung des Handelns" (*Lehre für Merikare*) gibt dieser Vorstellung eines Aufeinander-Bezogenseins allen Handelns einen denkbar konzisen Ausdruck:

> *Der Lohn eines Handelnden liegt darin, daß für ihn gehandelt wird.*
> *Das hält Gott für Ma`at.*

Wenn Gegenseitigkeit die Grundbedeutung von Ma`at ist, liegt es auf der Hand, an einen Ursprung dieses Prinzips in jenem einfachen, auf Zusammengehörigkeit und Gegenseitigkeit basierenden Integrations-

---
² Ich beziehe mich hier auf einen Vortrag, den F. Varela im April 1989 in Dubrovnik gehalten hat und der in den von H. U. Gumbrecht und K. L. Pfeiffer herausgegebenen Kongreßakten über *Paradoxien und kognitive Dissonanzen* in der Reihe stw erscheinen wird.
³ Für eine Untersuchung solcher Einstellungen auf der humanethologischen Ebene anthropologischer Universalien, die natürlich für unsere Fragestellung zu allgemein und unspezifisch sind, vgl. I. Eibl-Eibesfeldt, *Liebe und Haß*.
⁴ M. Sahlins, *Stone Age Economics*; M. Oppitz, *Notwendige Beziehungen*.

prinzip zu denken, das in verwandtschaftlich organisierten Stammesgesellschaften verbreitet ist und für das der Ethnologe Meyer Fortes den Begriff der *Amity* geprägt hat.[5]

Amity ist „präskriptiver Altruismus", d. h. Altruismus nicht im Sinne einer individuellen Tugend, sondern einer sozialen Forderung. Man spricht auch von einer „Ethik der Großzügigkeit". Man kann die ägyptische Ethik mit ihrer Ächtung der Habsucht als der schlimmsten Sünde nicht treffender charakterisieren.

Das Prinzip der *Amity* ist aber eine ausgeprägte Binnenmoral, es gilt nur für Gruppen, die über Verwandtschaft verbunden sind und sehr scharfe Unterschiede zwischen Zugehörigkeit und Nichtzugehörigkeit machen. *Amity* regelt die Beziehungen zwischen Zugehörigen und setzt immer eine polar strukturierte Sozialwelt voraus. In Gesellschaften dieses Typs „nimmt der Handelnde in seiner Rolle als Verwandter seine soziale Welt als geteilt war, in erster Linie als zwei entgegengesetzte Sphären moralischer Orientierung. Auf der einen Seite ist die Sphäre der Verwandtschaft und der familiäre Bereich; auf der anderen die Sphäre der Nicht-Verwandtschaft. Diese enthält im extremen Fall alles, was fremdartig und seltsam ist und außerhalb des Nexus normaler Sozialbeziehungen steht."[6]

Im pharaonischen Ägypten haben wir es aber mit dem Gegenteil einer über Verwandtschaft strukturierten Gesellschaft zu tun. Hier sind die ursprünglichen Sippenverbände bis zur völligen Unkenntlichkeit aufgelöst und überformt durch den politischen Verband und seine hierarchischen Strukturen. Der „präskriptive Altruismus" der Ma`at soll den einzelnen nicht etwa in eine gegenüber anderen Gruppen unterschiedene Bezugsgruppe einbinden, sondern in das Ganze des der Menschheit schlechthin gleichgesetzten Ägyptertums. Im Unterschied zur *Amity* ist Ma`at keine Sippen- und Binnenmoral. Sie wirkt integrativ, aber nicht polarisierend im Sinne einer verschärften Innen-Außen-Abgrenzung. Das Außen des Sozialgefüges, in das Ma`at den einzelnen einbindet, ist irrelevant, weil dieses Gefüge mit dem Totalhorizont der geordneten Welt gleichgesetzt wird. *Amity* stiftet eine distinktive und horizontale (egalitäre) Solidarität, Ma`at dagegen eine integrative und vertikale Soli-

---

[5] Meyer Fortes, *Kinship and the Social Order*, vgl. ders., „Verwandtschaft und das Axiom der Amity". Ich greife hier dankbar einen Gedanken auf, den A. Dihle (brieflich, März 1985) geäußert hat: „In vielen frühen Gesellschaften ist nicht das Individuum, sondern die Familie, und zwar über Generationen hinweg, moralisches Subjekt, das handelt, leidet und Verantwortung trägt. In einer Gesellschaft, die durch ihre besondere Lage so sehr auf sich gestellt und so früh durchorganisiert war wie die ägyptische, wundert es eigentlich nicht, wenn das Modell der Unzerreißbarkeit der Familie auf die Gesellschaft insgesamt übertragen wurde."

[6] M. Fortes, a. a. O., 135.

darität.[7] Gleichwohl handelt es sich aber bei Ma'at auch nicht um eine universale Menschheitsethik. Dafür ist der Bezug auf den ägyptischen König und den pharaonischen Staat zu unauflöslich.

Mit dem Wegfall der Identifikation über Abgrenzung gegenüber anderen Gruppen stellt sich das Problem der Durchsetzung. Ein präskriptiver Altruismus setzt sich nicht von selbst durch, dazu entspricht er zu wenig dem unmittelbaren Nahhorizont der menschlichen Interessen und Bedürfnisse. Seine Annahme durch den einzelnen und die Gruppe kann nur durch hohe Prämien erreicht bzw. erzwungen werden. In den verwandtschaftlich organisierten Stammeskulturen wird die Durchsetzung der Sippenmoral durch die Abgrenzung erreicht, die dem einzelnen keine Alternative läßt: Er kann im friedlichen (Exogamie) und kriegerischen Austausch mit anderen Gruppen nur bestehen kraft seiner Zugehörigkeit zur eigenen Gruppe.[8] Die Anerkennung seiner Zugehörigkeit ist für ihn eine Frage von Leben und Tod, er darf sie nicht durch normverletzendes Verhalten aufs Spiel setzen.[9] In einer politisch organisierten „Reichskultur" dagegen muß erst eine Instanz geschaffen werden, die die Normen eines präskriptiven Altruismus durchsetzen kann. Eine ebenso große Rolle wie die Abgrenzung gegenüber anderen Gruppen spielt in archaischen Gesellschaften die leibhaftige Anschaulichkeit und Anwesenheit der Gruppe, in die man sich zu integrieren hat und als deren Mitglied man sich empfindet. Hier handelt es sich nicht um eine abstrakte „natio-

[7] Ich verdanke diese Klarstellung der Kritik Erik Hornungs, der zum Begriff der Solidarität anmerkt: „Das Prinzip der Solidarität, das Jan Assmann auch für die ägyptische Ethik fruchtbar zu machen sucht, trägt eigentlich nicht weit, weil es allzu leicht zu Parteiung führt, zu undifferenzierten und blinden Emotionen und damit wiederum zu einer eingeschränkten Gerechtigkeit. Solidarität ist eigentlich immer einseitig." (*Eranos* 57, 1987, 404f.). Ich habe den Begriff der Solidarität von E. Durkheim übernommen, der bekanntlich zwischen „mechanischer" und „organischer Solidarität" unterscheidet. Das Prinzip einer Moral, die das „Wir" über das „Ich" stellt, wäre am ehesten mit seiner „mechanischen Solidarität" zusammenzubringen, wobei man sich an der Häßlichkeit dieses Terminus' nicht stören darf. Natürlich impliziert jede Integration auch eine Distinktion. *Omnis determinatio est negatio*, wie Spinoza sagt. Die durch Ma'at gestiftete Polarisierung betrifft aber, wie wir gesehen haben, ganz allgemein das „Böse", nicht politische Parteiungen. Wer allerdings der Ma'at jede Emotionalität und Distinktivität absprechen will, verkennt ihren Charakter als *Nsrt*, die „zornflammende Gerechtigkeit", verkennt den Gewaltcharakter des ägyptischen (wie – mehr oder weniger – jedes anderen) Staates und macht auch Ma'at zu einer ahistorischen Utopie.

[8] Vgl. hierzu H. P. Hasenfratz, „Krieg und Frieden in archaischen Gemeinschaften".

[9] Die Sanktion der Normverletzung in archaischen Gesellschaften ist der „soziale Tod", vgl. hierzu die Studie von H. P. Hasenfratz über *Die toten Lebenden*. Etwas von dieser urtümlichen Auffassung schwingt noch mit in dem Urteil Ptahhoteps über den „Toren, der nicht hört", wo es heißt, daß er „lebendig tot sei" (vgl. o., Kap. III § 2.b).

nale Identität", zu deren Werten und Inhalten man mühsam erzogen werden muß, sondern um eine sehr konkrete und anschauliche Größe, die „face-to-face community". Mit der Ausweitung des kollektiven Identifikations- und Integrationshorizonts auf die Ebene des „Reichs" verliert diese kollektive Identität jede Anschaulichkeit. Sie ist aber auf Verkörperung angewiesen. Das ist die Rolle des Königs. In der Figur des Königs, in seinen Handlungen und vor allem in seinen Bauwerken gewinnt diese neuartige Identität, in die der einzelne sich einzufügen aufgerufen ist, sinnlichen Ausdruck. So tritt an die Stelle einer vergleichsweise natürlichen Situation, der Integration über Verwandtschaft und Abgrenzung, eine kulturelle Neuschöpfung: die Integration über Herrschaft.

c) Brauch und Sitte

Der Begriff der Ma`at ist in seiner Abstraktheit und umfassenden Bedeutung eine hochentwickelte Leistung, die man sich nur in einer entsprechend entwickelten Gesellschaftsordung vorstellen kann. Den genauen Gegensatz bildet die vermutlich gleich alte sumerische Vorstellung der „zehntausend (d.h.: unendlich vielen) *me*", deren Wirksamkeit die Lebensordnungen und die Widerfahrnisse bestimmt.[10] H. H. Schmid hat in einer noch ungedruckten Arbeit[11] eine Geschichte der biblischen Gerechtigkeitsidee rekonstruiert, die mit einem Vier-Phasen-Modell arbeitet:

1. Archaische Vorformen des Umgangs mit Gerechtigkeit
2. Gerechtigkeit in einem differenzierten Wirklichkeitsganzen
3. Gerechtigkeit in einem zerbrechenden Wirklichkeitsganzen
4. Gerechtigkeit in einem verborgenen Wirklichkeitsganzen

In diesem Modell ordnet Schmid ausdrücklich die sumerische Vorstellung von den zehntausend *me* der ersten, und die ägyptische Ma`at-Idee der zweiten Stufe zu. In der ersten, archaischen Stufe gibt es noch keinen Begriff einer allgemeinen Gerechtigkeit, wie er der ägyptischen *M3ˤt*, dem akkadischen Begriffspaar *kittu ū mešaru* (Wahrheit und Recht), den hebräischen Begriffen *ṣˤdaqah* und *ṣedeq* (Gerechtigkeit), dem griechischen *dike* (Recht, Gerechtigkeit), dem indischen *dharma* (Pflicht) und *rta* (Wahrheit/Ordnung) und dem chinesischen *tao* (Weg) zugrundeliegt. Hier herrschen Brauch und Sitte als Vorform begrifflich reflektierter Gerechtigkeit auf eine selbstverständliche, implizite und unausweichli-

---

[10] Vgl. hierzu H. H. Schmid, *Gerechtigkeit als Weltordnung*.

[11] *Gerechtigkeit als Thema biblischer Theologie* (ungedr.). Ich danke H. H. Schmid für die freundliche Überlassung dieser unpublizierten Arbeit, auf die auch H. J. Klimkeit, „Der leidende Gerechte", hinweist.

che Weise.[12] Schmid exemplifiziert diese archaische Rechtsform am Beispiel der Blutrache. In der Tat darf wohl die Institution der Blutrache[13] als das treffendste Beispiel dafür gelten, was auf dem Gebiet urtümlicher Rechtsordnungen überwunden bzw. hochkulturell überformt werden muß, damit jener zivilisatorische, soziale und politische Zustand möglich wird, auf den sich der Begriff der Ma`at bezieht, in genauer Parallele zum Phänomen der „*amity*" oder Sippensolidarität, die ebenfalls der Ma`at weichen muß. Brauch und Sitte haben immer nur lokale Geltung, deren Grenzen mit denen des verwandtschaftlich organisierten Stammesverbandes und daher denen der Sippensolidarität zusammenfallen. Sie wechseln von Region zu Region. Zu dem Projekt einer eminent überregionalen Reichsgründung, wie es, erstmals in der Menschheitsgeschichte, die Ägypter in den ersten Jahrhunderten des 3. Jahrtausends v. Chr. realisiert haben, gehört notwendig die Ausbildung einer entsprechend allgemeingültigen Gerechtigkeitsidee, die Handlungen und Erwartungen steuert.

Vor allem müssen wir die drei Aspekte, die die vorstehenden Abschnitte zum Zwecke analytischer Klarheit auseinandergenommen haben, als Einheit denken, um der archaischen Vorstellung gerecht zu werden: Sinn, Moral und Recht bilden ein ungeschiedenes Ganzes. Diese Kompaktheit gilt aber voll und ganz auch noch für den Begriff Ma`at, im Gegensatz zu der im engeren Sinne auf „Gerechtigkeit" bezogenen Begrifflichkeit des Vorderen Orients (*kittu* und *mešaru*, *ṣedeq* und *ṣᵉdaqah*).

2. Vertikale Solidarität

a) Schöpfung und Herrschaft

Wir haben es also bei Ma`at offensichtlich mit dem Versuch zu tun, ein moralisches Integrationsprinzip, das von der Integration verwandtschaftlich organisierter Stammesverbände her vertraut und eingespielt

---

[12] Auch der griechische Begriff *themis* bezieht sich auf den der „Gerechtigkeit" vorausliegenden Bereich von Brauch und Sitte, s. R. Hirzel, *Themis, Dike und Verwandtes*. Der Gräzist E. A. Havelock bringt die Entwicklung von den vielen konkreten „justices" zur einen abstrakten „justice" mit dem Übergang von Mündlichkeit zu Schriftlichkeit im antiken Griechenland zusammen: *The Greek Concept of Justice*.

[13] Vgl. N. A. Chagnon, „Life Histories, Blood Revenge, and Warfare in a Tribal Population". Allgemein zur Rechtsethnologie: U. Wesel, *Frühformen des Rechts*; *Juristische Weltkunde*. Zur Überwindung der Blutrache durch Gerechtigkeit in Form staatlicher Ordnung vergleiche für Griechenland die Aufhebung der Vergeltung für den Freiermord durch Zeus und Athena in der Odyssee, s. dazu H. Hommel, „Aigisthos und die Freier". Zum Prinzip der „Vergeltungsabstinenz" als Grundgedanken archaischer Ethik vgl. den Beitrag von B. Lang in A. Assmann, *Weisheit*.

war, auf den neuartigen Verband des pharaonischen Staates auszuweiten und eine Solidarität zu stiften, die über Stammes-, Regionen-, Sprach- und Klassengrenzen hinweg wirksam ist. Aber auch der Begriff des „Staates" ist für den hier anvisierten Solidaritätshorizont noch unzureichend, weil er die Abgrenzung gegenüber anderen „Staaten" impliziert. Bei den Forderungen, die die Ma`at an den einzelnen stellt, geht es darum, ihn zum Baustein in einem Ordnungsgefüge zu machen, das sich als allumfassend versteht. Dieses Ordnungsgefüge ist die „Weltordnung".

Dieses Ordnungsgefüge ist zugleich politisch und kosmisch organisiert: Beides sind Aspekte derselben Ordnung. Der kosmische Aspekt verkörpert sich im Sonnengott, der politische im König. Sich in dieses Gefüge zu integrieren, ist daher Sache einer zugleich politischen und religiösen Gefolgschaft. Indem man die Ma`at tut und sagt, verwirklicht man Tugenden, die wir als „zivile" und „religiöse" bezeichnen und damit unterscheiden würden. Im Ma`atdenken gehören sie ununterscheidbar zusammen.

Ma`at steht in der Mitte zwischen Moral und Religion. Der moralische Aspekt stammt von ihrer Herkunft aus der Gruppenmoral verwandtschaftlich integrierter Stammesverbände (*Amity*, präskriptiver Altruismus). Der religiöse Aspekt wächst ihr durch die Ausweitung auf den Globalhorizont einer Schöpfungsordnung zu, die als solche göttlich ist. Ma`at gehört daher als integrative Moral zu einem Typus soziopolitischer Organisation, der sich als „Schöpfungsherrschaft" versteht. Schöpfungsherrschaft ist diejenige Herrschaft, die die Herrschaft des Schöpfers über seine Schöpfung auf Erden abbildet und sich dadurch legitimiert. Daher versteht sie sich erstens als *Statthalterschaft* und zweitens als *Nachfolge* des Schöpfergottes, d. h. als Fortsetzung einer Herrschaft, die dieser zu Anbeginn selber über seine Schöpfung ausgeübt hat und die dann über verschiedene Göttergenerationen und mythische Heroen durch die Kette historischer Dynastien bis zum gegenwärtigen Herrscher gekommen ist. Im Zeichen der Schöpfungsherrschaft sind Staatsordnung und Weltordnung identisch und damit auch zivile und religiöse Tugend. Dabei kommt es im übrigen gar nicht darauf an, ob sich diese Herrschaft de facto auf die ganze historische Ökumene erstreckt, sondern vielmehr darauf, was unter „Schöpfungswelt" im Sinne der monokratischen Zentrierung verstanden wird. Das ist ein umgrenzter geordneter Bereich, in dem die „Menschen" wohnen und dafür sorgen, daß durch die Befolgung der Riten und der Axiome der Ma`at Götterwelt und Menschenwelt in abbildhafter Beziehung verbleiben.

b) Herrschaft und Heil, Staat und Unsterblichkeit

„Zwei Dinge", schrieb 1920 der holländische Religionswissenschaftler und Ägyptologe G. van der Leeuw, „springen dem Außenstehenden bei der Begegnung mit der altägyptischen Kultur ins Auge und erweisen sich dem Fachmann bei näherer Untersuchung als immer bedeutender: das Streben nach Überwindung des Todes und die Großartigkeit der politischen Organisation."[14] Mit den Begriffen „Staat" und „Unsterblichkeit" hat van der Leeuw sicherlich die Brennpunkte der ägyptischen Welt auf die prägnanteste Formel gebracht. Man muß aber noch einen Schritt weitergehen: Diese beiden Ideen stehen in Ägypten nicht nur nebeneinander als die auffallendsten Erscheinungsformen dieser Kultur, sie hängen auch aufs engste miteinander zusammen. Die Hauptaufgabe des Staates besteht in der Durchführung der grandiosen, nur durch Koordination aller Kräfte eines großen Reiches realisierbaren Bauvorhaben, die – mitten in der von Vergänglichkeit bestimmten Menschenwelt – einen monumentalen Raum der Dauer entstehen lassen, in den sich der einzelne, nach Maßgabe seiner Teilhabe am Staat, kraft eines Monumentes hineinstellen und verewigen kann.[15] In Ägypten erfüllt der „monumentale Diskurs" die Funktionen einer „Selbstthematisierung des Gesellschaftssystems", eines „Diskurses der Identität", wie sie in schriftlosen archaischen Gesellschaften etwa durch Stammesfeste, Epen, Mythen, Riten, Tänze wahrgenommen werden.[16]

Der Staat ist einerseits das Zwangsinstitut, dessen die Ma`at zu ihrer Durchsetzung bedarf, und er ist andererseits das „Heilsinstitut", das den Lohn des Ma`attuns verwaltet: das ewige Leben. Das ist der merkwürdigste Aspekt des ägyptischen Staatsgedankens, und ohne ihn wird die Besonderheit des Ma`at-Konzepts kaum deutlich. Der Weg zum ewigen Leben führt nur über die Ma`at: Das hatten die im vierten und fünften Kapitel zusammengetragenen Stellen gezeigt. Er führt aber auch nur über den Staat, d. h. den Königsdienst, und zwar in vielfacher Hinsicht. Der König verwaltet Nekropolengelände, Handwerk und Kult. Zumindest in der Theorie ist er es, der ein Grab zuweist, Handwerker freistellt und die Totenopfer spendet, die darum „ein Opfer, das der König gibt," heißen. Er ist der Herr des Begräbnisses. Auch wenn dieser Titel dann auf andere Götter wie Osiris und vor allem Anubis übertragen wird, bleiben Königsdienst und Jenseitsschicksal in engster Beziehung. Der

---

[14] G. v. d. Leeuw, „Crisis in het oude Egypte".

[15] Diesen Zusammenhängen bin ich in „Schrift, Tod und Identität" sowie „Sepulkrale Selbstthematisierung im alten Ägypten" nachgegangen.

[16] Zur Funktion des „Kulturellen Gedächtnisses" s. die in Anm. 1 genannten Arbeiten.

König ist weiterhin der Herr der Erinnerung; denn eine Biographie, deren Aufzeichnung ewigkeitswürdig ist und dazu angetan, jemand im Andenken der Nachwelt lebendig zu erhalten, kann man nur im Königsdienst erwerben. Der König ist der Herr der Ma`at, der sie auf Erden „verwirklicht" und der damit dem einzelnen überhaupt erst die Chancen eröffnet, Ma`at zu „tun" und „zu sagen" und dadurch vor dem Totengericht bestehen zu können. Vor allem aber ist der König der Stellvertreter und das Abbild der Götter, vor denen sich der Mensch nach dem Tode hinsichtlich der Ma`at zu verantworten hat. Die Gunst des Königs ist daher auch für das Jenseitsschicksal entscheidend.[17]

c) Vertikale Solidarität: Schutz gegen Gehorsam

Wenn wir mit Max Weber Macht als die Chance definieren, „innerhalb einer sozialen Beziehung den eigenen Willen auch gegen Widerstand durchzusetzen" und Herrschaft als „die Chance, für einen Befehl bestimmten Inhalts bei angebbaren Personen Gehorsam zu finden",[18] dann können wir feststellen, daß der ägyptische Staatsgedanke darauf abzielt, die gesellschaftlich amorphe Macht durch die politisch geformte, im König verkörperte Herrschaft zu bändigen und aufzuheben. Das ist nichts spezifisch Ägyptisches. Ägypten teilt mit dem ganzen Vorderen Orient und mit der indischen Überlieferung die Auffassung, daß *Staat und Recht um der Armen und Schwachen willen da sind* und daß es die Aufgabe des Herrschers ist, den Schwachen vor der Unterdrückung und Ausbeutung durch den Starken zu schützen. Herrschaft ist also, nach orientalischer Auffassung, gerade nicht die durch die Institutionen politischer Organisation nur noch verstärkte, d. h. legitimierte und implementierte Gewalt der Starken über die Schwachen, sondern ganz im Gegenteil ein Gegenprinzip, ein Drittes gegenüber Herr und Knecht, dazu bestimmt, den Menschen von der Dynamik dieser Dialektik zu befreien. Im Prolog seines berühmten Gesetzeswerks sagt Hammurabi, König von Babylon, daß die höchsten Götter, als sie das Königtum einrichteten, ihn, Hammurabi, bereits dazu bestimmten,

Gerechtigkeit im Lande herrschen zu lassen,
damit der Starke den Armen nicht unterdrücke.[19]

---

[17] Vgl. hierzu Assmann, in: *LÄ* I, 1085–1093 s. v. „Diesseits-Jenseits-Beziehungen". Der *locus classicus* für die Bedeutung des Königsdienstes im Totenglauben zumindest des Mittleren Reichs ist die Erzählung des Sinuhe.
[18] M. Weber, *Wirtschaft und Gesellschaft*, § 16.
[19] J. B. Pritchard (Hg.), *Ancient Near Eastern Texts*, 164.

Aber lange vorher heißt es schon im Prolog zu den Gesetzen des Urnammu, dem ältesten Gesetzescodex überhaupt (um 2100 v. Chr.):

> *Die Waise – ich habe sie den Reichen nicht ausgeliefert,*
> *die Witwe – ich habe sie den Mächtigen nicht ausgeliefert,*
> *den Mann von einem Schekel, ich habe ihn nicht ausgeliefert dem Mann von einer Mine,*
> *den Mann eines Schafs, ich habe ihn nicht ausgeliefert an den Mann eines Rinds.*[20]

Noch früher (um 2400 v. Chr.) nimmt Urukagina in seinen Inschriften für sich in Anspruch, in Lagasch die „Freiheit eingesetzt" und „Witwen und Waisen" geschützt zu haben:

> *Er setzte die Freiheit ein.*
> *Der Waise und der Witwe tat der Mächtige kein Unrecht an.*[21]

Das Thema der Witwen und Waisen kann als Leitmotiv dieses Diskurses gelten.[22] Die biblischen Behandlungen dieses Stoffes sind zu zahlreich und zu bekannt, als daß sie hier ausgebreitet werden müssen. Einige Auszüge aus Ps 72, der als *locus classicus* der biblischen Herrschaftstheologie gelten kann, mögen stellvertretend für eine Fülle ähnlicher Stellen die israelitische Fassung dieses Gedankens illustrieren:

> *Gott, gib dein Gericht dem Könige*
> *und deine Gerechtigkeit dem Königssohn.*
> *Möge er dein Volk mit Gerechtigkeit richten*
> *und deine Elenden mit Recht.*
> *(...)*
> *Er wird dem Elenden im Volke Recht verschaffen,*
> *er wird den Armen helfen und zermalmen den Gewalttätigen.*
> *(...)*
> *Denn er rettet den Armen, der um Hilfe schreit,*
> *und den Elenden und den, der keinen Helfer hat.*
> *Er erbarmt sich des Geringen und Armen*
> *und den Seelen der Armen hilft er.*
> *Aus Bedrückung und Gewalttat erlöst er ihre Seele,*
> *und kostbar ist ihr Blut in seinen Augen.*

Der Schutz der Witwen und Waisen, der Armen und Schwachen ist nicht nur Inbegriff herrscherlicher Gerechtigkeit, sondern wird auch auf Jahwe übertragen.

---

[20] R. Yaron, „Quelques remarques", 133 f.
[21] A. Moortgat, in: A. Scharff, A. Moortgat, *Ägypten u. Vorderasien im Altertum*, 243.
[22] F. Ch. Fensham, „Widow, Orphan, and the Poor".

*Aber er rettet vor dem Schwert den Geringen
und aus der Hand des Starken den Armen.
So kann der Schwache Hoffnung haben,
die Bosheit aber verschließt ihr Maul.* (Hi 5,15–16)

Gott wacht darüber, daß die Herrschenden in diesem Sinne Gerechtigkeit üben:

*⟨Jahwe⟩ steht in der Gottesgemeinde,
inmitten der Gottwesen richtet er.
Wie lange richtet ihr ungerecht
und begünstigt die Gottlosen?
Richtet den Niedrigen und die Waise,
gebt dem Elenden und Dürftigen sein Recht!
Errettet den Niedrigen und Armen,
aus der Hand der Gottlosen erlöst ihn!* (Ps 82.1–4)

Wenn Gott, wie es gerade die neueste christliche Theologie auf protestantischer wie katholischer Seite betont, „auf der Seite der Armen steht", dann steht solche Parteinahme in der Tradition der vertikalen Solidarität, die das Kernstück des frühen Staatsgedankens bildet.[23]

Die ägyptische Fassung dieser Idee haben wir in Kapitel IV und VII behandelt. Der Staat ist eingesetzt, „um den Rücken des Schwachen zu stärken" (*Lehre für Merikare* 135). Die Achse der vertikalen Solidarität, auf der Schutz gegen Gehorsam ausgetauscht wird, reicht vom Schöpfergott über den König und seine Beamten bis zum „Oasenmann" als dem untersten und am äußersten Rande stehenden Mitglied dieser Gemeinschaft. Und wie Gott, König und Beamte dahin wirken, den „Schwachen zu erretten aus der Hand des Starken", so kann in der Gegenrichtung dieser vertikalen Achse ein Oasenmann auftreten und den rettenden Eingriff der Staatsgewalt zugunsten des Schwachen einklagen. Im Hellenismus wird die Gerechtigkeit als oberste Herrschertugend nicht *dikaiosyne*, sondern, im Sinne des Prinzips der vertikalen Solidarität, *philantropeia* genannt: „Freilich ist diese Philanthropie weniger allgemeine Menschenliebe als freundliche Herablassung des Höhergestellten, und in dieser Bedeutung wurde das Wort geradezu zum terminus technicus der Ideologie und Verwaltungssprache der hellenistischen Monarchien. Jeder königliche Erlaß mit halbwegs angenehmem Inhalt pflegt in diesen Staaten ein *philánthropon* zu heißen,

---

[23] Vgl. als neueste und zugleich schärfste Darstellung dieser theologischen Position: U. Duchrow et alii, *Totaler Krieg gegen die Armen*. Zur biblischen Position im Kontext des altorientalischen Gerechtigkeitsdenkens s. M. Weinfeld, *Justice and Righteousness* und Epsztein, *La justice sociale*.

weil eben der kultisch überhöhte Herrscher von Beruf ein Wohltäter seiner Untertanen ist."[24]

3. Vertikale und horizontale Solidarität: anthropologische Implikationen

Wie durch die Publikationen von F. Kramer und Chr. Sigrist,[25] Pierre Clastres[26] und vielen anderen[27] deutlich geworden ist, ist der Staat weder eine ursprüngliche noch eine unvermeidliche Organisationsform der Gesellschaft. Er ist daher begründungsbedürftig. Die Akzeptanz der Staatsidee setzt eine Politisierung des gesellschaftlichen Bewußtseins voraus. Politisierung, hier ist Carl Schmitt vollkommen recht zu geben, bedeutet Polarisierung.[28] Wem es gelingt, die Welt in „Freund" und „Feind" zu scheiden und seiner Gruppe die Bedrohung durch den „Feind" einzuschärfen, wird für einen starken Staat breite Gefolgschaft finden. Die Ägypter haben den Feind nicht in irgendwelchen konkreten Stämmen oder Völkerschaften festgemacht, sondern als das Prinzip einer schlechthinnigen Rebellion identifiziert, das sowohl in der Natur des Menschen wie des Kosmos liegt und nur durch den Staat gebändigt werden kann.

Die Antwort auf die Frage „Wer braucht Ma`at?" muß daher lauten: der Staat. Ma`at ist das Prinzip einer Solidarität, die staatliche Ordnung zugleich voraussetzt und kompensiert. Ma`at ist „vertikale" Solidarität; ihr Ziel ist es, die Menschen von der Unterdrückung zu befreien, die aufgrund der Ungleichheit der Menschen von Natur aus auf Erden herrscht: „die größere Zahl erschlägt die kleinere". Ma`at stiftet eine Sphäre des Rechts, in der nicht der Stärkere obsiegt, sondern derjenige, der im Recht ist. Daher ist der Mythos von Horus und Seth der fundierende Staatsmythos Ägyptens; denn er erzählt, wie Seth, der Gott der Gier und der Gewalt, der keinen Aufschub kennt und seine Triebe und Wünsche sofort befriedigen muß, dem schwachen Horusknaben unter-

---

[24] A. Dihle, *Der Kanon der zwei Tugenden*, 13.
[25] Kramer, F., Sigrist, Chr. (Hgg.), *Gesellschaften ohne Staat*.
[26] Pierre Clastres, *Staatsfeinde*.
[27] Vgl. besonders auch die rechtsgeschichtliche Darstellung von U. Wesel, *Frühformen des Rechts*.
[28] C. Schmitt führt in *Der Begriff des Politischen* die Eigenart des Politischen bekanntlich auf die Freund/Feind-Polarisierung zurück und ist dafür viel gescholten worden. Was seine Schrift aber klar macht, ist der enge Zusammenhang zwischen einem über Feindbilder aufgebauten Bedrohungsbewußtsein und der Akzeptanz eines starken, autoritären Staates. Je polarisierter in dieser Hinsicht das Weltbild, desto ausgeprägter die politischen Ordnungen einer Gesellschaft. Wer wie Carl Schmitt von der Unausweichlichkeit der Feindschaft ausgeht, wird auch am Primat des Staates festhalten.

liegt, der nichts als das Recht und die Zivilisation auf seiner Seite hat. Der Staat beruht auf der Unterlegenheit der Gewalt, die nicht eliminiert, sondern gebändigt und eingebaut wird; denn Seth bleibt ein „Großer Gott", und der König verkörpert *beide* Brüder, Horus und Seth. So garantiert er eine Sphäre des Rechts und der Gerechtigkeit, in der der Schwache vor der Gewalt des Starken geschützt ist.

Ma`at findet die Ungleichheit vor und lindert ihre Folgen. Sie schützt die Schwachen vor der Vergewaltigung durch die Starken. „Horizontal" wäre demgegenüber eine Solidarität zu nennen, die Ungleichheit erst gar nicht aufkommen läßt, eine Ethik der Gleichheit und Brüderlichkeit. Wo es eine solche Ethik gibt, ist sie durch zwei Merkmale gekennzeichnet: eine positive Anthropologie und eine Skepsis gegenüber dem Staat.

Leo Baeck hat diesen Zusammenhang zwischen horizontaler Solidarität, positiver Anthropologie und Staatsskepsis in einem Kapitel seines Buches *Das Wesen des Judentums* aufgezeigt, das den bezeichnenden Titel trägt: „Der Glaube an den Menschen". Man möchte vermuten, daß der Glaube an den Menschen und der Glaube an den Staat sich gegenseitig ausschließen. „Zwei Wege hat im Zuge der Zeiten das soziale Denken eingeschlagen. Der eine geht von dem großen Seher und Künstler unter den mathematischen Denkern, von Plato aus. Der Glaube an die unfehlbare, alles bewirkende Macht des Gesetzes, das die gesellschaftlichen Ordnungen schafft und in sie hinein die Menschen zwingt, um sie zu erziehen und zu beglücken, beherrscht hier alles. Er wird zum Glauben an das Allvermögen des Staates; der absolute Staat, der alles bedeuten kann, und dem darum die Allgewalt gegeben sein soll, damit er die Menschen und die Sitten gestalte, wird zur Bürgschaft der Vollkommenheit, zum Bilde der ersehnten Zukunft. Wenn er errichtet ist, dann ist die Zeit erfüllt und die Idee zur Wirklichkeit hienieden geworden: die civitas dei, der Gottesstaat auf Erden ist dann gegründet. Alles ist darum hier auf den Gedanken des Staates und seiner Gewalt und seines Zwangs aufgebaut. Ihm gegenüber bleibt dem Gebot des Eigenen, das an das Individuum ergeht, kein Platz; der individuellen Sehnsucht und Liebe, dem Rechte des Suchens wird hier der Raum versagt. Der Mensch ist ein Wesen, das zur Vernunft und zum Glücke zu zwingen ist, so wird es hier zum leitenden Satz, mit dem sich darum jede Hierarchie, jede politische wie jede kirchliche, immer gern vertragen und verbunden hat. Die letzte Forderung ist hier immer die Forderung der Diktatur, von der Diktatur der Philosophen bei Plato oder bei Comte bis zur Diktatur der Arbeitenden in neueren Tagen, von dem „Coge intrare", dem „Zwinge sie einzutreten" in der alten Kirche bis zum „Cujus regio, ejus religio", „Wessen Land, dessen Religion", im evangelischen und katholischen Staat. Und der Staat wird schließlich, mit der Hyperbel des englischen Philosophen zu sprechen, zum Leviathan, zum Ungeheuer, das alles verschlingt. Es ist ein Ideal, das dieser Richtung sozialen Denkens vor dem Geiste steht, *das Ideal, die Menschen einem großen Ganzen einzugliedern, sie zu ihm zu erziehen. Aber ein starker Pessimismus gegenüber dem einzelnen Menschen steht dahinter: der Mensch bedarf des Zwanges von der Geburt bis zum Tode: nur durch zwingende Macht des allgebietenden und alles vermögenden Staates, des mathematischen Staates, kann der soziale Mensch ins Dasein geführt werden.*

Der andere Weg, der mit dem ersteren eigentlich nur den Namen des Sozialen gemein hat, geht von der Bibel aus. Hier ist alles *durch den Glauben an den Menschen* bestimmt, durch die Ehrfurcht vor seiner Freiheit und ihrem Schöpfergebot, durch diese Gewißheit dessen, daß, *über alle Ungleichheit hinweg*, die Fähigkeit des Guten in jede Menschenseele gepflanzt ist und die sittliche Aufgabe einen jeden fordert, alle verbindend, sie alle füreinander beanspruchend. Der *Optimismus gegenüber dem Menschen* spricht hier, die religiöse, soziale Zuversicht, die von ihm alles erwartet und alles verlangt. Nicht der vollkommene Staat mit seinem vollkommenen Gesetz ist hier das eine, das not tut; der Mensch ist es mit seiner Tat, mit seiner Kraft, das Gute zu schaffen. Auch im Sozialen ist er die stärkste, die eigentliche Realität, die Wirklichkeit, durch die erst das Gesetz seine Wirklichkeit erhält. <...> Darum gründet sich das Soziale hier auf das Menschenrecht und die aus ihm folgende Verantwortlichkeit des einen für den anderen, auf die Anerkennung des Menschen durch den Menschen. *Das Wort vom Sozialen ist nicht das vom Staate, sondern das vom Bruder*; sein Respekt ist größer vor der Kraft des Menschen als vor der Macht des Gesetzes."[29]

Leo Baeck hat in dieser Gegenüberstellung zweier Grundfiguren sozialer Ordnung den Unterschied zwischen „vertikaler" und „horizontaler" Solidarität klar herausgearbeitet. Vertikale Solidarität verbindet sich mit einem pessimistischen Menschenbild, horizontale dagegen mit einem optimistischen. Vertikale Solidarität ist der Geist des Staates, horizontale Solidarität dagegen der Geist einer vor-, außer- oder geradezu gegenstaatlichen Gemeinschaft.[30] Leo Baeck läßt keinen Zweifel daran, für welche der beiden Möglichkeiten sozialer Ordnung er optiert.

Es ist aufschlußreich, dem ein Votum der Gegenseite gegenüberzustellen, das bei seinem Plädoyer für den Staat von genau derselben Grundstruktur ausgeht, die negative Anthropologie mit Staatlichkeit, positive mit „Anarchie" verbindet: „Man könnte alle Staatstheorien und politischen Ideen auf ihre Anthropologie prüfen und danach einteilen, ob sie, bewußt oder unbewußt, einen ‚von Natur bösen' oder einen ‚von Natur guten' Menschen voraussetzen. <...> Ein Teil der Theorien und Konstruktionen, die den Menschen in solcher Weise als ‚gut' voraussetzen,

---

[29] Leo Baeck, *Das Wesen des Judentums*, 231–233; Hervorhebungen J. A.
[30] Vgl. Pierre Clastres, *Staatsfeinde*.

ist liberal und in polemischer Weise gegen die Einmischung des Staates gerichtet, ohne eigentlich anarchistisch zu sein. Beim offenen Anarchismus ist es ohne weiteres deutlich, wie eng der Glaube an die ‚natürliche Güte' mit der radikalen Verneinung des Staates zusammenhängt.<...> Für die Liberalen dagegen bedeutet die Güte des Menschen weiter nichts als ein Argument, mit dessen Hilfe der Staat in den Dienst der ‚Gesellschaft' gestellt wird, besagt also nur, daß die ‚Gesellschaft' ihre Ordnung in sich selbst hat und der Staat nur ihr mißtrauisch kontrollierter, an genaue Grenzen gebundener Untergebener ist. Hierfür findet sich die klassische Formulierung bei Thomas Paine: die Gesellschaft (society) ist das Resultat unserer vernünftig geregelten Bedürfnisse, der Staat (government) ist das Resultat unserer Laster. Der staatsfeindliche Radikalismus wächst in dem gleichen Grade wie der Glaube an das radikal Gute der menschlichen Natur. <...> Demnach bleibt die merkwürdige und für viele sicher beunruhigende Feststellung, daß *alle echten politischen Theorien den Menschen als ‚böse' voraussetzen.*"[31]

In diesem Zusammenhang erweist sich auch die Lehre von der Erbsünde als eine staatstragende Ideologie. C. Schmitt beruft sich auf Troeltsch und Seillère für die These, „daß die Leugnung der Erbsünde alle soziale Ordnung zerstört".[32] Im gleichen Sinne steht und fällt die ägyptische Idee sozialer Ordnung, der Ma`atverwirklichende Staat, mit der Vorstellung einer „gespaltenen" Welt. Der Mythos von der Spaltung ist in struktureller Hinsicht, als Begründung einer negativen Anthropologie, das Äquivalent der Erbsünde.

Leo Baeck stellt dem israelitischen Prinzip der Brüderlichkeit den platonischen Idealstaat als Gegenbeispiel gegenüber. Aber den Israeliten selbst galt Ägypten als der Inbegriff staatlicher Ordnung – und Unterdrückung. In der Konstellation von Ägypten und Israel, wie sie die Erinnerungsfigur der Exodus-Überlieferung in das kulturelle Gedächtnis nicht nur des Abendlandes eingegraben hat, steht Ägypten für Unterdrückung, Israel für Freiheit.[33] Da ist es höchst aufschlußreich zu sehen, daß schon das ägyptische Projekt des Staates seinerseits mit dem Anspruch der Befreiung aufgetreten ist. Man darf Ungleichheit und Unterdrückung nicht gleichsetzen. Die von P. Clastres beschriebenen „sociétés contre l'État" sind getragen von einem Abscheu vor Ungleichheit, der zugleich ein Abscheu vor Unterdrückung ist. Vieles von diesem komplexen Abscheu prägt auch das jüdische Gesetz, das schon durch die Erfahrung des Staates hindurchgegangen ist. Der ägyptische Staat dage-

---

[31] Carl Schmitt, *Der Begriff des Politischen*, 59 ff.

[32] Ibd., 64 vgl. die Ausgabe von 1933, 45, vgl. H. Meier, *Carl Schmitt, Leo Strauss und „Der Begriff des Politischen"*, 62 f.

[33] Vgl. R. Draï, *La sortie d'Égypte: l'invention de la liberté*.

gen und die ihn tragende Gesellschaft sind geprägt von einem Abscheu vor Unterdrückung, der jedoch die Ungleichheit als ein unabänderliches Teil der menschlichen Natur hinnimmt. Dieser Abscheu vor Unterdrückung artikuliert sich im Begriff der Ma'at als einer vertikalen Solidarität, die auch die Herrschenden auf ihre Verpflichtungen festlegt. Ma'at ist jene Art von Freiheit, wie sie durch Institutionen gestiftet wird und wie sie A. Gehlen mit dem Begriff der „Entlastung" kennzeichnet.

Die Israeliten sind dieser „Freiheit" in Ägypten nicht teilhaftig und nicht einmal ansichtig geworden, obwohl doch die ägyptischen Texte nicht müde werden, diesen wichtigsten ägyptischen Exportartikel – „Lebensodem" – anzupreisen. Nur unter dem Aspekt der „Fülle" kommt das Prinzip Ma'at, nämlich in Gestalt der Fleischtöpfe Ägyptens, in der Bibel vor.

4. Ausgänge aus der Ma'at

a) Theologie des Willens: Weisheit versus Frömmigkeit

Würde man sich nur an den Belegstellen des Wortes *m3't* orientieren, wäre ein „Ende der Ma'at" innerhalb des Bereichs der pharaonischen Kultur vermutlich nicht abzusehen. In manchen Bereichen läßt sich im Gegenteil sogar ein Anwachsen registrieren: Auf den Fall des Ma'atopfers im Tempelkult wurde bereits hingewiesen. Auch die Idee vom Totengericht verliert zur Spätzeit hin nichts von ihrer Verbindlichkeit. Es gibt aber eine „Diskursgeschichte", in deren Horizont ein grundsätzlicher Wandel konstatiert werden kann. Sie wird sichtbar in der Weisheitsliteratur. Hier zeichnet sich ein Wandel im Weisheitsverständnis ab: von der Weisheit als Einsicht in den immanenten Richtungssinn des „Geschehenden" (äg. *ḫprwt*) zur Weisheit als Einsicht in die Abhängigkeit des Menschen vom Willen Gottes. Der Begriff der Ma'at steht und fällt aber mit der gewissermaßen selbstregulativen Immanenz einer Ordnung, die in der Natur der Dinge liegt. Wenn der Wille Gottes an die Stelle dieser Ordnung tritt, verschwindet die Ma'at. Die entscheidenden Einsichten in diesen Wandel verdanken wir daher auch Untersuchungen, die diskursgeschichtlich orientiert sind: E. Ottos Analyse der Spätzeitbiographien und H. Brunners Studie über die ägyptische Weisheitsliteratur.[34]

In seiner Untersuchung der ägyptischen Spätzeitbiographien stieß E. Otto auf eine Fülle von Aussagen, die den Lebenserfolg einzelner auf

---

[34] E. Otto, *Biographische Inschriften*; H. Brunner, „Der freie Wille Gottes in der ägyptischen Weisheit". Meine eigenen diskursgeschichtlichen Arbeiten anhand religiöser Texte haben diese These nur voll und ganz bestätigen können: *Zeit und Ewigkeit*; „Weisheit, Loyalismus und Frömmigkeit"; *Re und Amun*, 264–286.

4. Ausgänge aus der Ma`at

unmittelbare Interventionen der Gottheit in das menschliche Schicksal zurückführen. Im Erfolg oder Scheitern des menschlichen Lebens entscheidet sich „Zustimmung" (*mrj*: lieben, bevorzugen, erwählen) oder „Ablehung" (*msḏj*: hassen, hintansetzen) Gottes.[35] Den Wandel gegenüber älteren Anschauungen, der hierin zum Ausdruck kommt, resümiert Otto in folgendem Abschnitt:

„Der Gedanke von der unmittelbaren Wirkung Gottes im Menschen, zu dem man sich hier bekennt, wandelt eine andere ägyptische Anschauung in einer für die Spätzeit bezeichnenden Weise ab, die man als eine Grundanschauung der älteren ägyptischen Ethik hinstellen kann: Handle richtig auf Erden, dann kann der Erfolg nicht ausbleiben, und zwar erscheint dabei *die Folge von Tat und Erfolg in der älteren Zeit als eine sozusagen naturgesetzliche Erscheinung. Jetzt dagegen wird Gott als die Ursache des Handelns wie auch des Erfolges eingeschaltet.* Zur genaueren Kennzeichnung dieser Grundanschauung scheint es mir wichtig zu betonen, daß wir es hier nicht mit der Auffassung des ‚do ut des' zu tun haben. In älterer Zeit ist der Erfolg die *logische natürliche Folge* der guten Tat. Jetzt tritt Gott als der Urheber des Erfolges ein; er handelt aber in jedem einzelnen Falle *freiwillig von sich aus* und sein Wille kann nicht erzwungen werden. (...) In alter Zeit ist das Dauern auf Erden die *natürliche Folge* der guten Handlungen; von Gott wird stillschweigend vorausgesetzt, daß er diesen *gesetzmäßigen Ablauf der Dinge* in Ordnung hält. In der Spätzeit dagegen ist der Glaube an die Gesetzmäßigkeit erschüttert: Es liegt im *Willen Gottes*, der guten Tat die Belohnung folgen zu lassen. Man erwartet und hofft, daß er es tun wird; aber es ist jedesmal ein besonderer Akt der Gnade."[36]

Diese „sozusagen naturgesetzliche Erscheinung" oder „logische natürliche Folge", dieser „gesetzmäßige Ablauf der Dinge" ist nichts anderes als die Ma`at. Otto sieht diese Gleichung nicht, aber sie liegt auf der Hand. Von innen gesehen erscheint Ma`at in der Tat als ein „natürliches", d. h. selbstregulatives System, dessen verborgene Gesetzmäßigkeiten menschlicher Verfügbarkeit entzogen, aber menschlicher Einsicht zugänglich sind.[37] Die „Logik", die den Zusammenhang von Tun und

---

[35] Vgl. hierzu auch E. Otto, „Bedeutungsnuancen der Verben *mrj* ‚lieben' und *msḏj* ‚hassen'".

[36] Otto, a. a. O., 22–24. Hervorhebungen J. A.

[37] Treffend H. Brunner, „Der freie Wille Gottes", 109: „Bei der Weisheit haben wir es mit einem Gedankengebäude zu tun, dessen Bausteine einzelne Lebensbeobachtungen darstellen, die der Weise dann nach einem *erkannten, durchschauten System* zu einem Bau zusammenfügt" (Hervorhebung J. A.). Weisheit versteht sich als Einsicht in die verborgenen Gesetzmäßigkeiten eines selbstorganisierenden Gesamtzusammenhangs; das gilt nicht nur für Ägypten, sondern läßt sich als allgemeinste Bestimmung eines interkulturellen Weisheitsbegriffs festhalten. S. hierzu A. Assmann (Hg.), *Weisheit*.

Ergehen regelt, nennt der Ägypter Ma`at. Daß diese Logik – von außen gesehen – kein selbstregulierendes System bildet, ergibt sich aus dem Problemzusammenhang, den wir unter dem Stichwort „Rechtfertigung der Herrschaft" behandelt haben. Die Ma`at „funktioniert" nur unter den institutionellen Rahmenbedingungen der Herrschaft. Jedenfalls gilt das für die „gefallene Welt". Von daher gesehen, hat die Ma`at nichts „Natürliches". Da aber die Herrschaft selbst als mitwirkende Schöpfung und Inganghaltung der Welt ausgedeutet wird, wird die Ma`at zur „Weltordnung". Als Weltordnung ist sie jeglicher willkürlichen Intervention entzogen. Wenn in diesem Zusammenhang überhaupt von einem „Willen" der Gottheit bzw. des Königs gesprochen werden kann,[38] dann richtet er sich auf die Ma`at insgesamt, aber nicht auf konkrete Einzelfälle: Diese regeln sich vielmehr innerhalb des Ma`at-Systems. Außerdem können der König und der sich in ihm abbildende Gott gar nichts anderes „wollen" als die Verwirklichung der Ma`at; die Kategorie des „Willens" ist daher in diesem Zusammenhang überhaupt bedeutungslos. Wenn daher jetzt die Gottheit „willkürlich", d. h. nach Maßgabe von Zustimmung und Ablehnung (*mrj/msdj*) in konkreten Einzelfällen eingreift und den Zusammenhang von Tat und Folge gewissermaßen selbst in die Hand nimmt, setzt sie ihren Willen an die Stelle der Ma`at. In diesem Weltbild hat Ma`at keinen Platz mehr.

Diese Einsicht Ottos hat eine glänzende Bestätigung erfahren durch die neueren Beiträge vor allem von H. de Meulenaere und P. Vernus zur Phraseologie der Vergeltung. Hieß es früher etwa „handle für den, der handelt, dann wird auch für dich gehandelt werden", dann heißt es jetzt: „wer etwas Gutes tut, den belohnt der Gott".[39]

Die Erkenntnis, daß diese Vorstellung vom Willen Gottes und seiner vergeltenden Intervention im Lebensschicksal des einzelnen auf eine Verabschiedung der traditionellen Ma`at-Konzeption hinausläuft, verdanken wir H. Brunner. Brunner identifiziert jene „Gesetzmäßigkeiten" im Tat-Folge-Zusammenhang, wie sie Otto als den Glauben der älteren Tradition charakterisiert hatte, mit dem Prinzip Ma`at und konstatiert: „Das Ma`at-Denken der älteren Zeit ist aufgehoben" („Der freie Wille Gottes", 109). An die Stelle der Eingebundenheit des menschlichen Lebens und Planens in die übergreifende Ordnung der Ma`at tritt nun „die

---

[38] Vgl. zu diesem Problem A. Dihle, *Die Vorstellung vom Willen*, besonders die Gegenüberstellung griechischer und biblischer Kosmologie (Kapitel I).
[39] Vgl. oben, Kapitel II, 1. Vgl. auch M. Lichtheim, *Late Egyptian Wisdom Literature*, 39: „The old term for cosmic order, maat, is not used in Demotic Instructions. God himself appears in the role of avenger of evil-doing, but there is no attempt to systematize and explicate the divine intervention or the deity's larger role as guarantor of cosmic order."

4. Ausgänge aus der Ma`at

völlige Abhängigkeit des Menschen von Gott" (110). Brunner zeigt diesen Wandel durch die Analyse zweier Weisheitslehren des Neuen Reichs: die Lehren des Ani und des Amenemope und im besonderen die Geschichte eines Motivs, das man „mutabilitas mundi" nennen könnte. Es handelt sich um den Gedanken von der Unverfügbarkeit der Zukunft, die allem menschlichen Planen den Boden entzieht: „Man kann das Geschehende nicht wissen, so daß man den morgigen Tag erkennen könnte", heißt es im *Ptahhotep*,[40] ähnlich in der *Lehre für Kagemni*: „man kann das Geschehende nicht erkennen".[41] In den *Klagen des Bauern* wird daraus ein Zweizeiler:

Rüste dich nicht für den kommenden Tag, bevor er gekommen ist: man kann nicht wissen, was er an Unheil bringt.[42]

Brunner sieht in diesen Sentenzen eher den Ausdruck verbreiteter Volksweisheit als den einer Einsicht im Sinne der Ma`at; dafür spricht vielleicht das Vorkommen ähnlicher Formeln in der Briefliteratur. Schon in einem Totenbrief des Mittleren Reichs steht der Satz: „es gibt keine Grenzen des Geschehenden".[43] In Briefen des Neuen Reichs findet sich die Formel: „Heute geht es mir gut, aber meinen Zustand von morgen kenne ich nicht."[44] Ich meine aber, daß dieser Zukunftspessimismus zum Ma`atdenken nicht im Gegensatz steht. Er gehört vielmehr zu dieser negativen Kosmo- und Anthropologie dazu, die den Kern der Ma`atlehre bildet. Weil dem Menschen die Zukunft verborgen ist, darf er nicht Pläne schmieden im Wahn, über den morgigen Tag selbstherrlich verfügen zu können. Begriffe wie „Zukunft" (*jjt* „das Kommende") und „Geschichte" (*ḫprjt* „das Geschehende") haben daher im Ägyptischen die Konnotation des Unheilvollen.[45] Die Vorstellung von der Nicht-Autar-

---

[40] 343 Dévaud vgl. 345 nach der Londoner Hs. L₂ aus der 18. Dyn., die hier den verständlichsten Text bietet: „keiner kennt seine Verfassung (*sḫrw.f*), so daß er den morgigen Tag planen könnte". In dieser Fassung begegnet die Sentenz auch im pRamesseum I B1,6 (s.Barns, *Five Ramesseum Papyri*, 6) und wird daher von Gunn, in: JEA 12, 1926, 283, als Sprichwort eingestuft. Er übersetzt: „there's no one who knows his luck when he plans the morrow". Brunner verweist auch auf die Stelle pRamesseum I A1, 18: ʿnḫ pw n ḥʿw n rḫ ḫprt [jm.f] „dieses irdische Leben, man weiß nicht, was sich darin ereignet".

[41] *Kagemni* II.2.

[42] *Bauer* B1, 183 f.

[43] W. K. Simpson, in: JEA 52, 1966, 39–52; G. Fecht, in: MDIK 24, 1969, 113. Nach der *Lehre für Merikare* hat Gott den Menschen den Zauber als Waffe gegeben, „um den Schlag des Geschehenden abzuwehren" (P 136–7).

[44] Abd el Mohsen Bakir, *Egyptian Epistolography*, 77 und 91.

[45] Zu *jjt* s. Morenz, „Die Bedeutungsentwicklung von *jjt*. Zu *ḫprjt* s. G. Fecht, *Der Vorwurf an Gott*, 95 und 217. Vgl. a. die Zweckbestimmung des Zaubers „um den Schlag des Geschehenden abzuwehren" in der *Lehre für Merikare* P 136.

kie und Nicht-Autonomie des Menschen, seiner existenziellen Angewiesenheit auf den anderen, auf Vertrauen, Verständigung und Solidarität ergibt sich wesentlich aus der Unverfügbarkeit der Zukunft, an der auch die Einsicht in den verborgenen Richtungssinn des Geschehenden nichts ändert.

In spätramessidischen Briefen aber heißt dieselbe Formel: „Heute geht es mir gut; das Morgen liegt in Gottes Hand."[46] Ein solches Bewußtsein findet in dem Hinweis auf die Ma`at keine Beruhigung. Dieselbe Einsicht findet sich nun auch in den großen Lehren des Ani[47] und Amenemope.[48] Die Welt wandelt sich im Handumdrehen, wo heute Wasser fließt, ist nächstes Jahr eine Sandbank, wer „letztes Jahr reich war, ist dies Jahr ein Vagabund" (*Ani*). Es gibt in dieser Welt keinen Bestand und keine Verläßlichkeit, keinen Erfolg und kein Versagen (*Amenemope*[49]).

Dieses Weltbild, das „das Geschehende" in Gottes Hand legt,[50] radikalisiert die Vorstellung von der *mutabilitas mundi*. Die Welt verdient kein Vertrauen, immanente Ordnungen und Sinngebungen lassen sich nicht auffinden, der Weise wird zum Frommen, der sich, wie Amenemopes Formel lautet, „in Gottes Hand setzt".[51] Die „Welt in Gottes Hand" schließt sich nicht mehr zu einem weisheitlich erfaßbaren systemhaften Zusammenhang. Das Weltbild öffnet sich ins radikal Unverfügbare und Unerkennbare. An die Stelle der auf die immanenten Zusammenhänge und Gesetzmäßigkeiten gerichteten Weisheit tritt eine Frömmigkeit der Ergebung mit resignativen und quietistischen Zügen.

Das Ende der Ma`at ist der Anfang der „Persönlichen Frömmigkeit". Diesen Zusammenhang hat Brunner erstmals aufgezeigt, und seitdem hat sich diese Einsicht hundertfach bestätigt. Es handelt sich dabei um eine geradezu kopernikanische Wende in der ägyptischen Religions- und Geistesgeschichte. Dem Willen Gottes korrespondieren nicht mehr die klassischen Tugenden der Weisheit und Mitmenschlichkeit. Was er verlangt, ist den *Frommen*, der seine Gebote beherzigt und in seinem Tun und Lassen erfüllt. Zu diesen beiden Rollen oder Menschentypen äußert sich die neue Anthropologie, die der Theologie des Willens entspricht.

---

[46] Černý, *Late Ramesside Letters*, 1.8; 16.3; 27.15; 34.1–2 vgl. Assmann, *Zeit und Ewigkeit*, 66.

[47] VIII, 3–10, s. H. Brunner, „Die religiöse Wertung der Armut", 326 m. Anm. 26; „Der freie Wille Gottes", 105 f.

[48] VI.18–VII.10 s. I. Grumach, *Untersuchungen*, 49–55.

[49] 19.22–23 vgl. zum Thema „Zukunft" das ganze 18. Kapitel, Grumach, a.a.O., 124–128.

[50] Vgl. hierzu *Zeit und Ewigkeit*, 65–69.

[51] Vgl. aber schon das hölzerne Gruppensitzbild eines anderen Amenemope aus der Zeit Sethos' I. in Berlin (6910) (*Äg.Inschr.* II, 68–71; Kitchen, *RI* I, 387–88; *ÄHG* Nr. 169; *STG* Text 206) s. Anm. 64.

4. Ausgänge aus der Ma'at

Sie tritt in den Texten genau gleichzeitig mit jener auf: erstmals und eher spurenweise in der 18. Dynastie seit Hatschepsut, und dann durchbruchartig in der Ramessidenzeit.

Die ägyptischen Zentralformeln für diesen neuen Begriff der Frömmigkeit lauten „sich Gott ins Herz geben" und „auf Gottes Wasser handeln".[52] ‚Gott' nimmt hier genau die Stelle der Ma'at, d. h. der menschlichen Gemeinschaft ein. Gemeint ist: der Wille Gottes. Denn mit ‚Gott' meint man jetzt nicht jene Instanz, die am Anbeginn die Ordnungen der Welt eingerichtet hat, sondern eine Instanz, die unmittelbar das individuelle Lebensschicksal des einzelnen bestimmt:

> *Der Atemluft gibt dem, der ihn anbetet,*
> *und die Lebenszeit dessen trefflich macht, der auf seinem Wasser handelt.*[53]

> *Vater und Mutter für den, der ihn in sein Herz gibt,*
> *der sich abkehrt von dem, der an seiner Stadt achtlos vorübergeht (...).*
> *Nicht kann in die Irre gehen, den er führt.*[54]

Das Gesetz der Reziprozität („wie du mir, so ich dir" bzw. „Gott liebt den, der ihn liebt"[55]) wird von der Mitmenschbeziehung auf die Gottesbeziehung übertragen. Gott sorgt für den, der sich ihm zuwendet, ihn beherzigt und für ihn handelt, d. h. für den *Frommen*, und kehrt sich ab von dem, der ihn vergißt, d. h. dem Gottlosen. Als „gottlos" bezeichnete Hatschepsut die Hyksos: Sie herrschten „ohne Re", und Re hatte sich von ihnen abgekehrt: „er handelte nicht durch Gottesbefehl" (Urk IV 390). Das Böse ist jetzt nicht mehr *Egoismus* im Sinne der Vergessenheit des anderen und der Gemeinschaft, sondern Gottlosigkeit im Sinne der Gottesvergessenheit. Mit den Werten und Tugenden der Sozialität werden auch deren Gegensätze auf die Gott-Mensch-Beziehung übersetzt. Das neue System der Frömmigkeit ist ebenso binär strukturiert wie das alte System der sozialen Solidarität, der Ma'at. Der Maßstab der Unterscheidung von Gut und Böse, vorher die Haltung zum Mitmenschen, zur Gemeinschaft und zur Herrschaft, wird jetzt die Haltung zu Gott.[56]

Entscheidend für das Verständnis dieses Wandels ist aber die unauflösliche Bindung zwischen Herrschaft und Gemeinschaft bzw. die vertikale Struktur der Solidarität. Im ägyptischen Verständnis wirkt Mitmensch-

---

[52] Vgl. hierzu Assmann, „Weisheit, Loyalismus und Frömmigkeit".
[53] ÄHG 83.6–7 = STG Nr. 13, TT 11.
[54] ÄHG 75.23–24 = STG Nr. 165, TT 164.
[55] Neferhotep-Stele Z.29 vgl. zu solchen Gegenseitigkeitsformeln Brunner, „Der freie Wille Gottes in der ägyptischen Weisheit", 108; S. Morenz, „Die Erwählung zwischen Gott und König"; J. Assmann, „Weisheit, Loyalismus und Frömmigkeit", passim.
[56] Zur binären Struktur von Weisheit und Frömmigkeit s. Assmann, „Weisheit, Loyalismus und Frömmigkeit", 45–48 und passim.

lichkeit (Gerechtigkeit) immer von oben nach unten und von unten nach oben. Der zentrale Gedanke der Ma`at ist der Schutz der Schwachen. Die Ma`at arbeitet der Ungleichheit unter den Menschen, der Jsfet, entgegen, aber sie hebt sie nicht auf. Gemeinschaft ist nicht anders denkbar als herrschaftlich organisiert. Nur der Herr kann den Schwachen schützen. Gerechtigkeit und Herrschaft sind untrennbar verbunden; Ordnung, Frieden und Harmonie sind nur von oben durchzusetzen. Von Gleichheit und Brüderlichkeit und von dem Gebot der Nächstenliebe, d. h. vom Gedanken einer horizontalen Solidarität, sind wir in Ägypten weit entfernt. Der soziale Frieden und Einklang (htpw) verwirklicht sich in der vertikalen Achse, als Schutz von oben und Gehorsam, Vertrauen und Dankbarkeit von unten.

Mit der Übertragung dieses Systems auf die Gott-Mensch-Beziehung tritt Gott naturgemäß an die Stelle des „oberen" Mitmenschen, des Patrons und des Herrschers, während der Fromme die Rolle des Schwachen, Armen und Schutzbedürftigen übernimmt, und zwar völlig unabhängig von der realen gesellschaftlichen Position. So erklärt sich der Begriffstransfer, den wir jetzt allenthalben beobachten können. Zahlreiche Prädikate, die zuerst in Gaufürsten- und Magnatenbiographien der Ersten Zwischenzeit auftreten und dann das Königsbild des Mittleren Reichs kennzeichnen, begegnen jetzt als Prädikate der Gottheit: Vater und Mutter, Vater der Waisen, Gatte der Witwe, Zuflucht des Bedrängten, Schutzwehr des Armen, der gute Hirte, der Richter des Armen,[57] der den Elenden rettet vor dem Stärkeren usw.[58] Dem entspricht die Prädikation des Frommen als der Arme, Bedrängte, Schutzsuchende.[59] So lesen wir in einem Gebet bereits aus der Zeit Amenophis' II.:

Ich habe dich in mein Herz gegeben, weil du stark bist,
... (du) Beschützer (nḫw),
siehe: ich habe keine Angst (snḏ) mehr.[60]

Schutz sucht man nun nicht mehr beim Mitmenschen, sondern allein bei der Gottheit. So liest man öfter in späteren Texten Sätze wie:

ich habe mir keinen Beschützer unter den Menschen gesucht,
Gott (Amun, Mut usw.) ist mein Schützer.[61]

---

[57] Vgl. G. Posener, „Amon juge du pauvre"; *Re und Amun*, 274 ff. § 6.3.
[58] Vgl. etwa pLeiden J 344 vso V, 1–4 in der Übersetzung von Zandee, „Gott ist König", 175 f., s. § 46 mit Anm. 71.
[59] Vgl. hierzu H. Brunner, „Die religiöse Wertung der Armut"; s. a. Baines, „Practical Religion" zum Thema „affliction".
[60] oKairo 12217 rto. ed. G. Posener, in: *RdE* 27, 1975, 206/9.
[61] Z. B. *ÄHG* 173.12–13, 42 f., 62 f., 102 ff.; 177. 5–11.

4. Ausgänge aus der Ma'at

Das Vertrauen in eine Gerechtigkeit, die von Angst[62] und Not befreit, findet nun in der Menschenwelt keinen Anhalt mehr, sondern richtet sich auf die Gottheit. Dieses „Vertrauen" (für das es kein Wort im Ägyptischen gibt, das biblischem *'emunah = pistis* entsprechen würde), wird jetzt mit Hilfe der Metapher des Schweigens ausgedrückt. Das Schweigen, ursprünglich die Zentraltugend der Mitmenschlichkeit (Zucht, Maß und Unterordnung unter die herrschaftlich organisierte Gemeinschaft), wird jetzt zur Zentraltugend der Frömmigkeit.[63] Es bezeichnet denjenigen, der sich Gottes Willen unterordnet und sich vertrauend in den Schutz der Gottheit begibt, d. h. in der ägyptischen Wendung: „sich in die Hand Gottes setzt".[64]

Wie konkret dieser Transfer des Vertrauens von der menschlichen in die göttliche Sphäre zu verstehen ist, lehrt der Fall des Simut/Kiki, der sein gesamtes Vermögen der Göttin Mut übermacht und sie damit zum Schutzpatron zu Lebzeiten und besonders für Bestattung und Totenkult eingesetzt hat.[65] Das Vertrauen, das der Fromme im wörtlichsten Sinne in die Gottheit „investiert", wird den Menschen entzogen. Frömmigkeit bedeutet nicht eine Ausweitung, sondern eine Ersetzung der herkömmlichen Ma'at. An die Stelle der Ma'at tritt der Wille Gottes.

Die *Lehre des Amenemope,* die, am Ende dieses Wandlungsprozesses, die neue Weisheit am klarsten ausformuliert, bringt diese Ersetzung auf die eindeutigste Formel:

> *Die Ma'at ist die große Gabe Gottes:*
> *er gibt sie, wem er will.*[66]

Damit ist die „Klassische Konzeption" der „indirekten Kausation" in sich zusammengestürzt. Gott setzt nun nicht mehr den Herrscher ein,

---

[62] Zum Begriff *ḥr-n-ḥr*, kopt. *hnoohe*, vgl. Wilson, in: *ZÄS* 68, 1932, 56–7; Vernus, in: *RdE* 30, 1978, 121–22.

[63] Erstmals hervorgehoben von S. Morenz, *Die Heraufkunft des transzendenten Gottes in Ägypten,* 109–112.

[64] Besonders klar tritt dieser Gedanke in dem Rückenplattentext des hölzernen Sitzbildes des Amenemope Berlin 6910 aus der Zeit Sethos' I. (aus dem thebanischen Grab TT 215 in Der el Medine) hervor, der mit den Sätzen beginnt:

> O schönes Sitzen in der Hand des Amun,
> des Schützers des Schweigenden, des Retters des Armen,
> der Luft gibt jedem, den er liebt,
> der ihm ein schönes Alter anweist im Westen Thebens

und schließt mit dem Wunsch:

> ... indem ich heil bin in deiner Hand.

Zum Gedanken der Geborgenheit „in der Hand Gottes" s. auch *Amenemope* 22.8 und 23.11.

[65] S. hierzu Vernus, in: *RdE* 30, 1978, 115–146.

[66] *Amenemope* 21.5–6; Grumach, *Untersuchungen,* 134.

um die Ma`at zu verwirklichen, sondern schenkt sie unmittelbar seinem Liebling, dem Frommen, der ihm vertraut, ihn beherzigt, für ihn handelt, dem Schweigenden, der sich ihm anvertraut. An die Stelle der Ma`at tritt der Wille Gottes bzw., wie die Texte sagen, *ḥzwt.f*, „seine Gunst". Der Unterschied ist sehr bezeichnend. Von *ḥzwt* ist immer nur im *status constructus* oder *pronominalis* die Rede, es ist *jemandes* Gunst, um die es geht. Ma`at hingegen kommt so gut wie niemals in Genetivverbindungen vor; *mꜣ`t.f* heißt nicht „seine Gerechtigkeit" sondern „seine Opfergabe".[67] Das heißt: Ma`at ist nicht personalisierbar, im Gegensatz zu hebr. *ṣedeq, ṣᵉdaqah* (Gerechtigkeit).[68] Es handelt sich immer um dieselbe Ma`at. In der Theologie des Willens hat sie keinen Platz mehr. Das Wort existiert weiter, aber es hat an der allgemeinen Umprägung der Begriffe teil und ändert seine Bedeutung.

b) Der „Verlust der Staatsidee"

Und der Staat? Wo ist sein Platz im Horizont einer Theologie des Willens? Auch hier beobachten wir eine durchgreifende Veränderung. Gott rückt in die Position des Herrschers, und der König wird ebenfalls zum „Frommen", der sich dem Willen Gottes unterordnet und auf seinen Schutz vertraut.

Gott als König. Die in den Hymnen des Neuen Reiches gehäuft auftretenden Königsprädikationen Gottes[69] lassen sich nun nicht mehr als Bezeichnungen eines mythischen Urkönigtums oder einer rein götterweltlichen Herrschaft verstehen, die der König auf Erden repräsentiert. Wenn Gott jetzt „König", „Herrscher" und „Herr" genannt wird, so ist völlig klar, daß sich diese Herrschaft in „direkter Kausation" auf die Menschenwelt bezieht.[70] Wenn aller Schutz von Gott ausgeht, so liegt

---

[67] Vgl. *Liturgische Lieder*, 153 (6). Es gibt Ausnahmen, die nicht verschwiegen seien. Eine findet sich z. B. in der Krönungsinschrift der Königin Hatschepsut vgl. P. Lacau, H. Chevrier, *Une chapelle d'Hatchepsout à Karnak* I, 1977, 137:

> Mein Zeuge ist [der Sonnengott],
> der den Himmel quert und die Erde versorgt,
> (Ich) richte ohne parteiisch zu sein,
> (Ich) weise die Ma`at dem zu, der über sie jubelt,
> so daß sie am Bug seiner Barke ist,
> denn ich kenne seine Taten,
> bin kundig seiner Macht;
> mein Herz ist zufrieden über seine Ma`at.

[68] Vgl. dazu H. Brunner, „Die Gerechtigkeit Gottes".

[69] Vgl. hierzu J. Zandee, „Gott ist König".

[70] Grundsätzlich muß man innerhalb des allgemeinen Konzepts von der Herrschaft Gottes vier mögliche Aspekte unterscheiden:

·auch alle Herrschaft bei ihm. Als Herr des Schweigenden, als Nothelfer des Bedrängten ist Gott der wahre König.

Der sich nähert, der erhört,
der freundlich ist, wenn man zu ihm ruft <...>
der kommt auf die Stimme dessen, der zu ihm spricht,
der den Schwachen rettet vor dem Gewalttätigen,
der das Waisenkind aufzieht <...>
Er verabscheut das Böse, er, der Rechtschaffene,
der die Übeltäter vernichtet in diesem seinem Namen
„Herr der Ma`at".[71]

Überall, wo Amun-Re in den Hymnen des Neuen Reichs „Herr der Ma`at" genannt wird, erscheint er als ethische Instanz, die über die soziale Gerechtigkeit auf Erden – und nicht über die kosmische Ordnung! – wacht.[72] Die „Theologie des Willens" setzt Gott und Ma`at in eine besonders enge Verbindung. Aber nun beschränkt sich dieser Wille nicht

---

a) *mythisch*: die Vorstellung eines urzeitlichen Königtums, vgl. hierzu U. Luft, *Beiträge zur Historisierung der Götterwelt.*
b) *götterweltlich*: die Vorstellung des Königtums eines Gottes über die anderen Götter, vgl. hierzu den geläufigen Amuntitel „König der Götter";
c) *politisch*: die Herrschaft Gottes über die Menschenwelt (Theokratie) und
d) *eschatologisch*: die Vorstellung eines endzeitlichen Gottesreichs.

Zandee macht diese Unterscheidung nicht. Uns kommt es hier vor allem um den Wandel von a und b zu c an.

[71] Pap. Leiden J 344 vso. V, 1–4 nach J. Zandee, „Gott ist König." Dieser Hymnus, der das irdische Königtum Gottes zum Thema hat, steht auf dem Verso jenes Papyrus, dessen Recto den berühmten „Vorwurf an Gott" enthält, den Vorwurf nämlich, daß Gott nicht gegen das Unrecht auf Erden vorgeht und sein Herrscheramt nicht wahrnimmt! Vgl. zu diesem Text G. Fecht, *Der „Vorwurf an Gott".*

[72] Vgl. besonders pBoulaq 17 *ÄHG* Nr. 75 Hymnus „C":

Sei gegrüßt, Re, Herr der Ma`at,
der seinen Schrein verborgen hält, Herr der Götter,
Chepre inmitten seiner Barke,
der befiehlt, und es entstehen die Götter,
Atum, der die Menschheit erschafft,
ihre Wesenheit unterscheidet und ihren Lebensunterhalt schafft,
ihre Eigenschaften trennt, den einen vom anderen.

Der das Flehen hört dessen, der in Bedrängnis ist,
wohlgeneigten Herzens gegenüber dem, der zu ihm ruft;
der den Furchtsamen errettet aus der Hand des Gewalttätigen
und richtet zwischen dem Armen und dem Reichen;
Herr der Erkenntnis, auf dessen Lippen das Schöpferwort ist.

Vgl. ferner *STG* Text 165.1; 211.b, 1–2; *ÄHG* S. 543 zu Nr. 69.12f.; *ÄHG* Nr. 84; Nr. 62,3 ähnl. BM 29944 ed. H. M. Stewart, in: *JEA* 53, 1967, 37; *ÄHG* Nr. 75.

mehr auf das Einsetzen eines Königs, dem dann die Verwirklichung der Ma'at auf Erden obliegt, jetzt sorgen die Götter selbst, belohnend und strafend, für Gerechtigkeit.

Der Fromme König. Die irdische Herrschaft hat mit der Ma'at auch ihre klassische Legitimationsbasis verloren. Der Wille Gottes bedarf ihrer nicht, um sich auf Erden zur Geltung zu bringen. Dem König verbleibt daher nur die *ḥzwt*, die göttliche Gunst, zu seiner Legitimation. Sie muß er sich wie jeder Fromme durch Frömmigkeit verdienen, d. h. durch Gottesbeherzigung, Handeln für Gott und vertrauende Unterwerfung: „Schweigen". Ramses II. scheint der erste König zu sein, der in dieser Rolle des frommen Königs auftritt, den Gott durch seinen Gunsterweis akzeptiert und legitimiert. Darin scheint mir der eigentliche Sinn der Kadesch-Propaganda zu liegen. Bei diesen in Bild und Inschrift in allen großen Landestempeln und sogar als literarisches Werk in Papyrushandschriften verbreiteten Darstellungen der Schlacht bei Kadesch handelt es sich um die dankbare Verkündigung eines Gunsterweises, einer Errettung aus höchster Not, genau wie bei den Dankstelen einfacher Leute aus Der el Medine.[73] Ramses II. hat sich Gottes Hand anvertraut, und Gottes Hand hat ihn errettet. Der König aber, der sich in seinen Inschriften am eindeutigsten zu den neuen Tugenden der Frömmigkeit bekennt, ist Ramses III. Seinen im Karnaktempel aufgezeichneten (und offenbar auch in Form einer Silbertafel deponierten) Hymnus hat man als ein ganz persönliches Gottesbekenntnis und als zentrales Dokument dieser neuen Staatsauffassung – „politischer Theologie" zu werten.[74] Dieses neue Herrscherbild des Frommen Königs findet seinen Ausdruck in einer neuartigen Geschichtstheologie, die von Tutanchamun an die Königsinschriften beherrscht.[75] Die Geschichte (äg. *ḫprwt*, „Das Geschehende"), aber nicht – wie unser Begriff der „Geschichte" – mit Bezug auf die Vergangenheit, sondern eher mit Bezug auf die Zukunft, ihre Verborgenheit, Unerforschlichkeit und Grenzenlosigkeit erscheint darin als der „Ka" Gottes, d. h. Ausdruck seines planenden Willens:

---

[73] S. hierzu meinen Beitrag „Krieg und Frieden im alten Ägypten", bes. 216–221.
[74] *ÄHG* Nr. 196. Vgl. auch den Text der Stele K*RI* V, 239:
Auf deinen Großen Namen vertraue ich,
mit deinen Ratschlüssen erfülle ich mich
und vollbringe dir Wohltaten mit liebendem Herzen.
Du bist ein großer Herr, dem man vertrauen kann,
ein Schützer, dem man sich nähern kann.
Luft, Wasser und Leben sind in deinem Griff,
Heil und Gesundheit stehen bei dir.
Im pHarris bittet Ramses III. den Gott: „sei mein Schützer!" (*ÄHG* Nr. 197, 15).
[75] S. hierzu Assmann, „Königsdogma und Heilserwartung".

*Dein Sein ist die Zeitfülle,
dein Abbild ist die Dauer,
dein Ka ist alles Geschehende.*[76]

Die Geschichte ist das kollektive Korrelat zu dem, was auf individueller Ebene das Schicksal ist. Als Herr des Einzelschicksals ist die Gottheit auch Herr der Geschichte. Auch für die Könige ist die Geschichte nicht mehr die schiere Kontingenz einer ungewissen Zukunft, gegen die es sich mit der rituellen Inganghaltung der Ordnung zu schützen gilt, vielmehr erscheint sie auch hier als die Sphäre göttlicher Planung und Intervention, in der es sich von Fall zu Fall zu bewähren gilt. Das historische Ereignis gewinnt nun Bedeutung: als ein Fall göttlicher Gunstbezeugung und königlicher Bewährung.[77] Im Gelingen der Geschichte offenbart sich nicht mehr die verwirklichte Ma`at, sondern unmittelbar die „Zuwendung" Gottes. So wie sich seine Gunst dem einzelnen gegenüber in Segensgütern aller Art (beruflicher Erfolg, Kindersegen, langes Leben, Gesundheit, Herzensweite usw.) äußert, manifestiert sie sich auf politischer Ebene im Sieg über Feinde. Das Glück des Guten ist in direkter Kausation die Folge der göttlichen Zuwendung. „Re hat sich Ägypten wieder zugewendet", heißt es in der Siegesstele des Merenptah,[78] „Amun hat sich Ägypten zugewendet" in einem Lied auf Ramses VI.[79] Diese Zuwendung tritt an die Stelle der Einsetzung, sie wird zur Legitimationsbasis des Königtums und sie gilt dem Herrscher als *Frommem*, sie belohnt seine Frömmigkeit ebenso, wie sie die Frömmigkeit des einzelnen mit den Segensgütern privaten Glücks belohnt.

Die Frömmigkeit des Herrschers realisiert sich in frommen Stiftungen. Hierfür ist der Papyrus Harris das zentrale Dokument (vgl. auf privater Ebene die Transaktion des Simut/Kiki[80]). Auf Gerechtigkeit kommt es

---

[76] *k3.k hprwt nbwt*: Sonnenhymnus im Grab des Tjai (TT 23) aus der Zeit des Merenptah, s. *ÄHG* 98; *STG* Nr. 17 18–23 mit 23, Amn. (y); vgl. *KRI* II, 346.8 (Luxorinschrift Ramses' II.): *k3.f wnnt nbt* „Sein Ka ist alles, was existiert"; pLeiden J 350, V, 17: *k3.f wnnt nbt jmj r3.f* „sein Ka ist alles Seiende als Ausspruch in seinem Munde". In der Heiratsstele Ramses' II. heißt es *wd.n.k pw hprwt nbwt* „Was du befohlen hast, ist alles, was geschieht" = „Alles, was geschieht, geschieht auf deinen Befehl" (*KRI* II, 249.10).

[77] Vgl. hierzu J. Assmann, „Politik zwischen Ritual und Dogma", bes. 112f., und „Krieg und Frieden im alten Ägypten".

[78] *KRI* IV, 19.1.

[79] Virginia Condon, *Seven Royal Hymns of the Ramesside Period*, 12 l.4; 20 oben und 30 z. St. Vgl. allg. zu dieser geschichtstheologischen Konzeption B. Albrektson, *History and the Gods*.

[80] Dieser Inhaber des thebanischen Grabes Nr. 409 hat in einer Inschrift aufgezeichnet, daß er sein gesamtes Vermögen der Göttin Mut vermacht hat, vgl. P. Vernus, „Littérature et autobiographie".

jetzt weniger an; denn der Schwache, Elende und Bedrängte findet ja in Gott seinen Nothelfer. Zwar schleppen die Königstexte auch das alte Ma`atideal noch mit, aber man darf bezweifeln, ob sich diese Ideen noch in Handeln umsetzen. Vielmehr liegt die Frage nahe, in welche Art von Handeln sich die neue Konzeption einer Theologie des Willens, einer persönlichen Frömmigkeit und einer Geschichtstheologie umsetzt und welche sozialen Veränderungen dieser Weltbildwandel anzeigt. Hier ist nun auf den vielleicht auffallendsten gesellschaftlichen Wandel einzugehen, der im Neuen Reich zu beobachten ist: die Ausdifferenzierung des Priestertums als sozialer Elite mit den Merkmalen der Erblichkeit,[81] der Abstammung[82] und der Professionalisierung.[83]

Die Ma`at braucht den Weisen, der sie erkennt, überliefert, verbreitet, und den „Schweigenden", der sie beherzigt und befolgt. Weisheit beruht auf Erfahrung und Überlieferung. Der klassische Weise ist der gebildete Beamte, der die Weisheitsschriften in seiner Jugend gelernt, in einem langen erfolgreichen Berufsleben in Handlung und Erfahrung umgesetzt hat und der in seinem Alter die Lehre bereichert und geläutert seinen Kindern (Schülern) weitergibt.

Der Wille Gottes dagegen hat mit Überlieferung und Erfahrung nichts zu tun. Im Gegenteil: die Interventionen der Gottheit „ereignen" sich – *b3w ntr hprw* lautet der ägyptische Ausdruck[84] – unvorhergesehenerweise und gegen alle Erfahrung und Erwartung: „die Weisen werden zu Leerköpfen", wie es in der Erwählungsinschrift der Hatschepsut so schön heißt.[85] Er äußert sich nicht in den erwartbaren Gesetzmäßigkeiten, in der ewigen Wiederkehr der Ma`at, der Weltordnung, der indirekten Kausation, sondern plötzlich, einmalig, in Zeichen, Wundern, Orakeln, Träumen, in jähen Schicksalsumschwüngen wie Not, Krankheit, Errettung aus großer Gefahr usw. Der Wille Gottes verlangt daher nicht nur den Frommen, der ihn beherzigt und erfüllt. Er verlangt auch den Priester, der ihn auszulegen versteht, und den Propheten, der ihn verkündet.[86] Der Wille Gottes äußert sich in „Orakeln" (*bj3jjt*)[87] und „Machter-

---

[81] S. *LÄ* I, 228f. s. v. „Amtserblichkeit" (W. Helck).

[82] *LÄ* I, 13–18 s. v. „Abstammung" (H. Brunner).

[83] Vgl. hierzu v. a. das klassische Werk von H. Kees, *Das Priestertum im ägyptischen Staat* sowie das (allerdings nicht auf die historische Entwicklung eingehende) Buch von S. Sauneron, *Les prêtres de l'ancienne Égypte*.

[84] S. hierzu die ausgezeichnet dokumentierte Untersuchung von J. F. Borghouts, „Divine Intervention".

[85] Lacau-Chevrier, *Une chapelle d'Hatchepsout à Karnak* I, 98.

[86] Möglicherweise hatte Morenz Ähnliches im Sinn mit seinem Satz „Ein transzendenter Gott braucht eine Kirche" (*Heraufkunft*, 99).

[87] E. Graefe, *Untersuchungen zur Wortfamilie bj3*. Eine Monographie zum Orakelwesen wird von M. Römer (Berlin) vorbereitet.

weisen" (b3w),[88] deren Sinn nicht ohne weiteres klar ist. So entsteht eine neue Schicht von Orakel-, Zeichen- und Traumdeutern.[89] Bei Schicksalsschlägen gilt es die erzürnte Gottheit zu identifizieren und Formen der Versöhnung festzulegen.[90] Die Formen der Bußgelübde, Versöhnungsopfer und Ex-voto-Aufstellungen setzen eine sakralrechtliche Organisation voraus.[91] Ebenso verlangt das aufblühende Orakelwesen eine Expertenschaft der Orakelorganisation und Auslegung. Schließlich gehören hierher die „obersten Vorlesepriester", die biblischen ḥarṭummim (ḥrjw-tp),[92] die Schriftgelehrten, Zauberer und Traumdeuter, die als typische *entourage* Pharaos auftreten.[93] Wir begegnen ihnen auch in ägyptischen Erzählungen, die in der Ramessidenzeit spielen: dem Brüdermärchen (zšw rḫjjw jḫt), dem Papyrus Vandier (ḥrjw-tp),[94] dem Setna-Roman.

Am ägyptischen Fall tritt die Problematik einer Theologie des Willens mit ihrer Begriffsübertragung von der sozialen und politischen in die religiöse und theologische Sphäre besonders klar zutage. Denn der Verdacht liegt nahe, daß jetzt die Tempel unter den Stiftungen der „frommen" Könige aufblühen, während das Volk des Schutzes und der Fürsorge der Ma'at beraubt ist. Ein solcher Hiat zwischen der Prosperität der Tempel und der des Volkes erscheint zwar in der offiziellen Ideologie undenkbar – aber genau diesen Zustand schildert der Papyrus Vandier.[95] Die sich häufenden Skandale und Affären der späten Ramessidenzeit passen in dieses Bild einer korrupten Gesellschaft,[96] aus der die Tugenden der Solidarität und Mitmenschlichkeit gewichen sind

---

[88] Vgl. hierzu J. F. Borghouts, a. a. O.

[89] Divination scheint im traditionellen Ägypten keine besondere Rolle gespielt zu haben und tritt erst in der Ramessidenzeit in den Quellen hervor, vgl. etwa das Divinationshandbuch des pDer el Medine I ed. Černý und Posener sowie die Erwähnung der Zeichendeuter in der *Israel-Stele*, s. hierzu H. Brunner, in *Fs Elliger* (1973), 25–30 und *GM* 25, 1977, 45–46. Vgl. ferner J. Leclant, „Éléments pour une étude de la divination dans l'Égypte pharaonique".

[90] Vgl. Borghouts, a. a. O., 24–27. Allerdings handelt es sich bei der hierfür konsultierten „Weisen Frau" gerade nicht um eine Priesterin.

[91] F. Steinleitner, *Die Beicht* (sic) *im Zusammenhang mit der sakralen Rechtspflege in der Antike*, 1913; G. Bornkamm, „Lobpreis, Bekenntnis und Opfer", in: *Apophorreta Fs E. Haenchen*, 46–63.

[92] S. J. Quaegebeur, in: *Pharaonic Egypt, the Bible and Christianity*, Jerusalem 1985, 162–172 und *Fs Fecht*, 1987, 368–394.

[93] Z. B. in der „Inscription dédicatoire" Ramses' II. in Abydos, K*RI* 326.7.

[94] Posener, *Le Papyrus Vandier*, 19.

[95] Posener, a. a. O., 29 s. dazu jetzt auch H. Fischer-Elfert, „Der Pharao, die Magier und der General".

[96] Vgl. die Beiträge von W. Helck und H. Brunner in: W. Schuller (Hg.), *Korruption im Altertum*, dazu E. Hornung, „Maat – Gerechtigkeit für alle?", 406–411.

und dem Heilsegoismus der „Persönlichen Frömmigkeit" Platz gemacht haben.[97]

Die „Theologie des Willens" hat, in den Worten von S. Morenz, „im Laufe der Ramessidenzeit das Mark des Reiches auszuzehren beigetragen"[98] und den „Verlust der Staatsidee" (Brunner) verursacht. Es handelt sich hier nicht um einen Konflikt zwischen Staat und Kirche,[99] weil jede derartige Unterscheidung in Ägypten unmöglich ist, sondern um den Prozeß einer allmählichen Klerikalisierung des Staates. Am Ende dieses Prozesses steht folgerichtig die Dritte Zwischenzeit, der Zerfall der staatlichen Einheit und die Errichtung des thebanischen „Gottesstaats" im Sinne einer „direkten Theokratie", in der Gottes Wille sich unmittelbar durch Orakel und Omina kundtut und realisiert, ohne den Umweg über den König. Aus dieser Zeit stammt auch der Text, der diese Theologie eindeutig zum Ausdruck bringt:

> *Gewaltig an Strafgewalt (b3w), mächtiger ist er als Sachmet,*
> *wie ein Feuer im Sturm;*
> *hoch an Gnade, der für den sorgt, der ihn preist,*
> *der sich umwendet, das Leid zu heilen,*
> *denn er blickt auf die Menschen, keiner ist, den er nicht kennt,*
> *und er hört auf Millionen von ihnen.*
> *Wer vermag deinem Zorn zu widerstehen, wer das Rasen deiner Gewalt abzuwenden?*[100]

Die geschichtstheologischen und herrschaftsideologischen Aspekte dieser Entwicklung sind besonders von S. Morenz herausgearbeitet worden. Morenz versteht diesen Prozeß als eine Emanzipation, aber nicht des Menschen, sondern Gottes, der aus seiner Verkörperung im Gottkönigtum und seiner „Verfügbarkeit" in den Ritualen des offiziellen Kults

---

[97] Auch Brunner verbindet a. a. O., 74 die Phänomene „Korruption" und „Persönliche Frömmigkeit": „Beides hat ... seine Wurzel in der Schwäche der Staatsidee. In der der Ramessidenzeit vorausgehenden Periode der 18. Dyn. mit den großen Königen namens Thutmosis und Amenophis hören wir nichts von Korruption, und erst ganz an ihrem Ende vernehmen wir leise Anzeichen der Persönlichen Frömmigkeit. Beides ändert sich in der Ramessidenzeit, wobei es den Anschein hat – aber die Quellenlage kann täuschen –, daß die persönliche Zuwendung zu Gott etwas früher auftritt als die Verwilderung der Sitten in Verwaltung und Gericht." Brunner sieht ebenso wie Helck die Ursache für die Korruption in dem Verfall der Ma`atidee. Denselben Grund möchte er „auch für das Aufkommen der Persönlichen Frömmigkeit annehmen: Der Verlust der Staatsidee (die in Ägypten immer die Idee des Königtums ist) entwertet den von Staats wegen fortdauernd betriebenen Tempelkult."

[98] *Heraufkunft*, 99.

[99] So etwa H. Kees, *Priestertum*; s. dagegen Otto, „Prolegomena".

[100] Hymnus der *Verbanntenstele* Louvre C 256 ed. v. Beckerath, in: *RdE* 20, 1968, 7–36.

heraustritt und unmittelbar in die Geschichte und Geschicke eingreift.[101] Damit war die traditionelle Einheit von Herrschaft und Heil aufgesprengt. „Ein transzendenter Gott braucht eine Kirche" (Morenz, *NZZ*), keinen Staat. Zwar hat er, wie gegenüber Morenz denn doch geltend gemacht werden muß, eine „Kirche" in einem noch so erweiterten Sinne im Ägypten der pharaonischen Zeit nicht erhalten; aber eine allgemeine „Klerikalisierung" der Kultur[102] und eine Aushöhlung des Staatsbegriffs sind unverkennbare Signaturen einer bereits zum Ende der Ramessidenzeit einsetzenden Endphase. Der Zerfall der staatlichen Einheit nach dem Ende der Ramessidenzeit vollzieht sich undramatisch. In die weltlich gewordene Herrschaft können sich mehrere Dynastien teilen, die untereinander friedliche außenpolitische Beziehungen (z. B. Heirat) unterhalten. Mit dem Ende der Ma`at hat das pharaonische Königtum seinen religiösen Charakter eingebüßt, der an die Vorstellungen von Weltordnung, Weltherrschaft und Welt-Inganghaltung gebunden war.

c) Exodus aus der Kultur?

Der Geltungsschwund der Ma`at bedeutet den Austritt aus der Geborgenheit in einer immanenten Ordnung. Positiv gesehen bedeutet dieser „Exodus aus der kosmologischen Gefangenschaft", wie man im Anschluß an Eric Voegelin formulieren könnte, eine Emanzipation des Menschen: eine freie Hinwendung zur Gottheit, in der sich der Mensch seiner Individualität bewußt wird. Der Mensch wendet sich diesem Gott zu, indem er ihn sich „ins Herz gibt". Das ist ein zugleich kognitiver und emotionaler Akt. Indem der Mensch die Macht Gottes erkennt, ergreifen ihn Gottesfurcht und Liebe. Man kann das, was hier geschieht, nicht treffender charakterisieren als mit jenem Satz aus dem Psalmenkommentar Augustins, den Voegelin mit bewunderungswürdigem Scharfsinn in diesen Zusammenhang gestellt hat: „incipit exire qui incipit amare."[103]

Aber dieser „Auszug" kam in Ägypten nicht recht zum Tragen. Einen bewußtseinsgeschichtlichen „Durchbruch" im Sinne der Jaspersschen Achsenzeit hat er nicht heraufgeführt. Die Bewegung der Persönlichen

---

[101] S. Morenz, *Die Heraufkunft des transzendenten Gottes in Ägypten*; „Die Geschichte Gottes im alten Ägypten"; *Gott und Mensch im alten Ägypten*.

[102] Ich habe dies ausführlicher dargestellt in einem Aufsatz über den ägyptischen Tempel der Spätzeit als „Organisationsform des kulturellen Gedächtnisses", der in der Festschrift für Erik Iversen erscheinen soll. Der Prozeß der Klerikalisierung gipfelt in dem unaufhaltsamen Aufstieg des Priestertums zur geistigen und wirtschaftlichen Führungsschicht des Landes, wie ihn J. Johnson für die Ptolemäerzeit eindrucksvoll herausgearbeitet hat: „The Role of the Egyptian Priesthood".

[103] „Auszuziehen beginnt, wer zu lieben beginnt": Aurelius Augustinus, *Enarrationes in Psalmos*, 64.2, nach: E. Voegelin, *Anamnesis*, 279 f.

Frömmigkeit, die Morenz als „Heraufkunft des transzendenten Gottes" deutete, hat nicht zu einer Umgestaltung der ägyptischen Welt geführt, die mit den „achsenzeitlichen" Umgestaltungen vergleichbar wäre. Ein Grund dafür mag in der pessimistischen Grundstruktur des ägyptischen Denkens liegen. Der Auszug aus der „kosmologischen Gefangenschaft" bedeutete zugleich den Austritt aus jener Geborgenheit, die sich mit Begriffen wie „Häuslichkeit, Verständlichkeit, Verläßlichkeit" umschreiben läßt. Das Ende der Ma`at gab den Ägypter den Ängsten seines negativen Welt- und Menschenbildes preis, die in der Ma`atkonzeption gebändigt waren. Das Aufblühen der Magie in der Ramessidenzeit hängt unmittelbar zusammen mit dem Verlust der immanenten Geborgenheit.[104] „Das Bild des Frommen", schreibt H. Brunner, „wird bestimmt von der Verlorenheit in der Welt."[105] Diese Welt ist nicht die kosmische, sondern die soziale und politische Welt. Im Gefühl der Verlorenheit äußert sich der Zerfall der mitmenschlichen Bindungen und der sie tragenden staatlichen Ordnung.

Wir kommen dem Problem, das hier vorliegt, vielleicht näher, wenn wir auf die Grundbedeutung von Ma`at zurückgehen, wie sie sich aus dieser Untersuchung ergeben hat. Ma`at heißt eben von Haus aus nicht „Weltordnung", sondern Solidarität, Mitmenschlichkeit, Verläßlichkeit, Altruismus. Ma`at bedeutet eine Handlungsnorm. Die „Weltordnung" kann man nicht im Alltagshandeln hervorbringen. Die Weltordnung ist das Gegebene, nicht das Geforderte. Die Bedeutung „Weltordnung" ergibt sich erst in zweiter Linie, als ein letztbegründender Horizont jenes Ordnungsgefüges, in das sich einzufügen der einzelne aufgerufen ist und das in erster Linie als die Ordnung des mitmenschlichen Zusammenlebens zu verstehen ist. Der ägyptische Ausdruck für dieses Ideal des sich dem Ganzen einfügenden und unterordnenden Mitmenschen ist „der Schweigende". „Schweigen" heißt in diesem Rahmen nichts anderes als Zurückhaltung, Höflichkeit, Bescheidenheit, Selbsthintansetzung, Demut: nicht gegenüber dem Willen Gottes, sondern gegenüber dem Willen der Gemeinschaft, der Ma`at.[106]

---

[104] In diesem Sinne verbindet auch Morenz die „Heraufkunft des transzendenten Gottes" mit dem Überhandnehmen der Zauberei in der Spätzeit, s. *Gott und Mensch*, 177 ff. und *Heraufkunft*, 49 ff. Morenz unterscheidet allerdings scharf zwischen Magie und Religion. Diese Trennung läßt sich für Ägypten nicht durchführen. Die Magie ist eine Komponente der Religion. Als solche spielt sie offenbar in der Ramessiden- und Spätzeit eine größere Rolle als in älteren Epochen. Vgl. R. Ritner, „Horus on the Crocodiles", mit reichen Literaturangaben zum Thema ägyptischer Magie.

[105] a. a. O., 954.

[106] Zum Ideal des „Schweigenden" s. E. Brunner-Traut, in: E. Hornung, O. Keel (Hgg.), *Studien zu altägyptischen Lebenslehren*, 173–216; Assmann, in: *LÄ* V, 195–201 s. v. „Reden und Schweigen".

4. Ausgänge aus der Ma'at

Richtig ist: Schweigen, den Arm beugen,
vernünftig sein (mnḫ jb), das Gesagte tun.[107]

Dieses Ideal entspricht völlig der negativen Anthropologie, die den Menschen als ein freies Wesen konzipiert, mit der natürlichen Neigung zur Isfet (Egoismus, Triebhaftigkeit, Gewalt, Aggressivität) aber der Erziehbarkeit zur Kultur, zur Ma'at, zur Mitmenschlichkeit. Der Schweigende schweigt, um die Ma'at vernehmen zu können.

Ma'at ist die spezifisch ägyptische Antwort auf ein Problem, vor das jede Gesellschaft gestellt ist und das S. Freud sehr klar formuliert hat:[108] „Als letzten, gewiß nicht unwichtigen Charakterzug einer Kultur haben wir zu würdigen, in welcher Weise die Beziehungen der Menschen zueinander, die sozialen Beziehungen geregelt sind, die den Menschen als Nachbarn, als Hilfskraft, als Sexualobjekt eines anderen, als Mitglied einer Familie, eines Staates betreffen. (...) Vielleicht beginnt man mit der Erklärung, das kulturelle Element sei mit dem ersten Versuch, diese sozialen Beziehungen zu regeln, gegeben. Unterbliebe ein solcher Versuch, so wären diese Beziehungen der Willkür des einzelnen unterworfen, d. h. der physisch Stärkere würde sie im Sinne seiner Interessen und Triebregungen entscheiden. Daran änderte sich nichts, wenn dieser Stärkere seinerseits einen einzelnen noch Stärkeren fände. Das menschliche Zusammenleben wird erst ermöglicht, wenn sich eine Mehrheit zusammenfindet, die stärker ist als jeder einzelne und gegen jeden einzelnen zusammenhält. Die Macht dieser Gemeinschaft stellt sich nun als ‚Recht' der Macht des einzelnen, die als ‚rohe Gewalt' verurteilt wird, entgegen. *Diese Ersetzung der Macht des einzelnen durch die der Gemeinschaft ist der entscheidende kulturelle Schritt.* Ihr Wesen besteht darin, daß sich die Mitglieder der Gemeinschaft in ihren Befriedigungsmöglichkeiten beschränken, während der einzelne keine solche Schranke kannte."

Allerdings ist diese „Ersetzung der Macht des einzelnen durch die der Gemeinschaft" in Freuds Augen keine ein für allemal gültige Lösung des zugrundeliegenden Problems, sondern der Kern eines Dauerkonflikts zwischen „Freiheit" und „Gerechtigkeit", der mit der Kultur als solcher unvermeidlich gegeben ist. „Es scheint nicht, daß man den Menschen durch irgendwelche Beeinflussung dazu bringen kann, seine Natur in die eines Termiten umzuwandeln, er wird wohl immer seinen Anspruch auf individuelle Freiheit gegen den Willen der Masse verteidigen. Ein gut Teil des Ringens der Menschheit staut sich um die eine Aufgabe, einen

---

[107] Anfang der „Lehre eines Mannes für seinen Sohn", ed. W. Helck, *Die Lehre des Djedefhor und die Lehre eines Vaters an seinen Sohn*, 31.
[108] *Das Unbehagen in der Kultur*, Wien 1930, wiederabgedruckt in S. Freud, *Kulturtheoretische Schriften*, Frankfurt 1986, 225 f. Ich verdanke den Hinweis auf diese Stelle Aleida Assmann.

zweckmäßigen, d. h. beglückenden Ausgleich zwischen diesen individuellen und den kulturellen Massenansprüchen zu finden, es ist eines ihrer Schicksalsprobleme, ob dieser Ausgleich durch eine bestimmte Gestaltung der Kultur erreichbar oder ob der Konflikt unversöhnlich ist."

Die „Masse" und der „einzelne" – das ist eine Konfiguration, die für die sozial- und kulturwissenschaftliche Reflexion der Jahrzehnte um 1900 kennzeichnend ist. Die Frage ist, inwieweit mit diesen Begriffen Probleme erfaßt werden, die auch im alten Ägypten eine Rolle gespielt haben. Die ganze Problemstellung wirkt auf den ersten Blick anachronistisch, weil sie das Individuum, diesen Spätling der Menschheitsgeschichte, ganz an den Anfang rückt. Freud betont den Zwangscharakter der Kultur auch in anderen Arbeiten: „So bekommt man den Eindruck, daß die Kultur etwas ist, was einer widerstrebenden Mehrheit von einer Minderheit auferlegt wurde, die es verstanden hat, sich in den Besitz von Macht- und Zwangsmitteln zu setzen."[109]

Die Vermutung liegt nahe, daß dieser Zwangscharakter sich nur dem *modernen* Blick als solcher darstellt. Darf man wirklich die Krise der Ma`at im späteren Neuen Reich damit erklären, daß jetzt von einem neugestärkten Invidualitätsbewußtsein aus das Prinzip Ma`at als ein Schritt zu weit in Richtung „Verameisung" erschien und als Zwang und Unterdrückung empfunden wurde?

Das Prinzip Ma`at entspricht in der Tat überraschend genau dem, was E. Durkheim „mechanische Solidarität" genannt hat. Diese erreicht, mit Durkheims Worten, „ihr Maximum, wenn das Kollektivbewußtsein unser ganzes Bewußtsein genau abdeckt und in allen Punkten mit ihm übereinstimmt: aber in diesem Augenblick ist unsere Individualität gleich Null. [...] Wenn diese Solidarität wirkt, verschwindet unsere Persönlichkeit; denn wir sind nicht mehr wir selbst, sondern das Kollektivwesen."[110] „Wo ‚Ich' war, soll ‚Wir' werden", könnte man in Abwandlung von Freud das ägyptische Erziehungsprogramm umschreiben. In der heutigen Sozialpädagogik werden Gesellschaften, die von diesem Prinzip geprägt sind, als „tight societies", „enge Gesellschaften" klassifiziert, in Unterscheidung von den „loose societies", den „lockeren Gesellschaften", in denen das Individuum eine größere Rolle spielt.[111] Offensichtlich kommt das alte Ägypten dem Idealtyp einer „tight society" sehr nahe.[112]

---

[109] S. Freud, *Die Zukunft einer Illusion*, 1927, 327.

[110] E. Durkheim, *Über die Teilung der sozialen Arbeit*, 170 f. (frz.: 99 f.).

[111] P. Pelto, „The difference between ‚tight' and ‚loose' societies"; J. W. Berry, „Nomadic Style and cognitive Style".

[112] Margaret Mead hatte schon 1937 eine ähnliche Typologie vorgeschlagen und eine Reihe von Stammesgesellschaften nach den Kategorien *cooperation, competition* und

Nun könnte man sich fragen, ob den alten Ägyptern dieser Konformitäts- und Integrationsdruck überhaupt als ein Zwang und eine Einschränkung zu Bewußtsein gekommen ist. Das sind vielleicht völlig anachronistische Kategorien. „Diese durchaus asketische Tendenz, in der man sich sozusagen zu einem Baustein im Ordnungsgefüge macht", schreibt denn auch der Soziologe Arnold Gehlen in bezug auf „innere Normen" und trifft damit ziemlich genau das Prinzip Ma`at, „ist dem modernen Subjektivismus sehr verhaßt."[113] Also treten erst im Licht des modernen Subjektivismus die negativen Züge des Prinzips Ma`at hervor? War im alten Ägypten überhaupt „Ich", wo „Wir" werden sollte?

Entscheidend ist nun, daß wir auch in Ägypten selbst deutliche Ausprägungen kultureller Individualität feststellen können, und zwar im Zusammenhang mit dem Zusammenbruch des Alten Reichs, als die integrierende Kohäsionskraft nachließ, die bausteinartige Einbindung des einzelnen sich lockerte und der Staat in lokale Feudalherrschaften zerfiel. Jetzt konnten sich diese Feudalherren als einzigartige Persönlichkeiten darstellen, als „den Held ohnegleichen", als *der Anfang und das Ende der Menschen*.[114] Aus diesen Texten spricht eine emphatische, geradezu renaissancehafte Selbstherrlichkeit, die man sich nur als den polemischen Ausdruck eines befreiten Aufatmens nach dem Zerfall des Alten Reichs und des Integrationsdrucks der Ma`at erklären kann, als – wie es eine tausend Jahre später geprägte Wendung formulierte – „jedermann seine eigene Richtschnur war"[115]. Gegen diese heldische und gewalttätige Selbstherrlichkeit ist der Diskurs über die Ma`at gerichtet. Die Weisheitsliteratur gehört ebenso wie das Prinzip Ma`at, das sie entfaltet, in den Kontext der politischen und kulturellen Restauration, die den Staat wiederaufbaut, nun aber gegen die Alternative einer gelockerten pluri-zentrischen Gesellschaftsordnung. Darf man von dem Konzept Ma`at im Alten Reich vielleicht sagen, daß es in alternativenloser Selbstverständlichkeit gegeben war und daher nicht als Repression empfunden wurde, so trifft das für die anschließende Zeit sicherlich nicht mehr zu, in die der Diskurs über die Ma`at hineingesprochen und -geschrieben ist. Wir wol-

---

individualism klassifiziert, vgl. M. Mead (Hg.), *Cooperation and Competition among Primitive Peoples*, New York, London 1937; bes. „Interpretive Statement", 458–515. Die Ägypter würden zweifellos auf die Seite kooperativer Gesellschaften gehören, wenn auch sowohl kompetitive (Grabarchitektur, vgl. S. Morenz, *Prestige-Wirtschaft im Alten Ägypten*) und individualistische Elemente (Totengericht) nicht fehlen. Die Ma`at-Lehre stellt aber in jedem Falle den Aspekt der Kooperation ins Zentrum.

[113] A. Gehlen, *Urmensch und Spätkultur*, 81. Zu den Ursprüngen des modernen Subjektivismus vgl. L. Dumont, „A Modified View of Our Origins: The Christian Background of Modern Individualism".

[114] *Anchtifi*, nach W. Schenkel, *Memphis – Herakleopolis – Theben*, 47.

[115] Pap.Harris I, 75.3.

len diese Zeit keineswegs verherrlichen. Das befreite Aufatmen der Magnaten hat sicher manch einem unter den Kleineren die Luft weggenommen. Diese konnten dann im Mittleren Reich wie der Oasenmann die wiederhergestellte Ma`at als Atemluft preisen, der sie das Leben verdanken. Aber wir wollen die Einseitigkeit konstatieren, mit der das Prinzip Ma`at die Seite der Integration, des sozialen Einklangs und der bausteinmäßigen Einfügung durchsetzt. Daher konnte, was ursprünglich als Schutz vor Gewalt und als Befreiung von Unterdrückung gedacht war, unter veränderten geschichtlichen Bedingungen seinerseits als Unterdrückung empfunden werden.

IX. Schluß: der Ort der Ma`at in der Religionsgeschichte der Gerechtigkeit

1. Zwischen Geschichte und Vorgeschichte

Am Ende dieses langen Streifzugs durch weite Bereiche der altägyptischen Überlieferung scheint es an der Zeit, auf die Ausgangsfrage nach der Achsenzeit zurückzukommen. Wenn unsere Untersuchung es vermocht hat, Licht in das Dunkel „vorachsenzeitlichen" Denkens zu bringen, wie stellt sich in diesem Licht dann der Übergang zur Achsenzeit dar? Der These der Achsenzeit liegt ein Zwei-Phasen-Modell zugrunde, das die vorachsenzeitlichen Kulturen den nachachsenzeitlichen gegenüberstellt. Dieses Modell möchte ich durch ein Drei-Phasen-Modell ersetzen. Im achten Kapitel wurde versucht, den Geltungshorizont des Konzepts Ma`at abzugrenzen gegen das, was ihm vorausliegt, und gegenüber dem, wodurch es selbst abgelöst wird. Diesen Dreischritt wollen wir abschließend unter zwei Gesichtspunkten betrachten: unter dem Gesichtspunkt einer „Genealogie der Moral" (Nietzsche) und unter dem Gesichtspunkt einer „Genealogie der Religion". Denn im Begriff Ma`at sind beide, die moralische und die religiöse Sinndimension enthalten.

a) Ma`at und die Genealogie der Moral

In der ersten seiner Abhandlungen *Zur Genealogie der Moral* unter dem Titel „Gut und böse", „Gut und schlecht" vertritt Nietzsche die Theorie einer axiologischen Revolution, die er mit den berühmt gewordenen Begriffen „Sklavenmoral" contra „Herrenmoral" kennzeichnet. Die Pflicht- oder Sollensethik der Bibel, die sich im Abendland (bis zu Kant) siegreich durchgesetzt hat, sei ihrem Ursprung nach eine Revolte gegen die Willensethik der griechischen Aristokratie, die im Grunde die natürliche Ethik aller kriegerischen und starken Stämme und Völker sei, eine Ethik, die in Platons *Gorgias* dem Sophistenjünger Kallikles in den Mund gelegt und nach allen Regeln der Kunst widerlegt wird. Nietzsches Schrift unternimmt den Kraftakt, die Position des Kallikles plausibel zu machen und sowohl historisch wie systematisch zu rehabilitieren. Für Nietzsche vertritt Kallikles mit seinem Recht des Stärkeren und seiner Ethik der „blonden Bestie" nicht etwa eine verstiegene sophistische Position, sondern die ursprünglichen Werte des Lebens und der Stärke, die sich in jeder „naturwüchsigen" Ethik von selbst an die Spitze stellen. Das sind die „vornehmen" Werte. Die biblische Morallehre stellt diese Werte auf den Kopf und erhebt die bisherigen Unwerte – Schwäche, Krankheit, Häßlichkeit, Armut etc. – zu höchsten Gütern.

„Die Juden sind es gewesen, die gegen die aristokratische Wertgleichung (gut=vornehm=mächtig=schön=glücklich=gottgeliebt) mit einer furchteinflößenden Folgerichtigkeit die Umkehrung gewagt und mit den Zähnen des abgründlichsten Hasses (des Hasses der Ohnmacht) festgehalten haben, nämlich ‚die Elenden sind allein die Guten, die Armen, Ohnmächtigen, Niedrigen sind allein die Guten, die Leidenden, Entbehrenden, Kranken, Häßlichen sind auch die einzig Frommen, die einzig Gottseligen, für sie allein gibt es Seligkeit'..."[1]

Das nennt Nietzsche „den Sklavenaufstand in der Moral", jenen „Aufstand, welcher eine zweitausendjährige Geschichte hinter sich hat und der uns heute nur deshalb aus den Augen gerückt ist, weil er – siegreich gewesen ist..." (ibd.). Hinter den primären, „vornehmen" Werten stehen die Krieger, hinter den sekundären Gegenwerten die Priester, bzw. die „Juden", jenes „priesterliche Volk[2], das sich an seinen Feinden und Überwältigern zuletzt nur durch eine radikale Umwertung von deren Werten, also durch einen Akt der geistigen Rache Genugtuung zu schaffen wußte".[3]

Die These betrifft die Umwertung aller Werte, die axiologische Revolution, mit der sich die Juden gegen die Griechen empört und, auf lange Sicht, durchgesetzt haben sollen. Nietzsche ist unbedingt recht zu geben, wenn er in der Genealogie der Moral zwischen dem Ursprünglichen, Traditionellen und dem Sekundären, Reflektierten und Reformatorischen bzw. Revolutionären unterscheidet. In der Tat gibt es im Altertum einen Bruch, den fast alle damaligen Hochkulturen in verschiedenen Formen durchgemacht haben. Inhaltlich sind die Positionen aber anders besetzt, als Nietzsche sich das vorstellt. Gewisse Grundlinien ziehen sich durch alle Stufen hindurch. Dazu gehören in allererster Linie Aggressionsverzicht, Vergeltungsabstinenz[4] und die Ausschaltung des Gewaltrechts des Stärkeren. Mit reaktivem „Ressentiment" hat das offenbar nichts zu tun.[5] Hier handelt es sich vielmehr um das Grundprinzip der

---

[1] Nietzsche, *Zur Genealogie der Moral*, 779.
[2] Das entspricht israelitischer Selbstbeschreibung, vgl. 2 Mose 19.6, die Stelle, auf die Nietzsche hier anspielt.
[3] Nietzsche, a. a. O., 779.
[4] Zu Aggressionsverzicht und Vergeltungsabstinenz als Urmotiven sozialer Moral und Gerechtigkeit s. B. Lang, „Persönlicher Gott und Ortsgott".
[5] Die Kategorie des „Ressentiments", die Nietzsche im Zusammenhang seiner Konzeption von „Sklavenmoral" entwickelt, ist von Max Weber in seiner Studie über das „antike Judentum" mit großer Zustimmung aufgegriffen worden. Vgl. hierzu E. Fleischmann, „Max Weber, die Juden und das Ressentiment".

Kultur überhaupt. Je weiter wir in der Geschichte der Moral zurückgehen, darin sind sich Ethologie, Ethnologie und Archäologie einig, desto weiter entfernen wir uns von allem, was auch nur entfernt mit den Begriffen Autarkie, Selbstverwirklichung, Recht des Stärkeren, Freiheit des Individuums usw. in Verbindung zu bringen ist. Nietzsches „blonde Bestie" ist genau so eine theoretische Fiktion wie der Naturzustand oder der Gesellschaftsvertrag, gegen die Nietzsche in anderem Zusammenhang als unhistorische Konstrukte polemisiert. Was hier vielmehr ins Zentrum rückt, ist das Prinzip des „präskriptiven Altruismus".[6] Was die früheste Spruchweisheit dem Menschen einhämmert, ist seine Abhängigkeit vom Anderen und von der Gemeinschaft.[7] Das Prinzip „Liebe" – als der Oberbegriff aller den Einzelnen in die Gruppe einbindenden und die Gruppe zusammenschmiedenden Bindekräfte – gehört zur „Naturgeschichte elementarer Verhaltensweisen"[8]. Die Verteufelung der Gewalt ist nicht die Sache einer historisch späten und anthropologisch perversen Umwertung aller natürlichen Werte, sondern der Kernpunkt aller Kultur, d. h. all dessen, was den Menschen überhaupt erst zum Menschen macht, indem es ihm die Lebensbedingungen schafft, auf die er angewiesen ist. Von seiner biologischen Grundausstattung her sind diese Lebensbedingungen in erster Linie Bedingungen des *Zusammen*lebens. Daher gehören die Werte und Forderungen, die sich aus den Grundlagen des Zusammenlebens ableiten lassen, in jene elementare Schicht der menschlichen Person, auf die sich Nietzsche mit dem Begriff des „Willens" bezieht. Kein Mensch kann (auf lange Sicht) „wollen", was ihn von den anderen absondert, in Konflikt mit der Gemeinschaft bringt, isoliert. Das geht allerdings auch nicht ohne Konflikte ab. Diese Konflikte zwischen Individuum und Gesellschaft haben vor allem in der Kulturtheorie S. Freuds Berücksichtigung gefunden.[9] Aber der Mensch muß zur „Liebe" nicht mühsamer erzogen (bzw. gezwungen) werden als zum „Haß". Die „blonde Bestie" und der Krieger sind nicht weniger ein Produkt kultureller Züchtung und Hochstilisierung als der Asket, der Untertan, der Märtyrer, der Weise und der Entsager.

---

[6] S. hierzu besonders: M. Mauss, *Essai sur le don*.
[7] Vgl. hierzu besonders B. Lang, „Persönlicher Gott und Ortsgott", 284 ff.
[8] I. Eibl-Eibesfeldt, *Liebe und Haß*.
[9] S. Freud überzeichnet den Konfliktcharakter dieser Beziehung, weil er keinen positiven Begriff von „Gesellschaft", sondern den negativ besetzten Begriff „Masse" verwendet. Die Konstellation von Individuum und Gesellschaft, die die Vorstellung einer Gegenseitigkeit von Bedingung und Begrenzung einschließt, wird bei ihm unter den Begriffen „der Einzelne" und „die Masse" verhandelt, die den Antagonismus beider Größen betonen. Die ägyptische Idee einer „vertikalen Solidarität" impliziert demgegenüber eine positive Vorstellung von Gesellschaft, eine „positive Soziologie".

Ähnlich wie für Nietzsche stellte sich auch für M. Weber die Wende, für die K. Jaspers später den Begriff der „Achsenzeit" prägte, als eine Umwertung der Werte dar. In seiner Rekonstruktion handelt es sich um jene „axiologische Kehre" (W. Schluchter[10]), die von traditional gewachsenen Lebensformen zu rational begründeten Stilen „methodischer Lebensführung" überleitet. Dieser „großartige Rationalismus der ethisch-methodischen Lebensführung", „der aus jeder religiösen Prophetie quillt"[11] und der dem Neben- und Gegeneinander der traditionalen Wertsphären, dem „Polytheismus der Werte" (Weber) ein Ende macht, ist geradezu die Signatur des Zeitalters, die sich in zahlreichen philosophischen und religiösen Bewegungen von West bis Ost manifestiert und durchaus in Form einer Wertrevolution auftritt.[12] Überall werden neue, alternative Formen eines bewußteren, kompromißloseren Lebens gesucht, gefordert, gestiftet.[13] Die axiologische Kehre bedeutet den Ausstieg aus den traditionalen Lebensformen in die bewußten Formen methodischer Lebensführung.

Was dieser Wende vorausliegt, ist nun aber nicht einfach jene Welt der „Einfachen Sittlichkeit" (O. F. Bollnow[14]), der „Amity" (M. Fortes) und des „Common Sense" (C. Geertz[15]), die Moral der Kleingruppen-Gesellschaften, wie sie sich in Sprichwörtern und Redensarten von schier universaler Verbreitung artikuliert. Vielmehr haben sich im Alten Orient und in Ägypten, im Zuge der Ausbildung großräumiger, staatlich organisierter und hierarchisch gegliederter Gemeinwesen und auch der Schriftkultur, wesentlich differenziertere Moralvorstellungen und Rechtsformen entwickelt, die eine Mittelstellung einnehmen zwischen der wesentlich auf mündlicher Überlieferung beruhenden Moral und Lebensweisheit der „Einfachen Sittlichkeit" und den systematisierten, einigen wenigen regulativen Normen unterstellten Morallehren der nachachsenzeitlichen Religionen und philosophischen Richtungen, die eine ethisch-methodische Lebensführung im Sinne Max Webers fundieren.

Wir kommen so in der Genealogie der Moral zu einem dreistufigen Modell. Zwischen die „naturwüchsigen", d. h. in Lebensformen wie die der Krieger und Viehzüchter, Bauern und Händler eingelassenen impliziten Wertideen und die alternativen, rationalen und expliziten Ethiken religiöser und philosophischer Bewegungen, Sekten und Schulen treten

---

[10] Vgl. hierzu W. Schluchter, *Religion und Lebensführung*, Index I, 382, II, 662 s. v.
[11] M. Weber, „Wissenschaft als Beruf", 605.
[12] Vgl. S. N. Eisenstadt, *Kulturen der Achsenzeit*.
[13] Vgl. W. Burkert, „Craft versus Sect"; A. D. Nock, *Conversion*.
[14] O. F. Bollnow, *Einfache Sittlichkeit*.
[15] C. Geertz, „Common Sense as a Cultural System".

die komplexen, schon weitgehend expliziten aber noch kasuistisch strukturierten Ethiken der Weisheitsliteratur, die sich auf dem Boden der altorientalischen Reiche entfalten.[16] Hier geht es nicht mehr um implizites Alltagswissen, aber auch noch nicht um transzendente Wahrheiten, sondern um die Einübung eines staatstragenden Ethos des Schweigens und Gehorchens, der Einfügung und Selbstkontrolle. Erst die dritte Stufe gründet ihre Prinzipien methodischer Lebensführung auf Ordnungen, die absolut und nicht im Rückgang auf Erfahrung begründet sind.[17]

Wenn man von Herrschaft als einem historischen Phänomen ausgeht (und nicht von Idealvorstellungen von Vornehmheit und Herrentum, die dem Minderwertigkeitskomplex und Größenwahn des deutschen 19. Jahrhunderts angehören und vom Rassenwahn des 20. Jahrhunderts auf so entsetzliche und endgültige Weise desavouiert worden sind), dann hat es wohl kaum eine ausgeprägtere „Herrenmoral" gegeben als das Prinzip der vertikalen Solidarität. Wer nicht seinen Willen (mit Gewalt) durchsetzen, sondern für seine Befehle (kommunikativ) Gehorsam finden will[18], muß sich auf eine Ordnung einlassen, die ihn selbst bindet. Herrschaft, im Sinne institutionalisierter Macht, tritt vom frühesten Anfang an in der Maske des Schutzes auf. Sie begründet ihren Anspruch auf Gehorsam damit, daß sie der Ungleichheit der Menschen entgegenwirkt. Hat sie aber nicht diese Ungleichheit selbst geschaffen? Steht es mit ihr nicht ähnlich wie mit der Religion, die – wie Epikur und Lukrez behaupten – dem Menschen jene Furcht erst einflößt, von der sie ihn zu befreien verspricht? Das mag logisch stimmen. Wenn es den Staat nicht gäbe, dann gäbe es auch die „Schwachen" nicht, zu deren Schutz der Staat dazusein vorgibt, um sie vor Ausbeutung durch die Starken zu bewahren. Daher bemühen sich die entsprechenden Ideologien, die Ungleichheit unter den Menschen zu enthistorisieren, d. h. vergessen zu machen, daß es sich dabei um einen gewordenen Zustand handelt, und glauben zu machen, daß dieser Zustand naturgegeben sei. Auf der anderen Seite wird man aber wohl davon ausgehen müssen, daß die Idee der legitimen Herrschaft, die ihre Legitimität aus der Unterwerfung unter das umfassende Ordnungskonzept der vertikalen Solidarität bezieht, historisch später ist als die Entstehung stratifizierter Gesellschaften, d. h. von Ungleichheit, und daher die Probleme nicht erst schafft, sondern wirklich vorfindet, die sie zu lösen verspricht.

Der entscheidende Punkt, die vertikale Solidarität betreffend, scheint

---

[16] Vgl. hierzu A. Assmann (Hg.), *Weisheit*, und darin bes. die Beiträge von C. Wilcke, B. Lang, G. Theißen und J. Assmann.

[17] S. hierzu auch P. Brown, *The Body and Society*, der sich mit der Genese und Entfaltung asketischer Strömungen in der Spätantike beschäftigt.

[18] M. Weber, *Wirtschaft und Gesellschaft*, Bd. I, 3. Teil, 1. Kapitel, § 1.

mir die Frage, ob damit eine wirkliche Selbstbindung der Herrschenden eingegangen wird, ob also nicht nur den unteren Schichten Schutz als Gegenleistung für ihre Loyalität in Aussicht gestellt wird, sondern dieser Schutz gegebenenfalls auch real einklagbar ist. Dieser Frage sind die *Klagen des Oasenmannes* gewidmet. Hier wird die Ma`at-Lehre einmal nicht von oben vorgetragen wie in den Lebenslehren, sondern *von unten*. Natürlich ist diese Sprechkonstellation eine literarische Fiktion. Aber sie zeigt, daß sich mit dem Begriff der Ma`at die Idee eines *Menschenrechts auf Gerechtigkeit* verband, das einklagbar war. Wenigstens in der Theorie ging die Herrschaft mit dem Prinzip der vertikalen Solidarität eine echte Selbstbindung ein und unterwarf sich der Ma`at, wenn anders sie ihre Legitimität nicht verlieren wollte.

Der Begriff der vertikalen Solidarität impliziert die politische Form hierarchisch organisierter Herrschaft. Er ist nach drei Seiten hin gegenüber Gesellschaftsvorstellungen abgegrenzt, die als „horizontal" zu bezeichnen sind:

– gegen die ihr vorausliegenden Selbstbilder egalitärer Gesellschaften[19],
– gegen primär religiös definierte Gemeinschaften, die Gleichheit zum Prinzip („Brüderlichkeit") erhoben haben[20], und
– gegen jenes neuzeitliche Bild des *Homo Aequalis*, das sich aus dem Prinzip des Marktes, der „ökonomischen Ideologie" ergibt.[21]

Die dritte Ideologie steht in einem besonders scharfen Gegensatz zu den Idealen der vertikalen Solidarität. Das hängt vermutlich damit zusammen, daß unter dem Gesetz des Marktes nicht nur der Vertikalität, sondern auch der Solidarität aufgekündigt wird. Bezeichnenderweise sind es die Zentraltugenden der Solidarität und sozialen Gerechtigkeit, Altruismus und Schutz der Schwachen, die in der ökonomischen Ideologie außer Kraft gesetzt werden. Anstelle des „präskriptiven Altruismus" der „Einfachen Sittlichkeit" und der vertikalen Solidarität herrscht bei den Theoretikern der ökonomischen Ideologie, Bernard de Mandéville und Adam Smith, ein „präskriptiver Egoismus", ohne den das ökonomische System nicht funktionieren würde. Die Hoffnung dabei ist, daß die Menge der *vices privés*, der einzelnen Egoismen, sich gegenseitig in Schach hält und zum Wohl des Ganzen, zu *bénéfices publics* ausschlägt (Mandéville).[22] Die Ägypter haben in ihrer Perhorreszierung der Gewalt und des Egoismus eine Gegenwelt nicht nur zur Herrschaft der „blonden Bestie", sondern auch zum ökonomischen Liberalismus aufgebaut.

---

[19] Zu diesen s. die im Literaturverzeichnis genannten Arbeiten von P. Clastres, F. Kramer/Chr. Sigrist (Hgg.) und U. Wesel.

[20] Vgl. hierzu G. Kehrer (Hg.), *„Vor Gott sind alle gleich"*.

[21] L. Dumont, *Homo Aequalis*.

[22] Ich folge hier der brillanten Zusammenfassung L. Dumonts.

b) Ma'at und die Genealogie der Religion

In der Religionsgeschichte unterscheidet man zwischen gewachsenen und gestifteten, oder „primären" und „sekundären" Religionen.[23] Wir müssen nun fragen, ob das pharaonische Ägypten, so wie es eine Mittelstellung zwischen primären und sekundären Lebensformen einnimmt, auch in einer entsprechenden Mittelstellung zwischen primären und sekundären Religionen verstanden werden muß, daß heißt ob auch hier der ägyptische Befund zu einer stärkeren Differenzierung zwingt.

Der „Einfachen Sittlichkeit" entspricht religionsgeschichtlich die Stufe der Stammesreligionen. Sie ist gekennzeichnet durch die schwach ausgebildete Personalität der Götter. Über den Mächten, die die Welt beherrschen, steht ein Höchstes Wesen, das die Welt geschaffen aber sich als *deus otiosus* von ihr distanziert hat. In den orientalischen Polytheismen wird die diffuse Vielheit der Mächte zu Panthea geordnet, die verwandtschaftlich, hierarchisch und funktional organisiert sind. Über ihnen steht als Höchstes Wesen ein Schöpfergott, der zugleich als Herrscher die Verantwortung über Leben und Gedeihen der Geschöpfe und des theokratisch organisierten Gemeinwesens trägt. Mit der Ausbildung eines solchen theokratischen „Summodeismus" und eines Pantheons geht die Anthropomorphose der Mächte einher, die nicht nur genealogisch, sondern auch mythologisch aufeinander bezogen werden. Sie gehen Handlungskonstellationen ein, in denen sie Rollen spielen, Profil gewinnen und zum personalen Kern eines spezifischen Schicksals (Mythos) werden. In Ägypten ist dieser mythogene Prozeß allerdings stark gebändigt. Die Götter bleiben eingebunden in die festen Handlungskonstellationen eines dramatischen und rituellen Weltbilds, das ganz im Zeichen der Inganghaltung steht. In dieses Stadium gehört das Prinzip der vertikalen Solidarität. Der Summodeismus wirkt als zentralisierendes Prinzip umso stärker, je monokratischer die politische Form organisiert ist. Darin bilden Griechenland und Ägypten äußerste Gegensätze. Daher verbinden sich in Griechenland mit der polytheistischen Form der Religion Strukturen des Antagonismus und der Gewaltenteilung, die in Ägypten fehlen. Der moderne Begriff des Polytheismus, wie er etwa bei M. Weber[24], H. Blumenberg[25] und O. Marquard[26] begegnet, ist an Griechenland orientiert und auf Ägypten nicht anwendbar. In Ägypten ist der Aspekt

---

[23] Th. Sundermeier, „Religion, Religionen".

[24] Vgl. hierzu W. Schluchter, *Religion und Lebensführung*, Bd. I Kap. 4 „'Der Kampf der Götter': von der Religionskritik zur Religionssoziologie", 339–363.

[25] *Arbeit am Mythos*, Erster Teil: „Archaische Gewaltenteilung".

[26] „Lob des Polytheismus", s. dazu J. Taubes, „Zur Konjunktur des Polytheismus".

der Vielheit, den Weber bis zum Antagonismus steigert, gebändigt und tritt zurück hinter der auf die monokratische Spitze ausgerichteten pyramidalen Struktur, die auch die Götter in die vertikale Solidarität einbindet.

Aber auch im Stadium der mythisch personalisierten Mächte ist Religion von Weltbild, Kultur und Staat nicht zu unterscheiden. Religion – verstanden als System von letztinstanzlichen Verbindlichkeiten (Forderungen an den Menschen) – ist nicht unabhängig von, sondern identisch mit den Forderungen der Moral und der Herrschaft. Erst der Schritt zu den sekundären Religionen vollzieht diese Trennung. Daher gehören auch die Polytheismen/Summodeismen der altorientalischen Reiche zu den primären Religionen. Unter entsprechenden politischen Verhältnissen entwickeln sich Stammesreligionen zu Polytheismen, diese zu Summodeismen. Aber dieser Weg führt nicht im gleichen Sinne zu sekundären Religionen. Hier haben wir es weniger mit Evolution als mit Revolution zu tun.

Ägypten läßt sich auch als eine Vorstufe sekundärer Religionen verstehen. Die den sekundären Religionen eigene Religiosität bedeutet, dem Kern der Sache nach, das Bewußtsein, als Mensch vor Gott zu stehen. Aus dieser Formel – „der Mensch vor Gott" – läßt sich alles weitere wie Weltverhältnis und Lebensführung ableiten. Wenn wir mit dieser Formel an das Alte Ägypten herangehen, werden wir in einem Bereich fündig, der – wie wir in Kapitel VIII zu zeigen versucht haben – dem Prinzip Ma`at als vertikaler Solidarität diametral entgegengesetzt ist: der Persönlichen Frömmigkeit. In der Genealogie der Religion zeichnen sich ähnliche Stufen und Schichten ab wie in der Genealogie der Moral. Und jener Begriff von Religion, den wir mit der Formel „der Mensch vor Gott" kennzeichneten, entspricht dort der dritten und letzten Stufe, der ethisch-methodischen Lebensführung. Denn nichts anderes ist ein „vor Gott" (der Ägypter sagt: „auf dem Wasser Gottes"[27]) geführtes Leben, das sich seiner Rechenschaftspflicht ständig bewußt ist („sich Gott ins Herz setzt"). Dieser Begriff von Religion steht in einer unverkennbaren antagonistischen Spannung zur offiziellen ägyptischen Religion. Denn hier steht nicht der Mensch, sondern der König vor Gott. Das ganze religiöse Leben erscheint gleichsam ausgelagert in äußere Formen der Repräsentation und Symbolisation. Das Leben wird nicht „vor Gott" geführt, d. h. im Gehorsam gegenüber seinem Willen und seinen Geboten, sondern „vor den anderen", im Gehorsam gegenüber den Ordnungen, die ein Zusammenleben mit den anderen ermöglichen und Gemeinschaft aufbauen und erhalten. Während das Prinzip Religion den Menschen „vor Gott" stellt, stellt das Prinzip Ma`at den Menschen „in die

---

[27] Vgl. meinen Beitrag „Weisheit, Loyalismus und Frömmigkeit".

Gemeinschaft". Haben wir es hier, wie Durkheim meinte, mit „elementaren Formen" der Religion zu tun, so als sei „Gott" die evolutionäre Nachfolgeinstitution der Gemeinschaft?[28] Oder soll man nicht vielmehr davon ausgehen, daß das, was wir unter Religion verstehen – „der Mensch vor Gott" –, einen geschichtlichen Anfang hat und daß wir uns in Ägypten in der Vorgeschichte der Religion befinden? Gibt es einen evolutionären Weg, der von hier zu dem Menschen führt, der „vor Gott" steht?

c) Religion und Widerstand

Sekundäre Religionen, Religionen im eigentlichen Sinne der Formel „der Mensch vor Gott", sind ihrem Kern nach Widerstandsbewegungen. Die Ausdifferenzierung des (im eigentlichen Sinne) Religiösen gegenüber dem Politischen und dem Moralischen ist überall aus politischen und sozialen Konflikten hervorgegangen.[29] Das gilt auch für Ägypten. „Vor Gott" – Morenz prägte dafür den Begriff der „Gottesunmittelbarkeit" – sieht sich der Mensch nur dort, wo die Staatlichkeit als Fundament seines Weltverhältnisses aufhört: in der Ersten Zwischenzeit und im Ausland. Sinuhe, der sich von einem unbekannten Gott zur Flucht ins Ausland getrieben fühlt, weiß sich diesem Gott in der Fremde nahe, so daß er zu ihm beten kann.[30] Der Schiffbrüchige begegnet sogar auf der „Insel des Ka" einer leibhaftigen Gottheit.[31] Das Ausland erfüllt in diesen Erzählungen die Funktion einer königsfernen Sphäre, in der sich die Erinnerung an die königslose Zwischenzeit und ihre spezifische Gottesnähe erhalten haben könnte. In den Grabinschriften dieser Zeit von Mitgliedern der politischen Führungsschicht wie Anchtifi von Mo'alla und Che-

---

[28] E. Durkheim, *Die elementaren Formen des religiösen Lebens*; vgl. hierzu, gerade auch was den Gegensatz zur „Persönlichen Frömmigkeit" (hier: in Israel) angeht, den aufschlußreichen Artikel von B. Lang, „Persönlicher Gott und Ortsgott".

[29] Diese These hier zu substantiieren, würde zu weit führen. Für das Christentum liegt der Charakter einer Widerstandsbewegung (nicht nur gegen die politische Herrschaft, sondern auch gegen die religiöse Orthodoxie) auf der Hand, vgl. G. Theißen, *Soziologie der Jesus-Bewegung*. Für das Judentum wäre auf M. Smith, *Palestinian Parties and Politics That Shaped the Old Testament* zu verweisen. Buddhismus und Jainismus werden häufig mit einer Opposition von Kshatriyas gegen die Oberhoheit der Brahmanen in Verbindung gebracht. In seiner reinsten Form gilt die Formel „Religion als Widerstand", woran mich U. Duchrow erinnert, für apokalyptische Bewegungen, in denen das Element der persönlichen Frömmigkeit sehr ausgeprägt ist. Vgl. dazu Hellholm, *Apocalypticism*, bes. den Beitrag von J. C. H. Lebram („The Piety of Jewish Apocalyptists", 171–210).

[30] Vgl. J. Gw. Griffiths, „Divine Impact on Human Affairs".

[31] Vgl. hierzu zuletzt Kurth, „Die Geschichte des Schiffbrüchigen".

ti von Assiut, Indi von Thinis und Horemchauf von Hierakonpolis[32] finden sich Bekundungen eines persönlichen Beauftragtseins von Gott, im Zusammenhang sowohl eines ausgeprägten Individualismus als auch (besonders in den Siut-Texten) eines besonderen Bewußtseins von Rechenschaftspflichtigkeit.[33] Solche Aussagen dienen hier dazu, ein Handeln zu legitimieren, das sich nicht mehr auf königliche Aufträge berufen kann. Gewiß hieße es die Quellen überinterpretieren, wenn man daraus eine Widerstandsbewegung gegen das pharaonische Königtum herauslesen wollte. Aber der Gegensatz zwischen der neuen Konzeption, die das Handeln des Einzelnen auf Gott als Initiator bezieht und ihn auch unmittelbar Gott gegenüber rechenschaftspflichtig macht (Totengericht), und der klassischen Konzeption, in der alle Initiative vom König ausgeht, ist offenkundig. Da wird man es nicht für Zufall halten, wenn diese neuen Stimmen gerade in einer Periode pharaonischen Machtzerfalls zu Wort kommen. Dieses in einem neuartigen Sinne „religiöse" Legitimationsmuster wird dann aber von den Königen des Mittleren Reichs übernommen, so daß ab dem Mittleren Reich zumindest der König in neuer Weise „vor Gott" steht und ihm Rechenschaft schuldig ist. Das gibt dem Königtum ein anderes Gepräge als im Alten Reich, aber es nimmt zugleich den Innovationsschritt der Ersten Zwischenzeit zurück, indem es die neue Gottesbeziehung monopolisiert. Daher ist auch das Mittlere Reich die eigentliche Blütezeit der Ma`atlehre.

Im Neuen Reich kommt dann voll zum Durchbruch, was sich bisher nur als Unter- und Gegenströmung manifestieren konnte. Ich führe diesen Durchbruch auf die Tatsache zurück, daß die traditionelle ägyptische Religion für 20 Jahre die Chance erhielt, selbst zu einer unterdrückten Gegenströmung zu werden.[34] In den Jahren der Amarna-Zeit wurde die traditionelle Religion von oben unterdrückt und verfolgt, dadurch zwangsläufig von der politischen Ordnung nicht nur unterschieden, sondern zu ihr in einen klaren Antagonismus gestellt. Diese 20 Jahre genügten, sie strukturell zu verändern.

So müssen wir auch die Beziehung von Ma`at und Persönlicher Frömmigkeit als einen Antagonismus rekonstruieren. Der Durchbruch der Persönlichen Frömmigkeit am Ende der Amarnazeit bedeutet ein erstes Vorzeichen der achsenzeitlichen Kehre. Die Ersetzung der Ma`at durch den Willen Gottes bedeutet eine Theologisierung der Gerechtigkeit. Daher zeichnet sich, wenn man der Geschichte der Ma`at nachgeht, eine Entwicklungslinie ab, die dem Prozeß der Säkularisierung gegenläufig

---

[32] S. M. Lichtheim, *Autobiographies*, Nr. 7 (Anchtifi), Nr. 8 (Cheti I.), Nr. 9 (Indi), s. dazu ibd., 30f. m. Anm. 3. Zu Horemchauf s. Hayes, in: *JEA* 33, 1947, 3–11.

[33] Vgl. auch meinen Beitrag „State and Religion in the New Kingdom", bes. 69–71.

[34] Vgl. hierzu *Ägypten – Theologie und Frömmigkeit*, 258–267.

ist. Die Religion, von der die verschiedenen Prozesse der Weltentzauberung ihren Ausgang nahmen, ist ihrerseits nichts Ursprüngliches, sondern läßt sich in ihrer Heraufkunft beobachten. Die ägyptischen Quellen, und insbesondere diejenigen, in denen sich die Vorstellung von der Ma`at entfaltet, eröffnen uns einen Einblick in die Welt, die der Religion, so wie wir sie verstehen, vorausliegt.

2. Weltordnung als Gerechtigkeit: iustitia connectiva

Dem Menschen stellt sich der Sinn des Geschehenden als der Zusammenhang von Tun und Ergehen dar. Diesen Nexus fassen wir im Begriff der „Kausalität". Das entspricht nicht der archaischen Denkweise. Diese rechnet vielmehr mit Mächten, Instanzen und Institutionen, die den Nexus von Tun und Ergehen zu garantieren, d. h. dafür zu sorgen haben, daß das Gute „sich" lohnt und das Böse „sich" rächt. Der Staatsrechtler H. Kelsen, der dieses Prinzip als die „soziomorphe" Vorstufe des Kausalitätsbegriffs herausgearbeitet hatte, nannte es „Vergeltung".[35] Ich möchte dafür den Begriff der „konnektiven Gerechtigkeit" vorschlagen, handelt es sich doch in erster Linie um die Herstellung von Zusammenhang. Das ägyptische Wort für dieses Prinzip ist Ma`at. Ma`at bedeutet, nach der einzigen Definition, die wir in einem ägyptischen Text gefunden haben, das Prinzip, das bewirkt, daß das Gute sich lohnt und das Böse sich rächt:

> Der Lohn eines, der handelt, besteht darin, daß für ihn gehandelt wird. Das hält Gott für Ma`at.[36]

Der Kern dessen, was Ma`at bedeutet, liegt im Bereich des Rechts. Vergessen wir nicht, daß der Wesir, der im ägyptischen Staatsaufbau das Ressort Justiz verwaltet, den Titel eines Priesters der Ma`at trägt. Ma`at ist das Berufsnumen der Richter, die Göttin der Rechtsprechung. Der Wesir ist als Sachwalter der Ma`at aber auch der höchste Staatsbeamte. Das zeigt die zentrale Stellung, die das Recht – und d. h.: die Ma`at – im ägyptischen Staat einnimmt. Die Grundidee des Rechts – in der archaischen Welt – ist die Herstellung von Konnektivität, d. h. von Bindung und Verbindlichkeit. Das Prinzip Ma`at begründet eine Sphäre der Geltung von Normen, die die Menschen miteinander und die Folgen mit dem Handeln verbinden.

Von diesem Kern des Ma`atbegriffs sind wir ausgegangen. Wir haben ihn anhand eines Textes entfaltet, der ihn auf einem erstaunlichen Ni-

---

[35] H. Kelsen, *Vergeltung und Kausalität*.
[36] Stele des Königs Neferhotep, s. Kap. III.

veau der Differenzierung und theoretischen Reflexion zum Thema rhetorischer Meisterstücke macht: den *Klagen des Oasenmannes*. Ma`at erscheint hier als das Prinzip der Bindung: Es bindet das Heute ans Gestern und das Morgen an das Heute, d. h. stellt sicher, daß heute gilt, was gestern galt, und morgen gelten wird, was heute gilt: die Institution der sozialen Zeit aus dem Prinzip der Selbstbindung, aus dem auch Nietzsche „‚Schuld‘, ‚schlechtes Gewissen‘ und Verwandtes" abgeleitet hatte.[37] Das Recht, darin sind sich Nietzsche und die Ägypter einig, ist eine Form der obligatorischen Erinnerung, die auf dem Vergessen beruht. Der Mensch, dieses „notwendig vergeßliche Tier" (Nietzsche), lebt „von Natur" im Zustand der Vergessenheit: „der Träge hat kein Gestern" (*Klagen des Oasenmannes*), „Man denkt nicht an das Gestern" (*Lebensmüder*). Aber er hat sich, in Nietzsches Worten, „ein Gegenvermögen angezüchtet, ein Gedächtnis, mit Hilfe dessen für gewisse Fälle die Vergeßlichkeit ausgehängt wird – für die Fälle nämlich, daß versprochen werden soll. (...) Was setzt das aber alles voraus! Wie muß der Mensch, um dermaßen über die Zukunft voraus zu verfügen, erst gelernt haben, das notwendige vom zufälligen Geschehen scheiden, kausal denken, das Ferne wie gegenseitig sehen und vorwegnehmen, was Zweck ist, was Mittel dazu ist, mit Sicherheit ansetzen, überhaupt rechnen, berechnen können – wie muß dazu der Mensch selbst vorerst *berechenbar, regelmäßig, notwendig* geworden sein, auch sich selbst für seine eigene Vorstellung, um endlich dergestalt, wie es ein Versprechender tut, für sich als *Zukunft* gutsagen zu können!"[38]

Dieser „berechenbar, regelmäßig, notwendig" gewordene Mensch, das ist, in den Worten des Oasenmannes, „der gute Charakter", der „zurückkehrt an seine Stelle von Gestern".

Ausgehend von diesem Begriff der Ma`at als „konnektiver Gerechtigkeit", den wir aus den *Klagen des Oasenmannes* erschlossen haben, sind wir seinen Ausprägungen in fünf verschiedenen Diskurswelten nachgegangen, in denen jeweils der Begriff Ma`at eine zentrale Rolle spielt und die jeweils eine andere Sinndimension dieses komplexen Begriffs beleuchten. In allen fünf Sinnsphären geht es um Bindung. Die Weisheitsliteratur – zu der auch die *Klagen des Oasenmannes* zu rechnen sind – kreist um das Thema des Zusammenhangs von Tun und Ergehen, das Zentralthema auch der vorderorientalischen und biblischen Weisheit.[39] Die *Weisheit* reflektiert diesen Nexus unter der Polarität von Scheitern und Gelingen. Ma`at ist das Prinzip des Gelingens, die Richtschnur, an der sich ein Handeln orientieren muß, um „seine Sache an Land zu bringen",

---

[37] F. Nietzsche, *Zur Genealogie der Moral: Zweite Abhandlung*, 799–837.
[38] a. a. O., 799 f.
[39] Vgl. hierzu H. J. Klimkeit, „Der leidende Gerechte".

wie es bei Ptahhotep heißt. Dabei ist entscheidend, daß sich dieser Horizont der Handlungsfolgen ins Jenseits ausdehnt, die Rechnungen also nicht – wie etwa bei Hiob – im Diesseits aufgehen müssen. Die *Moral* reflektiert denselben Zusammenhang unter der Polarität von Achtung und Mißachtung. Ma`at ist das Prinzip solidarischen Handelns, Denkens und Sprechens, das dem Einzelnen die „Liebe" der Mitwelt und den Status eines *jm3ḫjj* einträgt, d. h. eines Grabherrn, der mit seinem Denkmal in der Achtung der Gruppe weiterlebt. Dieser Seite des Ma`at-Begriffs sind wir in den autobiographischen Grabinschriften (Kap. IV) nachgegangen. Die *Religion* konstituiert eine besondere Sinndimension des Ma`at-Begriffs unter dem Gesichtspunkt der *Jenseitigkeit*. Die entsprechende Leitdifferenz haben wir als die Polarität von rein und unrein bestimmt (Kap. V). Hier spielt Ma`at beim Übergang ins Jenseits, ins Ewige Leben, die zentrale Rolle. Nirgends tritt der juristische Kern des Ma`at-Begriffs so klar hervor wie hier, in der Idee des Totengerichts. In diesem Zusammenhang – und nur hier – wird das Prinzip Ma`at kodifiziert, d. h. ausbuchstabiert in einige 80 Regeln – die „Gesetze der Halle des Totengerichts" –, die einem Leben zugrundegelegt werden müssen, wenn der, der es geführt hat, das Totengericht bestehen soll. An dieser Stelle kommt Ma`at dem Prinzip der „ethisch-methodischen Lebensführung" ganz nahe. Entscheidend für die Bestimmung dieser Nähe ist die Frage, welche Rolle das 125. Kapitel des *Totenbuchs* im *Leben* des Ägypters gespielt hat, d. h. ob und bis zu welchem Grade er diesen Text der (magischen) Totenliteratur überhaupt gekannt und zur Grundlage seiner Lebensführung gemacht hat. Da war uns die Übereinstimmung dieser Regeln mit den Priesterregeln der ptolemäischen Tempelinschriften ein wichtiger Hinweis.

Die Sinnsphären des Kosmos und des Staats schließlich haben wir unter dem gemeinsamen Begriff der *Herrschaft* zusammengefaßt. Die kosmische Herrschaft liegt in den Händen des Sonnengottes, die irdische in denen des Pharao. Beide gründen auf Ma`at als der Idee des Rechts und der Gerechtigkeit. Der Sonnengott verhilft ihr im Kosmos, der Pharao in der Menschenwelt zum Durchbruch. Beide Sphären sind in der Form mutueller Spiegelung, aber auch in der Form der Kommunikation, der „Zirkulation" des Sinns miteinander verbunden, indem die Ma`at in Gestalt des Lichts vom Gott ausgeht und ihm vom König als Opfergabe zurückgegeben wird. Durch den Kult wird der Kosmos in die Sphäre der rechtlichen Bindungen und Verpflichtungen, der konnektiven Gerechtigkeit, einbezogen. Indem sich der Mensch an das Versprechen der Opferleistungen bindet, bindet er die Götter an sich und bindet sein Gemeinwesen ein in das paradigmatische „Gelingen" des kosmischen Prozesses. Auch der Kult ist eine Sphäre des Rechts, und von seiner korrekten Durchführung hängt ab, welchen Erfolg der König in seinen Schlachten und welchen Gehorsam er von seinen Untertanen erwarten darf:

> *Wenn man die Osiris-Zeremonien vernachlässigt*
> *zu ihrer Zeit an diesem Ort (...),*
> *dann wird das Land seiner Gesetze beraubt sein,*
> *der Pöbel wird seine Oberen im Stich lassen,*
> *und es gibt keine Befehle für die Menge.*
> *Wenn man den Feind nicht köpft, den man vor sich hat*
> *aus Wachs, auf Papyrus oder aus Holz nach den Vorschriften des Rituals,*
> *dann werden sich die Fremdländer gegen Ägypten empören*
> *und Bürgerkrieg und Revolution im ganzen Land entstehen.*
> *Man wird auf den König in seinem Palast nicht hören,*
> *und das Land wird seiner Schutzwehr beraubt sein.*[40]

„Wenn" – „dann": auch hier liegt die Idee eines Zusammenhangs zugrunde, der Tun und Ergehen miteinander verknüpft. Im Bereich des Kults hat im übrigen, im Unterschied zur Weisheit, die Idee der konnektiven Gerechtigkeit nie etwas von ihrer Strahlkraft eingebüßt; im Gegenteil: Das Maat-Opfer weitet das Feld seiner Anwendung immer mehr aus, bis es in den Tempeln der Spätzeit zu der dominierenden Opferszene überhaupt wird.

Konnektive Gerechtigkeit stiftet einen *Raum der Erinnerung*, in dem heute gilt, was gestern galt, und morgen gelten soll, was heute gilt. In diesem Raum gilt vor allen anderen das Gesetz: „Du sollst nicht vergessen, woran du dich gebunden hast!" In der Geschichte dieser Gerechtigkeit bezeichnet Ma`at eine Position, die man sich, genau wie im Zusammenhang der Genealogie der Moral und der Religion, als ein *zweites* Stadium vorstellen kann:

a) Die schlichteste und am weitesten verbreitete Vorstellung eines Zusammenhangs von Tun und Ergehen stellt die Überzeugung dar, daß das Gute „sich" lohnt und das Böse „sich" rächt. Dies Prinzip einer „immanenten Providenz"[41] setzt weder göttliche noch staatliche Intervention voraus und basiert auf den alltäglichen Erfahrungen funktionierenden Zusammenlebens. Gerechtigkeit ist auf dieser Stufe eine Funktion der Gruppensolidarität („Amity"). Sie wird weniger in expliziten Erziehungstexten als in der Form von Sprichwörtern überliefert, vor allem aber in jenen archaischen Wirtschaftsformen eingeübt und praktiziert, die M. Mauss unter dem Stichwort der „Gabe" und M. Sahlins als „Steinzeitökonomie" analysiert haben. Es handelt sich um die Idee einer

---

[40] pJumilhac, XVII, 19–XVIII, 11 (gekürzt) ed. J. Vandier, *Le Papyrus Jumilhac*, 129 f.
[41] Aleida Assmann, „Weisheitsspuren: Wegmarken in einem weiten Feld", in: dies. (Hg.), *Weisheit*.

selbstregulativen Zirkulation von Gut und Böse, die ihren abstraktesten Ausdruck in der „Goldenen Regel" findet[42], aber auch in der konkreteren Kasuistik der Spruchweisheit („Die Sonne bringt es an den Tag"; „Lügen haben kurze Beine" usw). Diese einfache Weisheit entspricht der Formel „Gerechtigkeit als Weltordnung" am besten. In der Welt geht es gerecht zu, so daß jede Handlung die Folgen hat, die sie verdient.[43]

b) Die *politische* Gerechtigkeit stellt das Funktionieren des Tun-Ergehen-Zusammenhangs (die konnektive Gerechtigkeit) dem Staat anheim. Klassische Beispiele für diese Interpretation der Wirklichkeit bieten Ägypten und Indien. Nach dieser Auffassung bricht das Chaos herein, wenn der Staat zusammenbricht. Sinn und Ordnung verschwinden aus der Welt. Das Gute lohnt sich nicht mehr, das Böse rächt sich nicht mehr, die Großen fressen die Kleinen und die Söhne erschlagen die Väter. Das ist das Prinzip der vertikalen Solidarität, d. h. einer Ordnung, die anders als hierarchisch nicht zu denken ist und daher nur durch Herrschaft aufrechterhalten werden kann.

c) Die *religiöse* Gerechtigkeit ist die Theologisierung dieses Prinzips. Nicht der Herrscher, sondern die Gottheit garantiert den Zusammenhang von Tun und Ergehen. Lohn und Strafe werden nun weder im Sinne der Selbstregulation als Folgen des Handelns selbst aufgefaßt, das „sich" lohnt oder rächt, noch als Ausdruck einer Ordnung, die vom Herrscher auf Erden eingesetzt und aufrechterhalten wird, sondern als Folgen göttlicher Intervention. Das setzt den Kontext einer „Theologie des Willens" voraus, die den Göttern eine auf die irdisch-menschlichen Geschicke gerichtete Intentionalität zuschreibt.

Die Theologie des Willens ist nichts anderes als die Theologisierung des Prinzips der konnektiven Gerechtigkeit. In Mesopotamien hat dieser Prozeß sehr früh eingesetzt.[44] In Ägypten hat er den Umweg über die Politisierung genommen und dadurch zur Ausbildung des Prinzips Ma`at geführt. Ma`at bezeichnet jene Form der konnektiven Gerechtigkeit, die an politische Herrschaft und die von ihr durchgesetzte Ordnung der vertikalen Solidarität gebunden ist. Mit dem Begriff der Theologisierung greifen wir jene Beobachtung auf, die wir eingangs als „Ent-Säku-

---

[42] A. Dihle, *Die Goldene Regel*.

[43] W. Schilling, *Religion und Recht*, vertritt den entgegengesetzten Standpunkt; er geht davon aus, daß alles Recht von allem Ursprung an der Gottheit anheimgestellt ist. Vgl. demgegenüber die Argumente von U. Wesel, *Frühformen des Rechts*, bes. 183 ff., der zeigt, daß die Religion erst später die Gesetze eines ursprünglich „profanen Rechts" „in ihren Moralkodex aufgenommen hat". Der Begriff des „profanen" Rechts ist freilich irreführend, liegen doch diese Verhältnisse der Unterscheidung profanen und sakralen Rechts noch weit voraus. Gemeint ist nur, daß die Einhaltung dieser Gesetze nicht von Gottheiten überwacht wird.

[44] Vgl. das noch immer maßgebliche Buch von B. Albrektson: *History and the Gods*.

larisierung" bezeichnet hatten: den Eindruck, daß alles „immer religiöser, theologischer, jenseitiger" wird in der Geistesgeschichte der Menschheit, bis dann, an jenem achsenzeitlichen Umbruchspunkt, der gegenläufige Prozeß einsetzt, den Max Weber die Entzauberung der Welt genannt hat.

Wenn wir nun zwischen die archaischen und die achsenzeitlichen Weltbilder jene Phase einstellen, wie sie sich uns in der Untersuchung des Begriffs Ma`at erschlossen hat, so zeigt sich, daß wir es hier nicht mit einem „Stadium" zu tun haben, sondern wiederum mit einem Prozeß, den man in mehrere Stadien zerlegen kann:

1. das Stadium der impliziten Solidarität, die zwar mit dem Wort Ma`at prägnant bezeichnet, aber noch nicht in expliziten Tugend- und Weisheitslehren entfaltet wird: die Phase des Alten Reichs.
2. das Stadium der explizit und reflexiv gewordenen Lehre von der vertikalen Solidarität: die Phase der Ersten Zwischenzeit und der Restauration der pharaonischen Zentralherrschaft im Mittleren Reich.
3. das Stadium der Krise und der Genese eines neuen Weltbilds, das durch Begriffe wie „Theologie des Willens" und „identitäre Gottesbeziehung" gekennzeichnet ist.

Die Stadien folgen nicht bruchlos aufeinander. Zwischen dem ersten (dem der Einschnitt der Staatsgründung vorausgeht) und dem zweiten liegt der Zusammenbruch des Alten Reichs, zwischen dem zweiten und dem dritten die Öffnung Ägyptens nach außen und sein Eintritt in das sich zur Ökumene zusammenschließende Kräftefeld der damaligen Staatenwelt. Mit dem Stichwort der „Theologie des Willens" ist ein Weltbild bezeichnet, das dieser jetzt entstehenden „Welt" gemeinsam war.

Abkürzungen

ÄA	Ägyptologische Abhandlungen.
ADAIK	Abhandlungen des Deutschen Archäologischen Instituts Abt. Kairo, Glückstadt-New York.
AHAW	Abhandlungen der Heidelberger Akademie der Wissenschaften, Heidelberg.
AnnCF	Annuaire du Collège de France, Paris.
ASAE	Annales du Service des Antiquitités Égyptiennes.
ÄHG	Jan Assmann, Ägyptische Hymnen und Gebete, Zürich 1975.
BE	Bibliothèque égyptologique.
Bibl. Aeg	Bibliotheca Aegyptiaca.
BIFAO	Bulletin de l'Institut Français d'Archéologie Orientale.
BiOr	Bibliotheca Orientalis, Leiden.
CESS	Travaux du centre d'études supérieures spécialisé d'histoire des religions de Strasbourg.
CT	A. de Buck, The Egyptian Coffin Texts, 7 Bde, Chicago 1935–61.
GM	Göttinger Miszellen.
HT	Hieroglyphic Texts from Egytian Stelae, etc., in the British Museum, London 1911 ff.
JAOS	Journal of the American Oriental Society.
JARCE	Journal of The American Research Center in Egypt.
JEA	Journal of Egyptian Archaeology.
JNES	Journal of Near Eastern Studies.
KÄT	Kleine Ägyptische Texte, Wiesbaden.
KRI	Kenneth A. Kitchen, Ramesside Inscriptions, 7 Bde, Oxford. 1968 ff.
LÄ	W. Helck, E. Otto (später W. Westendorf), Lexikon der Ägyptologie, 6 Bde, Wiesbaden 1972–87.
Liturgische Lieder	s. Literatur-Verz., Jan Assmann.
MÄS	Münchner Ägyptologische Studien.
MDIK	Mitteilungen des Deutschen Archäologischen Instituts Abt. Kairo.
OBO	Orbis Biblicus et Orientalis, Fribourg-Göttingen.
OMRO	Oudheidkundige Mededelingen van het Rijksmuseum van Oudheiden te Leiden.
OrAnt	Oriens Antiquus.
Pyr	Kurt Sethe, Die altägyptischen Pyramidentexte, 4 Bde, Leipzig, 1908–22.
RdE	Revue d'Egyptologie.
Re und Amun	s. Literatur-Verz., Jan Assmann.
SAK	Studien zur Altägyptischen Kultur.

STG	Jan Assmann, Sonnenhymnen in thebanischen Gräbern, THEBEN 1, Mainz 1983.
Tb/Totb	Eduard Naville, Das aegyptische Totenbuch der XVIII. bis XX. Dynastie, 3 Bde, Berlin 1886.
TPPI	J.J. Clère, J. Vandier, Textes de la première période intermédiaire et de la xième dynastie, vol. I., Bibliotheca Aegyptiaca 10, Brüssel 1948.
Urk I	Kurt Sethe, Urkunden des Alten Reichs, Leipzig, 2. Aufl. 1933.
Urk IV	Kurt Sethe, Urkunden der 18. Dynastie, Nachdr. der 2. Aufl., Berlin und Graz 1961.
VT	Vetus Testamentum.
Wb	Wörterbuch der ägyptischen Sprache, hg. von Adolf Erman und Hermann Grapow, 6 Bde, Berlin und Leipzig ²1957.
ZÄS	Zeitschrift für ägyptische Sprache und Altertumskunde.
ZDMG	Zeitschrift der Deutschen Morgenländischen Gesellschaft.

Verzeichnis der Abbildungen und Bildquellen

Seite 1. Die Göttin Ma`at, Relief aus dem Grab Sethos' I. (19. Dyn., um 1300 v. Chr.). – *Seite 17.* Geflügelte Ma`at, aus dem Grab der Königin Nefertari in Theben (19. Dyn., um 1250 v. Chr.). – *Seite 125.* Totengericht mit der Wägung des Herzens, aus dem Totenbuch des Hunefer (19. Dyn., Zeit Sethos' I., um 1300 v. Chr.). – *Seite 132.* Totengericht und Wägung des Menschen, mit Ma`at als Gegengewicht und Wiegemeisterin, aus Theben Grab 41 (18./19. Dyn., Zeit Haremhab-Sethos I., um 1300 v. Chr.). – *Seite 135.* Totengericht, mit Ma`at in dreifacher Gestalt: als geleitende und empfangende Göttin, und als Gegengewicht auf der Waage; aus dem Papyrus der Djedchonsiusanch (frühptolemäisch, um 300 v. Chr.). – *Seite 151.* Herzwägung, mit den Symbolen der Individualität: „Frist", „Bestimmung" und „Erfüllung", aus dem Totenbuch des Ani, Papyrus British Museum Nr. 10470 col. 3 (Sethos I., um 1300 v. Chr.). – *Seite 165.* Der Sonnengott als Widder zwischen Hathor und Ma`at, Pektoral aus Tell Moqdam, Ägyptisches Museum Kairo (22. Dyn., 9. Jh. v. Chr.). – *Seite 175.* Die Sonnenbarke, Gebäude des Taharka am heiligen See von Karnak (25. Dyn., um 680 v. Chr.). – *Seite 179.* Ma`at im Sonnenlauf, als geflügelte Schutzgöttin (mit Hathor, links) und als Anbeterin des Sonnengottes (im Inneren der Sonnenscheibe): Pektoral des Scheschonq aus Tanis (22. Dyn., 10. Jh. v. Chr.). – *Seite 181.* Ma`at am Bug der von Schakalen durch die Unterwelt gezogenen Nachtbarke, Papyrus des Khonsu-Renep (10. Jh. v. Chr.). – *Seite 187.* Der König bringt Osiris, Isis und Horus die Ma`at dar, Relief Sethos' I. aus Abydos (19. Dyn., um 1300 v. Chr.). – *Seite 203.* Darbringung der Ma`at: aus dem Grab Sethos' II. (19. Dyn., um 1200 v. Chr.). – *Seite 209.* Der König opfert Ptah die Ma`at (Theben, Grab Ramses' IX., um 1070 v. Chr.), nach einem Aquarell von Hay.

Literatur

Albrektson, B., *History and the Gods. An Essay on the Idea of Historical Events as Divine Manifestations in the Ancient Near East and in Israel*, Coniectanea Biblica, Old Testament Series I, Lund 1967.

Allam, Sch., „Les obligations et la famille dans la société égyptienne", in: *OrAnt* 16, 1977, 89–97.

Allen, J. P., *Genesis in Egypt: the Philosophy of Ancient Egyptian Creation Accounts*, Yale. Egyptological Studies 2, New Haven 1988.

Alliot, M., *Le culte d'Horus à Edfou au temps des Ptolemées*, BE 20, 2 Bde, Kairo 1949.

Altenmüller, B., *Synkretismus in den Sargtexten*, GOF IV.7, Wiesbaden 1975.

Altenmüller, H., „Opfer", in: *LÄ* IV, 1982, 579–584.

Anthes, R., „Sonnenboote in den Pyramidentexten", in: *ZÄS* 82, 1957, 77–89.

–, *Die Maat des Echnaton von Amarna*, JAOS Suppl. 14, 1952.

–, „The original meaning of maâ-khrw", in: *JNES* 13, 1954, 21 ff.

Assmann, A., „Jaspers' Achsenzeit, oder Schwierigkeiten mit der Zentralperspektive in der Geschichte", in: D. Harth (Hg.), *Karl Jaspers. Denken zwischen Wissenschaft, Politik und Philosophie*, Stuttgart 1989, 187–205.

– (Hg.), *Weisheit*, München 1990.

Assmann, A. u. J. (Hgg.), *Kanon und Zensur*, München 1987.

–, „Schrift, Tradition und Kultur", in: W. Raible (Hg.), *Zwischen Festtag und Alltag*, ScriptOralia 6, Tübingen 1988, 25–49.

–, Hardmeier, C. (Hgg.), *Schrift und Gedächtnis*, München 1983.

Assmann, J., *Liturgische Lieder an den Sonnengott*, MÄS 19, 1969.

–, *Der König als Sonnenpriester*, ADAIK VII, 1970.

–, *Zeit und Ewigkeit im Alten Ägypten*, AHAW 1975.

–, „Weisheit, Loyalismus, Frömmigkeit", in: E. Hornung, O. Keel (Hgg.), *Studien zu altägyptischen Lebenslehren*, OBO 28, 1979, 12–70.

–, „Die ‚loyalistische Lehre' Echnatons", in: *SAK* 8, 1980, 1–32.

–, „Persönlichkeitsbegriff und -bewußtsein", in: *LÄ* IV, 1983, 963–978.

–, *Sonnenhymnen in thebanischen Gräbern*, THEBEN I, Mainz 1983.

–, *Re und Amun. Die Krise des polytheistischen Weltbilds im Ägypten der 18.-20. Dynastie*, OBO 51, 1983.

–, „Königsdogma und Heilserwartung. Politische und kultische Chaosbeschreibungen in altägyptischen Texten", in: D. Hellholm (Hg.), *Apocalypticism in the Mediterranean world and in the Near East*, Tübingen 1983, 345–377.

–, „Schrift, Tod und Identität. Das Grab als Vorschule der Literatur im Alten Ägypten", in: A. u. J. Assmann, C. Hardmeier (Hgg.), *Schrift und Gedächtnis*, München 1983, 63–93.

–, „Das Doppelgesicht der Zeit im altägyptischen Denken", in: A. Peisl, A. Mohler, *Die Zeit*, Schriften der C.F.v.Siemens-Stiftung Nr. 6, München 1983, 189–223.

–, „Krieg und Frieden im alten Ägypten. Ramses II. und die Schlacht bei Kadesch", in: *mannheimer forum* 83/84, 175–231.

–, „Reden und Schweigen" in: *LÄ* V, 1984, 195–201.

–, „Schöpfung", in : *LÄ* V, 1984, 676–690.

–, *Ägypten – Theologie und Frömmigkeit einer frühen Hochkultur*, Stuttgart 1984.

–, „Vergeltung und Erinnerung", in: *Studien zu Religion und Sprache Ägyptens*, Fs. W. Westendorf, Göttingen 1984, 687–701.

–, „Gab es eine Klassik in der ägyptischen Literaturgeschichte? Ein Beitrag zur Geistesgeschichte der Ramessidenzeit", in: *ZDMG* Suppl. VI, XXII. Deutscher Orientalistentag, Stuttgart 1985, 35–52.

–, „Sepulkrale Selbstthematisierung im Alten Ägypten", in: A. Hahn, V. Kapp (Hgg.), *Selbstthematisierung und Selbstzeugnis: Bekenntnis und Geständnis*, Frankfurt 1987, 208–232.

–, T. Hölscher (Hgg.), *Kultur und Gedächtnis*, Frankfurt 1988.

–, „Stein und Zeit. Das monumentale Gedächtnis der altägyptischen Kultur", in: J. A., Tonio Hölscher (Hgg.), *Kultur und Gedächtnis*, Frankfurt 1988, 87–114.

–, „State and Religion in the New Kingdom", in: W. K. Simpson (Hg.), *Religion and Philosophy in Ancient Egypt*, New Haven 1989, 55–88.

–, „Der Schöne Tag. Sinnlichkeit und Vergänglichkeit im altägyptischen Fest", in: W. Haug, R. Warning (Hgg.), *Das Fest*, Poetik und Hermeneutik XIV, München 1989, 3–28.

Baeck, Leo, *Das Wesen des Judentums*, Berlin 1905, Nachdr. Wiesbaden o. J.

Baines, J., „Practical Religion and Piety", in: *JEA* 73, 1987, 79–98.

Bakir, Abd el Mohsen, *Egyptian Epistolography*, BE 48, 1970.

Balandier, G., *Anthropologie politique*, Paris 1969.

–, *Le désordre. Éloge du mouvement*, Paris 1988.

Barguet, P., *Textes des sarcophages égyptiens du Moyen Empire*, Paris 1986.

Barns, J., *Five Ramesseum Papyri*, Oxford 1957,

Barta, W., *Das Gespräch eines Mannes mit seinem Ba*, MÄS 18, 1969.

–, *Untersuchungen zur Göttlichkeit des regierenden Königs*, MÄS 32, 1975.

–, *Die Bedeutung der Jenseitsbücher für den verstorbenen König*, MÄS 42, 1985.

Beckerath, J. v., „Die ‚Stele der Verbannten' im Museum des Louvre" in: *RdE* 20, 1968, 7–36.

Berger, P. L., Luckmann, Th., *Die gesellschaftliche Konstruktion der Wirklichkeit*, Frankfurt 1964.

Bergman, J., *Ich bin Isis. Studien zum memphitischen Hintergrund der griechischen Isis-Aretalogien* (Acta Universitatis Upsaliensis, Historia Religionum 3), Stockholm 1968.

–, „Zum ‚Mythus vom Staat' im Alten Ägypten", in: H. Biezais (Hg.), *The Myth of the State* (Scripta Instituti Donneriani Aboensis VI), Stockholm 1972, 80–102.

–, „Discours d'adieu – testament – discours posthume. Testaments juifs et enseignements égyptiens", in: *Sagesse et religion*, CESS 1976, 21–50.

–, „Gedanken zum Thema ‚Lehre-Testament-Grab-Name'", in: Hornung/Keel (Hgg.), *Studien zu altägyptischen Lebenslehren*, OBO 28, 1979, 73–104.

Bergson, H., *Les deux sources de la morale et de la religion*, 1932, Nachdruck Paris 1982.

Berlev, O., „The Date of the Eloquent Peasant", in: J. Osing, G. Dreyer (Hgg.), *Form und Mass, Beiträge zu Literatur, Sprache und Kunst des Alten Ägypten* (Fs. Fecht, 1987), 78–83.

Berry, J. W., „Nomadic Style and cognitive Style", in: H. M.McGurk (Hg.), *Ecological Factors in Human Development*, Amsterdam-New York-Oxford 1977, 228–245.

Blackman, A. M., „Worship (Egyptian)", in: Hastings *Encyclopaedia of Religion and Ethics* 12, 777.

–, *The Story of King Kheops and the Magicians*, transcr. from *Papyrus Westcar (Berlin Papyrus 3033)*, Reading 1988.

Bleeker, C. J., *De beteekenis van de egyptische godin Ma-a-t*, Leiden 1929.

Bloch, M., *La société féodale. La formation des liens de dépendance*, Paris 1939.

Blumenberg, H., *Arbeit am Mythos*, Frankfurt 1979.

Blumenthal, E., *Untersuchungen zum ägyptischen Königtum des Mittleren Reichs I. Die Phraseologie*, Abh.d.sächs.Ak.d.Wiss. 61.1, 1970.

–, „Die Lehre für König Merikare", in: *ZÄS* 107, 1980, 5–41.

–, „Die Prophezeiung des Neferti", in: *ZÄS* 109, 1982, 1–27.

–, „Die Lehre des Königs Amenemhat, Teil I", in: *ZÄS* 111, 1984, 85–107.

Bolkestein, H., *Wohltätigkeit und Armenpflege im vorchristlichen Altertum. Ein Beitrag zum Problem „Moral und Gesellschaft"*, Utrecht 1939.

Bollnow, O. F., *Einfache Sittlichkeit*, Göttingen ³1962.

Bonhême, M. A., Fardeau, A., *Pharaon. Les secrets du pouvoir*, Paris 1988.

Bonnet, H., „Der Gott im Menschen", in: *Scritti in Onore di Ippolito Rossellini* I, 1949, 237ff.

Boorn, G. P.F. van den, *The Duties of the Vizier. Civil Administration in the Early New Kingdom*, London und New York 1988.

Borghouts, J. F., „The Evil Eye of Apopis", in: *JEA* 59, 1973, 114–150.

–, „Divine Intervention in Ancient Egypt and its Manifestation", in: R. J.Demarée, J. J.Janssen (Hgg.), *Gleanings from Deir el-Medina*, Leiden 1982, 1–70.

Bornkamm, G., „Lobpreis, Bekenntnis und Opfer", in: *Apophorreta Fs E. Haenchen*, 1964, 46–63.

Bourriau, J., *Pharaohs and Mortals. Egyptian Art in the Middle Kingdom*, Cambridge 1988.

Brandon, S. G.F., *The Judgment of the Dead: An Historical and Comparative Study of the Idea of a post-mortem Judgment in the Major Religions*, London 1967.

Brown, P., *The Body and Society. Men, Women and Sexual Renunciation in Early Christianity*, New York 1988.

Brunner, H., „Das Hörende Herz", in: *Theol.Lit.Zeitg.* 1954, 697–700; wieder abgedr. in *Das Hörende Herz*, 3–5.

–, *Altägyptische Erziehung*, Wiesbaden 1957.

–, „Gerechtigkeit als Fundament des Thrones", in: *VT* 8, 1958, 426–28, wieder abgedr. in *Das Hörende Herz*, 393–5.

–, „Djedefhor in der römischen Kaiserzeit", in: *Studia Aegyptiaca* I, 1974, 55–64; wieder abgedr. in *Das Hörende Herz*, 49–58.

–, „Die religiöse Wertung der Armut im alten Ägypten", in: *Saeculum* 12, 1962, 319–344; wieder abgedr. in *Das Hörende Herz*, S. 189–214.

–, „Der freie Wille Gottes in der ägyptischen Weisheit", in: *Les Sagesses du Proche*

Orient ancien, CESS 1963, 103–117; wieder abgedr. in *Das Hörende Herz*, 85–102.

–, „Das Herz im ägyptischen Glauben", in: *Das Herz im Umkreis des Glaubens*, Biberach 1965, wieder abgedr. in *Das Hörende Herz*, 8–47.

–, „‚Eure Rede sei ja ja, nein nein' im Ägyptischen", in: W. Helck (Hg.), *Festschrift für S. Schott*, Wiesbaden 1968, 7–12; wieder abgedr. in *Das Hörende Herz*, 396–401.

–, „Zeichendeutung aus Sternen und Winden in Ägypten", in *Fs Elliger* (1973), 25–30; wieder abgedr. in *Das Hörende Herz*, 224–9.

–, „Herz", in: *LÄ* II, 1977, 1158–1168.

–, „Vogelschau in Ägypten", in *GM* 25, 1977, 45–46.

–, „Zitate aus Lebenslehren", in: E. Hornung, O. Keel (Hgg.), *Studien zu altägyptischen Lebenslehren* (OBO 28, 1979), 105–72.

–, „L'éducation en ancienne Égypte", in: *Histoire mondiale de l'éducation* (publiée sous la direction de Gaston Mialaret et Jean Vial), Paris 1981, 65–86.

–, „Zentralbegriffe ägyptischer und israelitischer Weisheitslehren", in: *Saeculum* 35, 1984, 185–199; wieder abgedr. in *Das Hörende Herz*, 402–416.

–, *Altägyptische Weisheit. Lehren für das Leben*, Zürich 1988.

–, *Das Hörende Herz. Kleine Schriften zur Religions- und Geistesgeschichte Ägyptens* (hg. v. W. Röllig), OBO 80, 1988.

Brunner-Traut, E., „Weiterleben der ägyptischen Lebenslehren in den koptischen Apophtegmata am Beispiel des Schweigens", in: E. Hornung, O. Keel, (Hgg.), *Studien zu altägyptischen Lebenslehren*, OBO 28, 1979, 173–216.

Bourdieu, P., *Ce que parler veut dire: l'économie des échanges linguistiques*, Paris 1982.

Buber, M., *Zwei Glaubensweisen*, Zürich 1950.

de Buck, A., *Plaats en beteekenis van Sjoe in de egyptische theologie*, Med.koninkl.Ak.v.Wet., afd. letterk. 10.9, Leiden 1947.

Budge, E. A. W., *The Book of The Dead. The Chapters of coming forth by Day*, London 1898.

Bühlmann, W., *Vom rechten Reden und Schweigen. Studien zu Proverbien 10–31*, OBO 12, 1976.

Burkard, G., „Ptahhotep und das Alter", in: *ZÄS* 115, 1988, 19–30.

Burkert, W., „Craft versus Sect: The Problem of Orphics and Pythagoreans", in: E P. Sanders, (Hg.), *Jewish and Christian Self-Definition* I, Philadelphia 1980, 3–22.

–, „Götterspiel und Götterburleske in altorientalischen und griechischen Mythen", in: *Eranos* 51, 1982, 335–367.

Caminos, R. A., *Late Egyptian Miscellanies*, Oxford 1954.

–, *Literary Fragments in the Hieratic Script*, Oxford 1956.

Cancik, H., *Mythische und Historische Wahrheit*, Stuttgart 1970.

Cassirer, E., *Philosophie der symbolischen Formen* Bd.II: *Das mythische Denken*, 1923.

Černý, J., *Late Ramesside Letters* (Bibl.Aeg. IX, 1939).

–, Gardiner, H. A., *Hieratic Ostraca* I, Oxford 1957.

Chagnon, N. A., „Life Histories, Blood Revenge, and Warfare in a Tribal Population", in: *Science* 239, 1988, 185–992.

Cholewinski, A., *Heiligkeitsgesetz und Deuteronomium*, AnBib 66, 1976.

Christophe, L.-A., „La salle V du temple de Séthi Ier à Gurnah", in: *BIFAO* 49, 1950, 117–180.
Clastres, P., *La société contre l'État*. Paris 1974; dt. *Staatsfeinde. Studien zur politischen Anthropologie*, Frankfurt 1976.
Clère, J. J., „Un passage de la stèle du général Antef", in: *BIFAO* 30, 1931, 425–447.
Cohen, H., *Die Religion der Vernunft nach den Quellen des Judentums*, 1919; 2. Aufl. Neudr. 1966.
Condon, V., *Seven Royal Hymns of the Ramesside Period*, MÄS 37, 1978.
Conrad, D., „Max Weber's Conception of Hindu Dharma as a Paradigm", in: *Recent Research on Max Weber's Studies of Hinduism* (Papers submitted to a Conference held in New Delhi 1.–3. 3. 1984), Schriftenreihe Internationales Asienforum Bd.4, München, Köln, London 1986, 169–192.
–, „Zum Normcharakter von ‚Kanon'", in: A. u. J. Assmann, (Hgg), *Kanon und Zensur*, München 1987, 47–61.
Couroyer, B., „Le chemin de la vie en Égypte et en Israel", in: *Révue Biblique* 56, 1949, 412–432.
Cruz-Uribe, E., „The Fall of the Middle Kingdom", in: *Varia Aegyptiaca* 3, 1987, 107–111.
Davies, N. de G., *The Tomb of Rekh-mi-re' at Thebes*, 2 Bde. New York 1943.
–, *Two Ramesside Tombs at Thebes*, New York 1927.
–, *The Tomb of Nefer-hotep*, Nachdr. New York 1973.
–, *The Temple of Hibis* III. *The Decoration*, New York 1953.
Davis, Wh., „Canonical representation in Egyptian Art", in: *res* 4, autumn 1982, 21–46.
Derchain, Ph., „Le rôle du roi d'Égypte dans le maintien de l'ordre cosmique", in: *Le pouvoir et le sacré*, Brüssel 1961.
–, *Le Papyrus Salt 825 (B. M.10051). Rituel pour la conservation de la vie en Égypte*, Brüssel 1965.
–, „Perpetuum Mobile", in: *Or.Lov.* 6/7, 1975/76, 153ff.
Dihle, A., *Die goldene Regel*, Göttingen 1962.
–, *Der Kanon der zwei Tugenden* (Arbeitsgem. f. Forschg. des Landes Nordrhein-Westfalen, Geisteswissenschaften, Heft 144), Köln und Opladen 1968.
–, *Die Vorstellung vom Willen in der Antike*, Göttingen 1985; engl. *The Theory of Will in Classical Antiquity*, Berkeley 1982.
–, „Gerechtigkeit", in: *Reallexikon für Antike und Christentum* X, 1978, 233–360.
Draï, R., *La sortie d'Égypte: l'invention de la liberté*, Paris 1986.
Duchrow, U., Eisenbürger, G., Hippler, J., *Totaler Krieg gegen die Armen. Geheime Strategiepapiere der amerikanischen Militärs*, München 1989.
Dumont, L., „A Modified View of Our Origins: The Christian Background of Modern Individualism", in: *Religion* 12, 1982, 1–27, wieder abgedr. in: M. Carrithers, St. Collins, St. Lukes, *The Category of the Person. Anthropology, Philosophy, History*, Cambridge 1985, 93–122.
–, *Homo Hierarchicus*, Paris 1966; dt. *Gesellschaft in Indien. Die Soziologie des Kastenwesens*, Wien 1976.
–, *Homo Aequalis. Genèse et épanouissement de l'idéologie économique*, Paris 1977.
Dunand, F., „L'oracle du potier et la formation de l'Apocalyptique en Égypte",

in: M. Philonenko (Hg.), *L'Apocalyptique*, Ét.Hist. Religions 3, Paris 1979, 41–67.

Durkheim, E., *Über die Teilung der sozialen Arbeit*, Frankfurt 1977 (frz.1930).

–, *Die elementaren Formen des religiösen Lebens*, 1925/Frankfurt 1981.

–, Mauss, M., „De quelques formes de classification", in: *Année sociologique* VI.

Duvignaud, J., *La solidarité. Liens de sang et liens de raison*, Paris 1986.

Edel, E., *Untersuchungen zur Phraseologie der ägyptischen Inschriften des Alten Reiches* = MDIK 13, 1944.

–, *Hieroglyphische Inschriften des Alten Reichs*, Göttingen 1981.

Edwards, I. E. S., *Oracular amuletic Decrees, Hieratic Papyri in the British Museum*. 4th ser., London 1960.

Ehlich, K., „Text und sprachliches Handeln", in: A. u. J. Assmann, C. Hardmeier (Hgg.), *Schrift und Gedächtnis*, München 1983, 24–43.

Eibl-Eibesfeldt, I., *Liebe und Haß*, München 1970 (Neuausg. 1976).

Eisenstadt, S. N., *The Axial Age: the Emergence of Transcendental Visions and the Rise of Clerics*, Jerusalem 1982.

–, (Hg.), *The Origin and Diversity of Axial Age Civilizations*. New York 1985, dt. *Kulturen der Achsenzeit: ihre Ursprünge und ihre Vielfalt*, 2 Bde, Frankfurt am Main 1987.

Eiwanger, J., „Die Entwicklung der vorgeschichtlichen Kultur in Ägypten", in: J. Assmann, G. Burkard, (Hgg.), *5000 Jahre Ägypten. Genese und Permanenz pharaonischer Kunst*, Nußloch 1983, 61–74.

Englund, G. (Hg.), *The Religion of the Ancient Egyptians: Cognitive Structures and Popular Expressions*, Stockholm 1989.

Epsztein, L., *La justice sociale dans le proche orient ancien et le peuple de la bible*, Paris 1983.

Erdheim, M., *Die gesellschaftliche Produktion von Unbewußtheit*, Frankfurt 1984.

–, *Die Psychoanalyse und das Unbewußte in der Kultur*, Frankfurt 1988.

Erman, A., *Das Gespräch eines Lebensmüden mit seiner Seele*, Berlin 1896.

Fairman, H. W., „A Scene of the Offering of Truth in the Temple of Edfu", in: *MDIK* 16, 1958, 86–92.

Faulkner, R. O., *The Egyptian Coffin Texts*, 3 Bde, Warminster 1973–78.

–, *The Ancient Egyptian Book of the Dead*, London 1985.

Fecht, G., *Der Habgierige und die Ma`at in der Lehre des Ptahhotep (5.und 19.Maxime)*, ADAIK 1, 1958.

–, *Wortakzent und Silbenstruktur*, ÄgFo 21, 1960.

–, *Der Vorwurf an Gott in den Mahnworten des Ipuwer*, AHAW 1972.

–, „Bauerngeschichte", in: *LÄ* I, 1975, 638–651.

–, „Ptahhotep und die Disputierer (Lehre des Ptahhotep nach Pap.Prisse, Max. 2–4, Dév. 60–83)",in: *MDIK* 37, 1981, 143–150.

–, „Die Israelstele, Gestalt und Aussage", in: *Fontes atque pontes* (Fs. Brunner 1983), 106–138.

Fensham, F. Ch., „Widow, Orphan, and the Poor in Ancient Near Eastern Legal and Wisdom Literature", in: *JNES* 21, 1962, 129–139.

Fikentscher, W., H. Franke, O. Köhler (Hgg.), *Entstehung und Wandel rechtlicher Traditionen*, Freiburg 1980.

Firchow, O., „Königsschiff und Sonnenbarke", in: *WZKM* 54, 1957, 34–42.

Fischer-Elfert, H., „Der Pharao, die Magier und der General – Die Erzählung des Papyrus Vandier", in: *BiOr* 44, 1987, 5–21.

Fleischmann, E., „Max Weber, die Juden und das Ressentiment", in: W. Schluchter (Hg.), *Max Webers Studie über das antike Judentum*, Frankfurt 1981, 263–86.

Fortes, M., *Kinship and the Social Order*, Chicago 1969.

–, „Verwandtschaft und das Axiom der Amity", in: Kramer, F., Sigrist, C. (Hgg.), *Gesellschaften ohne Staat* II. *Genealogie und Solidarität*. Frankfurt 1978, 120–164.

Frandsen, P. J., „Trade and Cult", in: G. Englund (Hg.), *The Religion of the Ancient Egyptians: Cognitive Structures and Popular Expressions*, Stockholm 1989, 95–108.

Frankfort, H., *Kingship and the Gods: A Study of Ancient Near Eastern Religion as the Integration of Society and Nature*, Chicago 1948.

–, *Ancient Egyptian Religion*, New York 1948, Harper Torchbook Ausgabe 1961.

–, H. A. Groenewegen-Frankfort, John A. Wilson, Thorkild Jacobsen und W. A. Irwin, *The Intellectual Adventure of Ancient Man*, Chicago 1946, dt. *Frühlicht des Geistes*, Stuttgart 1954.

Freud, S., *Die Zukunft einer Illusion*. Leipzig, Wien und Zürich 1927, wiederabgedr. in: S. F., *Kulturtheoretische Schriften*. Frankfurt 1986, 135–89.

–, *Das Unbehagen in der Kultur*, Wien 1930, wiederabgedr. in S. F., *Kulturtheoretische Schriften*, Frankfurt 1986, 191–270.

Galling, K., „Der Beichtspiegel", in: *Zeitschr.f.d.Alttest.Wiss.* 47, 1929.

Gardiner, A. H., „The Autobiography of Rekhmere", in: *ZÄS* 60, 1925, 62–76.

–, *Hieratic Papyri in the British Museum, 3rd series*, London 1935.

–, „Davies's Copy of the Great Speos Artemidos Inscription", in: *JEA* 32, 1946, 43–56.

–, „The Baptism of Pharaoh", in: *JEA* 36, 1950, 3–12.

–, *Egyptian Grammar*, Oxford ³1957.

–, *The Ramesseum Papyri*, Oxford 1955.

Geertz, C., „Common Sense as a Cultural System", in: C. G., *Local Knowledge*, New York 1983, 73–93.

Gehlen, A., *Urmensch und Spätkultur*, Bonn 1956.

Gennep, A. van, *Les rites de passage* (1908), engl. *The Rites of Passage*, London 1960.

Geßler-Löhr, B. „Die Totenfeier im Garten", in: J. Assmann, *Das Grab des Amenemope (TT41)*, THEBEN III (im Druck).

Goedicke, H., „A Neglected Wisdom Text", in: *JEA* 48, 1962, 25–35.

–, *The Report about the Dispute of a Man with his Ba*, Baltimore 1970.

–, *The Protocol of Neferyt*, Baltimore 1977.

Goody, J. (Hg.), *Literacy in Traditional Societies*, 1968, dt. Frankfurt 1981.

–, *The Logic of Writing and the Organization of Society*, Cambridge 1986.

–, *The Interface between the Written and the Oral*, Cambridge 1987.

Grapow, H., *Die Bildlichen Ausdrücke des Aegyptischen. Vom Denken und Dichten einer Alt-orientalischen Sprache*, Leipzig 1924.

Graefe, E., *Untersuchungen zur Wortfamilie bj3*, Köln 1971.

Grieshammer, R., *Das Jenseitsgericht in den Sargtexten*, Äg.Abh. 20, 1970.

–, „Zum ‚Sitz im Leben' des negativen Sündenbekenntnisses", in: *ZDMG* Supplement II, 1974, 19–25.

Griffiths, J. G., *The Conflict of Horus and Seth*, Liverpool 1960.

–, *Apuleius of Madaurus: The Isis-Book*, Leiden 1975.

–, „Divine Impact on Human Affairs", in: *Pyramid Studies and other Essays in Honor of J. E.S. Edwards*, 1988, 92–101.

–, „The Idea of Posthumous Judgment in Israel and Egypt", in: *Fontes atque pontes* (Fs. H. Brunner), Wiesbaden 1983, 186–204.

–, „Royal Renewal Rites in Ancient Egypt", in: Ph.Gignoux (Hg.), *La commémoration. Colloque du Centenaire de la section des sciences religieuses de l'ÉPHE*, Löwen-Paris 1988, 35–46.

Grimal, N. C., *Les termes de la propagande royale égyptienne de la xixe dynastie à la conquête d'Alexandre*, Paris 1986.

Grumach, I., *Untersuchungen zur Lebenslehre des Amenope*, MÄS 23, 1972.

Gutbub, A., *Textes fondamentaux de la théologie de Kom Ombo*, BE 47/1, 1973.

Habermas, J., *Theorie des kommunikativen Handelns*, 2 Bde, Frankfurt 1981.

–, Luhmann, N., *Theorie der Gesellschaft oder Sozialtechnologie – was leistet die Systemforschung?*, Frankfurt 1971.

Halbwachs, M., *La mémoire collective*, Paris 1950.

–, *Les cadres sociaux de la mémoire*, Paris 1925.

Hasenfratz, H. P., *Die toten Lebenden. Eine religions-phänomenologische Studie zum sozialen Tod in archaischen Gesellschaften* (= Beih.d.Zeitschr.f.Rel.u.Geistesgesch. 24), Leiden 1982.

–, „Krieg und Frieden in archaischen Gemeinschaften", in: F. Stolz (Hg.), *Religion zu Krieg und Frieden*, Zürich 1986, 13–29.

Hardmeier, C., „Verkündigung und Schrift bei Jesaia. Zur Entstehung der Schriftprophetie als Oppositionsliteratur in Israel", in: *Theologie und Glaube* 73, 119–134.

Hari, R., *La tombe thébaine du père divin Neferhotep* (TT 50), Genf 1985.

Harrison, J. E., *Themis. A Study of the Social Origins of Greek Religion*, 1911, Nachdr. London 1977.

Havelock, E., *A preface to Plato*, Cambridge (Mass.) 1963.

–, *The Greek Concept of Justice*, Cambridge (Mass.) 1978.

Hayes, W. C., „Horemkha'uef of Nekhen and his trip to Jt-towe", in: *JEA* 33, 1947, 3–11.

Heerma van Voss, G., „Hereniging in het hiernamaals volgens Egyptisch geloof", in: *Pro Regno pro Sanctuario* (Fs.G.van der Leeuw, 1950), 227–232.

Helck, W., *Zur Verwaltung des Mittleren und Neuen Reichs* (Probl.d.Äg.3), Leiden 1958.

–, *Der Text der „Lehre Amenemhets I. für seinen Sohn"*, KÄT 1969.

–, *Die Lehre des Dw3-Ḫtjj*, 2 Teile, KÄT 1970.

–, *Die Prophezeiung des Nfr.ti*, KÄT 1970.

–, *Wirtschaftsgeschichte des alten Ägypten im 3.und 2. Jt. v. Chr.*, HdO I. I.5, 1975.

–, *Historisch-Biographische Texte der 2.Zwischenzeit und neue Texte der 18. Dynastie* (KÄT 1975).

–, *Lehre für König Merikare*, KÄT 1977.

–, „Wesen, Entstehung und Entwicklung des altägyptischen ‚Rechts'", in: W. Fikentscher, H. Franke, O. Köhler (Hgg.), *Entstehung und Wandel rechtlicher Traditionen*, Freiburg 1980, 303–24.

–, *Die Lehre des Djedefhor und die Lehre eines Vaters an seinen Sohn*, KÄT 1984.
–, *Politische Gegensätze im alten Ägypten*, HÄB 23, 1986.
Hellholm, D. (Hg.), *Apocalypticism in the Mediterranean World and in the Near East*, Tübingen 1983.
Hermann, A., „Das steinharte Herz. Zur Geschichte einer Metapher", in: *JAC* 4, 1961, 77–107.
Hirzel, R., *Themis, Dike und Verwandtes. Ein Beitrag zur Geschichte und Rechtsidee bei den Griechen*, 1907 (Nachdr. 1966).
Hommel, H., „Wahrheit und Gerechtigkeit. Zur Geschichte und Deutung eines Begriffspaars", in: *Antike und Abendland* 15, 1969, 159–184.
–, „Aigisthos und die Freier. Zum poetischen Plan und zum geschichtlichen Ort der Odyssee", in: *Studium Generale* 8, 1955, 237–245.
Hornung, E., *Das Amduat. Die Schrift des Verborgenen Raumes*, 3 Bde, Äg.Abh. 7 und 13, Wiesbaden 1963 und 1967.
–, *Geschichte als Fest*, Darmstadt 1966.
–, *Altägyptische Höllenvorstellungen*, Abh.SAW 59.3, 1968.
–, *Der Eine und die Vielen*, Darmstadt 1971.
–, „Verfall und Regeneration der Schöpfung", in: *Eranos* 46, 1977, 411–449.
–, *Meisterwerke altägyptischer Dichtung*, Zürich 1978.
–, „Zeitliches Jenseits im Alten Ägypten", in: *Eranos* 47, 1978, 269–307.
–, *Das Totenbuch der Ägypter*, Zürich 1979.
–, *Der ägyptische Mythos von der Himmelskuh. Eine Ätiologie des Unvollkommenen*, OBO 46, 1982.
–, „Pharao ludens", in: *Eranos* 51, 1982, 479–516.
–, „Zum altägyptischen Geschichtsbewußtsein", in: *Archäologie und Geschichtsbewußtsein*, München 1982, 13–30.
–, „Die Israelstele des Merenptah", in: *Fontes atque pontes* (Fs.H. Brunner), Wiesbaden 1983, 224–232.
–, *Ägyptische Unterweltsbücher*, Zürich ²1984.
–, „Ma`at – Gerechtigkeit für alle", in: *Eranos* 57, 1987 [1989], 385–427.
–, *Geist der Pharaonenzeit*, Zürich 1989.
Huber, W., Sundermeier, Th. (Hgg.), *Implizite Axiome. Tiefenstrukturen des Denkens und Handelns*, München 1990.
Jaspers, K., *Vom Ursprung und Ziel der Geschichte*, Frankfurt 1955.
Iversen, E., *Canon and Proportions in Egyptian Art*, 2.Aufl., Warminster 1975.
–, *Fragments of a Hieroglyphic Dictionary*, Kopenhagen 1958.
James, T. G.H., *The Mastaba of Khentika called Ikhekhi*, London 1953.
Janowski, B., *Rettungsgewißheit und Epiphanie des Heils. Das Motiv der Hilfe Gottes «am Morgen» im Alten Orient und im Alten Testament*. Band I: *Alter Orient*, WMANT 59, 1989.
Jansen-Winkeln, K., *Ägyptische Biographien der 22. und 23. Dynastie*, Wiesbaden 1985.
–, „Bemerkungen zur Stele des Merer in Krakau", in: *JEA* 79, 1987, 204–7.
Janssen, J., „Gift-Giving in Ancient Egypt as an Economic Feature", in: *JEA* 68, 1982, 253–58.
Janssen, J. M.A., *De traditioneele egyptische autobiografie vóór het Nieuwe Rijk*, 2 Bde, Leiden 1947.

Jacquet-Gordon, H., „The Inscription on the Philadelphia-Cairo Statue of Osorkon II", in: *JEA* 46, 1960, 11–23.

Johnson, J., „The Role of the Egyptian Priesthood in Ptolemaic Egypt", in: *Egyptological Studies in Honor of Richard A. Parker*, Hanover und London 1986, 70–84.

Le jugement des morts, Sources Orientales IV, Paris 1961.

Junge, F., „Die Welt der Klagen", in: *Fragen an die altägyptische Literatur* (Gs. E. Otto, 1977) 275–284.

Junker, H., *Der Auszug der Hathor Tefnut aus Nubien*, APAW 1911.

–, *Die Onuris-Legende*, Denkschr.d.österr.Ak.d.Wiss.Wien 59, 1917.

–, *Die Götterlehre von Memphis*, Sitzungsber.d.Preuss.Ak.d.Wiss. Jg.1939 Nr. 23, Berlin 1940.

–, *Pyramidenzeit. Das Wesen der altägyptischen Religion*, Einsiedeln 1949.

Kaiser, W., „Zum Friedhof der Naqadakultur von Minshat Abu Omar", in: *AŠAE* 71, 1987, 119–125.

Kákosy, L., „Ideas about the Fallen State of the World in Egyptian Religion: Decline of the Golden Age", in: *Acta Orientalia* 17, 1964, 205 ff., wiederabgedr. in: *Studia Aegyptiaca* VII, 1981, 81–92.

–, „Urzeitmythen und Historiographie im alten Ägypten", in: *Neue Beiträge zur Geschichte der alten Welt*, Berlin 1964, 57 ff. = *Studia Aegyptiaca* VII, 93–104.

–, „A nap királysga. Az egyiptomi aranykormitozok", in: *Világosság*, Budapest 17, 1976, 229–233.

Keel, O., *Die Weisheit spielt vor Gott*, Fribourg und Göttingen 1974, 63–68.

Kees, H., *Das Priestertum im ägyptischen Staat vom Neuen Reich bis zur Spätzeit*, Leiden 1953.

–, *Totenglauben und Jenseitsvorstellungen der alten Ägypter*, Berlin ²1977.

Kehrer, G. (Hg.), „*Vor Gott sind alle gleich*". *Soziale Gleichheit, soziale Ungleichheit und die Religionen*, Düsseldorf 1983.

Kelsen, H., *Vergeltung und Kausalität* (Den Haag 1946), engl. *Society and Nature. A Sociological Inquiry*, Chicago 1943.

Kemp, B., *Ancient Egypt. Anatomy of a Civilization*, London 1989.

Kenner, H., *Das Phänomen der Verkehrten Welt in der griechisch-römischen Antike*, Klagenfurt 1970.

Klasens, A., *A Magical Statue Base (Socle Behague)*, OMRO 33, 1952.

Klimkeit, H. J., „Der leidende Gerechte in der Religionsgeschichte. Ein Beitrag zur problemorientierten ,Religionsphänomenologie'", in: Zinser, H. (Hg.), *Religionswissenschaft. Eine Einführung*, Berlin 1988, 164–84.

Koch, K., „Gab es ein Vergeltungsdogma im Alten Testament?", in: *Zeitschr.f. Theol.u.Kirche* 52, 1955, 1–42.

–, „Wesen und Ursprung der ‚Gemeinschaftstreue' im Israel der Königszeit", in: *Zeitschr.f.Ev.Ethik* 5, 1961, 72–90.

–, „Tempeleinlaßliturgien und Dekaloge", in: *Studien zur Theologie der alttestamentlichen Überlieferung* (Fs v.Rad 1961), 45–60.

–, *Um das Prinzip der Vergeltung in Religion und Recht des Alten Testaments*, WDF CXXV, Darmstadt 1972.

Kodalle, K. M., *Thomas Hobbes – Logik der Herrschaft und Vernunft des Friedens*, München 1972.

Koenen, L., „Die Prophezeiungen des Töpfers", in: *ZPE* 2, 1968, 178–209.

Korostovtsev, M. A., „Der ägyptische hieratische Papyrus Nr. 167 des Staatl. Museums der Schönen Künste A. S.Puschkin in Moskau", in: *Drevnij Egipet*, Moskau 1960, 72–85 (Russisch).

Kramer, F., Sigrist, Chr. (Hgg.), *Gesellschaften ohne Staat*, 2 Bde: I *Gleichheit und Gegenseitigkeit*; II *Genealogie und Solidarität*, Frankfurt 1978.

Krause, M., Labib, P., *Gnostische und hermetische Schriften aus Nag Hammadi, Codex II und Codex VI* (ADAIK 2). Glückstadt 1971.

Krašovec, J., *La justice (ṣdq) de dieu dans la bible hébraïque et l'interprétation juive et chrétienne*, OBO 76, 1988.

Kristensen, W. B., „De dubbele gerechtigkeid", in: *Jaarboek d.Kon.Nederl.Akad.* 1950/1, 152ff.

Kroeper, K., Wildung, D., *Minshat Abu Omar, Münchner Ostdelta-Expedition, Vorbericht 1978–84*, München 1986.

Kuhn, H., „Literatur und Revolution. Eine phänomenologische Skizze", in: E. W.Orth (Hg.), *Was ist Literatur?*, Phänomenologische Forschungen 11, Freiburg/München, 46–96.

Kurth, D., „Die Geschichte des Schiffbrüchigen", in: *SAK* 14, 1987, 167–179.

Lacau, P., Chevrier, H., *Une chapelle d'Hatchepsout à Karnak* I, Kairo 1977.

Lambert, W. G., „Ancestors, Authors and Canonicity", in: *Journal of Cuneiform Studies* 11, 1957, 1–14.

Lang, B., „Persönlicher Gott und Ortsgott. Über Elementarformen der Frömmigkeit im alten Israel", in: *Fontes atque Pontes*, Fs. H. Brunner, Wiesbaden 1983, 271–301.

–, *Frau Weisheit. Deutung einer biblischen Gestalt*, Düsseldorf 1975.

–, „Klugheit als Ethos und Weisheit als Beruf: zur Weisheit im Alten Testament", in: A. Assmann (Hg.), *Weisheit*.

Lange, K., Schäfer, H., *Grab- und Denksteine des Mittleren Reichs im Museum von Kairo* II, Berlin 1908.

Leclant, J., *Montouemhat, Quatrième Prophète d'Amon, Prince de la Ville*, BE 35, Kairo 1961.

–, „Élements pour une étude de la divination dans l'Égypte pharaonique", in: A. Cacquot, M. Leibovici (Hgg.), *La divination*, Paris 1968, 1–23.

–, „Égyptologie", in: *Annuaire du Collège de France* 1982/83, 527–49.

Ledderose, L., „Die Gedenkhalle für Mao Zedong. Ein Beispiel für Gedächtnisarchitektur", in: J. Assmann, T. Hölscher (Hgg.), *Kultur und Gedächtnis*, Frankfurt 1988, 311–39.

Leeuw, G. van der, „Crisis in het oude Egypte", in: *Onze Eeuw* 20, 1920, 45–60.

Lefebvre, G., „Rémunération et morale religieuse", in: *ASAE* 21, 1921, 145–162.

–, *Le tombeau de Petosiris* II. *Les Textes*, Kairo 1923.

Lesko, L. H., *The Ancient Egyptian Book of Two Ways*, Berkeley 1972.

Lévinas, E., *Humanisme de l'autre homme*, Paris 1972.

Lévi-Strauss, C., *Strukturale Anthropologie* II, Frankfurt 1960.

Lichtheim, M., *Ancient Egyptian Literature* I, Berkeley 1973.

–, *Late Egyptian Wisdom Literature in the International Context. A Study of Demotic Instructions*, OBO 52, 1983.

–, *Ancient Egyptian autobiographies Chiefly of the Middle Kingdom*, OBO 84, 1988.

Lingat, R., *The Classical Law of India* (Transl. J. Duncan, M. Derrett), New Delhi/Berkeley 1973.

Loprieno, A., *Topos und Mimesis. Zum Ausländer in der ägyptischen Literatur.* Äg.Abh.48, 1988.

Loretz, O., *Die Wahrheit der Bibel*, Freiburg 1964.

Lorton, D., „The Expression *šms-jb*", in: *JARCE* 7, 1968, 41–54.

–, „The expression *Jrj Hrw Nfr*", in: *JARCE* 12, 1975, 23–31.

–, *The Juridical Terminology of International Relations in Egyptian Texts Through Dyn. XVIII*, Baltimore 1974.

–, „The ‚Triumphal Poem' of the Creator in Papyrus Bremner-Rhind", in: *Newsletter SSEA* 7, 1977, 17–23.

Luft, U., *Beiträge zur Historisierung der Götterwelt und zur Mythenschreibung*, Studia Aegyptiaca IV, 1978.

Luhmann, N., *Vertrauen. Ein Mechanismus der Reduktion sozialer Komplexität*, Stuttgart ²1973.

–, *Soziale Systeme.Grundriß einer allgemeinen Theorie*, Frankfurt 1984.

–, *Ökologische Kommunikation*, Opladen 1986.

Luria, S., „Die Ersten werden die Letzten sein. Zur ‚sozialen Revolution' im Altertum", in: *Klio* 22, 1929, 405–31.

Macadam, L., *The Temples of Kawa* I, London 1949.

Marquard, O., „Lob des Polytheismus", in: H. Poser (Hg.), *Philosophie und Mythos*, Berlin/New York 1979, wiederabgedr. in O. M., *Abschied vom Prinzipiellen*, Stuttgart 1981.

Maspero, G., „Notes sur quelques points de grammaire et d'histoire", in: *RT* II, 1880, 116f.

Mauss, M., *Essai sur le don: forme et raison de l'échange dans les sociétés archaiques*, in: M. M., *Sociologie et anthropologie*, Paris 1950, 143–279; dt.: *Die Gabe*, mit einem Vorwort von E. E.Evans-Pritchard, Frankfurt 1968.

Maystre, Ch., *Les déclarations d'innocence* (IFAO, Réch.d'archéol., de phil. et d'hist. 8), Kairo 1937.

Mead,M. (Hg.), *Cooperation and Competition among Primitive Peoples*, New York, London 1937; bes. „Interpretive Statement", S. 458–515.

Meeks, D., „Notes de lexicographie § 1", in: *RdE* 26, 1974, 52–65.

Meier, Chr., „Die Entstehung einer autonomen Intelligenz bei den Griechen", in: S. N. Eisenstadt (Hg.), *Kulturen der Achsenzeit: ihre Ursprünge und ihre Vielfalt*, Frankfurt 1987, 89–127.

–, *Die politische Kunst der griechischen Tragödie*, München 1988.

Meier, H., *Carl Schmitt, Leo Strauss und „Der Begriff des Politischen". Zu einem Dialog unter Abwesenden*, Stuttgart 1988.

Merkelbach, R., „Ein ägyptischer Priestereid", in: *ZPE* 2 (1968), 7–30.

–, „Ein griechisch-ägyptischer Priestereid und das Totenbuch", in: *Religions en Égypte hellénistique et romaine*, CESS 1969, 69–73.

–, „Die Unschuldserklärungen und Beichten im ägyptischen Totenbuch, in der römischen Elegie und im antiken Roman", in: *Universitätsbibliothek Gießen, Kurzberichte aus den Papyrussammlungen* 43, 1987.

Meulenaere, H. de, „Une formule des inscriptions tardives", in: *BIFAO* 63, 1965, 33–36.

–, „Reflexions sur une maxime", in: *Studien zu Sprache und Religion des alten Ägypten* (Fs. W. Westendorf, Göttingen 1984), 555–559.

Morenz, S., *Ägyptische Religion*, Stuttgart 1960.

–, „Die Erwählung zwischen Gott und König", in: *Sino-Japonica*, Fs. A. Wedemeyer, Leipzig 1956, 118–137.

–, „Die Bedeutungsentwicklung von *jjt* ‚das, was kommt' zu ‚Unheil' und ‚Unrecht' ", in: *Mélanges offerts à K. Michalowski*, Warschau 1966, 139–150, wiederabgedr. in *Religion und Geschichte des Alten Ägypten*, Weimar 1975, 343–359.

–, *Die Heraufkunft des transzendenten Gottes in Ägypten*, SSAW 109.2, 1964.

–, „Die Geschichte Gottes im alten Ägypten", in: *NZZ* vom 18. .10. 1964.

–, *Gott und Mensch im alten Ägypten*, Leipzig 1964, ²1984.

Moret, A., *Le rituel du culte divin journalier en Égypte*, Annales du Musée Guimet XIV, Paris 1902.

–, „La doctrine de Maât", in: *RdE* 4, 1940, 1–14.

Müller-Wollermann R., „Warenaustausch im Ägypten des Alten Reichs", in: *Journal of the Economic and Social History of the Orient* 28, 1985, 121–168.

Needham, R., *Belief, Language and Experience*, Oxford 1972.

Nelson, H. H., „Certain Reliefs at Karnak and Medinet Habu and the Ritual of Amenophis I", in: *JNES* 8, 1949, 201–232, 310–345.

Nietzsche, F., *Zur Genealogie der Moral*, Werke in drei Bänden, hg. v. K. Schlechta, Darmstadt 1960, II, 761–900.

Nissen, H. J., *Grundzüge einer Geschichte der Frühzeit des Vorderen Orients*, Darmstadt 1983.

Nock, A. D., *Conversion. The Old and the New in Religion from Alexander the Great to Augustine of Hippo*, 1933, Nachdr. Oxford 1963.

Ockinga, B. G., Yahya al-Masri, *Two Ramesside Tombs at El Mashayikh*, Part 1, Sidney 1988.

Oppel, H., *KANON. Zur Bedeutungsgeschichte des Wortes und seiner lateinischen Entsprechungen (Regula-norma)*, Philologus Suppl. 30, Heft 4, 1937.

Oppenheim, L., *Ancient Mesopotamia, Portrait of a Dead Civilization*, Chicago, London 1964.

Oppitz, M., *Notwendige Beziehungen. Abriß der strukturalen Anthropologie*, Frankfurt 1975.

Otto, E., „Ein Beitrag zur Deutung der ägyptischen Vor- und Frühgeschichte", in: *Welt des Orients* 1, 1952, 431–453.

–, *Die biographischen Inschriften der ägyptischen Spätzeit. Ihre geistesgeschichtliche und literarische Bedeutung*. Probleme der Ägyptologie 2, Leiden 1954.

–, „Prolegomena zur Geschichte der Rechtssprechung in Ägypten", in: *MDIK* 14, 1956, 150–159.

–, *Das ägyptische Mundöffnungsritual*, Äg.Abh. 3, 2 Bde, Wiesbaden 1960.

–, „Zwei Paralleltexte zu Totenbuch 175", in: *CdE* 37, 1962, 249–256.

–, *Gott und Mensch nach den ägyptischen Tempelinschriften der griechisch-römischen Zeit. Eine Untersuchung z. Phraseologie d. Tempelinschriften*. AHAW 1964.

–, „Ägyptische Gedanken zur menschlichen Verantwortung", in: *Welt des Orients* 3, 1964/66, 19–26.

–, „Bedeutungsnuancen der Verben *mrj* ‚lieben' und *msḏj* ‚hassen'", in: *MDIK* 25, 1969, 98–100.

–, „Das ‚Goldene Zeitalter' in einem ägyptischen Text", in: *Religions en Égypte hellénistique et romaine*, CESS 1969, 92–108.

Parsons, T., *Social Structure and Personality*, Englewood Cliffs 1964.

–, *Societies*, Englewood Cliffs 1966, dt. *Gesellschaften*, Frankfurt 1975.

Pelto, P., „The difference between ‚tight' and ‚loose' societies", in: *Transaction*, April 1968, 37–40.

Peterson, E., *Monotheismus als politisches Problem. Ein Beitrag zur Geschichte der politischen Theologie im Imperium Romanum*, Leipzig 1935, wiederabgedr. in: ders., *Theologische Traktate*, München 1951.

Pettazzoni, R., *L'essere supremo nelle religioni primitivi. L'omniscienza di Dio*, Turin 1957; dt. *Der allwissende Gott*, Frankfurt 1960.

Piankoff, A., *Le ‚Coeur' dans les textes égyptiens*, Paris 1930.

–, Rambova, N., *The Tomb of Ramses VI* (Bollingen Series XL.,1), 2 Bde, New York 1954.

–, *The Shrines of Tut-Ankh-Amon* (Bollingen Series XL.2), New York 1955.

Piehl, K., *Inscriptions hiéroglyphiques*, 3 Bde, 1868–1895.

Pieper, M., *Die große Inschrift des Königs Neferhotep in Abydos*, Mitt. d. Vorderas.-Aegypt. Ges. 32,2. 1929.

Polanyi, K., Arensberg, C. M., Pearson, H. W. (Hgg.), *Trade and Market in the Early Empires*, Glencoe/Illinois 1957.

–, *Primitive, Archaic and Modern Economies*, New York 1968 (Hg. v. G. Dalton).

–, *Ökonomie und Gesellschaft*, Frankfurt 1979.

Polanyi, M., *The Tacit Dimension*, 1966, dt. *Implizites Wissen*, Frankfurt am Main 1985.

Posener, G., „Le début de l'enseignement de Hardjedef (Recherches littéraires IV)", in: *RdE* 9, 1952, 109–117.

–, *Littérature et politique*, Paris 1956.

–, *De la divinité du pharaon*, Paris 1960.

–, „Amon juge du pauvre", in: *Beiträge zur ägyptischen Bauforschung und Altertumskunde* 12, Fs.Ricke, 1971, 59–63.

–, „La piété personelle avant l'âge amarnien", in: *RdE* 27, 1975, 195–210.

–, *L'Enseignement Loyaliste, Sagesse Égyptienne du Moyen Empire*, Genf 1976.

–, *Le Papyrus Vandier*, Kairo 1985.

–, Sainte Fare Garnot, J., „Sur une sagesse égyptienne de basse époque (Papyrus Brooklyn n° 47.218.135)", in: *Sagesses du Proche Orient Ancien*, CESS 1963, 153–157.

Pound, E., *The Cantos of Ezra Pound*, London 1975.

Pritchard, J. B. (Hg.), *Ancient Near Eastern Texts Relating to the Old Testament*, Chicago ²1955.

Quaegebeur, J., *Le dieu égyptien Shai*, Or.Lov.Anal.2, Löwen 1975.

–, „On the Egyptian Equivalent of Biblical Ḥarṭummîm", in: *Pharaonic Egypt, the Bible and Christianity*, Jerusalem 1985, 162–172.

–, „La designation (P3)Ḥry-tp: PHRITOB", in: Osing, J., Dreyer, G. (Hgg.), *Form und Maß*, Fs Fecht, Wiesbaden 1987, 368–394.

Redfield, R., *Human Nature and the Study of Society*, Chicago 1962.

Reventlow, H. Graf, *Das Heiligkeitsgesetz, formgeschichtlich untersucht*. WMANT 6, 1961.

Reisner, G. A., „Inscribed Monuments from Gebel Barkal, Part 4: The Stela of Prince Khaliut", in: *ZÄS* 70, 1934, 35–46.

Reitzenstein, R., *Die griechische Tefnutlegende*, SHAW 1923.

Ringren, H., *Word and Wisdom*, Lund 1947.

Ritschl, D., „Die Erfahrung der Wahrheit. Die Steuerung von Denken und Handeln durch implizite Axiome", in: *Heidelb.Jb.* 29, 1985, 35–49.

Roccati, A., *La littérature historique sous l'ancien Empire Égyptien*, Paris 1982.

Sabbatucci, D., „Kultur und Religion", in: *Handbuch religionswissenschaftlicher Grundbegriffe*, hg. v. H. Cancik, B. Gladigow, M. Laubscher, I 1988, 43–58.

Sahlins, M., *Stone Age Economics*, London 1972.

Sanders E. P., (Hg.), *Jewish and Christian Self-Definition*, 3 Bde, Philadelphia 1980ff.

Sauneron, S., *Les prêtres de l'ancienne Égypte*, Paris 1957.

Sauneron, S., Yoyotte, J., „La Naissance du monde selon l'Égypte ancienne", in: *Sources Orientales* I, Paris 1959, 17–91.

Scharff, A., Moortgat, A., *Ägypten und Vorderasien im Altertum*, München 1950.

Schenkel, W., „Eine neue Weisheitslehre?", in: *JEA* 50, 1964, 6–12.

–, *Memphis – Herakleopolis – Theben: die epigraphischen Zeugnisse der 7.–11. Dynastie Ägyptens* (ÄA 12, 1965).

–, „Sonst-Jetzt. Variationen eines literarischen Formelements", in: *Welt des Orients* 15, 1984, 51–61.

–, „z3.t ‚Kindchen', t3.t ‚Jüngchen'"in: *GM* 84, 1985, 65–70.

–, „Soziale Gleichheit und soziale Ungleichheit und die ägyptische Religion", in: G. Kehrer (Hg.), *„Vor Gott sind alle gleich". Soziale Gleichheit, soziale Ungleichheit und die Religionen*, Düsseldorf 1983, 26–41.

Schilling, W., *Religion und Recht*, Stuttgart 1957.

Schluchter, W., *Religion und Lebensführung*, 2 Bde, Frankfurt 1988.

Schmid, H. H., *Wesen und Geschichte der Weisheit. Eine Untersuchung zur altorientalischen und israelitischen Weisheitsliteratur*, (Beihefte der Zeitschrift für die alttestamentliche Wissenschaft 101), Berlin 1966.

–, *Gerechtigkeit als Weltordnung. Hintergrund und Geschichte des alttestamentlichen Gerechtigkeitsbegriffs*, Beiträge zur historischen Theologie 40, Tübingen 1968.

–, *Gerechtigkeit als Thema biblischer Theologie* (unveröff. Ms.).

Schmitt, C., *Politische Theologie*, Berlin 1922.

–, *Der Begriff des Politischen*, Berlin ²1932.

Schott, S., *Altägyptische Liebeslieder*, Zürich 1950.

–, *Die Reinigung Pharaos in einem memphitischen Tempel* (Berlin P 13242), NAWG 1957.3.

Schütz, A., *Der sinnhafte Aufbau der sozialen Welt: eine Einleitung in die verstehende Soziologie*, Wien 1932; Frankfurt 1974.

–, Luckmann, Th., *Strukturen der Lebenswelt*, 2 Bde., Frankfurt 1979 und 1984.

Schuller, W.(Hg.), *Korruption im Altertum*, München/Wien 1982.

Seeber, Chr., *Untersuchungen zur Darstellung des Totengerichts im Alten Ägypten*, MÄS 35, 1976.

Seibert, P., *Die Charakteristik. Untersuchungen zu einer ägyptischen Sprechsitte und ihren Ausprägungen in Folklore und Literatur*. ÄA 17, 1967.

Sethe, K., „Das Wort für ‚König von Oberägypten'", in: *ZÄS* 49, 1911, 15–34.

–, *Lesestücke zum Gebrauch im akademischen Unterricht*, 3. Aufl. Neudr. Darmstadt 1959.
–, *Die Ächtung feindlicher Fürsten, Völker und Dinge auf altägyptischen Tongefäßscherben des Mittleren Reiches*, APAW 1926.
–, *Dramatische Texte zu altägyptischen Mysterienspielen*, Unters. z. Gesch. u. Altertumsk. Äg. 10, 1928.
Settgast, J., *Untersuchungen zu altägyptischen Bestattungsdarstellungen*, ADAIK 3, 1960.
Shirun-Grumach, I., „Remarks on the Goddess Ma'at", in: S. I. Groll (Hg.), *Egypt, the Bible and Christianity*, Jerusalem 1985, 173–201.
Shupak, N., „Some Idioms connected with the Concept of ‚Heart' in Egypt and the Bible", in: S. I. Groll (Hg.), *Pharaonic Egypt, the Bible and Christianitity*, Jerusalem 1985, 202–212.
Simpson, W. K., „The Letter to the Dead from the Tomb of Meru (N 3737) at Nag' ed-Deir", in: *JEA* 52, 1966, 39–52.
Smith, M., *Palestinian Parties and Politics That Shaped the Old Testament*, 1971.
Snell, B., *Die Entdeckung des Geistes*, Hamburg 1959.
Sohn-Rethel, A., *Warenform und Denkform*, Frankfurt 1978.
Sottas, H., *La préservation de la propriété funéraire dans l'ancienne Égypte, avec le recueil des formules d'imprécation*, Paris 1913.
Soustelle, J., *Les Quatre Soleils*, Paris 1967.
Spiegel, J., *Die Idee vom Totengericht in der ägyptischen Religion*, LÄS 2, 1935.
–, „Der Sonnengott in der Barke als Richter", in: *MDIK* 8, 1939, 201–206.
–, *Das Werden der altägyptischen Hochkultur*, Heidelberg 1953.
Spiegelberg, W., *Der ägyptische Mythos vom Sonnenauge in einem demotischen Papyrus der römischen Spätzeit*, SPAW 1915.
–, *Der ägyptische Mythos vom Sonnenauge*, Leiden 1917.
Staudacher, W., *Die Trennung von Himmel und Erde. Ein vorgriechischer Schöpfungsmythos bei Hesiod und den Orphikern*. Tübingen 1942.
Sternberg, H., *Mythische Motive und Mythenbildung in den ägyptischen Tempeln und Papyri der griechisch-römischen Zeit*, GOF 14, 1985.
Stietencron, H.v., „Zur Theorie von Ordnung und Strafe im alten Indien", in: Fikentscher et alii (Hgg.), *Entstehung und Wandel rechtlicher Traditionen*, Freiburg 1980, 537–555.
Strauss, L., *The Political Philosophy of Thomas Hobbes: Its Basis and Its Genesis*, Chicago 1952.
Steinleitner, F,. *Die Beicht* (sic!) *im Zusammenhang mit der sakralen Rechtspflege in der Antike*, 1913.
Stricker, B. H., „Tijd", in: *OMRO* 49, 1968, 40–56; *OMRO* 52, 1972, 71–75; *OMRO* Supplement 64, 1983, 42–82.
Sundermeier, Th., „Religion, Religionen", in: K. Müller, Th. Sundermeier (Hgg.), *Lexikon missionstheologischer Grundbegriffe*, Berlin 1987, 411–423.
–, *Nur gemeinsam können wir leben. Das Menschenbild schwarzafrikanischer Religionen*, Gütersloh 1988.
Tadmor, H., „Monarchie und Eliten in Assyrien und Babylonien: Die Frage der Verantwortlichkeit", in: Eisenstadt (Hg.), *Kulturen der Achsenzeit*, Frankfurt 1987, 292–323.

Tambiah, S. J., *A Performative Approach to Ritual*, London 1979.
Taubes, J., „Zur Konjunktur des Polytheismus", in: K. H. Bohrer, *Mythos und Moderne*, Frankfurt 1983, 457–470.
–, (Hg.), *Der Fürst dieser Welt. Carl Schmitt und die Folgen*. München-Paderborn 1983.
–, *Vier Vorlesungen zur Politischen Theologie des Paulus* (gehalten 23.-27. Febr. 1987 in Heidelberg, ungedr. Tonbandnachschrift).
Tenbruck, F. H., *Gesellschaft und Geschichte*, Berlin 1986.
Theißen, G., *Soziologie der Jesus-Bewegung*, München 1977.
Théodoridès, A., „Le testament dans l'Égypte ancienne", in: *RIDA* 3 ser. XVII, 1970, 117–216.
Topitsch, E., *Erkenntnis und Illusion. Grundstrukturen unserer Weltauffassung*, Hamburg 1979.
Turner, V. W., *The Forest of Symbols*, Ithaca 1967, 93–111.
–, *The Ritual Process: Structure and Anti-Structure*, Ithaca 1969, 94–130.
–, „Liminality in the Performative Genres", in: J. MacAloon (Hg.), *Cultural Frames and Reflexions*, San Francisco 1981.
Valeurs phonétiques des signes hiéroglyphiques d'époque gréco-romaine, Montpellier 1988.
Vandier, J., *La famine dans l'ancienne Égypte*, Kairo 1936.
–, *Mo'alla. La tombe d'Ankhtifi et la tombe de Sebekhotep*, BE 18, 1950.
–, *Le Papyrus Jumilhac*, Paris 1961.
Varille, A., „La stèle du mystique Béki (N° 156 du Musée de Turin)", in: *BIFAO* 54, 1954, 129–135.
te Velde, H., „The theme of the separation of Heaven and Earth in Egyptian Mythology", in: *Studia Aegyptiaca* III, 1977, 161–70.
Vernus, P., „La formule ,le souffle de la bouche' au Moyen Empire", in: *RdE* 28, 1976, 139–45.
–, „Littérature et autobiographie. Les inscriptions de S3-Mwt surnommé *Kyky*", in: *RdE* 30, 1978, 115–146.
–, „La retribution des actions: à propos d'une maxime", in: *GM* 84, 1985, 71–79.
–, „Le concept de monarchie dans l'Égypte ancienne", in: Le Roy Ladurie, E. (Hg.), *Les Monarchies*, Paris 1986, 29–42.
–, „La formule du bon comportement (*bjt nfrt*)", in: *RdE* 39, 1988, 147–154.
–, J. Yoyotte, *Les pharaons*, Paris 1988.
Voegelin, E., *Order and History* I: *Israel and Revelation*, Baton Rouge 1956; II: *The World of the Polis*, 1957; III: *Plato and Aristotle* (1957); IV: *The Ecumenic Age* (1974); V: *In Search of Order* (1987).
–, *Anamnesis. Zur Theorie der Geschichte und Politik*, München 1966.
Vogelsang, F., *Kommentar zu den Klagen des Bauern*, Unters. z. Gesch. u. Altertumsk. Äg. 6, Leipzig 1913.
Volten, A., *Zwei altägyptische politische Schriften*, Kopenhagen 1945.
–, „Der Begriff der Maat in den ägyptischen Weisheitstexten", in: *Sagesses du Proche Orient Ancien*, CESS 1963, 73–101.
Walzer, M., *Exodus and Revolution*, New York 1985.
–, *The Revolution of the Saints, A Study in the Origins of Radical Politics*, Cambridge (Mass.) 1965.

Weber, A., *Kulturgeschichte als Kultursoziologie*, Amsterdam 1935.

Weber, M., *Wirtschaft und Gesellschaft*, Tübingen ³1947.

–, „Wissenschaft als Beruf", in: *Gesammelte Aufsätze zur Wissenschaftslehre*, Tübingen ⁶1985.

Weinfeld, M., „Instructions for Temple Visitors in the Bible and in Ancient Egypt", in: S. I. Groll (Hg.), *Egyptological Studies*, Scripta Hierosolymitana XXVIII, Jerusalem 1982, 224–250.

Weinfeld, M., *Justice and Righteousness in Israel and the Nations. Equality and Freedom in Israel in the Light of Ancient Near Eastern Concepts of Social Justice* (hebräisch), Jerusalem 1984.

Weippert, M., „Synkretismus und Monotheismus. Religionsinterne Konfliktbewältigung im alten Israel", in: J. Assmann, D. Harth (Hgg.), *Kultur und Konflikt*, Frankfurt 1990.

Wente, E. F., *Late Ramesside Letters* (SAOC 33), Chicago 1967.

Wente, E. F., „Egyptian ‚Make Merry' Songs Reconsidered", in: *JNES* 21, 1962, 118–128.

Wesel, U., *Frühformen des Rechts in vorstaatlichen Gesellschaften*, Frankfurt 1985.

–, *Juristische Weltkunde*, Frankfurt 1984.

West, St., „The Greek Version of the Legend of Tefnut", in: *JEA* 55, 1969, 161–183.

Westendorf, W., „Eine auf die Ma`at anspielende Form des Osirisnamens", in: *MIO* 2, 1954, 165 ff.

–, „Ursprung und Wesen der Maât, der altägyptischen Göttin des Rechts, der Gerechtigkeit und der Weltordnung", in: *Fs Walter Will*, Köln 1966, 201–225.

–, „Die Menschen als Ebenbilder Pharaos. Bemerkungen zur ‚Lehre des Amenemhet' (Abschnitt V)", in: *GM* 46, 1981, 33–42.

Wiedemann, A., „Maa, déesse de la vérité et son rôle dans le panthéon égyptien", in: *Annales du Musée Guimet* 10, 1887, 559–573.

Wilson, J. A., „The descendants of ḥwny-r-ḥr", in: *ZÄS* 68, 1932, 56–57.

Winter, E., *Ägyptische Tempelreliefs der griechisch-römischen Zeit*, Wien 1968.

Wolff, H. W., *Anthropologie des Alten Testaments*, München ³1977.

Yaron, R.. „Quelques remarques sur les nouveaux fragments des lois d'Ur-Nammu", in: *Rev. hist. de droit français et étranger* 63, 1985, 131–142.

Yoyotte, J., „Le jugements des morts dans l'Égypte ancienne", in: *Sources Orientales* IV, Paris 1961.

Žába, Z., *Les maximes de Ptahhotep*, Prag 1956.

Žabkar, L. V., *A Study of the Ba Concept*, SAOC 34, 1968.

–, *Hymns to Isis in Her Temple at Philae*, Hanover und London 1988.

Zandee, J., *Death as an Enemy*, Leiden 1960.

–, „Sargtext Spruch 80", in: *ZÄS* 101, 1974, 62–67.

–, „Gott ist König. Königssymbolismus in den antiken Gottesvorstellungen, besonders in der Religion des alten Ägypten", in: C. J. Bleeker, G. Widengren (Hgg.), *Proc. xii.th Congr. of the Intern. Ass. for the Hist. of Rel. = Stud. in the Hist. of Rel.*, Suppl. to Numen XXXI, Leiden 1975, 167–178.

Register

1. Sachen und Begriffe

Erläuterungen: terminologische Ausdrücke in „ "; antike Texte und Begriffe kursiv

Abkehr und Rückgriff 57
„Achsenzeit" 9, 11, 24ff., 41ff., 55; 121; 123; 267f.; 273; 276
Admonitions s. *Klagen des Ipuwer*
Affekte 108f.
All-Einheit 30; 174
Altes Reich 51ff.
Altruismus 21; 88; 90 n. 139.; 238ff.; 268; 275
Amduat 78f.
„Amity" 238ff.; 276; 286
Amunshymnus Kairo (pBoulaq 17) 235
Anarchismus 250f.
Angst 259
Antagonismus 176; 280
Anthropologie (negative) 213ff.; 251f.
Anthropologie (positive) 231ff.; 249f.
Anthropomorphose 198f.
Anthropozentrik 233ff.
Antworthandeln 61f.; 186f.
Apophisbuch (Apophisritual) 166; 185
Aretalogie des Urgottes 166
arm/reich 102ff.; 198; 207; 214f.; 227; 245ff.; 258; 274
Armenpflege 102ff.
Asclepius-Apokalypse 85
Auferstehung durch Rechtfertigung 127f.
Aufsteigenlassen (der Ma`at) 192ff.; 202f.; 207
Auge 161ff.; 182f.
Ausdifferenzierung 24f.; 27 n. 31; 119; 281
Auslegung 45
Außen und Innen 119ff.; 239f.

Außenstabilisierung 119
Autarkie 89f.
Autonomie 27
„axiologische Kehre" 274

b3w 264
Ba 114ff.; 124f.; 168
Bauer s. *Klagen des Oasenmannes*
Begehbarkeit der Welt 228f.
Begräbnis 230
Beherzigung (Gottes) 257
„Behobene Krise" 194
Bekenntnisreligion 20
Berechenbarkeit (des Menschen) 63; 284
Beständigkeit 15; 92ff.
Bewegung 176f.; 180f.; 182; 196; 237f.
Bindung 283ff.
Binnensolidarität 238ff.
Blutrache 242
Böses 174ff.; 214f.
Brauch 241ff.
Brüderlichkeit 250f.; 278
Buch von der Erde 79
Buch von der Himmelskuh 170; 175f.; 197; 236

Chaldäische Orakel 173f.
Chaos 72, 175; 200f.; 213ff.; 287
Chaosbeschreibung 72; 90; 219f.
Charakter 110; 155

damnatio memoriae 109
Darbringung 186ff.

Dauer 170f.
Deixis 102
„Demotisierung" 114; 118; 122f.
Denkmal memphitischer Theologie 64; 166; 179
dharma 241
Diachronie und Synchronie 69f.
Differenz 26f.; 133
Differenzierung 9; 176
dike 241
Diktatur 249
Diskurs 49f.
Divination 265
djet 169f.
do-ut-des 186f.
Drohformeln 97f.
Dualismus 176

Egoismus 239
Eigenwille 88ff.
„einfache Sittlichkeit" 276
Einheit 51ff.
Einklang 120f.
Emanation 172
„Empraxie" 47
Enseignement Loyaliste 65 n. 26; 94
Entpolitisierung 232
Entsäkularisierung 9; 287f.
Enuma Elisch 166
Erbsünde 251
Erinnerung 25; 51; 60ff.; 69; 89f.; 284; 286
Erziehung 75
Ethik 136
„ethische Instanz" 212; 235; 261
Ethisierung 97f.
Explizität 46ff.

Fall s. Spaltung
Feder 15
Feind 180f.; 185; 232
Ferne Göttin 182f.
Fest 86f.
Feuerinsel 216f.
Fortdauer 93f.; 106; 111; 117f.; 123f.; 230f.
Frauentausch 238

Freiheit 215f.; 246; 251f.; 269
Fresserin 35; 134; 151f.
Freund und Feind 248
Freundschaft 69ff.; 87
Frömmigkeit 256f.; 280 (s. a. Persönliche Frömmigkeit)
Fruchtbarkeit 226f.
Fülle 226f.
Füreinander-Handeln 60ff.; 63f.; 186f.; 191f.

Gabe 64ff.
Geben 101
Geborgenheit 268
Gedächtnis 61ff.; 96f.; 125
Geduld 73f.
Gegenseitigkeit s. Reziprozität
Gehorsam 230f.; 245
Gelingen 36, 124; 151ff.; 156; 163; 194f.; 284f.
Gelingenshorizont 36; 124; 136; 153f.
Gemeinsinn (s. a. sensus communis) 85
Gemeinwille 90; 269f.
Generalität 46ff.
Gerechtigkeit (distributive) 227f.
Gerechtigkeit (konnektive) 67; 69; 91; 283ff.
Gerechtigkeit (religiöse) 287
Gerechtigkeit 241 (und passim)
Gericht 180f.
Geschichte 24ff.; 252f.; 262f.
Geschichtstheologie 263ff.
Gesellschaft 251
Gesellschaften („enge") 270
„Gesetz der Fische" 214ff.; 228
Gesetz 136f.; 155f.; 249; 285
Gesinnung 120f.
Gewalt 82ff.; 214f.
Gewissen 62f.
Glauben 21ff.; 126
Gleichheit 215; 278
Goldene Regel 178f.; 286f.
Goldenes Zeitalter 225f.
Gott schauen 148
Gott und Welt 166; 172f.
Gottesunmittelbarkeit 281
Gottkönigtum 30; 219

Gottlosigkeit 257
Grab 36; 88 f.; 92 ff.; 97 ff.; 106 f.; 112 f.; 116; 124
Grabherr *(jm3ḫjj)* 88 f.; 96; 99 ff.; 106 f.; 123 f.; 285
„Große Tradition" 48 f.
Großer Gott 106; 128 f.
Gruppenbildung 237 f.; 275
Gründungsmythos 57
Gunst 259 f.; 262 ff.
Gut und Böse 151 f.; 197; 257

Habgier 85 ff.; 227; 239
Hand 86
Handeln 55 f.; 186 f.
Handlungsfolgen 111; 153
Handlungstheorie 60 ff.
Handwerk 52
ḥarṭummim 265
hasie (beatus) 148
Häuslichkeit 268
Heil 194; 222 ff.; 244 f.
Heiligkeit 152 f.
Heiligkeitsgesetz 152
Heilswende 221
Heliopolis 172 f.
Herr und Knecht 245
„Herrenmoral" 273 ff.; 277
Herrschaft und Heil 266 f.
Herrschaft 177; 180 ff.; 243; 245; 277; 285
Herz 76; 85 f.; 90; 119 ff.; 124 ff.; 215 f.; 257
Herzwägung 132 ff.
Himmel und Erde 220
Himmel 170; 175 f.
Himmelskuh 170
„Hintergrunderfüllung" 42 f.; 47
Hochsprache 52
Homologie 31 f.; 37; 186; 198 f.; 201; 219; 225
Horus 51; 127
Höhlenbuch 79
Hören (auf die Ma`at) 75
Hören 70 ff.; 234 f.
ḫprwt 252 ff.; 262
ḥzwt 259 f.

Idealbiographie 54 n. 34; 98 f.
Identität (distinktive) 239 f.
Identität (integrative) 239 f.
Identität 53 f.; 125 f.; 237 f.
„Immanente Providenz" 286
Immunsystem 237 f.
Implizit/Explizit 42 f.; 47; 54 f.; 160; 241
„Implizite Axiome" 42 f.
Implizite Theologie 160
Individualität 26; 149 ff.; 270 ff.
Individuum 55 f.; 249
Inganghaltung der Welt 166 f.; 179; 194; 204 f.; 208, 222
Initiation 133 ff.; 147 ff.
Initiative 55 f.
Innenstabilisierung 119
Innensteuerung 120 f.
Innenwelt 119
Institution 41 f.; 45 ff.
Institutionalisierung von Permanenz 41 f.; 45 ff.; 49
Integration 271
„Interlokalität" 52
interpretatio graeca 22 f.
Intertextualität 49 f.
Intervention (Gottes) 253; 263
Inversion 71 f.
Isfet 176; 200 f.; 213 ff.; 224; 232
Israel 112; 251 f.
iustitia connectiva s. Gerechtigkeit (konnektive)

Jenseits 115 ff.; 124
Jenseitsgericht 126 ff.
Jenseitsreise 115
Jenseitsskepsis 158 f.
Johannes-Evangelium 172

Ka 86 f.; 189 ff.
Kadesch 262
Kampf 175 f.; 180 f.
Kanon 40; 45 f.; 52; 136 f.
Kanonisierung 40; 45 f.
Karriere 101 ff.
Kasuistik 153 f.
Kausalität 67; 208; 283

Kausation (indirekte) 209f.
Kausation (direkte) 231 ff.; 260; 263
kittu (akkadisch) 241
Klagen des Chacheperreseneb 57; 84; 217
Klagen des Bauern s. *Kl. d. Oasenmannes*
Klagen des Ipuwer 57; 60; 68; 72; 217; 222
Klagen des Oasenmannes 58–91; 94; 110; 113; 171; 213; 217; 229 n. 72; 247; 255; 278; 284
Klagen 49; 217
Klerikalisierung 266
Kodifizierung 45; 136ff.
Kohärenz 237f.
Kollektivbewußtsein 270
Kommunikation 26; 41 f.; 69ff.; 195
Kompaktheit (begriffliche) 9; 18f.; 30; 37; 55
Komplexitätsreduktion 42f.
Konflikt 19f.; 24
Konformitätsdruck 271
König 55; 106; 118; 127f.; 128; 143f.; 166; 187; 200ff.; 243; 260ff.
Königsdienst 244
Königsdogma 200ff.
Königskritik 226
Königsreise 180
Konsens 90
„Konstellation" 108; 160f.; 168
Konversion 20
Korruption 265f.
Kosmogonie 164ff.; 172f.
Kosmographie 205
Kosmologie (negative) 218
„kosmologische Gefangenschaft" 267
„kosmologischer Mythos" 29f.
„kosmologischer Wahrheitsstil" 29f.
„kosmomorph" 31
„Kosmomorphose" 198f.; 204f.
Kosmos 29ff.; 37; 160ff.; 174ff.; 218ff.; 285
Kreislauf 178
Krise 43; 55
Kult 185f.; 215; 286
Kultur 17ff.; 89f.; 267ff.
„Kulturelles Gedächtnis" 237
Kunst des Hörens 73 ff.
Kunst 52

Laufbahnbiographie 101ff.
Leben von der Ma'at 79f.; 188ff.; 211; 234
Leben von der Sprache 78f.
Leben 167ff.; 177; 188f.; 233
Lebensformen 20f.; 276
Lebensführung 133; 153ff.; 285
Lebensgott 171 f.
Lebenshauch 81 f.; 230f.
Lebenslehren 49
Lebensmüder 48; 61; 63; 82ff.; 124; 284
Lebenssubstanz 188
Legitimation 262
Lehre des Amenemope 80f.; 95; 259
Lehre des Ani 80f.
Lehre des Ptahhotep 56; 61 f.; 73 f.; 74ff.; 78; 87ff.; 92f.; 97; 108; 109; 113; 115; 153; 255
Lehre eines Mannes für seinen Sohn 84 n. 117; 85
Lehre für Kagemni 255
Lehre für Merikare 56f.; 61; 68 n. 39f.; 85; 108; 110ff.; 115ff.; 131; 216; 234f.; 238; 247
Lehre Königs Amenemhet I. 62; 63; 224
Lehre 234
Leid 139
Lenken 163; 182
Leviathan 249
Liberalismus 251
Licht und Recht 183 f.
Licht 172; 182; 196; 233
Liebe 36; 76; 97ff.; 106ff.; 267f.; 275
„Liminalität" 132ff.; 174
Literatur 56f.
Logos 172f.
Luft 81 f.
Lufthaftigkeit 16; 170f.

Ma'at (ägyptische Definition) 65
Ma'at (Etymologie) 15; 163
Ma'at (Schreibung) 15
Ma'at (Vermeidung des Wortes) 55f.
Ma'atopfer 226
Magie 136; 268
Maße und Gewichte 140ff.
matsyanyaya (indisch) 214f.

me (sumerisch) 32; 241
Menes 51
Menschenrecht 250; 278
mescharu (akkadisch) 241
„Metapraxis" 47
„Methodische Lebensführung" 276
Mitmenschlichkeit 91
Mittag 183
Mittleres Reich 57
Monokratie 219; 223; 279
Monotheismus 223; 233
Monument 96 ff.; 117 f.
Monumentalität 244
Moral 151 ff.; 243; 273 ff.; 280; 285
Morgen 184
Mumie 124
Mund 86
mutabilitas mundi 72; 255 f.
Mündlichkeit/Schriftlichkeit 43 f.
„mythische Substanz" 90
mythisches Denken 31 f.; 34
Mythos 127; 182 f.; 279

Natur 220
Naturzustand 213 ff.
Nächstenliebe 109
Neferti 57; 84; 217; 219 f.; 229 n.72
Negation 43 n.9
Negatives Sündenbekenntnis (Totenbuch 125) 137 ff.
Negativität 152
Neḥeḥ 169 f.
Neujahrsfest 143 f.
Nichtautonomie 256
Nomos (des Jenseits) 136; 153; (des Tempels) 146
Nordwind 171
Nous 173 f.

Opfer 185 ff.; 285 f.
Optimismus 250
Orakel 264 f.
Ordnung 21; 165 f.; 200 ff.
Öffentlichkeit 56 f.
Ökonomische Ideologie 278

Papyrus Vandier 265
Parusie 196

Patron 258
Pavian 157
Paviane 148; 197 f.; 202 f.; 207; 212
p*Chester Beatty IV* 48
Performativität 195; 204
perpetuum mobile 177; 218 f.
Person 87 ff.; 160 f.
„Persönliche Frömmigkeit" 256 ff.; 280 ff.
Pessimismus 250
Pfortenbuch 79
Philanthropeia 247
Polarisierung 196 ff.; 213 ff.; 232; 239; 248
Politik 185 f.
politische Ordnung 186
Politische Theologie 223 f.; 262
Politisches Denken 166 f.
Politisierung 213 ff.
„Polytheismus der Werte" 276
Polytheismus 160 f.; 279 f.
Prädestination 75 n.74
Priester 265
Priestereid 140 ff.
Prinzip 137
Prozeß (kosmischer) 174 ff.
Prozeß 35; 128 ff.; 180 f.; 197; 218
Prüfung 130; 132 ff.
Psalmen 145
Pyramidentexte 118; (§ 265 b) 216

Rache 106 f.; 129
Recht des Stärkeren 103; 127 f.; 215 f.; 269; 273 ff.
Recht 151 ff.; 283
Rechtfertigung des Sonnengottes 196 ff.
Rechtfertigung 35 ff.; 127 ff.; 130
Rechtmäßigkeit (der Grabanlage) 97 f.
Rechtschaffenheit 112 f.
Rechtsprechung 180
Rechtsstreit im Jenseits 129
Rechtsstreit 196
Reden und Schweigen 80
Reden 101
Reflexivität 24; 26
Reichseinigung 51 f.

rein/unrein 151 f.; 285
Reinigungsbeichte 140 ff.
Religion 17 ff.; 123; 151 ff.; 223 f.; 232; 243; 279 ff.; 285; 287
Religion („primäre und sekundäre") 19 f.; 279
Repräsentativität 46 f.
Ressentiment 273 ff.
Retter 184
Rettung 247
Revolution 280
Reziprozität 60 ff.; 178; 191 f.; 257
Rezitation 193
Rhetorik 56
Richten 197; 214
Richter 73 f.; 207; 258
Richtungssinn 15 f.; 163
„Rite de passage" 132 ff.
Riten 218
Rolle 71 f.
Rollenkonformität 71 f.
Rollenverkehrung 71 f.
Rückkehr (der Tat zum Täter) 64 ff.; 178 f.; 212

Sargtexte (Spruch 1130) 215 f.
Schai 150
Schicksal 253; 263
Schiffbrüchiger 281
Schlechte Rede 80 f.
Schöpfung 32 ff.; 164 ff.; 243
Schrift 43 f.
Schriftgelehrte 265
Schuld 62 f.; 149 ff.
Schutz 103; 228; 245 f.; 257 f.; 278
Schweigen 259; 263; 268 f.
Schwelle 131 ff.
ṣdq (hebräisch) 32, 241; 260
Sechem 168
ṣedaqah 111 n.71; 241; 260
Seele 114 ff.; 150
Sehen 21
Selbstbindung 62 f.; 277; 283 f.
Selbstentfaltung 164 f.; 172; 175
Selbstherrlichkeit 271
Selbstthematisierung 244
Selbstverständlichkeit 42 f.; 54 f.

sensus communis 85; 87 f.
Sexuelle Vergehen 140
Sinn 15 f.; 21 f.; 43; 55 f.; 67; 91; 195; 198 f.; 237 f.
Sinuhe 58; 230 n.76; 281
Sitte 241 ff.
Skepsis 158 f.
„Sklavenaufstand in der Moral" 274
„Sklavenmoral" 273 ff.
Sockel 15
Solidarisches Reden 77 ff.
Solidarität (aktive) 60 ff.; 137 f.
Solidarität (horizontale und vertikale) 250
Solidarität (horizontale) 278
Solidarität (kommunikative) 69 ff.; 138 f.
Solidarität (vertikale) 67 f.; 97 ff.; 212 f.; 242 ff.; 248; 257 f.; 277; 279 f.
Solidarität 62; 103; 111; 191 f.; 238 ff.; 270 f.
Sonnenbarke 180 f.
Sonnenhymnen 193
Sonnenkult 188 f.; 205 ff.
Sonnenlauf 193 f.; 219
Sophistik 273
Sozialdimension 69 ff.; 87
Sozialer Tod 76 f.; 240
soziales Gedächtnis 62; 115; 117 f.
„soziomorph" 31; 198 f.; 283
„Spaltung" (der Welt) 174 ff.; 200 f.; 213; 221 f.; 231 f.; 236; 251
„Sphäre des Seinigen" 123
Sprache und Essen 78
Sprache 69 ff.; 77 ff.; 91; 192 ff.; 234 f.
Sprachopfer 192 ff.; 204
Sprachverlust 82 ff.
Sprechakt-Theorie 195
Sprechakt 192 ff.; 204
Staat und Kirche 265 f.
Staat 19 f.; 37; 51 f.; 200 ff.; 244 f.; 248; 287
Staatsentstehung 51 f.
Staatsmythos 54; 200 ff.
Staatsskepsis 249
Standesethik 102 f.; 142
Stele des Königs Neferhotep 65

Stele des Mentuhotep (London UC 14333) 74; 109f.
Stillstand 176f.
Stimme 193; 234
Stirnschlange s. Uräus
Strafe 151f.
Streit 138f.
„Strukturelle Amnesie" 43f.
Stundenritual 193
„Summodeismus" 30f.; 33; 219; 279

Tabu 139f.
tao (chinesisch) 241
Taubheit 69ff.; 84 . 114; 139
Taufe Pharaos 147f.
Tausch 64ff.; 68f.; 230f.; 237f.
Tempeleinlaßliturgien 145f.
Tempeleinlaßtexte 141ff.
Tempeltor 145
Testament 92ff.
Textualisierung 43ff.; 49
Thematisierung 42f.; 49; 54f.
Theogonie 166
Theokratie 260ff.
„Theologie des Willens" 252ff.; 287
Theologie 160
Thronbesteigung 127f.; 221
Thronfolgeprozeß 127f.
Tochter 161
Tod 92ff.; 112; 126
Todesbefallenheit 72; 217
Totenbuch (29 A) 79f.
Totenbuch (126) 197f.
Totenbuch 129ff.; 136ff.
Totengericht 36, 93f.; 122ff.; 244; 285
Totenklage 217
Totenkult 94
Totenliteratur 136f.
Töpferorakel 220
Tradition 40ff.
„Traditionsreligion" 20
„Traditionsstrom" 40ff.; 45 n.18
Transzendenz 24; 26f.; 268
Traumdeuter 265
Trägheit 60ff.
Trennung von Himmel und Erde 175f.

Trinität 167; 172ff.
Triumph 196
Tugend 110ff. (als Monument); 124; 155
Tun-Ergehen-Zusammenhang 66; 69f.; 178; 184f.; 253f.; 283ff.
Turmbau von Babel 53f.

Udjat-Auge 177ff.; 182f.; 184f.; 190f.; 194
Ungleichheit 102ff.; 214f.; 251; 257f.
Unordnung 200f.
„Unproduktive Verausgabung" 86
Unsterblichkeit 114ff.; 117ff.; 122ff.; 230f.; 244f.
Unterdrückung 214f.; 227f.; 251f.
Unterwelt 78f.; 129f.; 175f.
Unterweltsbücher 78f.; 206
Unverfügbarkeit (der Zukunft) 255ff.
Uräus 161ff.; 169; 177f.; 182f.
Utopie 225f.
Übergang 115ff.; 122ff.
Überlieferung 49
Übersetzbarkeit (der Götter) 22ff.
Überwindung 176f.; 180f.; 183f.

Verantwortung 63; 91
Verbanntenstele 266
Verbot 152
Vereindeutigung 213f.; 230
Vererbung 92ff.
„Verfugung" (des Handelns) 61; 70; 238
Vergangenheit 61f.
Vergeltung 64ff.
Vergeltungsabstinenz 275
Vergeltungsformeln 67
Vergessen 60ff.; 284
Verjenseitlichung 118f.
Verlorenheit 268
Versorgung 148f.; 226f.; 230
Versprechen 62; 284
Verständigungsgemeinschaft 56
Verstehen 69ff.; 91
Verstocktheit 76f.; 82ff.
Vertrag 90f.; 238
Vertrauen 21f.; 42 n.8; 91; 126; 258f.

Verwandlung 124; 135
Verwandtschaft 238
Vorbereitung für das Jenseits 115 f.

Waage 124 ff.; 132 ff.
Wahrheit 167 ff.; 232
Warentausch 238
Weg Gottes 157 f.
Wegöffner 162
Weisheit 123; 151 ff.; 252 f.; 164; 284 f.
Weisheitsliteratur 48 f.; 252; 277; 284
Weltende 218
Weltgeschichte 25
Weltordnung 30 ff.; 243
Weltregiment 218 f.
Werte 273 ff.
Wesir 94 f.
Widerstand 281 ff.
Wille Gottes 252 ff.
Wille 63, 89 f.; 120 f.
Wissen 205 f.

Witwen und Waisen 216; 245 ff.
Wohlfahrt 220
Wohltätigkeit 102 ff.
Wunder 264 f.

Zeit 169 f.; 214
Zeitdimension 60 ff.; 87
Zensur 42 f.
Zentralität 40 f.; 46 ff.
Zentrum/Peripherie 40 ff.
Zirkulation 237 f.; 285
Zorn 221 f.; 266
zornflammende Gerechtigkeit 177 f.; 182 f.; 220
Zuhören s. Hören, Kunst des Hörens
Zukunft 255 f.; 263
Zukunftspessimismus 255
Zungensünden 138 f.
Zuwendung 263
Zwischenzeit 56 ff.

2. Namen (Auswahl)

Amenophis II. 258
Amun 218; 263
Anchtifi 228; 271; 281 f.
Anhurmose 104 f.
Ani 149
Anubis 134; 147; 244
Apopis 180 f.; 183 ff.; 185; 191; 196 f.; 218; 220
Apuleius v. Madaurus 23 n.20
Aristoteles 227; 237
Aşoka 45
Assmann, A. 10 f.; 25 n.25; 27 n.32; 42 n.6; 286
Aton 232 ff.
Atum 165 ff.; 210
Augustinus 267
Austin, J. L. 195

Baeck, L. 249 ff.
Baki 154 ff.
Balandier, G. 200 n.2; 201 f.
Barnes, F. A. 44 n.14

Bergman, J. 54 n.32; 200
Bleeker, C. J. 33
Blumenberg, H. 279
Bolkestein, H. 103
Bollnow, O. F. 276
Bourdieu, P. 42 n.5; 70 n.45
Bourriau, J. 58 n.2; 5
Brown, P. 26
Brunner, H. 16; 66 n.29; 252 ff.; 266
Buber, M. 21 n.17
Buddha 43
Bühler, K. 46

Cassirer, E. 30 n.40; 34
Chaliut 158 f.
Cheti 228; 281
Clastres, P. 248; 251
Cohen, H. 150

Davis, Wh. 53 n.28
Dedi 123
Deller, K. 22 n. 19

Namen

Derchain, Ph. 218; 219 n.40
Dihle, A. 34 n.53; 173 f.
Diodor 130
Draï, Raphael 11
Drioton, E. 107
Dumont, L. 13; 26; 215 n.27
Durkheim, E. 201; 270
Duvignaud, J. 86 n.124

Echnaton 231 ff.
Edel, E. 98 ff.
Ehlich, K. 43 n.11
Eibl-Eibesfeldt, I. 275
Eisenstadt, S. N. 11; 26 f.; 41 f.
Eiwanger, S. J. 52 n.26
Epikur 277
Erdheim, M. 42 f.

Fecht, G. 75 n.74; 93; 205; 222 n.46
Fortes, M. 239; 276
Frankfort, H. 31
Freud, S. 21; 89, 269 f.

Garelli, P. 26
Geb 173
Geertz, C. 276
Gehlen, A. 42; 47; 50; 200 n.2; 252; 271
Goedicke, H. 98
Goody, J. 44 n.15, n.16
Gorgias 273
Grieshammer, R. 122 n.3
Grumach-Shirun, I. 171

Hammurabi 245
Hardmeier, Chr. 43 n.12
Haremheb 180; 224
Harrison, J. 226
Hathor 161; 218
Hatschepsut 189; 205; 211; 257; 260 n. 67; 264
Havelock, E. A. 44 n.13
Helck, W. 33 n.51; 53 n.29
Herodot 22
Hesekiel 149 f.
Hesiod 44, 166
Hiob: 285

Hobbes, Th. 215 f.
Hokhmah 177
Homer 44
Horemchauf v. Hierakonpolis 282
Hornung, E. 118; 129 n.15; 222 f. n. 47; 240 n.7
Horus 127; 134; 147; 149; 161; 228; 248
Humphreys, S. C. 26
Hübner, K. 90

Ihi 161
Indi v. This 282
Isis 161; 173
Iversen, E. 53 n. 28

Jahwe 109; 246
Jaspers, K. 9; 11 ff.; 24 ff.; 41 f.; 43; 47 f.; 55; 73; 123; 267; 276
Jesus 43

Kallikles 273
Kant, I. 273
Keel, O. 177
Kelsen, H. 31; 67 n.31; 199; 283
Khentika-Ikhekhi 102; 106
Koch, K. 66; 146
Konfuzius 43
Kramer, F. 248
Krasovec, Jose 33 n.52; 41 n.1

Lambert, W. G. 45 n.19
Lang, B. 275 n.7
Laotse 43
Ledderose, L. 53 n.30
Leeuw, G. van der 244
Lévi-Strauss, C. 238
Lévinas, E. 90; 199
Lingat, R. 214 f. n. 26
Luckmann, Thomas 21 n.16
Luhmann, N. 21 n. 16; 43 n.9
Lukrez 277

Machinist, P. 27
Maffesoli, M. 86 n. 124
Mandeville, B. de 278
Marquard, O. 279
Maturana, H. 237

Mauss, M. 68f.; 201; 238; 275; 286
Meier, Chr. 27 n.30
Menes 51
Merenptah 229 n.73; 263
Merkelbach, R. 130; 141
Meschenet 150
Meulenaere, H. de 254
Momigliano, A. 26
Morenz, S. 12 n.8; 33; 137; 266f.; 281
Moret, A. 33
Moses 9, 15
Mut 259
Müller-Wollermann, R. 69 n.43; 98

Neferhotep 65
Neher, André 11
Nephthys 173
Nesret 182ff.
Nietzsche, F. 9, 15; 62f.; 273ff.; 284ff.
Nikiprowetzky, V. 26
Nissen, H.J. 52 n.27
Nock, A.D. 23 n. 20
Nut 173; 176

Onuris 185f.; 204
Oppenheim, Leo 26, 45 n.18
Osiris 117ff.; 127; 148f.; 161; 173; 176; 186; 244
Otto, E. 66 n.29; 158; 225; 252ff.

Panehemisis 120
Parsons, T. 31 n.43
Paser 104
Paulus 9f., 15, 21f.
Peterson, E. 223
Petosiris 113; 156ff.
Platon 53; 249; 273
Plotin 34 n.54
Polanyi, M. 42 n.6
Porphyrius 34 n.54
Pound, E. 110f.
Proclus 34 n.55
Ptah 179; 218

Ramses II. 262
Ramses III. 231; 262
Ramses IV. 144f.; 229

Ramses VI. 161f.; 263
Re 160ff.; 202; 205ff.; 263; 196
Rechmire 103; 171
Redfield, R. 53 n.31
Renenet 150
Rensi 59f.; 68; 71
Ritschl, D. 42 n.6
Rocatti, A. 98
Rousseau, J.J. 238

Sachmet 218
Sahlins, M. 68f.; 238; 286
Schai 150
Schamasch 183
Schenkel, W. 72 n.54
Schilling, W. 287
Schluchter, W. 276
Schmid, H.H. 32ff.; 66 n.29; 204 n.6; 226; 241f.
Schmitt, C. 223f. n.51; 248ff.
Schott, R. 44 n.14
Schu 167ff.; 182
Schütz, A. 21 n.16
Schwartz, B. 26
Searle, J.R. 195
Seibert, P. 72; 76 n.77f.; 77 n.79; 217
Sesostris III 228; 230
Seth 51, 127; 173; 218; 248
Sethe, K. 64
Sethos I. 236
Sigrist, Chr. 248
Simut/Kiki 259
Smith, A. 278
Smith, M. 24 n.22
Snell, B. 199
Sohn-Rethel, A. 70 n.44
Sokrates 43; 126
Spiegel, J. 54 n.32; 99
Sundermeier, Th. 19 n.11; 279

Tadmor, Chr. 27f.
Taharqa 65; 205; 224
Taubes, J. 10; 21 n.18; 149f.; 279 n.26
Tefnut 167ff.; 173; 182f.; 190
Tenbruck, F.H. 53 n.31
Thapar, R. 26

Thoth 134; 156; 162; 177f.; 182f.;
  185f.; 190f.; 203f.; 218
Thutmosis III. 224
Topitsch, E. 31 n.44
Troeltsch, E. 251
Tutanchamun 170; 224; 236; 262

Udjat 177ff.; 182f.; 184f.; 190f.; 194
Urnammu 246
Urukagina 246

Varela, F. 237
Vernus, P. 67; 254
Voegelin, E. 11f.; 28ff.; 55; 199; 267

Walzer, M. 11; 19 n.12
Weber, A. 25 n.26; 28; 47f.
Weber, M. 245; 276; 279f.; 288
Wer-Chuu 98
Wesel, U. 287
Westendorf, W. 15; 92 n.2; 163